Thermidoi

CW00458541

d'après les sources origir

documents authentiques

Ernest Hamel

Alpha Editions

This edition published in 2023

ISBN : 9789357932295

Design and Setting By
Alpha Editions
www.alphaedis.com
Email - info@alphaedis.com

As per information held with us this book is in Public Domain.
This book is a reproduction of an important historical work. Alpha Editions uses the
best technology to reproduce historical work in the same manner it was first
published to preserve its original nature. Any marks or number seen are left
intentionally to preserve its true form.

Contents

PRÉFACE ....- 1 -

CHAPITRE PREMIER ....- 8 -

II. ....- 11 -

III. ....- 14 -

IV ....- 16 -

V ....- 19 -

VI ....- 21 -

VII ....- 24 -

CHAPITRE DEUXIÈME ....- 28 -

II ....- 30 -

III. ....- 33 -

IV ....- 36 -

V ....- 40 -

VI ....- 45 -

VII ....- 48 -

VIII. ....- 55 -

IX ....- 59 -

X. ....- 62 -

CHAPITRE TROISIÈME ....- 66 -

II ....- 68 -

III. ....- 71 -

IV ....- 76 -

V ....- 84 -

VI ....- 89 -

VII. ....- 94 -

VIII. ....- 98 -

IX ....- 101 -

X..- 104 -

CHAPITRE QUATRIÈME ....- 110 -

II...- 115 -

III..- 118 -

IV ....- 124 -

V..- 129 -

VI ....- 134 -

VII...- 138 -

VIII..- 141 -

IX ....- 146 -

CHAPITRE CINQUIÈME......................................- 150 -

II..- 159 -

III...- 163 -

IV ....- 167 -

V..- 171 -

VI ....- 178 -

VII...- 181 -

VIII..- 185 -

IX ....- 190 -

CHAPITRE SIXIÈME..- 194 -

II..- 197 -

III...- 201 -

IV ....- 213 -

V..- 218 -

VI ....- 223 -

CHAPITRE SEPTIÈME...- 227 -

II..- 229 -

III .... - 233 -

IV .... - 242 -

V .... - 246 -

VI .... - 251 -

VII .... - 255 -

VIII .... - 260 -

IX .... - 265 -

XI .... - 272 -

XII .... - 278 -

XIII .... - 281 -

XIV .... - 287 -

PRÉFACE

Scribitur ad narrandum ET PROBANDUM.

La pièce, récemment représentée au Théâtre-Français sous le titre de *Thermidor*, a réveillé l'attention publique sur un des événements les plus controversés de la Révolution française: la chute de Maximilien Robespierre.

Des innombrables discussions auxquelles a donné lieu la pièce de M. Sardou, il est résulté pour moi cette conviction, à savoir que presque personne, parmi ceux qui ont la prétention de bien connaître la Révolution, ne sait le premier mot de la basse intrigue qui a amené la catastrophe du 9 thermidor.

Pour un certain nombre de républicains de nos jours, peu d'accord avec la grande école républicaine de 1830, avec les Armand Carrel, les Godefroy Cavaignac, les Garnier-Pagès, les Buchez, les Raspail, les Armand Barbès et tant d'autres, Robespierre est resté l'incarnation de la Terreur. On a beau leur rappeler le mot que prononçait Barère, au nom du comité de Salut public, dans la séance du 10 thermidor, mot qui donna à la tragédie de ce jour sa véritable signification: «Robespierre a péri pour avoir voulu arrêter le cours terrible, majestueux de la Révolution», rien n'y fait. Il n'y a pires sourds que ceux qui ne veulent entendre.

Comme le disait si bien Henry Maret, il y a quelques mois, avec son bon sens gaulois: «C'est le vieux préjugé, la vieille légende persistante, qui fait de Robespierre un bouc émissaire, chargé de tous les méfaits de la Terreur».

Songez donc, c'est si commode! Chacun s'est débarrassé de sa part de responsabilité en rejetant tout sur les vaincus qui, muets dans leur tombe, n'étaient plus là pour répondre. Et malheur à qui eût osé élever la voix pour les défendre; on lui aurait fait voir que le règne de la guillotine n'était point passé. Aussi la légende a-t-elle pu s'établir avec une facilité merveilleuse. Il y a même de graves docteurs qui vous disent qu'il n'y a point d'intérêt à la détruire; que chacun a le droit d'édifier sur elle tous les contes en l'air que peut enfanter une imagination maladive ou perverse, comme si la vérité n'était pas d'un intérêt supérieur à tout.

S'il faut en croire certains publicistes qui présentent plaisamment *M. de Robespierre* comme «de plus noir scélérat des temps modernes», les choses sans lui se seraient passées le plus doucement du monde. Otez Robespierre de la Révolution, et les principes de 1789, qu'il n'avait pas peu contribué à faire proclamer, se seraient défendus tout seuls. Pas d'émigration, pas de manifeste de Brunswick; Louis XVI et Marie-Antoinette se seraient agenouillés devant la Révolution; la Vendée ne se serait pas soulevée; soixante départements ne se seraient pas insurgés contre la Convention; l'armée de Condé n'aurait pas bivouaqué sur nos frontières dès les premiers mois de 1792; toute l'Europe ne se serait pas levée en armes contre nous; les millions de l'Angleterre n'auraient pas servi à alimenter la coalition; Danton enfin ne se serait pas cru obligé de réclamer l'établissement du tribunal révolutionnaire et de faire mettre la terreur à l'ordre du jour. Non, mais vraisemblablement il y aurait eu soixante-treize Girondins de plus exécutés sur la place de la Révolution.

Nul n'ignore aujourd'hui la réponse de Cambacérès à Napoléon lui demandant ce qu'il pensait du 9 thermidor: «C'est un procès jugé, mais non plaidé». Cambacérès avait été le collègue et l'ami de Robespierre; il s'était bien gardé de tremper dans le 9 thermidor; personne n'était donc mieux placé que lui pour faire la lumière complète sur cette journée lugubre. Mais l'archichancelier avait alors d'autres soucis en tête que celui de blanchir la mémoire de son ancien collègue, ce qui l'eût obligé de dresser un acte d'accusation formidable contre l'ex-mitrailleur Fouché, devenu l'un des hauts dignitaires de l'Empire.

Ce procès, je l'ai plaidé, preuves en mains, d'après d'irréfutables documents, en des circonstances et dans un temps où il y avait peut-être quelque courage à le faire. Mon *Histoire de Saint-Just* avait été saisie, poursuivie et détruite en 1859. Je ne m'étais pas découragé. Les recherches qu'avait nécessitées cette première étude sur les vaincus de Thermidor m'avaient fait découvrir les documents les plus précieux sur la principale victime de cette journée. A quelques années de là paraissait le premier volume de l'*Histoire de Robespierre et du coup d'État de Thermidor*. Seulement les éditeurs, aux yeux desquels le mot de *coup d'État* flamboyait comme un épouvantail avaient, par prudence, supprimé la seconde partie du titre[1].

[Note 1: Le titre a été rétabli *in extenso* dans l'édition illustrée publiée en 1878.]

Cette précaution n'empêcha pas l'*Histoire de Robespierre* d'être l'objet des menaces du parquet de l'époque. «Nous l'attendons au second volume», s'était écrié un jour le procureur impérial en terminant son réquisitoire dans un procès retentissant. Cette menace produisit son effet. Les éditeurs Lacroix et Verboekoven, effrayés, refusèrent de continuer la publication du livre, il me fallut employer les voies judiciaires pour les y contraindre. Un jugement, fortement motivé, les condamna à s'exécuter, et ce fut grâce aux juges de l'Empire que l'oeuvre, interrompue pendant dix-huit mois, put enfin paraître entièrement.

Ni l'auteur, ni l'éditeur, ne furent inquiétés. Et pourquoi l'auraient-ils été? La situation s'était un peu détendue depuis la saisie de mon *Histoire de Saint-Just*. Et puis, le livre n'était pas une oeuvre de parti: c'était l'histoire dans toute sa sérénité, dans toute sa vérité, dans toute son impartialité.

«En sondant d'une main pieuse, comme celle d'un fils, disais-je alors, les annales de notre Révolution, je n'ai fait qu'obéir à un sentiment de mon coeur. Car, au milieu de mes tâtonnements, de mes incertitudes et de mes hésitations avant de me former un idéal d'organisation politique et sociale, s'il est une chose sur laquelle je n'aie jamais varié, et que j'aie toujours entourée d'un amour et d'une vénération sans bornes, c'est bien toi, ô Révolution, mère du monde moderne, *alma parens*. Et quand nous parlons de la Révolution, nous entendons tous les bienfaits décrétés par elle, et dont sans elle nous n'aurions jamais joui: la liberté, l'égalité, en un mot ce qu'on appelle les principes de 1789, et non point les excès et les erreurs auxquels elle a pu se laisser entraîner. Prétendre le contraire, comme le font certains publicistes libéraux, c'est ergoter ou manquer de franchise. Jamais, ô Révolution, un mot de blasphème n'est tombé de ma bouche sur tes défenseurs consciencieux et dévoués, qu'ils appartinssent d'ailleurs à la Gironde ou à la Montagne. Si, en racontant leurs divisions fatales, j'ai dû rétablir, sur bien des points, la vérité altérée ou méconnue, j'ai, du moins, reconcilié dans la tombe ces glorieux patriotes qui tous ont voulu la patrie honorée, heureuse, libre et forte. Adversaire décidé, plus que personne peut-être, de tous les moyens de rigueur, je me suis dit que ce n'était pas à nous, fils des hommes de la Révolution, héritiers des moissons arrosées de leur sang, à apprécier trop sévèrement les mesures terribles que, dans leur bonne foi farouche, ils ont jugées indispensables pour sauver des entreprises de tant d'ennemis la jeune Révolution assaillie de toutes parts. Il est assurément fort commode, à plus d'un demi-siècle des événements, la plume à la main, et assis dans un bon fauteuil, de se couvrir majestueusement la face d'un masque d'indulgence, de se signer au seul mot de Terreur; mais quand on n'a pas traversé la tourmente, quand on n'a pas été mêlé aux enivrements de la lutte, quand on n'a pas respiré l'odeur de la poudre, peut-on répondre de ce que l'on aurait été soi-même, si l'on s'était trouvé au milieu de la fournaise ardente, si l'on avait figuré dans la bataille? Il faut donc se montrer au moins d'une excessive réserve en jugeant les acteurs de ce drame formidable; c'est ce que comprennent et admettent tous les hommes de bonne foi et d'intelligence, quelles que soient d'ailleurs leurs opinions.»

Il y a vingt-sept ans que j'écrivais ces lignes, et elles sont aujourd'hui plus vraies que jamais.

Sans doute il y a eu dans la Révolution des sévérités inouïes et de déplorables excès. Mais que sont ces sévérités et ces excès, surtout si l'on considère les circonstances effroyables au milieu desquelles ils se sont produits, comparés aux horreurs commises au temps de la monarchie? Que sont, sans compter les massacres de la Saint-Barthélémy, les exécutions de 1793 et de 1794 auprès des cruautés sans nom qui ont déshonoré le règne de Louis XIV avant et après la révocation de l'édit de Nantes? Et nous-mêmes, avons-nous donc été si tendres, pour nous montrer d'une telle rigueur dans nos jugements sur les grands lutteurs de la Révolution? N'avons-nous pas vu fusiller de nos jours, après le combat, froidement, indistinctement, au hasard, des milliers et des milliers de malheureux? Un peu plus de réserve conviendrait donc, surtout de la part de gens chez qui ces immolations impitoyables n'ont pas soulevé beaucoup d'indignation.

Ah! combien M. Guizot appréciait plus sainement les choses, quand il écrivait à propos de la Révolution d'Angleterre et de la nôtre: «Qu'on cesse donc de les peindre comme des apparitions monstrueuses dans l'histoire de l'Europe; qu'on ne nous parle plus de leurs prétentions inouïes, de leurs infernales inventions, elles ont poussé la civilisation dans la route qu'elle suit depuis quatorze siècles….

«Je ne pense pas qu'on s'obstine longtemps à les condamner absolument parce qu'elles sont chargées d'erreurs, de malheurs et de crimes: il faut en ceci tout accorder à leurs adversaires, les surpasser même en sévérité, ne regarder à leurs accusations que pour y ajouter, s'ils en oublient, et puis les sommer de dresser à leur tour le compte des erreurs, des crimes et des maux de ces temps et de ces pouvoirs qu'ils ont pris sous leur garde. Je doute qu'ils acceptent le marché.»

Il ne s'agit donc pas d'écheniller la Révolution. Il faut, dans une certaine mesure, la prendre en bloc, comme on l'a dit si justement. Mais cela n'empêche de rendre à chacun des acteurs du drame immense la justice qui lui est due, et surtout de réduire à leur juste valeur les anathèmes, faits de mensonges et de calomnies, dont on s'est efforcé d'accabler la mémoire de quelques-uns des plus méritants. C'est ce que j'ai fait pour ma part, avec la sérénité d'un homme qui n'a jamais demandé ses inspirations qu'à sa conscience. Les fanatiques de la légende ont hurlé, mais tous les amis de la vérité m'ont tendu la main. «Vous êtes le laborieux reconstructeur du vrai, m'écrivait Victor Hugo en 1865. Cette passion de la vérité est la première qualité de l'historien.» Elle n'a fait que grandir en moi devant la persistance de l'erreur et de la calomnie.

Dans les polémiques soulevées par la pièce de Thermidor, et auxquelles je ne me suis point mêlé, j'ai été plusieurs fois pris à partie. Celui-ci, qui n'a jamais lu mes livres, s'imagine que je ne jure que par Saint-Just et par Robespierre; celui-là insinue que je n'ai dégagé la responsabilité de ce dernier qu'en la rejetant sur Pierre, Jacques et Paul. Ce brave homme ne s'aperçoit pas qu'il a fait, dans un sens contraire, ce qu'il me reproche si légèrement.

Je demande, moi, que les responsabilités, si responsabilités il y a, soient partagées. Je ne réclame pour Robespierre que la justice, mais toute la justice, comme pour les autres. Que fait-il, lui? Il ramasse tous les excès, toutes les erreurs, toutes les sévérités de la Révolution, et il les rejette bravement sur Robespierre, sans avoir l'air de se douter du colossal et impuissant effort de ce dernier pour réprimer tous ces excès, «arrêter le cours terrible de la Révolution» et substituer la justice à la terreur.

Voilà bien la méthode de M. Sardou. Il prétend connaître la Révolution. Oui, il la connaît, à l'envers, par le rapport de Courtois et les plus impurs libelles que la calomnie ait jamais enfantés. C'est ainsi que Robespierre lui apparaît comme un tyran, comme un dictateur, comme un Cromwell. Un exemple nous permettra de préciser.

M. Sardou met à la charge de Robespierre toutes les horreurs de la Révolution; en revanche, il en exonère complètement celui-ci ou celui-là, Carnot par exemple. Cependant M. Sardou, qui connaît si bien son histoire de la Révolution, même par les libelles où il a puisé ses inspirations, ne doit pas ignorer que du 29 prairial au 8 thermidor, c'est-à-dire dans les quarante jours où la Terreur a atteint son maximum d'intensité, Robespierre est resté à peu près étranger à l'action du gouvernement, qu'il n'est pour rien, en conséquence, dans les actes de rigueur qui ont signalé cette période de six semaines, et qu'il s'est volontairement dessaisi de sa part de dictature, alors que tel autre, absous par lui, est resté jusqu'au bout inébranlable et immuable dans la Terreur.

Est-ce Robespierre, oui ou non, qui, en dehors de l'action gouvernementale, s'est usé à faire une guerre acharnée à certains représentants en mission, comme Fouché et Carrier, et à leur demander compte «du sang versé par le crime»?

Est-ce Robespierre, oui ou non, qui s'est efforcé d'empêcher qu'on n'érigeât en crime ou des préjugés incurables ou des choses indifférentes?

Est-ce Robespierre, oui ou non, qui s'est plaint si amèrement que l'on persécutât les nobles uniquement parce qu'ils étaient nobles, et les prêtres uniquement parce qu'ils étaient prêtres?

Est-ce Robespierre, oui ou non, qui demandait que l'on substituât la Justice à la Terreur?

Est-ce enfin Robespierre qui est mort dans la journée du 10 thermidor, pour avoir voulu, suivant l'expression de Barère, parlant au nom des survivants du Comité de Salut public, «arrêter le cours terrible, majestueux de la Révolution?»

Eh bien! l'histoire inflexible répond que c'est Robespierre.

Mais M. Sardou se soucie bien de la vérité historique. Aux gémonies les vaincus de Thermidor! et vive Carnot! dont le petit-fils occupe aujourd'hui, si correctement d'ailleurs, la première magistrature de la République.

Ah! les vainqueurs de Thermidor! Écoutez ce que l'on en pensait, non pas sous la République, mais en pleine Restauration. Voici ce qu'écrivait Charles Nodier, en 1829, dans la *Revue de Paris*: «La nouvelle du 9 thermidor, parvenue dans les départements de l'Est, développa un vague sentiment d'inquiétude parmi les républicains exaltés, qui ne comprenaient pas le secret de ces événements, et qui craignaient de voir tomber ce grand oeuvre de la Révolution avec la renommée prestigieuse de son héros, car derrière cette réputation d'incorruptible vertu qu'un fanatisme incroyable lui avait faite, il ne restait plus un seul élément de popularité universelle auquel les doctrines flottantes de l'époque pussent se rattacher. Hélas! se disait-on à mi-voix, qu'allons-nous devenir? Nos malheurs ne sont pas finis puisqu'il nous reste encore des amis et des parents et que MM. Robespierre sont morts! Et cette crainte n'était pas sans motifs, car le parti de Robespierre venait d'être immolé par le parti de la Terreur.»

Il faut croire que Charles Nodier, qui avait traversé la Révolution, était mieux à même que M. Sardou de juger sainement les choses.

Je sais bien que les suppôts de la Terreur n'ont pas tardé à être dupés; que l'arme sanglante a passé de gauche à droite, et que la Terreur blanche s'est promptement substituée à la Terreur révolutionnaire. Mais la moralité du 9 thermidor n'en reste pas moins la même. Quiconque garde au coeur le culte de la Révolution, ne saurait avoir assez de mépris «pour cet exécrable parti des Thermidoriens, qui, suivant l'expression du même Charles Nodier, n'arrachait la France à Robespierre que pour la donner au bourreau, et qui, trompé dans ses sanguinaires espérances, a fini par la jeter à la tête d'un officier téméraire; pour cette faction à jamais odieuse devant l'histoire qui a tué la République au coeur dans la personne de ses derniers défenseurs, pour se saisir sans partage du droit de décimer le peuple, et qui n'a même pas eu la force de profiter de ses crimes». Les républicains de nos jours, qui font chorus avec «cet exécrable parti des Thermidoriens», feraient peut-être bien de méditer ces paroles du royaliste auteur des *Souvenirs de la Révolution et de l'Empire.*

Eh bien! ce qu'il importe de rétablir à cette heure, c'est la vérité toute nue sur le sanglant épisode de Thermidor.

C'est ce que je me suis efforcé de faire en remettant sous les yeux du lecteur l'histoire des faits dégagée de tout esprit de parti, l'histoire impartiale et sereine, qui ne se préoccupe que de rendre à tous et à chacun une exacte justice distributive.

Je ne saurais donc mieux terminer cette courte préface qu'en rappelant ces lignes que je traçais en 1859 à la fin du préambule de mon *Histoire de Saint-Just*, et dont je me suis inspiré dans mon *Précis de l'Histoire de la Révolution*:

«Quant à l'écrivain qui s'imposera la tâche d'écrire sincèrement la vie d'un de ces grands acteurs, il ne devra jamais perdre de vue que tous les hommes de la Révolution qu'a dirigés un patriotisme sans arrière-pensée, ont un droit égal à son respect. Son affection et son penchant pour les uns ne devra diminuer en rien l'équité qu'il doit aux autres. S'il considère comme un devoir de se montrer sévère envers ceux qui n'ont vu dans la Révolution qu'un moyen de satisfaire des passions perverses, une ambition sordide, et qui ont élevé leur fortune sur les ruines de la liberté, il bénira sans réserve, tous ceux qui, par conviction, se sont dévoués à la Révolution, qu'ils s'appellent d'ailleurs Mirabeau ou Danton, Robespierre ou Camille Desmoulins, Carnot ou Saint-Just, Romme ou Couthon, Le Bas ou Merlin (de Thionville), Vergniaud ou Cambon. Il se rappellera que la plupart ont scellé de leur sang la fidélité à des principes qui eussent assuré dans l'avenir la grandeur et la liberté de la France, et qu'il n'a pas tenu à eux de faire triompher; il réconciliera devant l'histoire ceux que de déplorables malentendus ont divisés, mais qui tous ont voulu rendre la patrie heureuse, libre et prospère: son oeuvre enfin devra être une oeuvre de conciliation générale, parce que là est la justice, là est la vérité, là est le salut de la démocratie.»

ERNEST HAMEL

Mars 1891.

CHAPITRE PREMIER

Enfance et jeunesse de Robespierre.—Ses succès au barreau.—Son goût pour les lettres.—La société des Rosati.—Discours sur les peines infamantes.—L'éloge de Gresset.—Robespierre est nommé député aux États-généraux.—Le suffrage universel.—Juifs et comédiens.— Popularité de Robespierre.—La pétition Laclos.—Robespierre chez Duplay.— Triomphe de Robespierre.—Discussions sur la guerre.— Dumouriez aux Jacobins.—Le bonnet rouge.—Le 10 août.—Les massacres de septembre.— L'accusation de dictature.—Lutte entre la Gironde et la Montagne.—Le tribunal révolutionnaire.—Les 31 mai et 2 juin.—Les 73 girondins sauvés par Robespierre.—Voix d'outre tombe.—Le colossal effort de la France.—Lutte en faveur de la tolérance religieuse. —Maladie de Robespierre.—Fin de l'hébertisme.—Les Dantonistes sacrifiés.—Effet de la mort des Dantonistes.—Hoche et Robespierre.— Reconnaissance de l'Être suprême.

I.

Avant de mettre sous les yeux du public le drame complet de Thermidor, d'en exposer, à l'aide d'irréfutables documents, les causes déterminantes, et d'en faire pressentir les conséquences, il importe, pour l'intelligence des faits, d'esquisser rapidement la vie de l'homme qui en a été la principale victime et qui est tombé, entraînant dans sa chute d'incomparables patriotes et aussi, hélas! les destinées de la République.

Maximilien-Marie-Isidore de Robespierre naquit à Arras le 6 mai 1758[2]. Sa famille était l'une des plus anciennes de l'Artois. Son père et son grand-père avaient exercé, l'un et l'autre, la profession d'avocat au conseil provincial d'Artois. Sa mère, femme d'une grâce et d'un esprit charmants, mourut toute jeune encore, laissant quatre enfants en bas âge, deux fils et deux filles. Le père, désespéré, prit en dégoût ses affaires; il voyagea pour essayer de faire diversion à sa douleur, et, peu de temps après, il mourut à Munich, dévoré par le chagrin.

[Note 2: Nous empruntons, en partie, cette esquisse de la vie de Robespierre à la *Biographie universelle de Michaud* (nouvelle édition), pour laquelle nous avons écrit, il y a une trentaine d'années, les articles Robespierre aîné, Robespierre jeune, Charlotte Robespierre, etc.]

Maximilien avait un peu plus de neuf ans; c'était l'aîné de la famille. D'étourdi et de turbulent qu'il était, il devint étonnamment sérieux et réfléchi, comme s'il eût compris qu'il était appelé à devenir le soutien de ses deux soeurs et de son jeune frère.

On le mit d'abord au collège d'Arras; puis bientôt, par la protection de M. de Conzié, évêque de la ville, il obtint une bourse au collège Louis-le-Grand. Il y fut le plus laborieux des élèves, le plus soumis des écoliers, et, chaque année, son nom retentissait glorieusement dans les concours universitaires. Il y avait en lui comme une intuition des vertus républicaines. Son professeur de rhétorique, le doux et savant M. Hérivaux, l'avait surnommé le *Romain*.

Ses études classiques terminées, il fit son droit, toujours sous le patronage du collège Louis-le-Grand, dont l'administration, dès qu'il eut conquis tous ses grades, voulant lui donner une marque publique de l'estime et de l'intérêt qu'elle lui portait, décida, par une délibération en date du 19 juillet 1781 que, «sur le compte rendu par M. le principal, des talents éminents du sieur de Robespierre, boursier du collège d'Arras, de sa bonne conduite pendant douze années et de ses succès dans le cours de ses classes, tant aux distributions de l'Université qu'aux examens de philosophie et de droit», il lui serait alloué une gratification de six cents livres.

Après s'être fait recevoir avocat au parlement, il retourna dans sa ville natale, où une cause célèbre ne tarda pas à le mettre en pleine lumière. Il s'agissait d'un paratonnerre que M. de Bois-Valé avait fait élever sur sa maison et dont les échevins de Saint-Omer avaient ordonné la destruction comme menaçant pour la sûreté publique. Robespierre, dans une fort belle plaidoirie, n'eut pas de peine à démontrer le ridicule d'une sentence «digne des juges grossiers du quinzième siècle», et il gagna son procès sur tous les points.

Nommé juge au tribunal criminel d'Arras par M. de Conzié, il donna bientôt sa démission, de chagrin d'avoir été obligé de prononcer une condamnation à mort, et il se consacra entièrement au barreau et aux lettres.

Ces dernières étaient son délassement favori. Il entra dans une société littéraire, connue sous le nom de *Société des Rosati*, dont faisait partie Carnot, alors en garnison à Arras, et avec lequel il noua des relations d'amitié, comme le prouve cette strophe d'une pièce de vers qu'il composa pour une des réunions de la société:

Amis, de ce discours usé,
Concluons qu'il faut boire;
Avec le bon ami Ruzé
Qui n'aimerait à boire?
A l'ami Carnot,
A l'aimable Cot,
A l'instant, je veux boire….

Peu de temps avant la Révolution, il était président de l'académie d'Arras. En 1784, la Société royale des arts et des sciences de Metz couronna un discours de lui sur les peines infamantes et l'opprobre qui en rejaillissait sur les familles des condamnés. L'année suivante, il écrivit un éloge de Gresset, où se trouvent quelques pages qui semblent le programme du romantisme et que l'on croirait détachées de la célèbre préface de Cromwell, s'il n'était pas antérieur de plus de trente ans au manifeste de Victor Hugo.

Cependant, on entendait retentir comme le bruit avant-coureur de la Révolution. A la nouvelle de la convocation des États-généraux, Robespierre publia une adresse au peuple artésien, qui n'était autre chose qu'un acte d'accusation en bonne forme contre l'ancienne société française. Aussi, sa candidature fût-elle vivement combattue par les privilégiés qui, dans le camp du tiers-état, disposaient de beaucoup d'électeurs. Il n'en fut pas moins élu député aux États-généraux le 26 avril 1789, et, presque tout de suite, il partit pour Paris où l'attendait une carrière si glorieuse et si tragique.

II.

Ses débuts à l'Assemblée constituante furent modestes; mais il allait bientôt s'y faire une situation prépondérante. Assis à l'extrême gauche de l'Assemblée, il était de ceux qui voulaient imprimer à la Révolution un caractère entièrement démocratique, et il s'associa à toutes les mesures par lesquelles le tiers-état signala son avènement. Toutes les libertés eurent en lui le plus intrépide défenseur. Répondant à ceux qui s'efforçaient d'opposer des restrictions à l'expansion de la pensée, il disait: «La liberté de la presse est une partie inséparable de celle de communiquer ses pensées; vous ne devez donc pas balancer à la déclarer franchement.» Lorsque l'Assemblée discuta une motion de Target, tendant à faire proclamer que le gouvernement était monarchique, il demanda que chacun pût discuter librement la nature du gouvernement qu'il convenait de donner à la France.

Accueilli par les cris: *A l'ordre! à l'ordre!* il n'en insista pas moins, vainement d'ailleurs, pour la prise en considération de sa motion. Ses tendances démocratiques se trouvaient donc nettement dessinées dès cette époque, et la cour le considérait comme son plus terrible adversaire, d'autant plus redoutable qu'elle le savait inaccessible à toute espèce de corruption.

Sa renommée allait grandissant de jour en jour. Ses efforts désespérés et vains pour faire pénétrer dans la Constitution nouvelle le suffrage universel, achevèrent de porter au comble sa popularité.

Mais il n'y avait pas que les prolétaires qui fussent privés du droit de participer aux affaires publiques. Deux classes d'hommes, sous l'ancien régime, étaient complètement en dehors du droit commun, c'étaient les juifs et les comédiens. L'abbé Maury, ayant proposé de maintenir leur exclusion de la vie civile, Robespierre s'élança à la tribune: «Il était bon, dit-il, en parlant des comédiens, qu'un membre de cette Assemblée vînt réclamer en faveur d'une classe trop longtemps opprimée….» Et, à propos des juifs: «On vous a dit sur les juifs des choses infiniment exagérées et souvent contraires à l'histoire. Je pense qu'on ne peut priver aucun des individus de ces classes des droits sacrés que leur donne le titre d'hommes. Cette cause est la cause générale….» Plus heureux cette fois, il finit par triompher, grâce au puissant concours de Mirabeau.

«Cet homme, ira loin, disait ce dernier, il croit tout ce qu'il dit.» Il n'était pas de question importante où il n'intervînt dans le sens le plus large et le plus démocratique. Dans les discussions relatives aux affaires religieuses, il se montra, ce qu'il devait rester toujours, le partisan de la tolérance la plus absolue et le défenseur résolu de la liberté des cultes, n'hésitant pas d'ailleurs à appuyer de sa parole, même contre le sentiment populaire, ce qui lui paraissait conforme à la justice et à l'équité.

Ce fut à sa voix que l'Assemblée constituante décida qu'aucun de ses membres ne pourrait être promu au ministère pendant les quatre années qui suivaient la session, ni élu à la législature suivante, double motion qui dérangea bien des calculs ambitieux, et qui témoignait de son profond désintéressement. Il jouissait alors d'un ascendant considérable sur ses collègues. Les journaux de l'époque célébraient à l'envi ses vertus, ses talents, son courage, son éloquence. Déjà, le peuple l'avait salué du nom d'*Incorruptible*, qui lui restera dans l'histoire.

En revanche, il était en butte à la haine profonde de la réaction. Mais cela le touchait peu. «Je trouve un dédommagement suffisant de la haine aristocratique qui s'est attachée à moi dans les témoignages de bienveillance dont m'honorent tous les bons citoyens», écrivait-il à un de ses amis, le 1er avril 1790. Il venait d'être nommé président de la *Société des Amis de la Constitution*, dont il avait été l'un des fondateurs.

Au mois de juin de l'année suivante, il était nommé accusateur public par les électeurs de Versailles et de Paris. Il accepta, non sans quelque hésitation, la place d'accusateur près le tribunal criminel de Paris. «Quelque honorable que soit un pareil choix», écrivait-il à l'un de ses amis à Arras, «je n'envisage qu'avec frayeur les travaux pénibles auxquels cette place va me condamner … mais, ajoute-t-il avec une sorte de tristesse et un étrange pressentiment, je suis appelé à une destinée orageuse; il faut en suivre le cours jusqu'à ce que j'aie fait le dernier sacrifice que je pourrai offrir à ma patrie.» Il venait à peine d'être appelé à ces fonctions que le roi et la reine quittaient les Tuileries et Paris.

On connaît les tristes péripéties de l'arrestation de Varennes. Robespierre fut de ceux qui alors proposèrent la mise en accusation du roi pour avoir déserté son poste. Toutefois, il se montra opposé, comme s'il eût prévu un piège, à la pétition fameuse, rédigée par Laclos, au sujet de la déchéance, pétition que l'on devait colporter au Champ-de-Mars dans la journée du 17 juillet, et qui devait être arrosée de tant de sang français.

Le soir même de cette journée, un grand changement se fit dans la vie de Robespierre. Jusque-là, il avait demeuré, isolé, dans un petit appartement de la rue de Saintonge, au Marais, depuis le retour de l'Assemblée à Paris. Dans la soirée du 17, comme on craignait que la cour et les ministres ne se portassent à quelque extrémité sur les meilleurs patriotes, M. et Mme. Roland l'engagèrent à venir habiter avec eux, mais il préféra l'hospitalité qui lui fut offerte par le menuisier Duplay, son admirateur passionné, qui allait devenir son ami le plus cher, et dont, jusqu'à sa mort, il ne devait plus quitter la maison, située rue Saint-Honoré, à quelques pas de l'ancien couvent des Jacobins.

Jusqu'à la fin de la Constituante, il ne cessa de lutter avec une intrépidité stoïque contre l'esprit de réaction qui l'avait envahie. Lorsque le dernier jour du mois de septembre 1791, le président Thouret eut proclamé que l'Assemblée avait terminé sa mission, une scène étrange se passa à la porte de la salle. Là, le peuple attendait, des couronnes de chêne à la main. Quand il aperçut Robespierre et Pétion, il les leur mit sur la tête. Les deux députés essayèrent de se dérober à ce triomphe en montant dans une voiture de place, mais aussitôt les chevaux en furent dételés et quelques citoyens s'attelèrent au fiacre, tenant à honneur de le traîner eux-mêmes. Mais déjà Robespierre était descendu de la voiture; il rappela le peuple au respect de sa propre dignité, et, accompagné de Pétion, il regagna à pied la demeure de son hôte, salués l'un et l'autre, sur leur passage, de ces cris d'amour: «Voilà les véritables amis, les défenseurs des droits du peuple.» Ici finit la période la plus heureuse et la moins connue de la vie de Robespierre.

III

Après être allé passer quelques semaines dans son pays natal, qu'il n'avait pas revu depuis deux ans, et où il fut également l'objet d'une véritable ovation, il revint à Paris qu'il trouva en proie à une véritable fièvre belliqueuse. Les Girondins, maîtres de l'Assemblée législative, y avaient prêché la guerre à outrance, et leurs discours avaient porté au suprême degré l'exaltation des esprits.

Au risque de compromettre sa popularité, Robespierre essaya de calmer l'effervescence publique et de signaler les dangers d'une guerre intempestive. La guerre, dirigée par une cour évidemment hostile aux principes de la Révolution, lui semblait la chose la plus dangereuse du monde. Ce serait, dit-il, la guerre de tous les ennemis de la Constitution française contre la Révolution, ceux du dedans et ceux du dehors. «Peut-on, raisonnablement, ajouta-t-il, compter au nombre des ennemis du dedans la cour et les agents du pouvoir exécutif? Je ne puis résoudre cette question, mais je remarque que les ennemis du dehors, les rebelles français et ceux qui passent pour vouloir les soutenir, prétendent qu'ils ne sont les défenseurs que de la cour de France et de la noblesse française.» Il parvint à ramener à son opinion la plus grande partie des esprits; les Girondins ne le lui pardonnèrent pas, et ce fut là le point de départ de leur acharnement contre lui.

La guerre se fit néanmoins. Mais ses débuts, peu heureux, prouvèrent combien Maximilien avait eu raison de conseiller à la France d'attendre qu'elle fût attaquée avant de tirer elle-même l'épée du fourreau.

On vit alors Robespierre donner sa démission d'accusateur public, aimant mieux servir la Révolution comme simple citoyen que comme fonctionnaire. Il fonda, sous le titre de *Défenseur de la Constitution*, un journal pour défendre cette Constitution, non pas contre les idées de progrès, dont il avait été à la Constituante l'ardent propagateur, mais contre les entreprises possibles de la cour, convaincu, dit-il, que le salut public ordonnait à tous les bons citoyens de se réfugier à l'abri de la Constitution pour repousser les attaques de l'ambition et du despotisme. Il mettait donc au service de la Révolution son journal et la tribune des Jacobins, dont il était un des principaux orateurs, se gardant bien, du reste, d'être le flagorneur du peuple et n'hésitant jamais à lui dire la vérité.

Cela se vit bien aux Jacobins, le 19 mars 1792, quand le ministre girondin Dumouriez vint, coiffé du bonnet rouge, promettre à la société de se conduire en bon patriote. Au moment où, la tête nue et les cheveux poudrés, Robespierre se dirigeait vers la tribune pour lui répondre, un *sans-culotte* lui mit un bonnet rouge sur la tête. Aussitôt il arracha le bonnet sacré et le jeta dédaigneusement à terre, témoignant, par là, combien peu il était disposé à flatter bassement la multitude.

Dès le mois de juillet, il posa nettement, dans son journal et à la tribune des Jacobins, la question de la déchéance et de la convocation d'une Convention nationale. «Est-ce bien Louis XVI qui règne? écrivit-il. Non, ce sont tous les intrigants qui s'emparent de lui tour à tour. Dépouillé de la confiance publique, qui seule fait la force des rois, il n'est plus rien par lui-même.»

«... Au-dessus de toutes les intrigues et de toutes les factions, la nation ne doit consulter que les principes et ses droits. La puissance de la cour une fois abattue, la représention nationale régénérée, et surtout la nation assemblée, le salut public est assuré.»

Le 10 août, le peuple fit violemment ce que Robespierre aurait voulu voir exécuter par la puissance législative. Il le félicita de son heureuse initiative et complimenta l'Assemblée d'avoir enfin effacé, au bruit du canon qui détruisait la vieille monarchie, l'injurieuse distinction établie, malgré lui, par la Constituante entre les citoyens actifs et les citoyens non actifs.

Dans la soirée même, sa section, celle de la place Vendôme, le nomma membre du nouveau conseil général de la commune. Élu président du tribunal institué pour juger les conspirateurs, il donna immédiatement sa démission en disant qu'il ne pouvait être juge de ceux qu'il avait dénoncés, et qui, «s'ils étaient les ennemis de la patrie, s'étaient aussi déclarés les siens».[3]

[Note 3: Lettre insérée dans le *Moniteur* du 28 août 1792.]

Nommé également membre de l'assemblée électorale chargée de choisir les députés à la Convention nationale, Il prit peu de part aux délibérations de la Commune. Le bruit des affreux massacres de septembre vint tardivement le frapper au milieu de ses fonctions d'électeur. A cette nouvelle, il se rendit au conseil général où, avec Deltroy et Manuel, il reçut la mission d'aller protéger la prison du Temple qui fut, en effet, épargnée par les assassins.[4]

[Note 4: Procès-verbaux du conseil général de la commune de Paris. *Archives de la ville*, v. 22, carton 0.70.]

Jusqu'ici, rien de sanglant n'apparaît ni dans ses actes ni dans ses paroles. Maintenant, jusqu'où doit aller, devant l'histoire, sa part de responsabilité dans les mesures sévères, terribles que, pour sauver la Révolution et la patrie, la Convention allait bientôt prendre ou ratifier? C'est ce dont le lecteur jugera d'après ce récit, écrit d'après les seules sources officielles, authentiques et originales.

IV

Élu membre de la Convention nationale par les électeurs de Paris, Robespierre fut, dès les premières séances, l'objet d'une violente accusation de la part des hommes de la Gironde. Déjà Guadet, aux Jacobins, lui avait reproché amèrement d'être l'idole du peuple, et l'avait exhorté naïvement à se soustraire par l'ostracisme à cette idolâtrie. Lasource l'accusa d'aspirer à la dictature. A l'accusation dirigée contre lui, il opposa toute sa vie passée. «La meilleure réponse à de vagues accusations est de prouver qu'on a toujours fait des actes contraires. Loin d'être ambitieux, j'ai toujours combattu les ambitieux. Ah! si j'avais été l'homme de l'un de ces partis qui, plus d'une fois, tentèrent de me séduire, si j'avais transigé avec ma conscience et trahi la cause du peuple, je serais à l'abri des persécutions….»

Barbaroux et Louvet vinrent à la rescousse. Le frivole auteur de *Faublas*, devançant les Thermidoriens, voulait absolument que la Convention frappât d'un acte d'accusation l'adversaire de son parti, parce qu'on l'avait proclamé l'homme le plus vertueux de France et que l'idolâtrie dont un citoyen était l'objet pouvait être mortelle à la patrie, parce qu'on l'entendait vanter constamment la souveraineté du peuple, et qu'il avait abdiqué le poste périlleux d'accusateur public. Malgré le vide et le ridicule de ces accusations, une partie de la Convention applaudit à la robespierride de Louvet, que le ministre Roland fit répandre dans les provinces à quinze mille exemplaires.

Écrasante fut la réponse de Robespierre. Il n'eut pas de peine à prouver qu'à l'époque où l'on prétendait qu'il exerçait la dictature, toute la puissance était entre les mains de ses adversaires. Après avoir reproché à ceux-ci de ne parler de dictature que pour l'exercer eux-mêmes sans frein, il termina par un appel à la conciliation, ne demandant d'autre vengeance contre ses calomniateurs «que le retour de la paix et le triomphe de la liberté».

Mais sourds à cet appel à la conciliation, les imprudents Girondins ne firent que redoubler d'invectives et d'animosité à l'égard de Robespierre et de Danton. La lutte entre la Gironde et la Montagne s'envenimait chaque jour et ne devait se terminer que par l'extermination d'un des deux partis. Mais d'où vinrent les attaques passionnées et les premiers traits empoisonnés? La justice nous commande bien de le dire, elles vinrent des Girondins.

Le jugement du roi, dans lequel Girondins et Montagnards votèrent en grande majorité pour la mort, fut à peine une halte au milieu de cette lutte sans trêve ni merci.

Le jour même où Louis XVI était décapité, Robespierre prenait la parole pour faire l'éloge de son ami Lepeletier de Saint-Fargeau, qui venait de tomber sous le poignard d'un assassin. Lorsque, dans la même séance, Bazire proposa que la peine de mort fût décrétée contre quiconque cacherait le meurtrier ou favoriserait sa fuite, il attaqua avec force cette motion comme contraire aux principes. «Quoi! s'écria-t-il, au moment où vous allez effacer de votre code pénal la peine de mort, vous la décréteriez pour un cas particulier! Les principes d'éternelle justice s'y opposent.» Et, sur sa proposition, l'Assemblée passa à l'ordre du jour.

Déjà, du temps de la Constituante, il avait éloquemment, mais en vain, réclamé l'abolition de la peine de mort. Que ne fût-il écouté alors! Peut-être, comme il le dit lui-même un jour, l'histoire n'aurait-elle pas eu à enregistrer les actes sanglants qui jettent une teinte si sombre sur la Révolution. Mais on approchait de l'heure des sévérités implacables.

La Convention, croyant reconnaître la main de l'étranger et celle des éternels adversaires de la Révolution dans les agitations qui marquèrent le mois de mars 1793, commença à prendre des mesures terribles contre les ennemis du dedans et du dehors. Le 10 mars, sur la proposition de Danton, elle adopta un projet de tribunal révolutionnaire, projet rédigé par le girondin Isnard, décrétant virtuellement ainsi le régime de la Terreur.

Dans les discussions auxquelles donna lieu l'organisation de ce tribunal, Robespierre se borna à demander qu'il fût chargé de réprimer les écrits soudoyés tendant à pousser à l'assassinat des défenseurs de la liberté, et surtout que l'on définît bien ce que l'on entendait par conspirateurs. «Autrement, dit-il, les meilleurs citoyens risqueraient d'être victimes d'un tribunal institué pour les protéger contre les entreprises des contre-révolutionnaires.»

Nommé membre du comité de Défense nationale, dit *Commission de Salut public*, dont faisaient également partie Isnard, Vergniaud, Guadet et quelques autres Girondins, il donna presque aussitôt sa démission, ne voulant pas s'y trouver, dit-il, avec Brissot, qu'il regardait comme un complice de Dumouriez. Il refusa également d'entrer dans le grand comité de Salut public qui succéda à celui de défense nationale.

Les débats sur la Constitution firent à peine trêve aux querelles intestines qui divisaient la Convention. C'est au moment où les Girondins ressassaient contre Robespierre et Danton leur éternelle accusation de dictature que le premier, après avoir exposé, aux applaudissements de l'Assemblée, son mémorable projet de Déclaration des droits de l'homme, prononçait ces paroles, toujours dignes d'être méditées: «Fuyez la manière ancienne des gouvernements de vouloir trop gouverner; laissez aux individus, laissez aux familles le droit de faire ce qui ne nuit point à autrui; laissez aux communes le droit de régler elles-mêmes leurs propres affaires en tout ce qui ne tient point essentiellement à l'administration générale de la République; rendez à la liberté individuelle tout ce qui n'appartient pas naturellement à l'autorité publique, et vous aurez laissé d'autant moins de prise à l'ambition et à l'arbitraire.» Sages paroles, dont il serait bien temps de s'inspirer.

Mais, à chaque instant, de nouvelles explosions interrompaient ces pacifiques discussions. Lorsque les Girondins avaient proposé la mise en accusation de Marat pour ses écrits violents, Danton s'était écrié: «N'entamez pas la Convention», et Robespierre avait également essayé de s'opposer à l'adoption d'un décret qui devait être suivi, hélas! de bien d'autres décrets analogues. Les Girondins ne firent que ménager à l'*Ami du peuple* un triomphe éclatant.

On sait comment ils finirent par sombrer dans les journées du 31 mai et du 2 juin, sous l'irrésistible impulsion du peuple de Paris, qu'ils avaient exaspéré. Depuis huit mois qu'ils étaient en possession du pouvoir, ils n'avaient su que troubler le pays et l'Assemblée par leurs haines implacables et leurs rancunes immortelles. «Encore quelques mois d'un pareil gouvernement, a écrit leur chantre inspiré, et la France, à demi conquise par l'étranger, reconquise par la contre-révolution, dévorée par l'anarchie, déchirée de ses propres mains, aurait cessé d'exister et comme république et comme nation. Tout périssait entre les mains de ces hommes de paroles. Il fallait ou se résigner à périr avec eux ou fortifier le gouvernement[5].

[Note 5: Les *Girondins*, par M. de Lamartine. T. VI, p. 155.]

Les journées des 31 mai et 2 juin, que trois mois après le 9 thermidor, Robert Lindet qualifiait encore de «grandes, heureuses, utiles et nécessaires», ne coûtèrent pas une goutte de sang au pays, et vraisemblablement les Girondins n'auraient pas été immolés, s'ils n'avaient point commis le crime de soulever une partie de la France contre la Convention.

V

«La liberté ne sera point terrible envers ceux qu'elle a désarmés, s'était écrié Saint-Just, dans la séance du 8 juillet 1793, en terminant son rapport sur les Girondins décrétés d'accusation à la suite du 31 mai. Proscrivez ceux qui ont fui pour prendre les armes ... non pour ce qu'ils ont dit, mais pour ce qu'ils ont fait; jugez les autres et pardonnez au plus grand nombre, l'erreur ne doit pas être confondue avec le crime, et vous n'aimez point à être sévères.»

Mais le décret, rendu à la suite de ce rapport, ne proscrivait que neuf représentants, qui s'étaient mis en état de rébellion dans les départements de l'Eure, du Calvados et de Rhône-et-Loire, et ne frappait d'accusation que les députés Gensonné, Guadet, Vergniaud, Gardien et Mollevault. Cela parut infiniment trop modéré aux ardents de la Montagne, aux futurs Thermidoriens.

Le 3 octobre, Amar parut à la tribune pour donner lecture d'un nouveau rapport contre les Girondins, au nom du comité de Sûreté générale. Quarante-six députés, cette fois, étaient impliqués dans l'affaire et renvoyés devant le tribunal révolutionnaire. Mais ce n'était pas tout. Amar termina son rapport par la lecture d'une protestation, restée secrète jusque-là, contre les événements des 31 mai et 2 juin, et portant les signatures de soixante-treize membres de l'Assemblée, dont il réclama l'arrestation immédiate.

Cette mesure parut insuffisante à quelques membres qui, appuyés par le rapporteur, proposèrent, aux applaudissements d'une partie de l'Assemblée, de décréter également d'accusation les soixante-treize signataires de la protestation. C'était le glaive suspendu sur les têtes de ces malheureux. Où donc étaient alors ceux qui, depuis, se sont donnés comme ayant voulu les sauver? L'Assemblée allait les livrer au bourreau quand Robespierre, devenu, depuis le mois de juillet, membre du comité de Salut public, s'élança à la tribune. En quelques paroles énergiques, il montra combien il serait injuste et impolitique de livrer au bourreau les signataires dont on venait de voter l'arrestation, et dont la plupart étaient des hommes de bonne foi, qui n'avaient été qu'égarés.

L'Assemblée, ramenée à de tout autres sentiments, ne resta pas sourde à ce langage généreux, et, au milieu des applaudissements décernés au courageux orateur, elle se rangea à son avis. Les soixante-treize étaient sauvés.

Les témoignages de reconnaissance n'ont pas manqué à Robespierre, témoignages que les Thermidoriens avaient eu grand soin de dissimuler. Fort heureusement nous avons pu les faire revenir au jour. Je me contenterai d'en citer quelques-uns.

«Citoyen notre collègue, lui écrivaient, au nom de leurs compagnons d'infortune, le 29 nivôse an II, les députés Hecquet, Queinec, Arnault, Saint-Prix, Blad et Vincent, nous avons emporté, du sein de la Convention et dans notre captivité, un sentiment profond de reconnaissance, excité par l'opposition généreuse que tu formas le 3 octobre, à l'accusation proposée contre nous. La mort aura flétri notre coeur avant que cet acte de bienfaisance en soit effacé.»

Écoutez Garilhe, député de l'Ardèche à la Convention: «La loyauté, la justice et l'énergie que vous avez développées le 3 octobre, en faveur des signataires de la déclaration du 6 juin, m'ont prouvé que, de même que vous savez, sans autre passion que celle du bien public, employer vos talents à démasquer les traîtres, de même vous savez élever votre voix avec courage en faveur de l'innocent trompé. Cette conduite généreuse m'inspire la confiance de m'adresser à vous....»

Lisez enfin ces quelques lignes écrites de la Force à la date du 3 messidor an II (21 juin 1794), c'est-à-dire un peu plus d'un mois avant le 9 thermidor, et signées de trente et un Girondins: «Citoyen, tes collègues détenus à la Force t'invitent à prendre connaissance de la lettre dont ils t'envoient copie. Ils espèrent que, conséquemment à tes principes, tu l'appuieras. Quoique nous te devions beaucoup, nous ne te parlerons point de notre reconnaissance, il suffit de demander justice à un républicain tel que toi.»

Combien y en a-t-il qui, après Thermidor, se souviendront de ce cri de reconnaissance? C'est triste à dire, mais beaucoup, comme Boissy-d'Anglas, qui comparait alors Robespierre à Orphée, feront chorus avec les calomniateurs de celui qui les avait arrachés à la mort.

VI

C'était le temps où, suivant l'expression du général Foy, la France accomplissait son colossal effort. Sans doute, on peut maudire les sévérités de 1793, mais il est impossible de ne pas les comprendre. Croit-on que c'est avec des ménagements que la République serait parvenue à rejeter l'Europe coalisée et les émigrés en armes au delà du Rhin, à écraser la Vendée, à faire rentrer sous terre l'armée des conspirateurs? Comme tous ses collègues du comité de Salut public et de la Convention, Robespierre s'associa à toutes les mesures inflexibles que commandait la situation.

Mais, plus que ses collègues du comité, il eut le courage de combattre les excès inutiles, ce qu'il appelait «l'exagération systématique des faux patriotes» et les fureurs anarchiques si propres à déconsidérer la Révolution française. «La sagesse seule peut fonder une République, disait-il, le 27 brumaire (17 novembre 1793), à la Convention. Soyez dignes du peuple que vous représentez; le peuple hait tous les excès.»

Avec Danton, il s'éleva courageusement contre les saturnales de la déprêtrisation et l'intolérance de quelques sectaires qui transformaient la dévotion en crime d'État. «De quel droit, s'écriait-il, le 1er frimaire, aux Jacobins, des hommes inconnus jusqu'ici dans la carrière de la Révolution viendraient-ils troubler la liberté des cultes au nom de la liberté? De quel droit feraient-ils dégénérer les hommages rendus à la vérité pure en des farces éternelles et ridicules? Pourquoi leur permettrait-on de se jouer ainsi de la dignité du peuple et d'attacher les grelots de la folie au sceptre même de la philosophie? La Convention ne permettra pas qu'on persécute les ministres paisibles du culte. On a dénoncé des prêtres pour avoir dit la messe. Celui qui veut les empêcher est plus fanatique que celui qui dit la messe.» Il faut avouer que si c'était là de la *religiosité*, il y avait quelque courage à en faire parade, au moment où l'on emprisonnait comme suspects ceux qui allaient aux vêpres, et où, malgré son immense influence morale et sa qualité de membre du comité de Salut public, il lui fut impossible, à lui Robespierre, de réprimer ces odieux excès.

Quelques jours après, Danton disait à la Convention: «Si nous n'avons pas honoré le prêtre de l'erreur et du fanatisme, nous ne voulons pas plus honorer le prêtre de l'incrédulité. Nous voulons servir le peuple. Je demande qu'il n'y ait plus de mascarade antireligieuse.»

Le 15 frimaire, Robespierre, revenant encore sur le même sujet, demandait instamment à la Convention qu'on empêchât les autorités particulières de servir les ennemis de la République par des mesures irréfléchies et qu'il fût sévèrement interdit à toute force armée de s'immiscer dans ce qui appartenait aux opinions religieuses.

Écoutons-le encore, le 18 pluviôse, stigmatisant les exagérés de sa mordante ironie: «Faut-il reprendre nos forteresses? ils veulent prendre d'assaut les églises et escalader le ciel; ils oublient les Autrichiens pour faire la guerre aux dévotes. Faut-il appuyer notre cause de la fidélité de nos alliés? ils déclameront contre tous les gouvernements, et vous proposeront de mettre en état d'accusation le Grand Mogol lui-même.... Vous ne pourriez jamais vous imaginer certains excès commis par des contre-révolutionnaires hypocrites pour flétrir la cause de la Révolution.»

Épuisé par ces luttes continuelles, il tomba malade à cette époque, et, pendant trois semaines (du 30 pluviôse au 23 ventôse), il fut obligé de garder la chambre. Quand il reparut, l'hébertisme, foudroyé par le *Vieux Cordelier* de Camille Desmoulins et par un virulent rapport de Saint-Just à la Convention, était terrassé, et ses plus ardents sectaires, accusés d'avoir conspiré le renversement de la Convention, étaient livrés au tribunal révolutionnaire.

Mais ce coup porté aux exagérés eut cela de funeste qu'il engagea certains membres des comités de Salut public et de Sûreté générale à poursuivre ceux qui s'étaient le plus violemment déchaînés contre les hébertistes et qu'on appelait les *Indulgents*. Depuis quelque temps déjà, Danton et Camille Desmoulins, considérés comme les chefs de ce parti, après avoir tant poussé eux-mêmes aux mesures extrêmes, avaient été l'objet des plus amères dénonciations. A diverses reprises, Robespierre défendit, avec une énergie suprême, à la Convention et aux Jacobins, ses deux amis et compagnons d'armes dans la carrière de la Révolution. Pourquoi aurait-il attaqué Camille? Est-ce que le *Vieux Cordelier* n'est pas d'un bout à l'autre un véritable dithyrambe en son honneur[6]. Le jour où, au sein du comité de Salut public, Billaud-Varenne proposa la mise en accusation de Danton, Robespierre se leva comme un furieux en s'écriant que l'on voulait perdre les meilleurs patriotes[7].

[Note 6: Un journal a récemment publié certains extraits du numéro 7 du *Vieux Cordelier*, défavorables à Robespierre. Mais ce numéro 7, arrangé ou non après coup, n'a paru que six mois après la mort de Camille Desmoulins, un mois après celle de Robespierre; celui-ci n'avait donc pu s'en montrer froissé.]

[Note 7: Déclaration de Billaud-Varenne dans la séance du 9 thermidor.]

Robespierre ne consentit à abandonner Danton que lorsqu'on fut parvenu à faire pénétrer dans son esprit la conviction que Danton s'était laissé corrompre, conviction partagée par l'intègre Cambon. Dans son procès, Danton a parlé, sans les nommer, des deux plats coquins qui l'avaient perdu dans l'esprit de Robespierre. Quoiqu'il en soit, le sacrifice de Danton et de ses amis fut un grand malheur. «Soixante-quatre ans se sont écoulés depuis le jour où la Convention nationale a immolé Danton, ai-je écrit dans mon

Histoire de Saint-Just, et, depuis cette époque, les historiens n'ont cessé d'agiter les discussions autour de ce fatal holocauste. Les uns ont cherché à le justifier; les autres se sont efforcés d'en rejeter tout l'odieux sur Robespierre; les uns et les autres sont, je crois, hors de la vérité. La mort de Danton a été une irréprochable faute; mais elle n'a pas été le fait particulier de celui-ci ou de celui-là, elle a été le fait de la Convention entière; ça été le crime, je me trompe, ça été la folie de tous[8].» La mort de Danton fut un coup de bascule, une sorte de revanche de celle des hébertistes; mais ce n'en fut pas moins une proie nouvelle jetée à la réaction[9].

[Note 8: *Histoire de Saint-Just*, édition princeps, p. 444.]

[Note 9: J'ai sous les yeux le mandat d'arrêt rendu contre les dantonistes par les comités de Salut public et de Sûreté générale. Il est écrit ou plutôt griffonné entièrement de la main de Barère tout en haut d'une grande feuille de papier bleuté, ne porte aucune date, et est ainsi conçu: «Les comités de Salut public et de Sûreté générale arrêtent que Danton, Lacroix (du département d'Eure-et-Loir), Camille Desmoulins et Philippeaux, tous membres de la Convention nationale, seront arrêtés et conduits dans la maison du Luxembourg pour y être gardés séparément et au secret….»

La première signature est celle de Billaud-Varenne; il était naturel que le principal instigateur de la mesure signât le premier. Puis ont signé, dans l'ordre suivant: Vadier, Carnot, Le Bas, Louis (du Bas-Rhin) Collot-d'Herbois, Barère, Saint-Just, Jagot, C.-A. Prieur, Couthon, Dubarran, Voulland, Moïse Bayle, Amar, Élie Lacoste, Robespierre, Lavicomterie…. Un seul parmi les membres du comité de Salut public ne donna pas sa signature, ce fut Robert Lindet.

Carnot, qui a signé le troisième, s'est excusé plus tard en disant que, fidèle à sa doctrine de solidarité dans le gouvernement collectif, il n'avait pas voulu refuser sa signature à la majorité qu'il venait de combattre (*Mémoires sur Carnot*, t. 1er, page 369). Mauvaise excuse. Qui l'empêchait de faire comme Robert Lindet en cette occasion, ou comme fit Robespierre, en maintes autres circonstances, de s'abstenir? Mieux valait avouer que, comme Robespierre, il avait fini par céder aux obsessions de Billaud-Varenne.]

VII

Toutefois, il faut bien le dire, l'effet immédiat de cette sanglante tragédie, fut de faire rentrer sous terre la contre-révolution. L'idée républicaine, loin de s'affaiblir, éclata plus rayonnante que jamais, et se manifesta sous toutes les formes.

Au lendemain de la chute des dantonistes, la Convention, sur un rapport de Carnot, supprimait l'institution des ministères et la remplaçait par l'établissement de douze commissions, comprenant les diverses attributions des anciens ministères. Il y avait la commission de l'instruction publique, si négligée jadis, et qui, pour la première fois, figurait au rang des premiers besoins du pays.

Presque en même temps, dans un accès de sombre enthousiasme, l'Assemblée décrétait que tout individu qui usurperait la souveraineté du peuple serait mis à mort sur-le-champ, et que, dans le délai d'un mois, chacun de ses membres rendrait compte de sa conduite politique et de l'état de sa fortune. C'était là sans doute un décret très austère et personne moins que Robespierre ne pouvait en redouter les effets; il le critiqua néanmoins, parce qu'il craignit que les malveillants ne s'en fissent une arme contre les riches et ne portassent dans les familles une inquisition intolérable. Il était en cela fidèle au système de modération et de bon sens qui, quelques jours auparavant, l'avait engagé à défendre les signataires des fameuses pétitions des huit mille et des vingt mille, que certains énergumènes voulaient ranger en bloc dans la catégorie des suspects.

Jusqu'au dernier jour, il ne se départit pas du système qu'il avait adopté: guerre implacable, sans trêve ni merci, à tous les ennemis actifs de la République, à tous ceux qui conspiraient la destruction de l'ordre de choses résultant des principes posés en 1789; mais tolérance absolue à l'égard de ceux qui n'étaient qu'égarés. Il ne cessa de demander que l'on ne confondît pas l'erreur avec le crime et que l'on ne punît pas de simples opinions ou des préjugés incurables. Il voulait, en un mot, que l'on ne cherchât pas partout des coupables.

Nous le voyons, à la fin de germinal, refuser sa signature à la proscription du général Hoche, qui avait été arrêté à l'armée des Alpes sur un ordre écrit de Carnot et signé par ce dernier et Collot-d'Herbois. Le 22 germinal (11 avril 1794), le comité de Salut public eut à statuer sur le sort du général. Neuf de ses membres étaient présents: Barère, Carnot, Couthon, Collot-d'Herbois, C.-A. Prieur, Billaud-Varenne, Robespierre, Saint-Just et Robert Lindet. Deux étaient en mission aux armées, Jean-Bon Saint-André et Prieur (de la Marne), le douzième, Hérault-Séchelles, venait d'être guillotiné.

Le résultat des débats de cette séance du 22 germinal fut l'arrêté suivant: «Le comité de Salut public arrête que le général Hoche sera mis en état d'arrestation et conduit dans la maison d'arrêt dite des Carmes, pour y être détenu jusqu'à nouvel ordre.» Tous signèrent, tous excepté Robespierre qui, n'approuvant pas la mesure, ne voulut pas l'appuyer de l'autorité de son nom[10].

[Note 10: Ont signé, dans l'ordre suivant: Saint-Just, Collot-d'Herbois, Barère, C.-A. Prieur, Carnot, Couthon, Robert Lindet et Billaud-Varenne.— M. Hippolyte Carnot, dans ses *Mémoires sur Carnot*, fait figurer Robespierre au nombre des signataires de cet arrêté. C'est une grave erreur. Nous avons relevé nous-même cet arrêté sur les catalogues de M. Laverdet. Nous avons fait mieux, nous avons été consulter—ce que chacun peut faire comme nous—l'ordre d'écrou du général aux archives de la préfecture de police, et nous l'avons trouvé parfaitement conforme au texte de l'arrêté publié dans le catalogue Laverdet.]

Hoche n'ignora point qu'il avait eu Robespierre pour défenseur au Comité de Salut public, et, le 1er prairial, il lui écrivit la lettre suivante que nous avons révélée à l'histoire: «L. Hoche à Robespierre. Le soldat qui a mille fois bravé la mort dans les combats ne la craint pas sur l'échafaud. Son seul regret est de ne plus servir son pays et de perdre en un moment l'estime du citoyen qu'il regarda de tout temps comme son génie tutélaire. Tu connais, Robespierre, la haute opinion que j'ai conçue de tes talents et de tes vertus; les lettres que je t'écrivis de Dunkerque[11] et mes professions de foi sur ton compte, adressées à Bouchotte et à Audoin, en sont l'expression fidèle; mais mon respect pour toi n'est pas un mérite, c'est un acte de justice, et s'il est un rapport sous lequel je puisse véritablement t'intéresser, c'est celui sous lequel j'ai pu utilement servir la chose publique. Tu le sais, Robespierre, né soldat, soldat toute ma vie, il n'est pas une seule goutte de mon sang que je n'ai (*sic*) consacré (*sic*) à la cause que tu as illustrée. Si la vie, que je n'aime que pour ma patrie, m'est conservée, je croirai avec raison que je la tiens de ton amour pour les patriotes. Si, au contraire, la rage de mes ennemis m'entraîne au tombeau, j'y descendrai en bénissant la République et Robespierre. L. HOCHE.» Cette lettre ne parvint pas à son adresse[12]. Hoche était certainement de ceux auxquels Robespierre faisait allusion lorsque, dans son discours du 8 thermidor, il reprochait aux comités de persécuter les généraux patriotes[13].

[Note 11: Ces lettres ont disparu. C'est encore là un vol fait à l'histoire par les Thermidoriens.]

[Note 12: Cette lettre de Hoche à Robespierre a été trouvée dans le dossier de Fouquier-Tinville, accompagnée de celle-ci: «Je compte assez, citoyen, sur ton attachement aux intérêts de la patrie pour être persuadé que tu voudras bien remettre la lettre ci-jointe à son adresse. L. Hoche.»—Fouquier garda la lettre. On voit avec quel sans façon le fougueux accusateur public agissait à l'égard de Robespierre. (*Archives*, carton W 136, 2e dossier, cotes 90 et 91).]

[Note 13: On lit dans les *Mémoires sur Carnot*, par son fils, t. I, p. 450: «J'avais sauvé la vie à Hoche avec beaucoup de peine, du temps de Robespierre, et je l'avais fait mettre en liberté *immédiatement* après Thermidor.» C'est là une allégation démentie par tous les faits. Hoche ne recouvra sa liberté ni le 11, ni le 12, ni le 13 thermidor, c'est-à-dire au moment où une foule de gens notoirement ennemis de la Révolution trouvaient moyen de sortir des prisons où ils avaient été enfermés.

Hoche n'obtint sa liberté, à grand peine, que le 17. Voici l'arrêté, qui est de la main de Thuriot: «Le 17 Thermidor de l'an II…. Le comité de Salut public arrête que Hoche, ci-devant général de l'armée de la Moselle, sera sur-le-champ mis en liberté, et les scellés, apposés sur ses papiers, levés…. Signé Thuriot, Collot-d'Herbois, Tallien, P.-A. Lalloy, C.-A. Prieur, Treilhard, Carnot. (*Archives*, A. T. II, 60.)]

Ce fut surtout dans son rapport du 18 floréal, sur les fêtes décadaires, que Robespierre s'efforça d'assurer le triomphe de la modération et de la tolérance religieuse, sans rien diminuer de l'énergie révolutionnaire qui lui paraissait nécessaire encore pour assurer le triomphe de la République.

C'était Danton qui, le premier, avait réclamé, à la Convention, le culte de l'Être suprême. «Si la Grèce eut ses jeux Olympiques, disait-il, dans la séance du 6 frimaire an II (26 novembre 1793), la France solennisera aussi ses jours sans-culottides. Le peuple aura des fêtes dans lesquelles il offrira de l'encens à l'Être suprême, le maître de la nature; car nous n'avons pas voulu anéantir la superstition pour établir le règne de l'athéïsme.»

On voit combien, sur ce point, il marchait d'accord avec Robespierre, et l'on ne peut que déplorer qu'il n'ait plus été là pour soutenir avec lui les saines notions de la sagesse et de la raison.

Dans la reconnaissance de l'Être suprême, qui fut avant tout un acte politique, Robespierre vit surtout le moyen de rassurer les âmes faibles et de ramener le triomphe de la raison «qu'on ne cessait d'outrager, dit-il, par des violences absurdes, par des extravagances concertées pour la rendre ridicule, et qu'on ne semblait reléguer, dans les temples, que pour la bannir de la République».

Mais, en même temps, il maintenait strictement la liberté des cultes, maintes fois déjà défendue par lui, et qui ne sombra tout à fait qu'après le 9 thermidor. «Que la liberté des cultes, ajoutait-il, soit respectée pour le triomphe même de la raison.» Et l'article XI du décret rendu à la suite de ce rapport, et par lequel la Convention instituait des fêtes décadaires pour rappeler l'homme à la pensée de la Divinité et à la dignité de son être portait: «La liberté des cultes est maintenue, conformément au décret du 18 frimaire.»

Il fut décidé, en outre, qu'une fête en l'honneur de l'Être suprême serait célébrée le 2 prairial, fête qui fut remise au 20, et à laquelle Robespierre dut présider, comme président de la Convention.

C'étaient donc la liberté de conscience et la tolérance religieuse qui triomphaient, et c'est ce qui explique pourquoi le rapport du 18 floréal souleva, dans la France entière, des acclamations presque unanimes.

CHAPITRE DEUXIÈME

Le lendemain de la Fête de l'Être suprême.—Projet d'arrêter la Terreur.—La commission d'Orange.—Les commissions populaires.—La loi de prairial.— Dénégations mensongères.—Séance du 22 prairial à la Convention.— Protestation de Bourdon (de l'Oise).—Fausses interprétations.—Bourdon apostrophé.—Tallien pris en flagrant délit de mensonge.—Mensonge historique.—Deux lettres de Tallien.—Sa mission à Bordeaux.—Thérézia Cabarrus et Tallien.—Fouché, le futur duc d'Otrante.—Robespierre lui demande compte du sang versé par le crime.—Séance du 23 prairial aux Jacobins.—Les conjurés de Thermidor.—Prétendues listes de proscrits.

I

Nous sommes au lendemain de la fête de l'Être suprême, à laquelle Robespierre, comme on l'a vu, avait présidé en sa qualité de président de quinzaine de la Convention, et où il était apparu comme un modérateur.

Si le décret relatif à l'Être suprême et à l'immortalité de l'âme avait été reçu par l'immense majorité des Français comme un rayon d'espérance et le gage d'une pacification prochaine à l'intérieur, il avait indisposé un certain nombre d'hébertistes de la Convention; mais, au fond, les ennemis de Robespierre, les Fouché, les Tallien, les Bourdon, les Courtois, se souciaient fort peu de Dieu ou de la déesse Raison; ils faisaient de l'irréligion un trafic, comme plus tard quelques-uns d'entre eux mettront leurs intérêts sous la sauvegarde de la religion restaurée. Ce qui les irrita le plus dans cette cérémonie imposante, ce fut le triomphe éclatant de celui dont déjà ils conspiraient la perte. Aux marques de sympathie de la foule pour le président de l'Assemblée, aux acclamations enthousiastes et affectueuses du peuple, ils répandirent par des cris de haine et de fureur. *«Voyez-vous comme on l'applaudit»!* disaient les uns en allant de rang en rang pour semer le soupçon contre lui dans le coeur de ses collègues[14]. *Il n'y a qu'un pas du Capitole à la roche Tarpéienne*, s'écriait celui-ci, parodiant un mot de Mirabeau; et celui-là, irrité des applaudissements qui marquaient sa présence, *Je te méprise autant que je t'abhorre*[15]. Bourdon (de l'Oise) fut celui qui se fit remarquer le plus par ses grossiers sarcasmes et ses déclamations indécentes[16].

[Note 14: Discours de Robespierre à la séance du 8 thermidor.]

[Note 15: Lecointre a revendiqué l'honneur de cette insulte; il faut le lui laisser tout entier. Ainsi, aux yeux de ce maniaque, le grand crime de Robespierre, c'était «des applaudissements qui marquaient sa présence». (*Conjuration formée dès le 5 prairial*, p. 3.)]

[Note 16: Notes de Robespierre sur certains députés. *Papiers inédits*, t. II, p. 19.]

Aux injures vomies par l'envie, Robespierre se contenta d'opposer le mépris et le dédain. N'avait-il pas d'ailleurs une compensation suffisante dans l'ovation dont il était l'objet, et les cris d'amour poussés à ses côtés n'étaient-ils pas assez puissants pour étouffer les discordantes clameurs de la haine? Aucune altération ne parut sur son visage, où se reflétait dans un sourire la joie universelle dont il était témoin. Les chants patriotiques entonnés sur la montagne symbolique élevée au milieu du champ de la Réunion, l'hymne de Chénier à l'Être suprême, qui semblait une paraphrase versifiée de ses discours, et auquel Gossec avait adapté une mélodie savante, tempérèrent, et au delà, pour le moment, l'amertume qu'on s'était efforcé de déposer dans son coeur. Mais quand, à la fin du jour, les derniers échos de l'allégresse populaire se furent évanouis, quand tout fut rentré dans le calme et dans le silence, il ne put se défendre d'un vague sentiment de tristesse en songeant à l'injustice et à la méchanceté des hommes. Revenu au milieu de ses hôtes, qui, mêlés au cortège, avaient eux-mêmes joui du triomphe de leur ami, il leur raconta comment ce triomphe avait été flétri par quelques-uns de ses collègues, et d'un accent pénétré, il leur dit: «Vous ne me verrez plus longtemps[17].» Lui, du reste, sans se préoccuper des dangers auxquels il savait sa personne exposée, ne se montra que plus résolu à combattre le crime sous toutes ses formes, et à demander compte à quelques représentants impurs du sang inutilement versé et des rapines exercées par eux.

[Note 17: Je ne trouve nulle trace de cette confidence dans le manuscrit de Mme Le Bas. Je la mentionne d'après M.A. Esquiros, qui la tenait de Mme Le Bas elle-même.]

II

Du propre aveu de Robespierre, le jour de la fête à l'Être suprême laissa dans le pays une impression de calme, de bonheur, de sagesse et de bonté[18]. On s'est souvent demandé pourquoi lui, le véritable héros de cette fête, lui sur qui étaient dirigés en ce moment les regards de la France et de l'Europe, n'avait pas profité de la dictature morale qu'il parut exercer en ce jour pour mettre fin aux rigueurs du gouvernement révolutionnaire? «Qu'il seroit beau, Robespierre», lui avait écrit, la veille même de la fête à l'Être suprême, le député Faure, un des soixante-treize Girondins sauvés par lui «(si la politique le permettoit) dans le moment d'un hommage aussi solennel, d'annoncer une amnistie générale en faveur de tous ceux qui ont résidé en France depuis le temps voulu par la loi, et dont seroient seulement exceptés les homicides et les fauteurs d'homicide[19].» Nul doute que Maximilien n'ait eu, dès cette époque, la pensée bien arrêtée de faire cesser les rigueurs inutiles et de prévenir désormais l'effusion du sang «versé par le crime». N'est-ce pas là le sens clair et net de son discours du 7 prairial, où il supplie la République de rappeler parmi les mortels la liberté et la justice exilées? Cette pensée, le sentiment général la lui prêtait, témoin cette phrase d'un pamphlétaire royaliste: «La fête de l'Être suprême produisit au dehors un effet extraordinaire; on crut véritablement que Robespierre allait fermer l'abîme de la Révolution, et peut-être cette faveur naïve de l'Europe acheva-t-elle la ruine de celui qui en était l'objet[20].» Rien de plus vrai. S'imagine-t-on, par exemple, que ceux qui avaient inutilement désolé une partie du Midi, ou mitraillé indistinctement à Lyon, ou infligé à Nantes le régime des noyades, ou mis Bordeaux à sac et à pillage, comme Barras et Fréron, Fouché, Carrier, Tallien, aient été disposés à se laisser, sans résistance, demander compte des crimes commis par eux? Or, avant de songer à supprimer la Terreur aveugle, sanglante, pour y substituer la justice impartiale, dès longtemps réclamée par Maximilien, il fallait réprimer les terroristes eux-mêmes, les révolutionnaires dans le sens du crime, comme les avait baptisés Saint-Just. Mais est-ce que Billaud-Varenne, est-ce que Collot-d'Herbois, entraînant avec eux Carnot, Barère et Prieur (de la Côte-d'Or), étaient hommes à laisser de sitôt tomber de leurs mains l'arme de la Terreur? Non, car s'ils abandonnèrent Robespierre, ce fut, ne cessons pas de le répéter avec Barère, l'aveu est trop précieux, ce fut parce qu'il voulut arrêter *le cours terrible* de la Révolution[21].

[Note 18: Discours du 8 thermidor.]

[Note 19: Lettre inédite de Faure, en date du 19 prairial.]

[Note 20: Mallet-Dupan. *Mémoires*, t. II, p. 99.]

[Note 21: Paroles de Barère à la séance du 10 thermidor.]

Il ne se décida pas moins à entrer résolument en lutte contre les scélérats «gorgés de sang et de rapines», suivant sa propre expression. Un de ces scélérats, de sinistre mémoire, venait d'être tout récemment condamné à mort par le tribunal révolutionnaire, pour s'être procuré des biens nationaux à vil prix en abusant de son autorité dans le district d'Avignon, où il commandait en qualité de chef d'escadron d'artillerie. C'était Jourdan Coupe-Tête, qui avait eu pour complice des vols et des dilapidations ayant motivé sa condamnation le représentant du peuple Rovère, un des plus horribles coquins dont la présence ait souillé la Convention nationale, et un de ceux dont Robespierre poursuivit en vain le châtiment [22]. Jourdan Coupe-Tête avait été dénoncé par Maignet.

[Note 22: Dénoncé aux Jacobins le 21 nivôse de l'an II (10 janvier 1794) comme persécutant les patriotes du Vaucluse, Rovère avait trouvé dans son ami Jourdan Coupe-Tête un défenseur chaleureux. (*Moniteur* du 1er pluviôse (20 janvier 1794.)) Il n'y a pas à demander s'il fut du nombre des Thermidoriens les plus acharnés. Un tel homme ne pouvait être que l'ennemi de Robespierre. Connu sous le nom de marquis de Fonvielle avant la Révolution, Rovère devint, après Thermidor, un des plus fougueux séides de la réaction. Déporté au 18 fructidor comme complice de machinations royalistes, il mourut un an après dans les déserts de Sinnamari.]

C'était ce même député, Maignet (du Puy-de-Dôme), qui s'était si vivement plaint, auprès du comité de Salut public, des excès commis à Marseille par Barras et Fréron; et, grâce à lui, la vieille cité phocéenne avait pu conserver son nom, dont l'avaient dépouillée ces coryphées de la faction thermidorienne. Placé au centre d'un département où tous les partis étaient en lutte et fomentaient des désordres chaque jour renaissants, Maignet avait fort à faire pour sauvegarder, d'une part les institutions républicaines dans le pays où il était en mission, et, de l'autre, pour éviter dans la répression les excès commis par les Fouché et les Fréron. Regardant comme impossible d'envoyer à Paris tous les prévenus de conspiration dans son département, comme le voulait le décret du 26 germinal, il demanda à être autorisé à former sur les lieux mêmes un tribunal extraordinaire.

Patriote intègre, à la fois énergique et modéré, connu et apprécié de Robespierre, Maignet n'avait pas à redouter un refus. Une commission composée de cinq membres, chargée de juger les ennemis de la Révolution dans les départements du Vaucluse et des Bouches-du-Rhône, fut en effet établie à Orange par arrêté du comité de Salut public en date du 21 floréal. L'établissement de cette commission fut l'oeuvre collective du comité de Salut public, et, longtemps après Thermidor, Billaud-Varenne put dire, sans être démenti, que la Convention n'avait point désapprouvé cette mesure de son comité[23].

[Note 23: Les diverses pièces relatives à la commission d'Orange sont signées par Collot-d'Herbois, Barère, Robespierre, Robert Lindet, Carnot, Billaud-Varenne et Couthon. Ces trois derniers ont même signé seuls les pièces les plus importantes. Voyez à ce sujet le rapport de Saladin, p. 50.]

Pareil accord présida à la formation des commissions populaires établies à Paris en vertu du décret du 23 ventôse. Ces commissions étaient chargées de dresser le recensement de tous les gens suspects à déporter aux termes de la loi des 8 et 13 ventôse, de prendre des renseignements exacts sur les individus détenus dans les prisons de Paris, et de désigner aux comités de Salut public et de Sûreté générale les patriotes qui se trouveraient en état d'arrestation. De semblables commissions pouvaient rendre les plus grands services; tout dépendait du patriotisme et de la probité de leurs membres. Aussi, leur fut-il recommandé de tenir une conduite digne du ministère imposant qu'ils avaient à remplir, de n'écouter jamais que la voix de leur conscience, d'être inaccessibles à toutes les sollicitations, de fuir enfin toutes les relations capables d'influencer leurs jugements. Ces commissions furent d'ailleurs composées d'hommes d'une probité rigoureuse et d'un patriotisme éprouvé[24]. En même temps, le comité de Salut public arrêta qu'au commencement de chaque décade l'accusateur public près le tribunal révolutionnaire lui remettrait les listes des affaires qu'il se proposait de porter au tribunal dans le courant de la décade[25]. Ce sont ces listes auxquelles nous verrons bientôt Robespierre refuser sa signature.

[Note 24: Séance du comité de Salut public des 24 et 25 floréal (13 et 14 mai 1794). Étaient présents: Barère, Carnot, Collot-d'Herbois, Couthon, Billaud-Varenne, Robespierre, C.-A. Prieur, Robert Lindet. (Registre des arrêtés et délibérations du comité de Salut public. *Archives*, 436 *a a* 73.)]

[Note 25: Séance du 29 floréal (14 mai 1794).]

III

Eh bien! il y eut, on peut l'affirmer, au sein du comité de Salut public, pour l'adoption du projet de loi connu sous le nom de loi du 22 prairial, une entente égale à celle qui avait présidé à l'établissement de la commission d'Orange et à la formation des commissions populaires.

Ancien magistrat, Couthon fut chargé, par ses collègues du comité, de rédiger le projet et de le soutenir devant la Convention. Un des articles, le seul peut-être qui devait susciter une violente opposition dans l'Assemblée, était celui qui donnait aux comités la faculté de traduire au tribunal révolutionnaire les représentants du peuple.

En voulant réagir contre les terroristes par la Terreur, en voulant armer les comités d'une loi qui leur permît de frapper avec la rapidité de la foudre les Tallien, les Fouché, les Rovère, ces hommes «gorgés de sang et de rapines», qui, forts déjà de leurs partisans et de leurs complices, trouvaient encore une sorte d'appui dans les formes de la procédure criminelle, les auteurs de la loi de prairial commirent une faute immense; mais ce ne fut pas la seule. Parce qu'ils avaient vu certains grands coupables échapper à la rigueur des lois, qui n'épargnait point les petits, ils crurent qu'il suffisait de la conscience des juges et des jurés pour juger les prévenus de conspiration contre la sûreté de la République; et parce que certains défenseurs rançonnaient indignement les accusés, parce que les malheureux étaient obligés de s'en passer, ils s'imaginèrent qu'il était plus simple de supprimer la défense; ce fut un tort, un tort irréparable, et que Robespierre a, Dieu merci! cruellement expié pour sa part, puisque cette loi de prairial est restée sur sa mémoire comme une tache indélébile. Jusqu'alors il n'avait coopéré en rien à aucune des lois de la Terreur, dont les législateurs principaux avaient été Cambacérès, Merlin (de Douai) et Oudot. Otez de la vie de Robespierre cette participation à la loi du 22 prairial, et ses ennemis seront bien embarrassés pour produire contre lui un grief légitime.

Ce qu'il y a de certain et d'incontestable, malgré les dénégations ultérieures des collègues de Maximilien, c'est que le projet de loi ne rencontra aucune espèce d'opposition de la part des membres du comité de Salut public, lequel avait été invité par décret, dès le 5 nivôse précédent, à réformer le tribunal révolutionnaire[26]. Tous les membres du Comité jugèrent bon le projet préparé par Couthon, puisqu'il ne donna lieu à aucune objection de leur part. Un jour, paraît-il, l'accusateur public, informé par le président Dumas qu'on préparait une loi nouvelle par laquelle étaient supprimés la procédure écrite et les défenseurs des accusés, se présenta au comité de Salut public, où il trouva Collot-d'Herbois, Billaud-Varenne, Carnot, Barère et C.-A. Prieur, auxquels il témoigna ses inquiétudes de ce qu'on abrogeait les interrogatoires et la défense des accusés. Fouquier-Tinville pris d'un tendre intérêt pour les prévenus! c'est à n'y pas croire. Ces membres du comité se bornèrent à lui répondre que «cet objet regardait Robespierre, *chargé du travail*[27]».

[Note 26: Article 1er du décret: «Le comité de Salut public fera dans le plus court délai son rapport sur les moyens de perfectionner l'organisation du tribunal révolutionnaire.» *Moniteur* du 7 nivôse (27 décembre 1793.)]

[Note 27: Mémoire pour Antoine Quentin-Fouquier…, cité dans l'*Histoire parlementaire*, t. XXXIV, p. 247.]

Or, s'ils avaient soulevé la moindre objection contre le projet de loi confié aux soins de Couthon, Fouquier-Tinville n'eût pas manqué de le rappeler, car ils étaient debout et puissants encore, et l'ex-accusateur public avait tout intérêt à s'attirer leurs bonnes grâces.

Plus tard, il est vrai, certains d'entre eux, devenus à leur tour l'objet de graves accusations, essayèrent de rejeter sur Robespierre et sur Couthon seuls la responsabilité de cette loi; ils poussèrent le mépris de la vérité jusqu'à prétendre qu'elle avait été présentée à la Convention sans que les comités eussent été même avertis, et ils inventèrent cette fameuse scène qui aurait eu lieu au comité, le matin même du 23 prairial, dans laquelle Billaud-Varenne, apostrophant Robespierre, lui aurait reproché d'avoir porté seul «de décret abominable qui faisait l'effroi des patriotes». A quoi Maximilien aurait répondu en accusant Billaud de défendre ses ennemis et en reprochant aux membres du comité de conspirer contre lui. «Tu veux guillotiner la Convention»! aurait répliqué Billaud.—Nous sommes en l'an III, ne l'oublions pas, et Billaud-Varenne avait grand intérêt à se poser comme un des défenseurs de l'Assemblée.—Alors Robespierre, avec agitation: «Vous êtes tous témoins que je ne dis pas que je veuille faire guillotiner la Convention nationale.» Je te connais maintenant, aurait-il ajouté, en s'adressant à Billaud; et ce dernier lui aurait répondu: «Et moi aussi je te connais *comme un contre- révolutionnaire*[28].» Tout cela doit être sorti de l'imagination féconde de Barère, car dans sa réponse particulière à Lecointre, Billaud fait à peine allusion à cette scène[29]. Homme probe et rigide au fond, Billaud eût hésité à appuyer sa justification sur des mensonges dont sa conscience avait horreur. Il faut être, en vérité, d'une insigne mauvaise foi ou d'une bien grande naïveté, pour accepter bénévolement les explications des membres des anciens comités. La Convention ne s'y laissa pas prendre, et elle eut raison; il lui suffit de se rappeler avec quelle ardeur Barère et même Billaud-Varenne défendirent, comme on le verra tout à l'heure, cette néfaste loi du 22 prairial. Saladin, arraché au bourreau par Robespierre, se chargea de répondre au nom des vaincus de Thermidor, muets dans leurs tombes[30].

[Note 28: Voy. la *Réponse des anciens membres des comités aux imputations de Lecointre*, p. 38, 39, et la note de la page 108.]

[Note 29: *Réponse de J.-N. Billaud à Lecointre*, p. 56.]

[Note 30: Rapport de Saladin, p. 55. «On vous a dit, s'écriait Clauzel, dans la séance du 12 vendémiaire de l'an III (3 octobre 1794), que c'était pendant les quatres décades que Robespierre s'était éloigné du comité, que nos armées avaient remporté tant de victoires; eh bien! tous les massacres du tribunal révolutionnaire ne se sont-ils pas commis pendant ces quatre décades?» (*Moniteur*, du 14 vendémiaire, an III).]

La scission qui n'allait pas tarder à éclater entre Robespierre et quelques-uns de ses collègues du comité de Salut public n'eut donc point pour cause cette loi du 22 prairial, mais bien l'application désastreuse qu'on en fit, et surtout la merveilleuse et criminelle habileté avec laquelle certains Conventionnels menacés, aussi habiles à manier l'intrigue que prompts à verser le sang, semèrent le soupçon contre lui dans l'âme de quelques patriotes ardents. Au reste, transportons nous au milieu de la Convention nationale, et nous verrons si les discussions auxquelles donna lieu la loi du 22 prairial ne sont pas la démonstration la plus péremptoire de notre thèse.

IV

Robespierre présidait. Le commencement de la séance avait été rempli par un discours de Barère sur le succès de nos armes dans le Midi; Barère était, comme on sait, le narrateur officiel des victoires de la République. Les membres des comités de Sûreté générale et de Salut public étaient à peu près au complet, lorsque Couthon, après avoir rendu compte lui-même de quelques prises maritimes, présenta, au nom du comité de Salut public, son rapport sur le tribunal révolutionnaire et les modifications demandées par la Convention.

Ce qu'il y avait surtout d'effrayant dans la nouvelle organisation de ce tribunal révolutionnaire institué pour punir les ennemis du peuple, et qui désormais ne devait plus appliquer qu'une seule peine, la mort, c'était la nomenclature des signes auxquels se pouvaient reconnaître les ennemis du peuple. Ainsi étaient réputés tels ceux qui auraient provoqué le rétablissement de la royauté ou la dissolution de la Convention nationale, ceux qui auraient trahi la République dans le commandement des places ou des armées, les fauteurs de disette, ceux qui auraient abusé des lois révolutionnaires pour vexer les citoyens, etc. C'était là des définitions bien vagues, des questions laissées à l'appréciation du juge.

Ah! certes, si la conscience humaine était infaillible, si les passions pouvaient ne pas s'approcher du coeur de l'homme investi de la redoutable mission de juger ses semblables, on comprendrait cette large part laissée à l'interprétation des jurés, dont la conviction devait se former sur toute espèce de preuve morale ou matérielle, verbale ou écrite; mais, en politique surtout, ne faut-il pas toujours compter avec les passions en jeu? Si honnêtes, si probes qu'aient été la plupart des jurés de la Révolution, ils étaient hommes, et partant sujets à l'erreur. Pour n'avoir point pris garde à cela, les auteurs de la loi de prairial se trouvèrent plus tard en proie aux anathèmes d'une foule de gens appelés, eux, à inonder la France de tribunaux d'exception, de cours prévôtales, de chambres étoilées, de commissions militaires jugeant sans l'assistance de jurés, et qui, pour de moins nobles causes, se montrèrent plus impitoyables que le tribunal révolutionnaire.

Il y avait, du reste, dans cette loi de prairial, dont on parle trop souvent sans la bien connaître, certains articles auxquels on ne doit pas se dispenser d'applaudir. Comment, par exemple, ne pas approuver la suppression de l'interrogatoire secret, celle du résumé du président, qui est resté si longtemps le complément inutile de nos débats criminels, où le magistrat le plus impartial a beaucoup de peine à maintenir égale la balance entre l'accusation et la défense? Enfin, par un sentiment de défiance trop justifié, en prévision du cas où des citoyens se trouveraient peut-être un peu légèrement livrés au tribunal par des sociétés populaires ou des comités révolutionnaires égarés, il était spécifié que les autorités constituées n'auraient le droit de traduire personne au tribunal révolutionnaire sans en référer au préalable aux comités de Salut public et de Sûreté générale. C'était encore une excellente mesure que celle par laquelle il était enjoint à l'accusateur public de faire appeler les témoins qui pourraient aider la justice, sans distinction de témoins à charge et à décharge[31]. Quant à la suppression des défenseurs officieux, ce fut une faute grave et, ajoutons-le, une faute inutile, car les défenseurs ne s'acquittaient pas de leur mission d'une manière compromettante pour la Révolution, tant s'en faut[32]! Ce fut très probablement parce qu'ils s'étaient convaincus de l'inefficacité de leur ministère, que les rédacteurs de la loi de prairial prirent le parti de le supprimer; mais, en agissant ainsi, ils violèrent un principe sacré, celui du droit de la défense, et ils ont donné aux malédictions hypocrites de leurs ennemis un semblant de raison.

[Note 31: Voyez le rapport de Couthon et le décret portant réorganisation du tribunal, dans le *Moniteur* du 24 prairial (12 juin 1794.)]

[Note 32: Voici ce que, le 20 germinal de l'an II (9 avril 1794), écrivait «aux citoïens composant le tribunal révolutionnaire» le plus célèbre des défenseurs officieux, celui auquel la réaction a tressé le plus de couronnes, Chauveau-Lagarde: «Avant même que le tribunal eût arrêté de demander aux défenseurs officieux des certificats de civisme, j'ai prouvé par ma conduite combien cette mesure est dans mes principes: j'avois déjà obtenu de l'assemblée générale de ma section l'inscription préliminaire; j'aurois même depuis longtemps mon certificat si la distribution n'en avoit été suspendue par l'ordre de la commune, et je ne doute pas que, lorsque je le demanderai, l'on ne me l'accorde sans difficulté, si l'on ne consulte que les preuves de patriotisme que j'ai données avant et depuis la Révolution.

«Mais j'ai le malheureux honneur d'être défenseur au tribunal révolutionnaire, et cette qualité seule suffit pour inspirer de l'ombrage aux patriotes qui ne savent pas de quelle manière j'ai exercé ces fonctions.

«D'ailleurs, parmi tous ceux qui suivent aujourd'hui la même carrière, il n'en est pas à qui ce titre puisse nuire autant qu'à moi; si l'on sait bien que j'ai défendu la *Capet* et la *Cordai*, l'on ignore que le tribunal m'avoit nommé d'office leur défenseur, et cette erreur est encore propre à m'aliéner l'esprit de ceux de mes concitoïens qui seroient, du reste, les plus disposés à me rendre justice.

«Cependant, citoïens, votre intention, en exigeant de nous un certificat de civisme, n'est pas qu'un titre *honnorable* et votre confiance, plus *honnorable* encore, me tachent d'incivisme.

«Je demande que le tribunal veuille bien m'accorder, s'il croit que je ne l'ai pas démérité, un témoignage ostensible de sa bienveillance, en déclarant dans les termes et dans la forme qu'il jugera convenables, de quelle manière je remplis comme citoïen mes devoirs de défenseur, et jusqu'à quel point je suis digne, sous ce rapport de son estime.—Chauveau.

«Ce 20 germinal, l'an deux de la République, une et indivisible.»

La suscription porte: Au citoïen Dumas, président du tribunal révolutionnaire.»

L'original de cette lettre est aux *Archives*.]

Couthon avait à peine terminé la lecture du décret, qu'un patriote connu, le député Ruamps, en réclamait l'ajournement. Lecointre (de Versailles) appuya la proposition. Alors Barère demanda s'il s'agissait d'un ajournement indéfini. «Non, non», s'écrièrent plusieurs voix. «Lorsqu'on propose une loi tout en faveur des patriotes», reprit Barère, «et qui assure la punition prompte des conspirateurs, les législateurs ne peuvent avoir qu'un voeu unanime»; et il demanda que l'ajournement ne dépassât pas trois jours.—«Deux seulement», répliqua Lecointre.

On voit avec quelle impudence mentirent les membres du comité quand, après Thermidor, ils prétendirent que le décret avait été présenté pour ainsi dire à leur insu. Robespierre quitta le fauteuil pour combattre toute espèce d'ajournement, et l'on put connaître par ses paroles que les tentatives d'assassinat dont certains représentants avaient été l'objet n'étaient pas étrangères aux dispositions rigoureuses de la loi. Le nouveau décret augmentait, dans une proportion assez notable, le nombre des jurés. Or, chaque jour, le tribunal passait quelques heures sans pouvoir remplir ses fonctions, parce que les jurés n'étaient pas au complet. Robespierre insista surtout sur cette considération. Depuis deux mois l'Assemblée n'avait-elle pas réclamé du comité une loi plus étendue encore que celle qu'on présentait aujourd'hui? Pourquoi donc un ajournement? La loi n'était-elle pas entièrement en faveur des patriotes et des amis de la liberté? Était-il naturel de venir élever une sorte de barrière entre des hommes également épris de l'amour de la République?—Dans la résistance au décret, Maximilien avait bien aperçu la main des ennemis du comité de Salut public; ce n'étaient pas encore les siens seulement.—Aussi se plaignit-il de voir une coalition se former contre un gouvernement qui se dévouait au salut de la patrie. «Citoyens, on veut vous diviser».—Non, non, s'écria-t-on de toutes parts, on ne nous divisera pas.—«Citoyens, reprit Robespierre, on veut vous épouvanter.» Il rappela alors que c'était lui qui avait sauvé une partie de la Convention des poignards aiguisés contre elle par des hommes animés d'un faux zèle. «Nous nous exposons aux assassins particuliers pour poursuivre les assassins publics», ajouta-t-il. «Nous voulons bien mourir, mais que la Convention et la patrie soient sauvées!»

Bourdon (de l'Oise) protesta que ni lui ni ses amis ne voulaient entraver la marche de la justice nationale—ce qui était parfaitement vrai—à la condition qu'elle ne les atteignît pas.—Il proposa donc à l'Assemblée de voter, dès à présent, l'article relatif aux jurés, et d'ajourner quant au reste. Robespierre insista pour que le projet de loi fût voté article par article et séance tenante, ce qui fut aussitôt décrété. Cela, certes, témoigne de l'influence de Maximilien sur la Convention à cette époque; mais cette influence, toute morale, ne lui donnait pas un atome de plus de pouvoir réel, et nous le verrons bientôt se dépouiller volontairement, en quelque sorte, de ses fonctions de membre du comité de Salut public, quand il se trouvera dans l'impuissance d'empêcher les maux auxquels il aurait voulu remédier. Les articles du projet de loi furent successivement adoptés, après une courte discussion et sans changements notables.

Ce jour-là même expiraient les pouvoirs du comité de Salut public; Couthon en prévint l'Assemblée, le comité ne pouvant continuer de les exercer sans l'assentiment de la Convention nationale, laquelle, du reste, s'empressa, suivant sa coutume, d'en voter le renouvellement. La Convention votait-elle ici sous une pression quelconque? Oui, sous l'impérieuse nécessité du salut public, qui lui commandait de ne pas rompre en ce moment l'unité du gouvernement. Mais était-elle *terrorisée*, comme l'ont prétendu tant d'écrivains? En aucune façon, car le comité de Salut public n'avait pas un soldat pour la forcer à voter, et il était aussi facile à l'Assemblée de briser l'homogénéité du comité au 22 prairial qu'au 9 thermidor. Soutenir le contraire, en se prévalant de quelques lâches déclarations, c'est gratuitement jeter l'insulte à une Assemblée à la majorité de laquelle on ne saurait refuser une grande âme et un grand coeur.

V

Aucun membre de la droite ou du centre, ne se leva pour protester contre la loi nouvelle. Seuls, quelques membres, qui se croyaient menacés, virent dans certains articles du décret une atteinte aux droits de l'Assemblée. Mais ils ne se demandèrent pas si dans ce décret de prairial certaines règles de la justice éternelle n'étaient point violées; ils ne se demandèrent pas si l'on avait laissé intactes toutes les garanties dont doit être entouré l'accusé; non, ils songèrent à eux, uniquement à eux. De l'humanité, ils avaient bien souci!

Dès le lendemain, profitant de l'absence du comité de Salut public,—Voulland occupait le fauteuil—ils jetèrent les hauts cris presque au début de la séance conventionnelle. En vain Robespierre avait-il affirmé que le comité n'avait jamais entendu rien innover en ce qui concernait les représentants du peuple[33], il leur fallait un décret pour être rassurés. Bourdon (de l'Oise) manifesta hautement ses craintes et demanda que les représentants du peuple arrêtés ne pussent être traduits au tribunal révolutionnaire sans un décret préalable d'accusation rendu contre eux par l'Assemblée. Aussitôt, le député Delbrel protesta contre les appréhensions chimériques de Bourdon, auquel il dénia le droit de se défier des intentions des comités[34]. Bourdon insista et trouva un appui dans un autre ennemi de Maximilien, dans Bernard (de Saintes), celui dont Augustin Robespierre avait dénoncé les excès dans le Doubs, après y avoir porté remède par tous les moyens en son pouvoir. On était sur le point d'aller aux voix sur la proposition de Bourdon, quand le jurisconsulte Merlin (de Douai) réclama fortement la question préalable en se fondant sur ce que le droit de l'Assemblée de décréter elle-même ses membres d'accusation et de les faire mettre en jugement était un droit inaliénable. L'Assemblée se rendit à cette observation, et, adoptant le considérant rédigé par Merlin, décréta qu'il n'y avait lieu à délibérer [35].

[Note 33: Discours du 8 thermidor, p. 10 et 12.]

[Note 34: Député du Lot à la Convention, Delbrel fut un des membres du conseil des Cinq-Cents qui résistèrent avec le plus d'énergie au coup d'État de Bonaparte, et on l'entendit s'écrier au 19 brumaire que les baïonnettes ne l'effrayaient pas. Voy. le *Moniteur* du 20 brumaire an VIII (10 novembre).]

[Note 35: *Moniteur* du 24 prairial (12 juin 1794) et *Journal des débats et des décrets de la Convention*, numéro 620.]

La proposition de Bourdon parut au comité une grave injure. A la séance du 24 prairial (12 juin 1794), au moment où Duhem, après Charlier, venait de prendre la défense du décret, de comparer le tribunal révolutionnaire à Brutus, assis sur sa chaise curule, condamnant ses fils conspirateurs, et de le montrer couvrant de son égide tous les amis de la liberté, Couthon monta à la tribune. Dans un discours dont la sincérité n'est pas douteuse, et où il laissa en quelque sorte son coeur se fondre devant la Convention, il repoussa comme la plus atroce des calomnies lancées contre le comité de Salut public les inductions tirées du décret par Bourdon (de l'Oise) et Bernard (de Saintes), et il demanda le rapport du considérant voté la veille comme un *mezzo termine*.

Les applaudissements prodigués par l'Assemblée à l'inflexible mercuriale de Couthon donnèrent à réfléchir à Bourdon (de l'Oise). Il vint, poussé par la peur, balbutier de plates excuses, protester de son estime pour le comité de Salut public et son rapporteur, pour l'inébranlable Montagne qui avait sauvé la liberté. Robespierre ne fut dupe ni de cette fausse bonhomie ni de cette reculade. N'était-ce pas ce même Bourdon qui, depuis si longtemps, harcelait le gouvernement et cherchait à le perdre dans l'esprit de la Convention? Robespierre ne lui ménagea pas la vérité brutale. Déjà, d'ailleurs, le comité était instruit des manoeuvres ténébreuses de certains députés, sur qui il avait l'oeil. Après avoir repoussé dédaigneusement les rétractations de Bourdon, Maximilien lui reprocha de chercher à jeter la division entre le comité et la Montagne. «La Convention, la Montagne, le comité», dit-il, «c'est la même chose.» Et l'Assemblée d'applaudir à outrance. «Tout représentant du peuple qui aime sincèrement la liberté», continua-t-il, «tout représentant du peuple qui est déterminé à mourir pour la patrie, est de la Montagne.» Ici de nouvelles acclamations éclatèrent, et toute la Convention se leva en signe d'adhésion et de dévouement.

«La Montagne», poursuivit-il, «n'est autre chose que les hauteurs du patriotisme; un montagnard n'est autre chose qu'un patriote pur, raisonnable et sublime. Ce serait outrager la patrie, ce serait assassiner le peuple, que de souffrir que quelques intrigants, plus misérables que les autres parce qu'ils sont plus hypocrites, s'efforçassent d'entraîner une partie de cette Montagne et de s'y faire les chefs d'un parti.» A ces mots, Bourdon (de l'Oise) interrompant: «Jamais il n'est entré dans mon intention de me faire le chef d'un parti.»—«Ce serait, reprit Robespierre sans prendre garde à l'interrupteur, ce serait l'excès de l'opprobre que quelques-uns de nos collègues, égarés par la calomnie sur nos intentions et sur le but de nos travaux….—«Je demande, s'écria Bourdon (de l'Oise), qu'on prouve ce qu'on avance; on vient de dire assez clairement que j'étais un scélérat.» Alors Robespierre d'une voix plus forte: «Je demande, au nom de la patrie, que la parole me soit conservée. Je n'ai pas nommé Bourdon; malheur à qui se nomme lui-même.» Bourdon (de l'Oise) reprit: «Je défie Robespierre de prouver….» Et celui-ci de continuer: «Mais s'il veut se reconnaître au portrait général que le devoir m'a forcé de tracer, il n'est pas en mon pouvoir de l'en empêcher. Oui, la Montagne est pure, elle est sublime; et les intrigants ne sont pas de la Montagne»!—«Nommez-les, s'écria une voix».—«Je les nommerai quand il le faudra», répondit-il. Là fut son tort. En laissant la

Convention dans le doute, il permit aux quatre ou cinq scélérats qu'il aurait dû démasquer tout de suite, aux Tallien, aux Fouché, aux Rovère, de semer partout l'alarme et d'effrayer une foule de représentants à qui lui et le comité ne songeaient guère. Il se contenta de tracer le tableau, trop vrai, hélas! des menées auxquelles se livraient les intrigants qui se rétractaient lâchement quand leurs tentatives n'avaient pas réussi.

Bourdon (de l'Oise), atterré, garda le silence[36]. Maximilien cita, à propos des manoeuvres auxquelles il avait fait allusion, un fait qui s'était passé l'avant-veille au soir. En sortant de la Convention, trois députés, parmi lesquels Tallien, fort inquiets du décret de prairial, dont ils craignaient qu'on ne fît l'application sur eux-mêmes, manifestaient tout haut leur mécontentement. Ayant rencontré deux agents du gouvernement, ils se jetèrent sur eux et les frappèrent en les traitant de coquins, de mouchards du comité de Salut public, et en accusant les comités d'entretenir vingt mille espions à leur solde. Après avoir raconté ce fait, sans nommer personne, Robespierre protesta encore une fois du respect des comités pour la Convention en général, et, de ses paroles, il résulte incontestablement qu'à cette heure il n'y avait de parti pris contre aucun des membres de l'Assemblée. Il adjura seulement ses collègues de ne pas souffrir que de ténébreuses intrigues troublassent la tranquillité publique. «Veillez sur la patrie», dit-il en terminant, «et ne souffrez pas qu'on porte atteinte à vos principes. Venez à notre secours, ne permettez pas que l'on nous sépare de vous, puisque nous ne sommes qu'une partie de vous-mêmes et que nous ne sommes rien sans vous. Donnez-nous la force de porter le fardeau immense, et presque au-dessus des efforts humains, que vous nous avez imposé. Soyons toujours justes et unis en dépit de nos ennemis communs, et nous sauverons la République.»

[Note 36: Devenu après Thermidor un des plus violents séides de la réaction, Bourdon (de l'Oise) paya de la déportation, au 18 fructidor, ses manoeuvres contre-révolutionnaires. Il mourut à Sinnamari.]

Cette énergique et rapide improvisation souleva un tonnerre d'applaudissements. Merlin (de Douai), craignant qu'on n'eût mal interprété le sentiment auquel il avait obéi en s'interposant la veille, voulut s'excuser; mais Robespierre, qui avait une profonde estime pour l'éminent jurisconsulte, s'empressa de déclarer que ses réflexions ne pouvait regarder Merlin, dont la motion avait eu surtout pour but d'atténuer et de combattre celle de Bourdon. «Ceux que cela regarde se nommeront», ajouta-t-il. Aussitôt Tallien se leva. Le fait, prétendit-il, ne s'était pas passé l'avant-veille, mais bien la veille au soir, et les individus avec lesquels une collision s'était engagée n'étaient pas des agents du comité de Salut public. «Le fait est faux», dit Robespierre; «mais un fait vrai, c'est que Tallien est de ceux qui affectent de parler sans cesse publiquement de guillotine pour avilir et troubler la Convention».—«Il n'a pas été du tout question de vingt mille espions», objecta Tallien.—Citoyens, répliqua Robespierre, vous pouvez juger de quoi sont capables ceux qui appuient le crime par le mensonge: il est aisé de prononcer entre les assassins et les victimes».—«Je vais….» balbutia Tallien.

Alors Billaud-Varenne, avec impétuosité: «La Convention ne peut pas rester dans la position où l'impudeur la plus atroce vient de la jeter. Tallien a menti impudemment quand il a dit que c'était hier que le fait était arrivé; c'est avant-hier que cela s'est passé, et je le savais hier à midi. Ce fait eut lieu avec deux patriotes, agents du comité de Salut public. Je demande que la Convention ouvre enfin les yeux sur les hommes qui veulent l'avilir et l'égarer. Mais, citoyens, nous nous tiendrons unis; les conspirateurs périront et la patrie sera sauvée.» Oui, oui! s'écria-t-on de toutes parts au milieu des plus vifs applaudissements[37].

[Note 37: Voyez, pour cette séance, le *Moniteur* du 26 prairial (14 juin 1794), et le *Journal des débats et des décrets de la Convention*, numéros 630 et 631.]

Or, les paroles de Billaud-Varenne prouvent surabondamment deux choses: d'abord, que ce jour-là, 24 prairial (12 juin 1794), la désunion n'avait pas encore été mise au sein du comité de Salut public; ensuite que les rapports de police n'étaient pas adressés à Robespierre particulièrement, mais bien au comité tout entier. On sentira tout à l'heure l'importance de cette remarque.

Barère prit ensuite la parole pour insister sur la suppression du considérant voté la veille, sur la demande de Merlin (de Douai), aux intentions duquel lui aussi, du reste, s'empressa de rendre hommage; seulement ce considérant lui paraissait une chose infiniment dangereuse pour le gouvernement révolutionnaire, parce qu'il était de nature à faire croire aux esprits crédules que l'intention du comité avait été de violer une des lois fondamentales de la Convention. Et, afin d'entraîner l'Assemblée, il cita les manoeuvres indignes auxquelles nos ennemis avaient recours pour décrier la Révolution et ses plus dévoués défenseurs. Il donna notamment lecture de certains extraits d'une feuille anglaise, intitulée *l'Étoile* (*the Star*), envoyée de Brest par Prieur (de la Marne), feuille pleine de calomnies atroces contre les hommes de la Révolution, contre Jean-Bon Saint-André, entre autres, et dans laquelle on rendait compte d'un bal masqué récemment donné à Londres au Ranelagh. A ce bal, une femme, déguisée en Charlotte Corday, sortie du tombeau et tenant à la main un poignard sanglant, avait poursuivi toute la nuit un individu représentant Robespierre, qu'elle jurait de *maratiser* en temps et lieu. A cette citation, un mouvement d'horreur se produisit dans l'Assemblée. Jouer à l'assassinat des républicains français, c'étaient là distractions de princes et d'émigrés.

Ce n'était pas la Terreur qu'on voulait tuer en Robespierre, c'était la République elle-même. Après avoir flétri ces odieux passe-temps de l'aristocratie et montré le sort réservé par nos ennemis aux membres du gouvernement révolutionnaire, Barère termina en demandant le rapport du considérant de la veille et l'ordre du jour sur toutes les motions faites à propos du décret concernant le tribunal révolutionnaire. Ce que l'Assemblée vota au milieu des plus vifs applaudissements[38].

[Note 38: *Moniteur* du 26 prairial an II.]

Tout cela est-il assez clair, et persistera-t-on à représenter le décret de prairial comme ayant été soumis à la Convention sans qu'il ait eu l'assentiment de tous les membres du comité? L'opposition dont il fut l'objet de la part de deux ou trois représentants vint des moins nobles motifs et naquit d'appréhensions toutes personnelles. Quant à l'esprit général du décret, il eut l'assentiment général; pas une voix ne réclama, pas une objection ne fut soulevée. La responsabilité de cette loi de prairial ne revient donc pas seulement à Robespierre ou à Couthon en particulier, ou au comité de Salut public, mais à la Convention nationale tout entière, qui l'a votée comme une loi de salut.

VI

Est-il vrai que, dès le lendemain même du jour où cette loi fut votée, c'est-à-dire le 25 prairial, Robespierre ait, en plein comité, demandé la mise en accusation ou, comme on dit, les têtes de Fouché, de Tallien et de sept de leurs amis, et que le refus de ses collègues amena sa retraite volontaire du comité? C'est ce qu'a prétendu le duc d'Otrante; mais quelle âme honnête se pourrait résoudre à ajouter foi aux assertions de ce scélérat vulgaire, dont le nom restera éternellement flétri dans l'histoire comme celui de Judas? La vérité même paraîtrait suspecte venant d'une telle source.

Mais si pareille demande eût été faite, est-ce que les membres des anciens comités ne s'en fussent pas prévalus dans leur réponse aux imputations de Lecointre? Comment! ils auraient arraché neuf représentants du peuple à la férocité de Robespierre, et ils ne s'en seraient pas fait un titre d'honneur aux yeux de la Convention, à l'heure où on les poursuivait comme des proscripteurs? Or, à quoi attribuent-ils le déchirement qui eut lieu au comité de Salut public? Uniquement aux discussions—très problématiques—auxquelles aurait donné lieu la loi de prairial. «Robespierre», disent-ils, «devint plus ennemi de ses collègues, s'isola du comité et se réfugia aux Jacobins, où il préparait, acérait l'opinion publique contre ce qu'il appelait les conspirateurs connus et contre les opérations du comité[39].»

[Note 39: *Réponse des membres des deux anciens comités aux imputations de Laurent Lecointre*, p. 39 et 109.]

Eh bien! la scission ne se produisit pas le 25 prairial, mais seulement au commencement de messidor, comme cela résulte des propres aveux des membres du comité, rapprochés de la déclaration de Maximilien. En effet, ceux-là limitent à quatre décades la durée de ce qu'ils ont appelé la retraite de Robespierre[40], et celui-ci dit très haut, à la séance du 8 thermidor, que la force de la calomnie et l'impuissance de faire le bien l'avaient obligé de renoncer en quelque sorte depuis six semaines à ses fonctions de membre du comité de Salut public. Quatre décades, six semaines, c'est la même chose. Ce fut donc vers le 1er messidor que la désunion se mit parmi les membres du comité. Chaque jour ici a son importance.

[Note 40: *Ibid.*, p. 44.]

Quelle fut la cause positive de cette désunion et comment les choses se passèrent-elles? A cet égard, nous sommes réduits à de pures conjectures, les vaincus de Thermidor ayant eu la bouche fermée par la mort, et les anciens membres du comité s'étant entendus comme larrons en foire pour se donner une apparence de raison contre leurs victimes. Encore doit-on être étonné du vide de leurs accusations, qui tombent d'elles-mêmes par suite des contradictions étranges et grossières échappées à leurs auteurs. Nous dirons tout à l'heure à quoi l'on doit attribuer vraisemblablement la brouille survenue parmi les membres du comité, mais il faut ranger au nombre des plus lourds mensonges historiques, la légende des neuf têtes—d'aucuns disent trente— demandées par Robespierre à ses collègues, légende si légèrement acceptée.

La vérité est que le nombre des misérables auxquels il aurait voulu qu'on demandât compte de leurs rapines et du sang criminellement versé par eux, s'élevait à peine à cinq ou six[41], et que les quelques membres menacés s'ingénièrent, comme on le verra bientôt, pour grossir indéfiniment ce chiffre, et firent circuler des listes fabriquées afin de jeter l'épouvante au milieu de la Convention et de recruter par la peur des ennemis à Maximilien. Nous allons bientôt tracer le tableau des machinations infernales tramées dans l'ombre contre ce patriote intègre; je ne sais s'il y a dans l'histoire exemple d'un aussi horrible complot. Mais, auparavant, il convient de dire comment Robespierre avait mérité l'animadversion de cette horde de scélérats, à la tête desquels on doit ranger l'atroce Fouché, le mitrailleur de Lyon, et le *héros* Tallien.

[Note 41: Voyez à cet égard le discours de Saint-Just dans la séance du 9 thermidor.]

Robespierre professait depuis fort longtemps, un souverain mépris pour Tallien, ce véritable histrion de la Révolution. Une lettre qu'il reçut de lui, le lendemain même du jour où il l'avait si hautement flétri en pleine Convention, n'était pas de nature à le relever dans son opinion. «L'imposture soutenue par le crime..., ces mots terribles et injustes, Robespierre, retentissent encore dans mon âme ulcérée. Je viens, avec la franchise d'un homme de bien, te donner quelques éclaircissements....» écrivait Tallien, le 25 prairial.—La franchise d'un homme de bien!... Ces mots, sous la plume de Tallien, durent singulièrement faire sourire Robespierre. Dans cette lettre, dictée par la frayeur, Tallien se donnait comme un ami constant de la justice, de la vérité et de la liberté. Les intrigants seuls avaient pu, disait-il, susciter des préventions contre lui, mais il offrait sa conduite tout entière à l'examen de ses concitoyens. Ce n'était pas la crainte qui lui inspirait ce langage, ajoutait-il, par une sorte d'antiphrase où il essayait vainement de dissimuler sa lâcheté, mais bien le désir de servir sa patrie et de mériter l'estime de ses collègues[42].

[Note 42: Courtois s'est bien gardé de publier cette lettre. Voyez-la dans les *Papiers inédits*, t. I, p. 115.]

Robespierre ne répondit pas. Trois jours après, le même Tallien s'adressait en ces termes à Couthon: «Je t'adresse, mon cher Couthon, l'exposé justificatif dont je t'ai parlé dans ma lettre d'hier. Je te prie de bien vouloir le mettre sous les yeux du comité. Si tu pouvois me recevoir à l'issue de ton dîner, je serois bien aise de causer un instant avec toi et de te demander un conseil d'ami. La trop confiante jeunesse a besoin d'être guidée par l'expérience de l'âge mûr[43].» Au moment où Tallien s'exprimait ainsi, il conspirait la perte de Maximilien. Il est bon de dire maintenant par quelle série de méfaits cet ancien secrétaire de la commune de Paris s'était rendu suspect, non pas seulement à Robespierre, mais au comité de Salut public tout entier.

[Note 43: Cette lettre, également supprimée par les Thermidoriens, faisait partie de la collection Portiez (de l'Oise). On y lit en post-scriptum: «Si le comité désire quelques explications verbales, je suis prêt à les lui donner; je resterai à la Convention jusqu'à la fin de la séance.» M. Louis Blanc en a donné un extrait dans son *Histoire de la Révolution*, t. XI, p. 171.]

VII

Envoyé en mission à Bordeaux, Tallien s'y était montré tout d'abord, comme son collègue Baudot, un des plus terribles agents de la Terreur. Non content de faire tomber les têtes des meneurs contre-révolutionnaires, et «de saigner fortement la bourse des riches égoïstes,» il montait à l'assaut des clochers, dépouillait les églises de leur argenterie, arrachait aux prêtres des actes d'abjuration[44], et jetait l'épouvante dans toutes les consciences, en violant effrontément la liberté des cultes.

[Note 44: Voy. à ce sujet une lettre curieuse d'Ysabeau et de Tallien au club des Jacobins, en date du 29 brumaire, dans le *Moniteur* du 12 frimaire (2 décembre 1793).]

Tout à coup on vit, comme par enchantement, tomber ce zèle exagéré. Le farouche proconsul se fit le plus doux des hommes, et bientôt, à la place d'un austère envoyé de la Convention, Bordeaux posséda une sorte de satrape asiatique. Sous quelle mystérieuse influence s'était donc opéré ce changement subit? Ah! c'est que, dans le coeur du patriote Tallien, une autre affection avait pris la place de celle de la République. Fasciné par les charmes de Thérézia Cabarrus, qui, après avoir habité successivement Boulogne-sur-Mer et Paris, s'était rendue à Bordeaux afin de terminer l'affaire de son divorce avec son premier mari, le terrible Tallien était devenu en quelque sorte l'espoir des contre-révolutionnaires et des royalistes. Le régime de la clémence succéda aux barbaries passées; mais clémence pour les riches surtout; la liberté devint vénale. S'il faut en croire l'espion Senar, la Cabarrus tenait chez elle bureau de grâces où l'on traitait à des prix excessifs du rachat des têtes[45]. Ce qu'il y a de vrai peut-être, selon nous, dans cette accusation terrible, c'est que la citoyenne Thérézia acceptait de magnifiques présents des familles riches auxquelles elle rendait service, et dont certains membres lui durent la vie. Son empire sur Tallien était sans bornes. Par lui elle obtint une concession de salpêtre, source de revenus considérables[46]. Ne fallait-il pas subvenir au faste tout à fait royal dans lequel vivaient l'amant et la maîtresse? Tallien, comme son collègue Ysabeau, avait chevaux et voitures, l'équipage d'un ci-devant noble; il avait sa loge au théâtre, et sa place marquée dans tous les lieux publics[47]. Les denrées les plus exquises, les meilleurs vins, un pain blanc comme la neige étaient mis en réquisition pour le service des représentants[48]. Théâtrale dans toutes ses actions, la citoyenne Thérézia Cabarrus aimait à se montrer en public auprès du tout-puissant proconsul. Vêtue à l'antique, la tête affublée d'un bonnet rouge d'où s'échappaient des flots de cheveux noirs, tenant d'une main une pique, et de l'autre s'appuyant sur l'épaule de son amant, elle se plaisait à se promener en voiture découverte dans les rues de la ville et à se donner en spectacle à la population bordelaise[49]. Cela n'étonne guère quand on se rappelle les excentricités auxquelles se livra plus tard Mme Tallien lorsque, reine de la mode, elle habita Paris, où l'on put admirer, aux Tuileries, ses charmes nus livrés à la curiosité obscène du premier venu.

[Note 45: *Mémoires* de Senar, p. 201. Nous avons dit ailleurs pourquoi la seule partie des Mémoires de Senar qui nous paraisse mériter quelque créance est celle qui concerne Tallien. Voy. notre *Histoire de Saint-Just*, livre V, chapitre II.]

[Note 46: Rapport de Boulanger sur l'arrestation de la citoyenne Cabarrus. *Papiers inédits*, t. I, p. 269.]

[Note 47: Voy. ce que dit Jullien dans une lettre à Saint-Just en date du 25 prairial, publiée sous le numéro CVII, à la suite du rapport de Courtois, et dans les *Papiers inédits*, t. III, p. 37.]

[Note 48: Rapprocher à cet égard les *Mémoires* de Senar, p. 199, et l'*Histoire impartiale*, par Prudhomme, t. V, p. 436, des lettres de Jullien à Robespierre sur l'existence des représentants à Bordeaux.]

[Note 49: *Mémoires* de Senar, p. 199.]

Les deux amants n'étaient pas moins luxueux dans leur intérieur. Un personnage de l'ancien régime, le marquis de Paroy, nous a laissé une description curieuse du boudoir de la ci-devant marquise de Fontenay qu'il avait eu l'occasion de voir en allant solliciter auprès d'elle en faveur de son père, détenu à la Réole. «Je crus», dit-il, «entrer dans le boudoir des muses: un piano entr'ouvert, une guitare sur le canapé, une harpe dans un coin … une table à dessin avec une miniature ébauchée,—peut-être celle du patriote Tallien—un secrétaire ouvert, rempli de papiers, de mémoires, de pétitions; une bibliothèque dont les livres paraissaient en désordre, et un métier à broder où était montée une étoffe de satin[50]…»

[Note 50: Voy. la *Biographie universelle*, à l'art. PRINCESSE DE CHIMAY.]

Dès le matin, la cour de l'hôtel où demeuraient les deux amants était encombrée de visiteurs, qui attendaient le lever du fastueux commissaire de la Convention. La belle Espagnole—car Thérézia était Espagnole—avait imaginé, afin de distraire Tallien de ses occupations patriotiques, de paraître désirer vivement son portrait. Le plus habile peintre de la ville avait été chargé de l'exécution, les séances avaient été adroitement prolongées, et par cet *ingénieux artifice* Thérézia était parvenue à si bien occuper son amant qu'il avait oublié l'objet de sa mission.

C'est du moins ce qu'a bien voulu nous apprendre un admirateur enthousiaste de la citoyenne Cabarrus. Ordre exprès de ne laisser entrer personne avait été donné aux domestiques. Cependant, un jour, le directeur du théâtre,

Lemayeur, parvint à forcer la consigne, et il trouva «Tallien mollement assis dans un boudoir, et partagé entre les soins qu'il donnait au peintre et les sentiments dont il était animé pour la belle Cabarrus»[51]. Ainsi la République entretenait quatorze armées, le sang de toute la jeunesse française coulait à flots sur nos frontières dévastées, Saint-Just et Le Bas sur le Rhin et dans le Nord, Jean-Bon Saint-André sur les côtes de l'Océan, Cavaignac dans le Midi, Bô dans la Vendée, et tant d'autres, s'épuisaient en efforts héroïques afin de faire triompher la sainte cause de la patrie, le comité de Salut public se tenait jour et nuit courbé sous un labeur écrasant, la Convention nationale enfin frappait le monde d'épouvanté et d'admiration, tout cela pour que le voluptueux Tallien oubliât dans les bras d'une femme aux moeurs équivoques les devoirs sévères imposés par la République aux députés en mission.

[Note 51: *Les Femmes célèbres de 1789 à 1795, et de leur influence dans la Révolution*, par C. Lairtullier, t. II, p. 286.]

Ah! ces devoirs, le jeune envoyé du comité de Salut public, l'ami dévoué de Maximilien, le fils du représentant Jullien (de la Drôme), les comprenait autrement. «J'ai toujours suivi dans ma mission», écrivait-il de Bordeaux à Robespierre, le 1er floréal (20 avril 1794), «de même système, que, pour rendre la Révolution aimable, il falloit la faire aimer, offrir des actes de vertu, des adoptions civiques, des mariages, associer les femmes à l'amour de la patrie et les lier par de solennels engagements[52].»

[Note 52: Voy. cette lettre dans les *Papiers inédits*, t. III, p. 5, et à la suite du rapport de Courtois sous le numéro CVII *a*.]

La conduite de Tallien n'avait pas été sans être dénoncée au comité de Salut public. Obligé d'obéir à un ordre de rappel, l'amant de Thérézia Cabarrus partit, assez inquiet sur son propre compte et sur celui de la femme à laquelle il avait sacrifié les intérêts de la patrie. Il se plaignit à la Convention d'avoir été calomnié[53], et, pour le moment, l'affaire en resta là. Mais, tremblant toujours pour sa maîtresse, qui, en sa qualité d'étrangère et de femme d'un ex-noble, pouvait être deux fois suspecte, il eut recours à un singulier stratagème afin de la mettre à l'abri de tout soupçon. Il lui fit adresser de Bordeaux, où il l'avait provisoirement laissée, une longue pétition à la Convention nationale, pétition très certainement rédigée par lui, et dans laquelle elle conjurait l'Assemblée d'ordonner à toutes les jeunes filles d'aller, avant de prendre un époux, passer quelque temps «dans les asiles de la pauvreté et de la douleur pour y secourir les malheureux». Elle-même, qui était mère et déjà *n'était plus épouse*, mettait, disait-elle, toute son ambition à être une des premières à se consacrer à ces *ravissantes fonctions*[54].

[Note 53: Séance du 22 ventôse (12 mars 1794). *Moniteur* du 25 ventôse.]

[Note 54: Voyez cette pétition dans le *Moniteur* du 7 floréal an II (26 avril 1794), séance de la Convention du 5 floréal.]

La Convention ordonna la mention honorable de cette adresse au *Bulletin* et la renvoya aux comités de Salut public et d'instruction. La citoyenne Thérézia Cabarrus s'en tint, bien entendu, à ces vaines protestations de vertu républicaine. Quant au comité de Salut public, il n'eut garde de se laisser prendre à cette belle prose, où il était si facile de reconnaître la manière ampoulée de Tallien, et, voulant être complètement renseigné sur les opérations de ce dernier, il renvoya à Bordeaux, par un arrêté spécial, son agent Jullien, qui en était revenu depuis peu[55]. Les renseignements recueillis par lui furent assurément des plus défavorables, car, le 11 prairial, en adressant à Robespierre l'extrait d'une lettre menaçante de Tallien au club national de Bordeaux, Jullien écrivait: «Elle coïncide avec le départ de la Fontenay, que le comité de Salut public aura sans doute fait arrêter»; et quatre jours plus tard, le 15 prairial, il mandait encore à Maximilien: «La Fontenay doit maintenant être en état d'arrestation.» Il croyait même que Tallien l'était aussi[56]. Il se trompait pour l'amant; mais quant à la maîtresse, elle était en effet arrêtée depuis trois jours.

[Note 55: Arrêté du 29 floréal an II, signé: Carnot, Robespierre, Billaud-Varenne et Barère (*Archives*, A F, II, 58).]

[Note 56: Voyez ces deux lettres dans les *Papiers inédits*, t. III, p. 32 et 30, et à la suite du rapport de Courtois, sous les numéros CVII *h* et CVII *g*. Si Jullien fils ne monta pas sur l'échafaud au lendemain de Thermidor, ce ne fut pas la faute de Tallien, qui, lorsqu'il fut entré dans le comité de Salut public, s'empressa de le faire jeter en prison. «Paris, le 28 thermidor. Le comité de Salut public arrête que le citoyen Jullien fils, adjoint à la commission de l'instruction publique, et précédemment agent du comité de Salut public, est destitué de ses fonctions, qu'il sera mis en arrestation, et que les scellés seront apposés sur ses papiers. Collot-d'Herbois, Tallien, Eschasseriaux, Treilhard, Bréard, G.-A. Prieur.» (*Archives*, A F, II, 60.)—Si terrible fut le coup d'État de Thermidor, et si violente fut la réaction pendant de longues années, que les plus chers amis de Robespierre n'osaient plus avouer leur intimité avec lui. Jullien fils, pendant la grande période révolutionnaire, avait donné, malgré son extrême jeunesse, les preuves d'un talent, d'une honnêteté et d'une modération qui l'avaient rendu cher à Robespierre, que lui-même à tout propos il appelait *son bon ami*. Eh bien! lui aussi, il renia ce *bon ami*, si nous devons nous en rapporter à une lettre de l'ingénieur Jullien, son fils, lettre où nous lisons ces lignes: «Mon père a très peu connu Robespierre; je crois même lui avoir entendu dire qu'il ne l'avait vu qu'une ou deux fois. C'est mon grand-père Jullien (de la Drôme), député à la Convention, qui seul a connu Robespierre….» Or il suffit des citations par nous faites d'extraits de lettres de Jullien fils à Robespierre pour qu'il n'y ait pas de doute possible sur leur parfaite intimité,—intimité, du reste, aussi honorable pour l'un que pour l'autre. Quant aux lettres de Robespierre à Jullien, elles ont été supprimées par les Thermidoriens, et pour cause. Maintenant, on peut voir, par l'extrait de la lettre de l'ingénieur Jullien, combien, dans la génération qui nous a précédés, les hommes mêmes les plus distingués sont peu au courant des choses de la Révolution.]

Contrainte par le représentant du peuple Ysabeau de quitter Bordeaux à cause des intrigues auxquelles on la voyait se livrer, Thérézia était accourue à Fontenay-aux-Roses, dans une propriété de son premier mari, où elle avait reçu de fréquentes visites de Tallien. Souvent elle était venue dîner avec lui à Paris chez le restaurateur Méot. Tallien avait pour ami Taschereau-Fargues, commensal de la maison Duplay, et admirateur enthousiaste de Robespierre; ce qui ne l'empêchera pas, après Thermidor, de le déchirer à belles dents. Ce Taschereau proposa à Tallien de loger sa maîtresse, quand elle viendrait à Paris, rue de l'Union, aux Champs-Élysées, dans une maison appartenant à Duplay, et qu'on pouvait en conséquence regarder comme un lieu de sûreté. Mais déjà le comité de Salut public avait lancé contre Thérézia Cabarrus un mandat d'arrestation. Avertie par Taschereau, elle courut se réfugier à Versailles; il était trop tard: elle y fut suivie de près et arrêtée, dans la nuit du 11 au 12 prairial, par les généraux La Vallette et Boulanger[57].

[Note 57: Le mandat d'arrestation est de la main de Robespierre, et porte, avec sa signature, celles de Billaud-Varenne, de Collot-d'Herbois et de Barère.]

L'impunité assurée à Tallien par la catastrophe de Thermidor, l'influence énorme qu'il recueillit de sa participation à cet odieux guet-apens, n'empêchèrent pas, à diverses reprises, des bouches courageuses de lui cracher ses méfaits à la face. «Entrons en lice, Tallien et moi», s'écria un jour Cambon. «Viens m'accuser, Tallien; je n'ai rien manié, je n'ai fait que surveiller; nous verrons si dans les opérations particulières tu as porté le même désintéressement; nous verrons si, au mois de septembre, lorsque tu étais à la commune, tu n'as pas donné ta griffe pour faire payer une somme d'un million cinq cent mille livres dont la destination te fera rougir. Oui, je t'accuse, monstre sanguinaire, je t'accuse ... on m'appellera robespierriste si l'on veut ... je t'accuse d'avoir trempé tes mains, du moins par tes opinions, dans les massacres commis dans les cachots de Paris[58]!» Et cette sanglante apostrophe fut plusieurs fois interrompue par les applaudissements. «Nous n'avons pas les trésors de la Cabarrus, nous»! cria un jour à Tallien Duhem indigné[59].

[Note 58: Séance du 18 brumaire an III, *Moniteur* du 20 brumaire (10 novembre 1794).]

[Note 59: Séance du 11 nivôse an III. Voyez le *Moniteur* du 13 nivôse (2 janvier 1795).]

Maintenant, que des romanciers à la recherche de galantes aventures, que de pseudo-historiens s'évertuent à réhabiliter Tallien et Thérézia Cabarrus, c'est chose qu'à coup sûr ne leur envieront pas ceux qui ont au coeur l'amour profond de la patrie et le respect des moeurs, et qui ne peuvent pas plus s'intéresser à l'homme dont la main contribua si puissamment à tuer la République qu'à la femme dont la jeunesse scandaleuse indigna même l'époque corrompue du Directoire. N'est-ce pas encore un des admirateurs de Thérézia qui raconte qu'un jour qu'elle se promenait sur une promenade publique, les bras et les jambes nus, et la gorge au vent, ses nudités attroupèrent la populace, laquelle, n'aimant ni les divorces ni les apostasies, se disposait à se fâcher tout rouge? Thérézia eût couru grand risque d'essuyer un mauvais traitement si, par bonheur, un député de sa connaissance ne fût venu à passer juste à temps pour la recueillir dans sa voiture[60]. «Notre-Dame de Thermidor», disaient en s'inclinant jusqu'à terre les beaux esprits du temps, les courtisans de la réaction, quand par exemple la citoyenne Fontenay-Cabarrus, devenue Mme Tallien, apparaissait au bal des victimes. Ah! laissons-le lui ce nom de Notre-Dame de Thermidor, elle l'a bien gagné. N'a-t-elle pas présidé à l'orgie blanche, cynique et sans frein, où l'on versait, pour se désaltérer, non plus le sang des conspirateurs, des traîtres, des ennemis de la Révolution, mais celui des meilleurs patriotes et des plus dévoués défenseurs de la liberté? N'a-t-elle pas été la reine et l'idole de tous les flibustiers, financiers, agioteurs, dilapidateurs de biens nationaux et renégats qui fleurirent au beau temps du Directoire? Oui, c'est bien la Dame de Thermidor, l'héroïne de cette journée où la Révolution tomba dans l'intrigue, où la République s'abîma dans une fange sanglante.

[Note 60: *Les Femmes célèbres*, par Lairtullier, t. II, p. 3 et 5.]

On avait, en prairial, comme on l'a vu, songé à donner pour asile à Thérézia Cabarrus une maison des Champs-Élysées appartenant à Duplay. Ce nom amène sous ma plume un rapprochement bien naturel et qui porte en soi un enseignement significatif. A l'heure où, libre, fêtée, heureuse, la ci-devant marquise de Fontenay payait en sourires les têtes coupées dans les journées des 10, 11 et 12 thermidor et se livrait aux baisers sanglants de son héros Tallien, une des filles de Duplay était jetée dans les cachots de la Terreur thermidorienne avec son enfant à la mamelle: c'était la femme du député Le Bas, le doux et héroïque ami de Robespierre, une honnête femme celle-là! Une nuit, à la prison de Saint-Lazare, où elle avait été déposée, le geôlier vint la réveiller en sursaut. Deux inconnus, envoyés par quelque puissant personnage du jour, la demandaient. Elle s'habilla à la hâte et descendit. On était chargé de lui dire que si elle consentait à quitter le nom de son mari, elle pourrait devenir la femme d'un autre député; que son fils,—le futur précepteur de l'empereur Napoléon III—alors âgé de six semaines à peine, serait adopté comme enfant de la patrie, enfin qu'on lui assurerait une existence heureuse. Mme Le Bas était une des plus charmantes blondes qu'on pût voir, la grâce et la fraîcheur mêmes. «Allez dire à ceux qui vous envoient», répondit-elle, «que la veuve Le Bas ne quittera ce nom sacré que sur l'échafaud.»—«J'étais», a-t-elle écrit plus tard, «trop fière du nom que je portais, pour l'échanger même contre une vie aisée[61].» Demeurée veuve à l'âge de vingt-trois ans, Elisabeth Duplay se remaria, quelques années après, à l'adjudant général Le Bas, frère de son premier mari, et elle garda ainsi le nom qui était sa gloire. Elle vécut dignement, et tous ceux qui l'ont connue, belle encore sous sa couronne de cheveux blancs, ont rendu témoignage de la grandeur de ses sentiments et de l'austérité de son caractère. Elle mourut dans un âge avancé, toujours fidèle au souvenir des grands morts qu'elle avait aimés, et dont, jusqu'à son dernier jour, elle ne cessa d'honorer et de chérir la mémoire. Quant à la Dame de Thermidor, Thérézia Cabarrus, ex-marquise de Fontenay, citoyenne Tallien, puis princesse de Chimay, on connaît l'histoire de ses trois mariages, sans compter les intermèdes. Elle eut, comme on sait, trois maris vivants à la fois. Comparez maintenant les deux existences, les deux femmes, et dites laquelle mérite le mieux le respect et les sympathies des gens de bien.

[Note 61: Manuscrit de Mme Le Bas.]

VIII

On sait à quoi s'en tenir désormais sur Tallien, *le sauveur de la France*, suivant les enthousiastes de la réaction. N'omettons pas de dire qu'il fut le défenseur de Jourdan Coupe-Tête au moment où celui-ci fut appelé à rendre compte de ses nombreux forfaits au tribunal révolutionnaire. Du 24 prairial au 9 thermidor, on n'entendit plus parler de lui. Pendant ce temps-là, il fit son oeuvre souterraine. Courtier de calomnies, il s'en allait de l'un à l'autre, colportant le soupçon et la crainte, tirant profit de l'envie chez celui-ci, de la peur chez celui-là, et mettant au service de la contre-révolution même sa lâcheté et ses rancunes[62].

[Note 62: Un des coryphées de la réaction thermidorienne, Tallien se vit un moment, sous le Directoire, repoussé comme un traître par les républicains et par les royalistes à la fois. Emmené en Egypte, comme *savant*, par Bonaparte, il occupa sous le gouvernement impérial des fonctions diplomatiques, et mourut oublié sous la Restauration et pensionné par elle.]

Mais Tallien n'était qu'un bouffon auprès du sycophante Fouché. Saluons ce grand machiniste de la conspiration thermidorienne; nul plus que lui ne contribua à la perte de Robespierre; il tua la République en Thermidor par ses intrigues, comme il tua l'Empire en 1815. Une place d'honneur lui est certainement due dans l'histoire en raison de la part considérable pour laquelle il a contribué aux malheurs de notre pays. Rien du reste ne saurait honorer davantage la mémoire de Robespierre que l'animadversion de Fouché et les circonstances qui l'ont amenée.

Ses relations avec lui remontaient à une époque antérieure à la Révolution; il l'avait connu à Arras, où le futur mitrailleur de Lyon donnait alors des leçons de philosophie. Fouché s'était jeté avec ardeur dans le mouvement révolutionnaire, bien décidé à moissonner largement pour sa part dans ce champ ouvert à toutes les convoitises. Ame vénale, caractère servile, habile à profiter de toutes les occasions capables de servir sa fortune, il s'était attaché à Robespierre à l'heure où la faveur populaire semblait désigner celui-ci comme le régulateur obligé de la Révolution. L'idée de devenir le beau-frère du glorieux tribun flattait alors singulièrement son amour-propre, et il mit tout en oeuvre pour se faire agréer de Charlotte. Sa figure repoussante pouvait être un obstacle, il parvint à charmer la femme à force d'esprit et d'amabilité. Charlotte était alors âgée de trente-deux ans, et, sans être d'une grande beauté, elle avait une physionomie extrêmement agréable; mais, comme il est fort probable, Fouché ne vit en elle que la soeur de Robespierre. Charlotte subordonna son consentement à l'autorisation de son frère, auquel elle parla des avances de Fouché. Plein d'illusions encore sur ce dernier, et confiant dans la sincérité de sa foi démocratique, Maximilien ne montra aucune opposition à ce mariage[63]. La sanguinaire conduite de Fouché dans ses missions brisa tout.

[Note 63: *Mémoires de Charlotte Robespierre*, p. 123. Les relations de Charlotte et de Fouché ont donné lieu à d'infâmes propos, et l'on a prétendu qu'elle avait été sa maîtresse. M. Michelet, en accueillant la calomnie, aurait dû tenir compte des protestations indignées d'une femme, aigrie et triste si l'on veut, mais à qui l'on n'a à reprocher ni dépravation, ni vénalité. (Voy. *Mémoires de Charlotte*, p. 125.)]

Après la prise de Lyon, Couthon avait exécuté avec une extrême modération les rigoureux décrets rendus par la Convention nationale contre la ville rebelle. A la place de ce proconsul, dont les moyens avaient été trouvés trop doux, on avait envoyé Collot-d'Herbois et Fouché, deux messagers de mort. Aussi le départ du respectable ami de Robespierre donna-t-il lieu à de longs et profonds regrets. «Ah? si le vertueux Couthon fût resté à la Commune-Affranchie, que d'injustices de moins![64]» Citons également cet extrait d'une autre lettre adressée à Robespierre: «Je t'assure que je me suis senti renaître, lorsque l'ami sûr et éclairé qui revenait de Paris, et qui avait été à portée de vous étudier dans vos bureaux, m'a assuré que, bien loin d'être l'ami intime de Collot-d'Herbois, tu ne le voyais pas avec plaisir dans le comité de Salut public[65]….» Collot d'Herbois et Fouché, c'est tout un.

[Note 64: Lettre de Cadillot. Voyez *Papiers inédits*, t. II, p. 139, et numéro CVI, à la suite du rapport de Courtois.]

[Note 65: Lettre en date du 20 messidor, citée plus haut. (Voy. *Papiers inédits*, t. I, p. 144, et numéro CV, à la suite du rapport de Courtois.)]

Prédestiné à la police, Fouché écrivait de Nevers à son ami Chaumette, dès le mois d'octobre 1793: «Mes mouchards m'ont procuré d'heureux renseignements, je suis à la découverte d'un complot qui va conduire bien des scélérats à l'échafaud…. Il est nécessaire de s'emparer des revenus des aristocrates, d'une manière ou d'une autre….» Un peu plus tard, le 30 frimaire, il lui écrivait de Lyon, afin de se plaindre que le comité de Salut public eût suspendu l'exécution des mesures prises par lui pour saisir tous les trésors des départements confiés à sa surveillance, et il ajoutait: «Quoi qu'il en soit, mon ami, cela ne peut diminuer notre courage et notre fermeté. *Lyon ne sera plus*, cette ville corrompue disparaîtra du sol républicain avec tous les conspirateurs[66].» Qui ne connaît les atrocités commises à Lyon par les successeurs de Couthon, et qui ne frémit à ce souvenir sanglant?

[Note 66: Les originaux de ces deux lettres, inédites toutes deux, sont aux *Archives*, F 7, 1435, liasse A.]

Collot-d'Herbois parti, on aurait pu espérer une diminution de rigueurs; mais Fouché restait, et, le 21 ventôse (11 mars 1794), il écrivait à la Convention nationale: «... Il existe encore quelques complices de la révolte lyonnaise, nous allons les lancer sous la foudre; il faut que tout ce qui fit la guerre à la liberté, tout ce qui fut opposé à la République, ne présente aux yeux des républicains que des cendres et des décombres[67]....» Les cris et les plaintes des victimes avaient douloureusement retenti dans le coeur de Maximilien. Son silence glacial à l'égard de Collot-d'Herbois, son obstination à ne point répondre à ses lettres, tout démontre qu'il n'approuvait nullement les formes expéditives qu'apportaient dans leurs missions les sauvages exécuteurs des décrets de la Convention. Lui cependant ne pouvait rester plus longtemps sourd aux gémissements dont les échos montaient incessamment vers lui: «Ami de la liberté, défenseur intrépide des droits du peuple», lui écrivait encore un patriote de Lyon, «c'est à toi que je m'adresse, comme au républicain le plus intact. Cette ville fut le théâtre de la contre-révolution et déjà la plupart des scélérats ne respirent plus.... Mais malheureusement beaucoup d'innocents y sont compris.... Porte ton attention, et promptement, car chaque jour en voit périr.... Le tableau que je te fais est vrai et impartial, et on en fait beaucoup de faux.... Mon ami ... on attend de toi la justice à qui elle est due, et que cette malheureuse cité soit rendue à la République.... Dans tes nombreuses occupations, n'oublie pas celle-ci[68].» Le 7 germinal (27 mars 1794), c'est-à-dire moins de quinze jours après la réception de la lettre où Fouché parlait de lancer sous la foudre les derniers complices de la révolte lyonnaise, Robespierre le faisait brusquement rappeler par un ordre du comité de Salut public[69].

[Note 67: Lettre citée par Courtois, à la suite de son rapport, sous le numéro XXV.]

[Note 68: Lettre non citée par Courtois. L'original est aux *Archives*, F 7, 4435, liasse O.]

[Note 69: Arrêté signé: Robespierre, Carnot, Collot-d'Herbois, Billaud-Varenne, Barère, C.-A. Prieur, Saint-Just et Couthon. Il est tout entier de la main de Robespierre. *Archives*, A F, II. 58.]

A peine de retour à Paris, Fouché courut chez Maximilien pour avoir une explication. Charlotte était présente à l'entrevue. Voici en quels termes elle a elle-même raconté cette scène: «Mon frère lui demanda compte du sang qu'il avait fait couler et lui reprocha sa conduite avec une telle énergie d'expression que Fouché était pâle et tremblant. Il balbutia quelques excuses, et rejeta les mesures cruelles qu'il avait prises sur la gravité des circonstances. Robespierre lui répondit que rien ne pouvait justifier les cruautés dont il s'était rendu coupable; que Lyon, il est vrai, avait été en insurrection contre la Convention nationale, mais que ce n'était pas une raison pour faire mitrailler en masse des ennemis désarmés.» A partir de ce jour, le futur duc d'Otrante, le futur ministre de la police impériale, devint le plus irréconciliable ennemi de Robespierre.

IX

Dès le 23 prairial (11 juin 1794), une réclamation de la société populaire de Nevers fournit à Maximilien l'occasion d'attaquer très énergiquement Fouché au club des Jacobins, dont Fouché lui-même était alors président. Les pétitionnaires se plaignaient des persécutions et des exécutions dont les patriotes étaient victimes dans ce département où Fouché avait été en mission. Celui-ci rejeta tout sur Chaumette, frappé après Hébert et Danton.

«Il ne s'agit pas, s'écria Robespierre, de jeter à présent de la boue sur la tombe de Chaumette…. Il en est d'autres qui paraissent tout de feu pour défendre le comité de Salut public et qui aiguisent contre lui les poignards.» C'était l'heure, ne l'oublions pas, où s'ourdissait contre Maximilien la plus horrible des machinations, et déjà sans doute Robespierre soupçonnait Fouché d'en être l'agent le plus actif. Quant à lui, ne séparant pas sa cause de celle de la Convention nationale et du gouvernement, dont elle était le centre, disait-il, il engageait fortement les vrais patriotes, ceux qui, dans la carrière de la Révolution, n'avaient cherché que le bien public, à se rallier autour de l'Assemblée et du comité de Salut public, à se tenir plus que jamais sur leurs gardes et à étouffer les clameurs des intrigants. Aux patriotes opprimés il promit la protection du gouvernement, résolu à combattre de tout son pouvoir la vertu persécutée. «La première des vertus républicaines», s'écria-t-il en terminant, «est de veiller pour l'innocence. Patriotes purs, on vous fait une guerre à mort, sauvez-vous, sauvez-vous avec les amis de la liberté». Cette rapide et éloquente improvisation fut suivie d'une violente explosion d'applaudissements. Fouché, atterré, balbutia à peine quelques mots de réponse[70].

[Note 70: Voir, pour cette séance, le *Moniteur* du 20 prairial an II (16 juin 1794) et le *Journal de la Montagne*, numéro 47 du t. III.]

Il n'eut plus alors qu'une pensée, celle de la vengeance. Attaquer Robespierre de front, c'était difficile; il fallait aller à lui par des chemins ténébreux, frapper dans l'ombre sa réputation, employer contre lui la ruse, l'intrigue, la calomnie, le mensonge, tout ce qui, en un mot, révolte la conscience humaine. Fouché et ses amis ne reculèrent pas devant cette oeuvre de coquins. On a parlé de la conjuration de Robespierre, et un écrivain en a même écrit l'histoire, si l'on peut profaner ce nom d'écrivain en l'appliquant au misérable qui a signé cet odieux pamphlet[71]. La conjuration de Robespierre! c'est là une de ces bouffonneries, une de ces mystifications dont il est impossible d'être dupe si l'on n'y met une excessive bonne volonté; mais ce qui est bien avéré, c'est la conjuration contre Robespierre, c'est cette conspiration d'une bande de scélérats contre l'austère tribun.

[Note 71: *Histoire de la conjuration de Robespierre*, par
Montjoie.]

On chercherait en vain dans l'histoire des peuples l'exemple d'un si horrible complot. Les conjurés, on les connaît. A Fouché et à Tallien il faut ajouter Rovère, le digne associé de Jourdan Coupe-Tête dans le trafic des biens nationaux; les deux Bourdon, déjà nommés; Guffroy, le journaliste à la feuille immonde et sanglante; Thuriot, un de de ceux qui, avec Montaut, avait le plus insisté pour le renvoi des soixante-treize girondins devant le tribunal révolutionnaire[72]; enfin Lecointre, Legendre et Fréron. Ces trois derniers méritent une mention particulière. Lecointre était ce marchand de toiles qui commandait la garde nationale de Versailles aux journées des 5 et 6 octobre. La dépréciation de ses marchandises contribua sans doute quelque peu à refroidir son ardeur révolutionnaire; cependant ses spéculations comme accapareur paraissent avoir largement compensé ses pertes comme commerçant[73]. Extrême en tout, Laurent Lecointre fut d'abord un révolutionnaire forcené, et il devint plus tard le boule-dogue de la réaction. Toutefois, tant que vécut Robespierre, il se tint sur une réserve prudente, et ce fut seulement un mois après sa chute qu'il se vanta d'avoir pris part à une conjuration formée contre lui dès le 5 prairial. C'était du reste un des intimes de Fouquier-Tinville. Le jour où l'accusateur public fut mandé à la barre de la Convention, après le 9 thermidor, Lecointre s'écria en le voyant: «Voilà un brave homme, un homme de mérite»[74]. Les Thermidoriens étaient donc loin de considérer Fouquier comme une créature de Robespierre.

[Note 72: Après le coup d'État de Brumaire, Thuriot *de La
Rosière* fut, par la grâce de Sieyès, nommé juge au tribunal criminel
de la Seine. Il était en 1814 substitut de l'avocat général à la cour de
Cassation.]

[Note 73: Voyez à cet égard l'accusation formelle de Billaud-Varenne dans sa
Réponse à Lecointre, p. 40.]

[Note 74: Ce fut Louchet qui, après Thermidor, reprocha à Lecointre ses relations avec Fouquier. A quoi Lecointre répondit, après avoir avoué qu'il avait eu Fouquier-Tinville à dîner chez lui, en compagnie de Merlin (de Thionville), qu'il ne pouvait pas regarder comme coupable un homme proposé, trois jours auparavant, comme accusateur public par le comité de Salut public régénéré. (Voy. les *Crimes des sept membres des anciens comités*, p. 75.)]

Quant à Legendre ... qui ne connaît le fameux boucher? Il y a de lui un fait atroce. Dans la journée du 25 prairial, il reçut de Roch Marcandier, vil folliculaire dont nous avons déjà eu l'occasion de parler, une lettre par laquelle cet individu, réduit à se cacher depuis un an, implorait sa commisération. Le jour même, Legendre faisait sa déclaration au comité de Sûreté générale et promettait de prendre toutes les mesures nécessaires pour lui livrer

Marcandier[75]. A quelque temps de là cet homme était guillotiné. Il semble que Legendre ait voulu se venger de sa lâcheté sur la mémoire de Maximilien. C'était lui pourtant qui avait tracé ces lignes: «Une reconnaissance immortelle s'épanche vers Robespierre toutes les fois qu'on pense à un homme de bien»[76].

[Note 75: Voyez, dans les *Papiers inédits*, la lettre de Marcandier à Legendre et la déclaration de celui-ci au comité de Sûreté générale, t. I, p. 179 et 183.]

[Note 76: *Papiers inédits*, t. I, p. 180.]

Que dire de Fréron, ce démolisseur stupide qui voulut raser l'Hôtel de ville de Paris, ce maître expert en calomnies, ce chef de la jeunesse dorée? Son nom seul n'est-il pas une injure[77]? A ce groupe impur, joignez les noms maudits de Courtois, dénoncé à diverses reprises au comité de Salut public comme dilapidateur des fonds de l'État, de Barras, ce gentilhomme déclassé qu'on eût cru payé pour venger sur les plus purs défenseurs de la Révolution les humiliations de sa caste; d'André Dumont, qui s'entendait si bien à mettre Beauvais au bouillon maigre et à prendre dans son large filet tout son gibier de guillotine, c'est-à-dire les nobles et les animaux noirs appelés prêtres[78], de Carrier, de ces hommes enfin dont Robespierre voulait punir les crimes, réprimer les excès, et vous aurez la liste à peu près complète des auteurs de la conjuration thermidorienne.

[Note 77: Aussi violent contre les patriotes après Thermidor qu'il l'avait été jadis contre les ennemis de la Révolution, Fréron faillit épouser une soeur de Bonaparte, par lequel il fut, sous le Consulat, nommé sous-préfet à Saint-Domingue, où il mourut peu de temps après son arrivée.]

[Note 78: Voy. notamment le *Moniteur* des 5 brumaire (26 octobre) et 22 frimaire (13 décembre 1793).]

X

Faire le vide autour de Robespierre en l'isolant à la fois, par les plus infâmes calomnies, et des gens de la droite et des membres les plus avancés de la Montagne, lui imputer toutes les rigueurs de la Révolution, attirer dans la conjuration le plus grand nombre de députés possible en répandant de prétendues listes de représentants voués par lui au tribunal révolutionnaire, tel fut le plan adopté par les conjurés, plan digne du génie infernal de Fouché! Ce n'est pas tout. Les Girondins avaient autrefois, à grand renfort de calomnies, dressé contre Maximilien une monstrueuse accusation de dictature. On n'a pas oublié les diffamations mensongères tombées de la bouche de leurs orateurs et propagées par leurs journaux; les Thermidoriens n'eurent pas à se mettre en frais d'imagination, ils reprirent tout simplement la thèse girondine; seulement, au lieu d'attaquer leur adversaire de front, ils le frappèrent traîtreusement par derrière, ils le combattirent sourdement, lâchement, bassement. Ils rencontrèrent de très utiles auxiliaires dans les feuilles étrangères, leurs complices peut-être, où l'on s'ingéniait aussi pour tout rapporter à Maximilien. *Les agents de Robespierre, les soldats de Robespierre,* etc.[79]. On eût pu croire à une entente merveilleuse. Les Girondins avaient imaginé le triumvirat Danton, Marat et Robespierre; les Thermidoriens inventèrent le triumvirat de Robespierre, Couthon et Saint-Just.

[Note 79: Le plan adopté par les Thermidoriens contre le comité de Salut public d'abord, puis contre Robespierre seul, peut être considéré comme étant d'invention royaliste; jugez-en plutôt. Voici ce qu'on lit dans les *Mémoires* de Mallet-Dupan: «Il faudrait, en donnant le plus de consistance possible et d'étendue à la haine qu'inspire le comité de Salut public dans Paris, s'occuper surtout à organiser sa perte dans l'Assemblée, après avoir démontré aux membres qui la composent la facilité du succès et même l'absence de tout danger pour eux.... Il existe dans la Convention nationale plus de deux cents individus qui ont voté contre la mort du roi; leur opinion n'est pas douteuse.... Tous ceux qui ont été entraînés dans une conduite contraire par faiblesse cherchent l'occasion de s'en relever s'il est possible. Dans ce qu'on appelle la Montagne, plusieurs sont en opposition. Tout ce qui a eu des relations avec Danton, Bazire et les autres députés sacrifiés prévoient qu'ils seront ses victimes; il est donc évident que la majorité contre lui peut se composer; il suffirait de concerter fortement les hommes qui conduisent ces différentes sections ... qu'ils fussent prêts à parler, à dénoncer le comité, qu'ils rassemblassent dans leur pensée des chefs d'accusation graves soit contre lui, soit contre ses principaux membres; profitant alors de l'occasion de quelques revers importants, ils se montreraient avec énergie, accableraient le comité de la responsabilité, l'accuseraient d'avoir exercé la plus malheureuse, la plus cruelle dictature, d'être l'auteur de tous les maux de la

France. La conclusion naturelle serait le renouvellement à l'instant des comités de Salut public et de Sûreté générale, dont le remplacement serait préparé d'avance. Aussitôt nommés, les membres des nouveaux comités feraient arrêter les membres des anciens et leurs adhérents principaux. On conçoit, après ce succès, la facilité de détruire le tribunal révolutionnaire, les comités de sections; en un mot, de marcher à un dénoûment utile.» T. II, p. 95.

Ces lignes sont précédées de cette réflexion si juste de Mallet-Dupan: «Les moyens qu'ils se proposaient d'employer étaient précisément ceux qui amenèrent en effet la perte de Robespierre.»]

Le lendemain même du 22 prairial, les conjurés se mirent en devoir de réaliser, suivant l'expression de Maximilien, «des terreurs ridicules répandues par la calomnie[80],» et ils firent circuler une première liste de dix-huit représentants qui devaient être arrêtés par les ordres des comités. Dès le 26 prairial (14 juin 1794), Couthon dénonçait cette manœuvre aux Jacobins, en engageant ses collègues de la Convention à se défier de ces insinuations atroces, et en portant à six au plus le nombre des scélérats et des traîtres à démasquer[81]. Cinq ou six peut-être, tel était en effet le nombre exact des membres dont Maximilien aurait voulu voir les crimes punis par l'Assemblée[82]. Est-ce qu'après Thermidor la Convention hésitera à en frapper davantage? Mais la peur est affreusement crédule; le chiffre alla grossissant de jour en jour, et il arriva un moment où trente députés n'osaient plus coucher chez eux[83]. «Est-il vrai», s'écriait Robespierre, à la séance du 8 thermidor, «que l'on ait colporté des listes odieuses où l'on désignait pour victimes un certain nombre de membres de la Convention, et qu'on prétendait être l'ouvrage du comité de Salut public et ensuite le mien? Est-il vrai qu'on ait osé supposer des séances du comité, des *arrêtés rigoureux qui n'ont jamais existé, des arrestations non moins chimériques*? Est-il vrai qu'on ait cherché à persuader à un certain nombre de représentants irréprochables que leur perte était résolue; à tous ceux qui, par quelque erreur avaient payé un tribut inévitable à la fatalité des circonstances et à la faiblesse humaine, qu'ils étaient voués au sort des conjurés? Est-il vrai que l'imposture ait été répandue avec tant d'art et tant d'audace qu'un grand nombre de membres n'osaient plus habiter la nuit leur domicile? Oui, les faits sont constants, et les preuves de ces manœuvres sont au comité de Salut public[84].» De ces paroles de Couthon et de Robespierre, dites à plus de six semaines d'intervalle, il résulte deux choses irréfutables: d'abord, que les conjurés, en premier lieu, en voulaient au comité de Salut public tout entier; ensuite, que ces prétendues listes de proscrits, dont les ennemis de Robespierre se prévalent encore aujourd'hui avec une insigne mauvaise foi, n'ont jamais existé. De quel poids peuvent être, en présence de dénégations si formelles, les assertions de quelques misérables?

[Note 80: Discours du 8 thermidor.]

[Note 81: Séance des Jacobins du 26 prairial. (Voy. le *Moniteur* du 1er messidor [9 juin 1794].)]

[Note 82: Consultez à cet égard le discours de Saint-Just au 9 thermidor.]

[Note 83: C'est le chiffre donné par Lecointre; on l'a élevé jusqu'à soixante.]

[Note 84: Discours du 8 thermidor, p. 8.]

La vérité est que des listes couraient, dressées non point par les partisans de Robespierre, mais par ses plus acharnés ennemis. En mettant sur ces listes les noms des Voulland, des Vadier, des Panis, on entraîna sans peine le comité de Sûreté générale, dont les membres, à l'exception de deux ou trois, étaient depuis longtemps fort mal disposés envers Robespierre; mais on n'eut pas si facilement raison du comité de Salut public, qui continua de surveiller les conjurés pendant tout le courant de messidor, comme nous en avons la preuve par les rapports de police, où nous trouvons le compte rendu des allées et venues des Bourdon (de l'Oise), Tallien et autres. Le prétendu espionnage organisé par Robespierre est, nous le démontrerons bientôt, une fable odieuse et ridicule inventée par les Thermidoriens. Malgré les divisions nées dans les derniers jours de prairial entre Maximilien et ses collègues du comité, ceux-ci hésitèrent longtemps, jusqu'à la fin de messidor, à l'abandonner; un secret pressentiment semblait les avertir qu'en le livrant à ses ennemis, ils livraient la République elle-même. Ils ne consentirent à le sacrifier que lorsqu'ils le virent décidé à mettre fin à la Terreur exercée comme elle l'était et à en poursuivre les criminels agents.

A Fouché revient l'honneur infâme d'avoir triomphé de leurs hésitations. A la séance du 9 thermidor, Collot-d'Herbois prétendit qu'il était resté deux mois sans voir Fouché[85]. Mais c'était là une allégation mensongère, s'il faut s'en rapporter à la déclaration de Fouché lui-même, qui ici n'avait aucun intérêt à déguiser la vérité: «J'allai droit à ceux qui partageaient le gouvernement de la Terreur avec Robespierre, et que je savais être *envieux et craintifs* de son immense popularité. Je révélai à Collot-d'Herbois, à Carnot, à Billaud *de* Varenne les desseins du moderne Appius». Les démarches du futur duc d'Otrante réussirent au delà de ses espérances, car le 30 messidor, il pouvait écrire à son beau-frère, à Nantes: «Soyez tranquille sur l'effet des calomnies atroces lancées contre moi; je n'ai rien à dire contre les *autheurs*, ils m'ont fermé la bouche. Mais le gouvernement prononcera entre eux et moi. Comptez sur la vertu de sa justice[86].»

[Note 85: *Moniteur* du 12 thermidor (30 juillet 1794).]

[Note 86: Lettre saisie à Nantes par le représentant Bô, et envoyée au comité de Salut public, auquel elle ne parvint qu'au lendemain de Thermidor. L'original est aux *Archives*.]

Que le futur duc d'Otrante ait trouvé dans Billaud-Varenne et dans Carnot des envieux de l'immense popularité de Robespierre, cela est possible; mais dans Collot-d'Herbois il rencontrait un complice, c'était mieux. En entendant Maximilien demander compte à Fouché de l'effusion de sang répandu par le crime Collot se crut menacé lui-même, et il conclut un pacte avec son complice de Lyon; il y avait entre eux la solidarité du sang versé.

CHAPITRE TROISIÈME

Affaire des chemises rouges.—La famille Saint-Amaranthe.—Affaire de
Catherine Théot.—Que Robespierre ne déserta point le comité.—De sa
retraite toute morale.—Le bureau de police général.—Rapports avec le
tribunal révolutionnaire.—Fouquier-Tinville et Robespierre.—Trames
contre Robespierre.—La proclamation du duc d'York.—Explications aux
Jacobins.—Appel à la justice et à la probité.—Violente apostrophe contre
Fouché.

I

Que reprocha surtout Robespierre à ses ennemis? Ce fut d'avoir multiplié les
actes d'oppression pour étendre le système de terreur et de calomnie[87]. Ils
ne reculèrent devant aucun excès afin d'en rejeter la responsabilité sur celui
dont ils avaient juré la perte.

[Note 87: Discours du 8 thermidor.]

L'idée de rattacher l'affaire de Ladmiral et de Cécile Renault à un complot de
l'étranger et de livrer l'assassin et la jeune royaliste au tribunal révolutionnaire
en compagnie d'une foule de gens avec lesquels ils n'avaient jamais eu aucune
relation, fut très probablement le résultat d'une noire intrigue. Chargé de
rédiger le rapport de cette affaire, Élie Lacoste, un des plus violents ennemis
de Robespierre, s'efforça, dans la séance du 20 prairial, de rattacher la faction
nouvelle aux factions de Chabot et de Julien (de Toulouse), d'Hébert et de
Danton.

On aurait tort, du reste, de croire que l'accusation était dénuée de fondement
à l'égard de la plupart des accusés; méfions-nous de la sensiblerie affectée de
ces écrivains qui réservent toutes leurs larmes pour les victimes de la
Révolution et se montrent impitoyables pour les milliers de malheureux de
tout âge et de tout sexe immolés par le despotisme. Ni Devaux, commissaire
de la section *Bonne-Nouvelle* et secrétaire du fameux de Batz, le conspirateur
émérite et insaisissable, ni l'épicier Cortey, ni Michonis, n'étaient innocents.
Étaient-ils moins coupables, ceux qui furent signalés par Lacoste comme
ayant cherché à miner la fortune publique par des falsifications d'assignats?
Il se trouva qu'un des principaux agents du baron de Batz, nommé Roussel,
était lié avec Ladmiral. Cette circonstance permit à Élie Lacoste de présenter
Ladmiral et la jeune Renault comme les instruments dont s'étaient servis Pitt
et l'étranger pour frapper certains représentants du peuple. Le père, un des
frères et une tante de Cécile Renault, furent enveloppés dans la fournée, parce
qu'en faisant une perquisition chez eux, on avait découvert les portraits de
Louis XVI et de Marie-Antoinette. Un instituteur, du nom de Cardinal, un
chirurgien nommé Saintanax et plusieurs autres personnes arrêtées pour

s'être exprimées en termes calomnieux et menaçants sur le compte de Collot-d'Herbois et de Robespierre, furent impliqués dans l'affaire avec la famille Saint-Amaranthe et quelques personnages de l'ancien régime.

Robespierre resta aussi étranger que possible à cet affreux amalgame et à la mise en accusation de la famille Renault, cela est clair comme la lumière du jour. Il y a mieux, un autre frère de la jeune Renault, quartier-maître dans le deuxième bataillon de Paris, ayant été incarcéré, à qui s'adressa-t-il pour échapper à la proscription de sa famille?... A Maximilien. «A qui avoir recours»? lui écrivit-il. «A toi, Robespierre! qui dois avoir en horreur toute ma génération si tu n'étais pas généreux.... Sois mon avocat....» Ce jeune homme ne fut point livré au tribunal révolutionnaire[88]. Fut-ce grâce à Robespierre, dont l'influence, hélas! était déjà bien précaire à cette époque, je ne saurais le dire; mais comme il ne sortit de prison que trois semaines après le 9 thermidor, on ne dira pas sans doute que s'il ne recouvra point tout de suite sa liberté, ce fut par la volonté de Maximilien.

[Note 88: Voyez cette lettre de Renault à Robespierre, en date du 15 messidor, non citée par Courtois, dans les *Papiers inédits*, t. I, p. 196.]

Il faut avoir toute la mauvaise foi des ennemis de Robespierre, de ceux qui, par exemple, ne craignent pas d'écrire qu'*il s'inventa un assassin*, pour lui donner un rôle quelconque dans ce lugubre drame des *chemises rouges*, ainsi nommé parce qu'il plut au comité de Sûreté générale de faire revêtir tous les condamnés de chemises rouges, comme des parricides, pour les mener au supplice. C'était là, de la part du comité un coup de maître, ont supposé quelques écrivains; on voulait semer à la fois l'indignation et la pitié: voilà bien des malheureux immolés pour Robespierre! ne manquerait-on pas de s'écrier.—Pourquoi pas pour Collot-d'Herbois?—Ce qu'il y a seulement de certain, c'est que les conjurés faisaient circuler çà et là dans les groupes des propos atroces au sujet de la fille Renault. C'était, sans doute, insinuait-on, une affaire d'amourette, et elle n'avait voulu attenter aux jours du *dictateur* que parce qu'il avait fait guillotiner son amant[89]. Ah! les Thermidoriens connaissaient, comme les Girondins, la sinistre puissance de la calomnie!

[Note 89: Discours de Robespierre à la séance du 13 messidor aux Jacobins. *Moniteur* du 17 messidor (5 juillet 1794).]

II

Une des plus atroces calomnies inventées par les écrivains de la réaction est à coup sûr celle à laquelle a donné lieu le supplice de la famille de Saint-Amaranthe, comprise tout entière dans le procès des *chemises rouges*. Le malheur de ces écrivains sans pudeur et sans foi est de ne pouvoir pas même s'entendre. Les uns ont attribué à Saint-Just la mort de cette famille. Nous avons démontré ailleurs la fausseté et l'infamie de cette allégation[90]. Les autres, en ont rejeté la responsabilité sur Maximilien. Leur récit vaut la peine d'être raconté; il n'est pas mauvais de flétrir les calomniateurs par la seule publicité de leurs oeuvres de mensonge.

[Note 90: Voyez notre *Histoire de Saint-Just*, liv. V, ch. II.]

Suivant eux, Robespierre se serait laissé mener un soir dans la maison de Mme de Saint-Amaranthe par Trial, artiste du théâtre des Italiens. Là, il aurait soupé, se serait enivré, et «au milieu des fumées du vin», il aurait laissé échapper «de redoutables secrets»[91]. D'où la nécessité pour lui de vouer à la mort tous ceux dont l'indiscrétion aurait pu le compromettre. Le beau moyen, en vérité, et comme si ce n'eût pas été là, au contraire, le cas de les faire parler. On a honte d'entretenir le lecteur de pareilles inepties.

[Note 91: Il faut lire les Mémoires du comédien Fleury, qui fut le commensal de la maison de Mme de Saint-Amaranthe, pour voir jusqu'où peuvent aller la bêtise et le cynisme de certains écrivains. Ces Mémoires (6 vol. in-8°) sont l'oeuvre d'un M. Laffitte, qui les a, pensons-nous, rédigés sur quelques notes informes de M. Fleury.]

Au reste, les artisans de calomnies, gens d'ordinaire fort ignorants, manquent rarement de fournir eux-mêmes quelque preuve de leur imposture. C'est ainsi que, voulant donner à leur récit un certain caractère de précision, les inventeurs de cette fameuse scène où le «monstre se serait mis en pointe de vin» l'ont placée dans le courant du mois de mai. Or Mme de Saint-Amaranthe avait été arrêtée dès la fin de mars et transférée à Sainte-Pélagie le 12 germinal (1er avril 1794)[92]. Quant à l'acteur Trial, il était si peu l'un des familiers de Robespierre, qu'il fut, au lendemain de Thermidor, un des membres de la commune régénérée, et qu'il signa comme tel les actes de décès des victimes de ce glorieux coup d'État. Du reste, il opposa toujours le plus solennel démenti à la fable ignoble dans laquelle on lui donna le rôle d'introducteur[93].

[Note 92: Archives de la préfecture de police.]

[Note 93: Parmi les écrivains qui ont propagé cette fable, citons d'abord les rédacteurs de l'*Histoire de la Révolution, par deux amis de la liberté*, livre où tous les faits sont sciemment dénaturés et dont les auteurs méritent le mépris de tous les honnêtes gens. Citons aussi Nougaret, Beuchot, et surtout Georges Duval, si l'on peut donner le nom d'écrivain à un misérable sans conscience qui, pour quelque argent, a fait trafic de prétendus souvenirs de la Terreur. Il n'y a pas à se demander si le digne abbé Proyard a dévotement embaumé l'anecdote dans sa *Vie de Maximilien Robespierre*. Seulement il y a introduit une variante. La scène ne se passe plus chez Mme de Saint-Amaranthe, mais chez le citoyen Sartines. (P. 168.)

On ne conçoit pas comment l'auteur de l'*Histoire des Girondins* a pu supposer un moment que Robespierre dîna jamais chez Mme de Saint-Amaranthe, et qu'il y «entr'ouvrit ses desseins pour y laisser lire l'espérance». (T. VIII, p. 255). Du moins M. de Lamartine a-t-il répudié avec dégoût la scène d'ivresse imaginée par d'impudents libellistes.]

La maison de Mme de Saint-Amaranthe était une maison de jeux, d'intrigues et de plaisirs. Les dames du logis, la mère, femme séparée d'un ancien officier de cavalerie, et la fille, qu'épousa le fils fort décrié de l'ancien lieutenant général de police, de Sartines, étaient l'une et l'autre de moeurs fort équivoques avant la Révolution. Leur salon était une sorte de terrain neutre où le gentilhomme coudoyait l'acteur. Fleury et Elleviou en furent les hôtes de prédilection. Mirabeau y vint sous la Constituante, y joua gros jeu et perdit beaucoup. Plus tard, tous les révolutionnaires de moeurs faciles, Proly, Hérault de Séchelles, Danton, s'y donnèrent rendez-vous et s'y trouvèrent mêlés à une foule d'artisans de contre-révolution. Robespierre jeune s'y laissa conduire un soir au sortir de l'Opéra, avec Nicolas et Simon Duplay, par l'acteur Michot, un des sociétaires de la Comédie-Française. C'était longtemps avant le procès de Danton. Quand Robespierre eut eu connaissance de cette escapade, il blâma si sévèrement son frère et les deux neveux de son hôte que ceux-ci se gardèrent bien de remettre les pieds chez Mme de Saint-Amaranthe, malgré l'attrait d'une pareille maison pour des jeunes gens dont l'aîné n'avait pas vingt-neuf ans [94].

[Note 94: Voyez à ce sujet une lettre de M. Philippe Le Bas à M. de Lamartine, citée dans notre *Histoire de Saint-Just*, liv. V, ch. II.—La maison de Mme de Saint-Amaranthe, désignée par quelques écrivains comme une des maisons les mieux hantées de Paris, avait été, même avant la Révolution, l'objet de plusieurs dénonciations. En voici une du 20 juin 1793, qu'il ne nous paraît pas inutile de mettre sous les yeux de nos lecteurs: «Georges-Antoine Fontaine, citoyen de Paris, y demeurant, rue Fromenteau, hôtel de Nevers, n° 38, section des *Gardes françaises*, déclare au comité de Salut public du département de Paris, séant aux Quatre-Nations, qu'au mépris des ordonnances qui prohibent toutes les maisons de jeux de hasard, comme *trente-et-un* et *biribi*, et même qui condamnent à des peines pécuniaires et afflictives les délinquans, il vient de s'en ouvrir deux, savoir: une de *trente-et-*

un chez la citoyenne Saint-Amaranthe, galerie du Palais-Royal, n° 50, et une autre, de *biribi*, tenue par le sieur Leblanc à l'hôtel de la Chine, au premier au-dessus de l'entresol d'un côté, rue de Beaujolloy, en face du café de Chartres, et de l'autre rue Neuve-des-Petits-Champs, en face la Trésorerie nationale.

Déclare, en outre, que ces deux maisons de jeux sont tolérées par la section de la *Butte des Moulins* et nommément favorisées par les quatre officiers de police de cette section qui en reçoivent par jour, savoir: huit louis pour la partie de *trente-et-un*, et deux pour celle de *biribi*.» (*Archives*, comité de surveillance du département de Paris, 9e carton.)]

La famille de Saint-Amaranthe fut impliquée par le comité de Sûreté générale dans la conjuration dite de Batz, parce que sa demeure était un foyer d'intrigues et qu'on y méditait le soulèvement des prisons [95]. Vraie ou fausse, l'accusation, habilement soutenue par Élie Lacoste, établissait entre les membres de cette famille et les personnes arrêtées sous la prévention d'attentat contre la vie de Robespierre et de Collot-d'Herbois un rapprochement étrange, dont la malignité des ennemis de la Révolution ne pouvait manquer de tirer parti.

[Note 95: Rapport d'Élie Lacoste, séance du 26 prairial (*Moniteur* du 27 [15 juin 1794]).]

Y eut-il préméditation de la part du comité de Sûreté générale, et voulut-il, en effet, comme le prétend un historien de nos jours [96], placer ces femmes royalistes au milieu des assassins de Robespierre «pour que leur exécution l'assassinât moralement»? Je ne saurais le dire; mais ce qu'il est impossible d'admettre, c'est qu'Élie Lacoste ait obéi au même sentiment en impliquant dans son rapport comme complices du baron de Batz les quatre administrateurs de police Froidure, Dangé, Soulès et Marino, compromis depuis longtemps déjà, et qui se trouvaient en prison depuis le 9 germinal (29 mars 1794) quand Fouquier-Tinville les joignit aux accusés renvoyés devant le tribunal révolutionnaire sur le rapport de Lacoste.

[Note 96: Michelet, *Histoire de la Révolution*, t. VIII, p. 358.]

A la suite de ce rapport, la Convention nationale chargea, par un décret, l'accusateur public de rechercher tous les complices de la conspiration du baron de Batz ou de l'étranger qui pourraient être disséminés dans les maisons d'arrêt de Paris ou sur les différents points de la République. Voilà le décret qui donna lieu aux grandes fournées de messidor, qui permit à certaines gens de multiplier les actes d'oppression qu'on essayera de mettre à la charge de Robespierre, et contre lesquels nous l'entendrons s'élever avec tant d'indignation.

III

Si l'affaire des *Chemises rouges* ne fut pas positivement dirigée contre Robespierre, on n'en saurait dire autant de celle dont le lendemain, 27 prairial (15 juin 1794), Vadier vint présenter le rapport à la Convention nationale.

Parce qu'un jour, aux Jacobins, Maximilien avait invoqué le nom de la Providence, parce qu'il avait dénoncé comme impolitiques d'abord, et puis comme souverainement injustes, les persécutions dirigées contre les prêtres en général et les attentats contre la liberté des cultes, les Girondins, l'avaient autrefois poursuivi de leurs épigrammes les plus mordantes, et ils s'étaient ingéniés pour faire de ce propre fils de Rousseau et du rationalisme … un prêtre. On a dit, il y a longtemps, que le ridicule tue en France, et l'on espérait tuer par le ridicule celui dont la vie privée et la vie publique étaient au-dessus de toute attaque. Copistes et plagiaires des Girondins, les Thermidoriens imaginèrent de transformer en une sorte de messie d'une secte d'illuminés l'homme qui, réagissant avec tant de courage contre l'intolérance des indévots, venait à la face de l'Europe de faire, à la suite du décret relatif à l'Être suprême, consacrer par la Convention la pleine et entière liberté des cultes[97].

[Note 97: Dans le chapitre de son *Histoire*, consacré à Catherine Théot, M. Michelet procède à la fois des Girondins et des Thermidoriens. Il nous montre d'abord Robespierre tenant sur les fonts de baptême l'enfant d'un *jacobin catholique*, et obligé de promettre que l'enfant serait catholique. (P. 365.) Ici M. Michelet ne se trompe que de deux ans et demi; il s'agit, en effet, de l'enfant de Deschamp, dont Robespierre fut parrain en janvier 1792. Puis, parce que, dans une lettre en date du 30 prairial, un vieillard de quatre-vingt-sept ans écrit à Robespierre qu'il le regarde comme le Messie promis par l'Être éternel pour réformer toute chose (numéro XII, à la suite du rapport de Courtois), M. Michelet assure que *plusieurs lettres lui venaient qui le déclaraient un messie*. Puis il nous parle d'une foule de femmes ayant chez elles son portrait appendu *comme image sainte*. Il nous montre des généraux, des femmes, portant un petit Robespierre dans leur sein, baisant et priant la *miniature sacrée*. Dans tous les cas, cela prouverait qu'on ne regardait guère Maximilien comme un suppôt de la Terreur. Et, entraîné par la fantaisie furieuse qui le possède, M. Michelet nous représente *des saintes femmes*, une baronne, une Mme de Chalabre, qu'il transforme en agent de police de Robespierre, joignant les mains et disant: «Robespierre, tu es Dieu». Et de là l'historien part pour accuser Maximilien d'encourager ces outrages à la raison. (T. VII, p. 366). Comme si, en supposant vraies un moment les plaisanteries de M. Michelet, Robespierre eût été pour quelque chose là dedans.]

Il y avait alors, dans un coin retiré de Paris, une vieille femme nommée Catherine Théot, chez laquelle se réunissaient un certain nombre d'illuminés, gens à cervelle étroite, ayant soif de surnaturel, mais ne songeant guère à conspirer contre la République. La réception des élus pouvait prêter à rire: il fallait, en premier lieu, faire abnégation des plaisirs temporels, puis on se prosternait devant la *mère de Dieu*, on l'embrassait sept fois, et ... l'on était consacré. Il n'y avait vraiment là rien de nature à inquiéter ni les comités ni la Convention, c'étaient de pures mômeries dont la police avait eu le tort de s'occuper jadis, il y avait bien longtemps, quinze ans au moins. La pauvre Catherine avait même passé quelque temps à la Bastille et dans une maison de fous. Or, cette arrestation qui pouvait se comprendre jusqu'à un certain point sous l'ancien régime, où les consciences étouffaient sous l'arbitraire, était inconcevable en pleine Révolution. Eh bien! le lieutenant de police fut dépassé par le comité de Sûreté générale; les intolérants de l'époque jugèrent à propos d'attaquer la superstition dans la personne de Catherine Théot, et ils transformèrent en crime de contre-révolution les pratiques anticatholiques de quelques illuminés.

Parmi les habitués de la maison de la vieille prophétesse figuraient l'ex-chartreux dom Gerle, ancien collègue de Robespierre à l'Assemblée constituante, le médecin de la famille d'Orléans, Etienne-Louis Quesvremont, surnommé Lamotte, une dame Godefroy, et la ci-devant marquise de Chastenois; tels furent les personnages que le comité de Sûreté générale imagina de traduire devant le Tribunal révolutionnaire en compagnie de Catherine Théot. Ils avaient été arrêtés dès la fin de floréal, sur un rapport de l'espion Senar, qui était parvenu à s'introduire dans le mystérieux asile de la rue Contrescarpe en sollicitant son initiation dans la secte, et qui, aussitôt reçu, avait fait arrêter toute l'assistance par des agents apostés.

L'affaire dormait depuis trois semaines quand les conjurés de Thermidor songèrent à en tirer parti, la jugeant un texte excellent pour détruire l'effet prodigieux produit par la fête du 20 prairial et l'éclat nouveau qui en avait rejailli sur Robespierre. En effet, la vieille Catherine recommandait à ses disciples d'élever leurs coeurs à l'Être suprême, et cela au moment où la nation elle-même, à la voix de Maximilien, se disposait à en proclamer la reconnaissance. Quel rapprochement! Et puis on avait saisi chez elle, sous son matelas, une certaine lettre écrite en son nom à Maximilien, lettre où elle l'appelait son premier prophète, son ministre chéri. Plus de doute, on conspirait en faveur de Robespierre. La lettre était évidemment fabriquée; Vadier n'osa même pas y faire allusion dans son rapport à la Convention; mais n'importe, la calomnie était lancée.

Enfin, dom Gerle, présenté comme le principal agent de la conspiration, était un protégé de Robespierre; on avait trouvé dans ses papiers un mot de celui-ci attestant son patriotisme, et à l'aide duquel il avait pu obtenir de sa section un certificat de civisme, marque d'intérêt bien naturelle donnée par Maximilien à un ancien collègue dont il estimait les vertus. Dom Gerle avait eu jadis la malencontreuse idée de proposer à l'Assemblée constituante d'ériger la religion catholique en religion d'État; le rapporteur du comité de Sûreté générale ne manqua pas de rappeler cette circonstance pour donner à l'affaire une couleur de fanatisme; mais il n'eut pas la bonne foi d'ajouter qu'éclairé par ses collègues de la gauche, sur les bancs de laquelle il siégeait, dom Gerle s'était empressé, dès le lendemain, de retirer sa proposition, au grand scandale de la noblesse et du clergé.

Robespierre occupait encore le fauteuil quand Vadier prit la parole au nom des comités de Sûreté générale et de Salut public. Magistrat de l'ancien régime, Vadier avait toutes les ruses d'un vieux procureur. Cet implacable ennemi de Maximilien mettait une sorte de point d'honneur à obtenir des condamnations. Il y a, à cet égard, des lettres de lui à Fouquier-Tinville où il *recommande* nombre d'accusés, et qui font vraiment frémir[98]. Tout d'abord, Vadier dérida l'Assemblée par force plaisanteries sur les prêtres et sur la religion; puis il amusa ses collègues aux dépens de la vieille Catherine, dont, par une substitution qu'il crut sans doute très ingénieuse, il changea le nom de Théot en celui de Théos, qui en grec signifie Dieu. A chaque instant il était interrompu par des ricanements approbateurs et des applaudissements. Robespierre n'était point nommé dans ce rapport, où le nombre des adeptes de Catherine Théot était grossi à plaisir, mais l'allusion perfide perçait çà et là, et des rires d'intelligence apprenaient au rapporteur qu'il avait été compris. Conformément aux conclusions du rapport, la Convention renvoya devant le tribunal révolutionnaire Catherine Théot, dom Gerle, la veuve Godefroy et la ci-devant marquise de Chastenois, comme coupables de conspiration contre la République, et elle chargea l'accusateur public de rechercher et de punir tous les complices de cette prétendue conspiration.

[Note 98: Voyez ces lettres à la suite du rapport de Saladin, sous les numéros XXXII, XXXIV et XXXV.]

C'était du délire. Ce que Robespierre ressentit de dégoût en se trouvant condamné à entendre comme président ces plaisanteries de Vadier, sous lesquelles se cachait une grande iniquité, ne peut se dire. Lui-même a, dans son dernier discours, rendu compte de sa douloureuse impression: «La première tentative que firent les malveillants fut de chercher à avilir les grands principes que vous aviez proclamés, et à effacer le souvenir touchant de la fête nationale. Tel fut le but du caractère et de la solennité qu'on donna à l'affaire de Catherine Théot. La malveillance a bien su tirer parti de la conspiration politique cachée sous le nom de quelques dévotes imbéciles, et on ne présenta à l'attention publique qu'une farce mystique et un sujet inépuisable de sarcasmes indécents ou puériles. Les véritables conjurés échappèrent, et l'on faisait retentir Paris et toute la France du nom de la mère de Dieu. Au même instant on vit éclore une foule de pamphlets dégoûtants, dignes du *Père Duchesne*, dont le but était d'avilir la Convention nationale, le tribunal révolutionnaire, de renouveler les querelles religieuses, d'ouvrir une persécution aussi atroce qu'impolitique contre les esprits faibles ou crédules imbus de quelque ressouvenir religieux. En même temps, une multitude de citoyens paisibles et même de patriotes ont été arrêtés à l'occasion de cette affaire; et les coupables conspirent encore en liberté, car le plan est de les sauver, de tourmenter le peuple et de multiplier les mécontents. Que n'a-t-on pas fait pour parvenir à ce but? Prédication ouverte de l'athéisme, violences inopinées contre le culte, exactions commises sous les formes les plus indécentes, persécutions dirigées contre le peuple sous prétexte de superstition … tout tendait à ce but[99]….»

[Note 99: Discours du 8 thermidor.]

Robespierre s'épuisa en efforts pour sauver les malheureuses victimes indiquées par Vadier. Il y eut au comité de Salut public de véhémentes explications. J'ai la conviction que ce fut au sujet de l'affaire de Catherine Théot qu'eut lieu la scène violente dont parlent les anciens membres du comité dans leur réponse à Lecointre, et qu'ils prétendent s'être passée à l'occasion de la loi de prairial. D'après un historien assez bien informé, Billaud-Varenne et Collot-d'Herbois auraient résisté aux prétentions de Robespierre, qui voulait étouffer l'affaire ou la réduire à sa juste valeur, c'est-à-dire à peu de chose. Billaud se serait montré furieux et prodigue d'injures[100]. Quoi qu'il en soit, Robespierre finit par démontrer à ses collègues combien il serait odieux de traduire au tribunal révolutionnaire quelques illuminés, tout à fait étrangers aux passions politiques, et un ancien Constituant qui avait donné à la Révolution des gages de dévouement. [Note 100: Tissot, *Histoire de la Révolution*, t. V, p. 237. Tissot était le beau-frère de Goujon, une des victimes de prairial an III.]

L'accusateur public fut aussitôt mandé, et l'ordre lui fut donné par Robespierre lui-même, au nom du comité de Salut public, de suspendre l'affaire. Fouquier objecta en vain qu'un décret de la Convention lui enjoignait de la suivre, force lui fut d'obéir, et de remettre les pièces au comité[101]. Très désappointé, et redoutant les reproches du comité de Sûreté générale, auxquels il n'échappa point, Fouquier-Tinville s'y transporta tout de suite. Là il rendit compte des faits et dépeignit tout son embarras, sentant bien le conflit entre les deux comités. «*Il, il, il*», dit-il par trois fois, «s'y oppose au nom du comité de Salut public».—«*Il*, c'est-à-dire Robespierre», répondit un membre, Amar ou Vadier. Oui, répliqua Fouquier[102]. Si la volonté de Robespierre fut ici prépondérante, l'humanité doit s'en applaudir, car, grâce à son obstination, une foule de victimes innocentes échappèrent à la mort.

[Note 101: Mémoires de Fouquier-Tinville, dans l'*Histoire parlementaire*, t. XXXIV, p. 246.]

[Note 102: Mémoires de Fouquier-Tinville, *ubi supra*.—M. Michelet, qui marche à pieds joints sur la vérité historique plutôt que de perdre un trait, a écrit: «Le grand mot *je veux* était rétabli, et la monarchie existait». (T. VII, p. 372.) Quoi! parce que, dans un dernier moment d'influence et par la seule force de la raison, Robespierre était parvenu à obtenir de ses collègues qu'on examinât plus attentivement une affaire où se trouvaient compromises un certain nombre de victimes innocentes, le grand mot *je veux* était rétabli, et la monarchie existait! Peut-on déraisonner à ce point! Pauvre monarque! Il n'eut même pas le pouvoir de faire mettre en liberté ceux que, du moins, il parvint à soustraire à un jugement précipité qui eût équivalu à une sentence de mort. Six mois après Thermidor, dom Gerle était encore en prison.]

L'animosité du comité de Sûreté générale contre lui en redoubla. Vadier ne se tint pas pour battu. Le 8 thermidor, répondant à Maximilien, il promit un rapport plus étendu sur cette affaire des illuminés dans laquelle il se proposait de faire figurer tous les conspirateurs anciens et modernes[103]. Preuve assez significative de la touchante résolution des Thermidoriens d'abattre la Terreur. Ce fut la dernière victoire de Robespierre sur les exagérés. Lutteur impuissant et fatigué, il va se retirer, moralement du moins, du comité de Salut public, se retremper dans sa conscience pour le dernier combat, tandis que ses ennemis, déployant une activité merveilleuse, entasseront pour le perdre calomnies sur calomnies, mensonges sur mensonges, infamies sur infamies.

[Note 103: *Moniteur* du 11 thermidor (29 juillet 1794).]

IV

Tous les historiens sans exception, favorables ou hostiles à Robespierre, ont cru que, durant quatre décades, c'est-à-dire quarante jours avant sa chute, il s'était complètement retiré du comité de Salut public, avait cessé d'y aller. C'est là une erreur capitale, et l'on va voir combien il est important de la rectifier. Si, en effet, depuis la fin de prairial jusqu'au 9 thermidor, Maximilien s'était purement et simplement contenté de ne plus paraître au comité, il serait souverainement injuste à coup sûr de lui demander le moindre compte des rigueurs commises en messidor, et tout au plus serait-on en droit de lui reprocher avec quelques écrivains de n'y avoir opposé que la force d'inertie.

Mais si, au contraire, nous prouvons, que pendant ces quarante derniers jours, il a siégé sans désemparer au comité de Salut public, comme dans cet espace de temps il a refusé de s'associer à la plupart des grandes mesures de sévérité consenties par ses collègues, comme il n'a point voulu consacrer par sa signature certains actes oppressifs, c'est donc qu'il y était absolument opposé, qu'il les combattait à outrance; c'est donc que, suivant l'expression de Saint-Just, il ne comprenait pas «cette manière prompte d'improviser la foudre à chaque instant»[104]. Voilà pourquoi il mérita l'honorable reproche que lui adressa Barère dans la séance du 10 thermidor, d'avoir voulu arrêter le cours *terrible, majestueux* de la Révolution; et voilà pourquoi aussi, n'ayant pu décider les comités à s'opposer à ces actes d'oppression multipliés dont il gémissait, il se résolut à appeler la Convention à son aide et à la prendre pour juge entre eux et lui.

[Note 104: *Réponse des membres des deux anciens comités*, p. 107, en note.]

Les Thermidoriens du comité ont bien senti l'importance de cette distinction; aussi se sont-ils entendus pour soutenir que Robespierre ne paraissait plus aux séances et que, durant quatre décades, il n'y était venu que deux fois, et encore sur une *citation* d'eux, la première pour donner les motifs de l'arrestation du comité révolutionnaire de la section de l'*Indivisibilité*, la seconde pour s'expliquer sur sa prétendue absence[105]. Robespierre n'était plus là pour répondre. Mais si, en effet, il eût rompu toutes relations avec le comité de Salut public, comment ses collègues de la Convention ne s'en seraient-ils pas aperçus? Or, un des chefs de l'accusation de Lecointre contre certains membres des anciens comités porte précisément sur ce qu'ils n'ont point prévenu la Convention de l'absence de Robespierre. Rien d'embarrassé sur ce point comme la réponse de Billaud-Varenne: «C'eût été un fait trop facile à excuser; n'aurait-il pu prétexter une indisposition?»[106]

[Note 105: *Réponse des membres des deux anciens comités*, p. 7. Voyez aussi le rapport de Saladin, p. 99. «*Il est convenu*», dit ironiquement Saladin, «que depuis le 22 prairial Robespierre s'éloigne du comité».]

[Note 106: *Réponse des membres des deux anciens comités*, p. 61.]

Mais, objectait-on, et les signatures apposées par Robespierre au bas d'un assez grand nombre d'actes? Ah! disent les uns, il a pu signer quand deux fois il est venu au comité pour répondre à certaines imputations, ou quand il *affectait* de passer dans les salles, vers cinq heures, après la séance, ou quand il se rendait *secrètement* au bureau de police générale[107]. Il n'est pas étonnant, répond un autre, en son nom particulier, que les chefs de bureau lui aient porté chez lui ces actes à signer au moment où il était au plus haut degré de sa puissance[108]. En vérité! Et comment donc se fait-il alors que dans les trois premières semaines de ventôse an II, lorsque Robespierre était réellement retenu loin du comité par la maladie, les chefs de bureau n'aient pas songé à se rendre chez lui pour offrir à sa signature les arrêtés de ses collègues? Et comment expliquer qu'elle se trouve sur certains actes de peu d'importance, tandis qu'elle ne figure pas sur les arrêtés qui pouvaient lui paraître entachés d'oppression? Tout cela est misérable.

[Note 107: *Réponse de J.-N. Billaud à Lecointre*, p. 81.]

[Note 108: *Réponse de J.-N. Billaud à Lecointre*, p. 82.]

Quand Saladin rédigea son rapport sur la conduite des anciens membres des comités, il n'épargna pas à Robespierre les noms de traître et de tyran, c'était un tribut à payer à la mode du jour; mais comme il le met à part de ceux dont il était chargé de présenter l'acte d'accusation, et comme, sous les injures banales, on sent percer la secrète estime de ce survivant de la Gironde pour l'homme à qui soixante-douze de ses collègues et lui devaient la vie et auquel il avait naguère adressé ses hommages de reconnaissance!

L'abus du pouvoir poussé à l'extrême, la terre plus que jamais ensanglantée, le nombre plus que doublé des victimes, voilà ce qu'il met au compte des ennemis, que dis-je? des assassins de Robespierre, en ajoutant à l'appui de cette allégation, justifiée par les faits, ce rapprochement effrayant: «Dans les quarante-cinq jours qui ont précédé la retraite de Robespierre, le nombre des victimes est de cinq cent soixante-dix-sept; il s'élève à mille deux cent quatre-vingt-six pour les quarante-cinq jours qui l'ont suivie jusqu'au 9 thermidor[109].» Quoi de plus éloquent? Et combien plus méritoire est la conduite de Maximilien si, au lieu de se tenir à l'écart, comme on l'a jusqu'ici prétendu, il protesta hautement avec Couthon et Saint-Just contre cette *manière prompte d'improviser la foudre à chaque instant*!

[Note 109: Rapport de Saladin, p. 100.] De toutes les listes d'accusés renvoyés devant le tribunal révolutionnaire du 1er messidor au 9 thermidor par les comités de Salut public et de Sûreté générale, une seule, celle du 2 thermidor, porte la signature de Maximilien à côté de celles de ses collègues[110]. Une partie de ces listes, relatives pour la plupart aux conspirations dites des prisons, ont été détruites, et à coup sûr celles-là n'étaient point signées de Robespierre[111]. Il n'a pas signé l'arrêté en date du 4 thermidor concernant l'établissement définitif de quatre commissions populaires créées par décret du 13 ventôse (3 mars 1794) pour juger tous les détenus dans les maisons d'arrêt des départements[112].—Ce jour-là, du reste, il ne parut pas au comité, mais on aurait pu, d'après l'allégation de Billaud, lui faire signer l'arrêté chez lui.

[Note 110: Voyez à cet égard les pièces à la suite du rapport de Saladin et les *Crimes des sept membres des anciens comités*, par Lecointre, p. 132, 138. «Herman, son homme», dit M. Michelet, t. VII, p. 426, «qui faisait signer ces listes au comité de Salut public, se gardait bien de faire signer son maître». Où M. Michelet a-t-il vu qu'Herman fût l'homme de Robespierre? Et, dans ce cas, pourquoi n'aurait-il pas fait signer *son maître?* Est-ce qu'à cette époque on prévoyait la réaction et ses fureurs?]

[Note 111: D'après les auteurs de l'*Histoire parlementaire*, les signatures qui se rencontraient le plus fréquemment au bas de ces listes seraient celles de Carnot, de Billaud-Varenne et de Barère. (T. XXXIV, p. 13.) Quant aux conspirations des prisons, Billaud-Varenne a écrit après Thermidor: «Nous aurions été bien coupables si nous avions pu paraître indifférents….» *Réponse de J.-N. Billaud à Laurent Lecointre*, p. 75.]

[Note 112: Arrêté signé: Barère, Dubarran, C.-A. Prieur, Amar, Louis (du Bas-Rhin), Collot-d'Herbois, Carnot, Voulland, Vadier, Saint-Just, Billaud-Varenne.]

En revanche, une foule d'actes, tout à fait étrangers au régime de la Terreur, sont revêtus de sa signature. Le 5 messidor, il signe avec ses collègues un arrêté par lequel il est enjoint au citoyen Smitz d'imprimer en langue et en caractères allemands quinze cents exemplaires du discours sur les rapports des idées religieuses et morales avec les principes républicains[113]. Donc ce jour-là l'entente n'était pas tout à fait rompue. Le 7, il approuve, toujours de concert avec ses collègues, la conduite du jeune Jullien à Bordeaux, et les dépenses faites par lui dans sa mission[114]. La veille, il avait ordonnancé avec Carnot et Couthon le payement de la somme de 3,000 livres au littérateur Demaillot et celle de 1,500 livres au citoyen Tourville, l'un et l'autre agents du comité[115]. Quelques jours après, il signait avec Billaud-Varenne l'ordre de mise en liberté de Desrozier, acteur du théâtre de l'Égalité[116], et, avec Carnot, l'ordre de mise en liberté de l'agent national de Romainville[117]. Le 18, il signe encore, avec Couthon, Barère et Billaud-Varenne, un arrêté qui réintégrait dans leurs fonctions les citoyens Thoulouse, Pavin, Maginet et Blachère, administrateurs du département de l'Ardèche, destitués par le représentant du peuple Reynaud[118]. Au bas d'un arrêté en date du 19 messidor, par lequel le comité de Salut public prévient les citoyens que toutes leurs pétitions, demandes et observations relatives aux affaires publiques, doivent être adressées au comité, et non individuellement aux membres qui le composent, je lis sa signature à côté des signatures de Carnot, de C.-A. Prieur, de Couthon, de Collot-d'Herbois, de Barère et de Billaud-Varenne[119]. Le 16, il écrivait de sa main aux représentants en mission le billet suivant: «Citoïen collègue, le comité de Salut public désire d'être instruit sans délai s'il existe ou a existé dans les départements sur lesquels s'étend ta mission quelques tribunaux ou commissions populaires. Il t'invite à lui en faire parvenir sur-le-champ l'état actuel avec la désignation du lieu et de l'époque de leur établissement. Robert Lindet, Billaud-Varenne, C.-A. Prieur, Carnot, Barère, Couthon et Collot-d'Herbois signaient avec lui[120].» Le 28, rappel de Dubois-Crancé, alors en mission à Rennes, par un arrêté du comité de Salut public signé: Robespierre, Carnot, Barère, Collot-d'Herbois, Billaud-Varenne, C.-A. Prieur, Couthon, Saint-Just et Robert Lindet[121].

[Note 113: Registre des arrêtés et délibérations du comité de Salut public, *Archives*, 436 *a a* 73.]

[Note 114: Registre des arrêtés et délibérations du comité de Salut public, *Archives* 436 *a a* 73.]

[Note 115: *Archives*, F. 7, 4437.]

[Note 116: *Ibid.*]

[Note 117: *Ibid.*]

[Note 118: *Ibid.*]

[Note 119: *Archives*, A. F, II, 37.]

[Note 120: *Archives*, A, II, 58.]

[Note 121: Registre des délibérations et arrêtés du comité de Salut public, *Archives* 436, *a a* 73.]

L'influence de Maximilien est ici manifeste. On sait en effet combien ce représentant lui était suspect. Après lui avoir reproché d'avoir trahi à Lyon les intérêts de la République, il l'accusait à présent d'avoir à dessein occasionné à Rennes une fermentation extraordinaire en déclarant qu'il y aurait des chouans tant qu'il existerait un Breton[122]! A cette date du 28 messidor, il signe encore avec Collot-d'Herbois, C.-A. Prieur, Carnot, Couthon, Barère, Saint-Just, Robert Lindet, le mandat de mise en liberté de trente-trois citoyens détenus dans les prisons de Troyes par les ordres du jeune Rousselin. Enfin, le 7 thermidor, il était présent à la délibération où fut décidée l'arrestation d'un des plus misérables agents du comité de Sûreté générale, de l'espion Senar[123], dénoncé quelques jours auparavant, aux

Jacobins, par des citoyens victimes de ses actes d'oppression, et dont Couthon avait dit: «S'il est vrai que ce fonctionnaire ait opprimé le patriotisme, il doit être puni. Il existe bien évidemment un système affreux de tuer la liberté par le crime[124].» Nous pourrions multiplier ces citations, mais il n'en faut pas davantage pour démontrer de la façon la plus péremptoire que Robespierre n'a jamais déserté le comité dans le sens réel du mot.

[Note 122: Note de Robespierre sur différents députés. (Voy. *Papiers inédits*, t. II, p. 17, et numéro LI, à la suite du rapport de Courtois.)]

[Note 123: Registre des délibérations et arrêtés, *ubi supra*.]

[Note 124: Séance des Jacobins du 3 thermidor. Voy. le *Moniteur* du 9 (27 juillet 1794).]

Au reste, ses anciens collègues ont accumulé dans leurs explications évasives et embarrassées juste assez de contradictions pour mettre à nu leurs mensonges. Ainsi, tandis que d'un côté ils s'arment contre lui de sa prétendue absence du comité pendant quatre décades, nous les voyons, d'un autre côté, lui reprocher d'avoir assisté muet aux délibérations concernant les opérations militaires, et de s'être abstenu de voter[125]. «Dans les derniers temps», lit-on dans des Mémoires sur Carnot, «il trouvait des prétextes pour ne pas signer les instructions militaires, afin sans doute de se ménager, en cas de revers de nos armées, le droit d'accuser Carnot[126]». Donc il assistait aux séances du comité.

[Note 125: *Réponse des membres des deux anciens comités*, p. 10.]

[Note 126: *Mémoires sur Carnot*, par son fils, t. I, p. 523. Nous avons peu parlé de ces Mémoires, composés d'après des souvenirs thermidoriens, et dénués par conséquent de toute valeur historique. On regrette d'y trouver des erreurs et, il faut bien le dire, des calomnies qu'avec une étude approfondie des choses de la Révolution, M. Carnot fils se serait évité de laisser passer. Le désir de défendre une mémoire justement chère n'autorise personne à sortir des bornes de l'impartialité et de la justice.

De tous les anciens membres du comité de Salut public, Carnot, j'ai regret de le dire, est certainement un de ceux qui, après Thermidor, ont calomnié Robespierre avec le plus d'opiniâtreté. Il semble qu'il y ait eu chez lui de la haine du sabre contre l'idée. Ah! combien Robespierre avait raison de se méfier de l'engouement de notre nation pour les entreprises militaires!

Dans son discours du 1er vendémiaire an III (22 septembre 1794), deux mois après Thermidor, Carnot se déchaîna contre la mémoire de Maximilien avec une violence inouïe. Il accusa notamment Robespierre de s'être plaint avec amertume, à la nouvelle de la prise de Niewport, postérieure au 16 messidor, de ce qu'on n'avait pas massacré toute la garnison. Voy. le *Moniteur* du 4 vendémiaire (25 septembre 1794). Carnot a trop souvent fait fléchir la vérité dans le but de sauvegarder sa mémoire aux dépens d'adversaires qui ne pouvaient répondre, pour que nous ayons foi dans ses paroles. A sa haine invétérée contre Robespierre et contre Saint-Just, on sent qu'il a gardé le souvenir cuisant de cette phrase du second: «Il n'y a que ceux qui sont dans les armées qui gagnent les batailles». Lui-même, du reste, Carnot, n'écrivait-il pas, à la date du 8 messidor, aux représentants Richard et Choudieu, au quartier général de l'armée du Nord, de concert avec Robespierre et Couthon: «Ce n'est pas sans peine que nous avons appris la familiarité et les égards de plusieurs de nos généraux envers les officiers étrangers que nous regardons et voulons traiter comme des brigands....» Catalogue Charavay (janvier-février 1863).]

Mais ce qui lève tous les doutes, ce sont les registres du comité de Salut public, registres dont Lecointre ne soupçonnait pas l'existence, que nous avons sous les yeux en ce moment, et où, comme déjà nous avons eu occasion de de le dire, les présences de chacun des membres sont constatées jour par jour. Eh bien! du 13 prairial au 9 thermidor, Robespierre, manqua de venir au comité SEPT FOIS, en tout et pour tout, les 20 et 28 prairial, les 10, 11, 14 et 29 messidor et le 4 thermidor[127].

[Note 127: Registre des délibérations et arrêtés du comité de Salut public, *Archives*, 433 *a a* 70 jusqu'à 436 *a a* 73.]

Ce qu'il y a de certain, c'est que, tout en faisant acte de présence au comité, Robespierre n'ayant pu faire triompher sa politique, à la fois énergique et modérée, avait complètement résigné sa part d'autorité dictatoriale et abandonné à ses collègues l'exercice du gouvernement. Quel fut le véritable motif de la scission? Il est assez difficile de se prononcer bien affirmativement à cet égard, les Thermidoriens, qui seuls ont eu la parole pour nous renseigner sur ce point, ayant beaucoup varié dans leurs explications.

La détermination de Maximilien fut, pensons-nous, la conséquence d'une suite de petites contrariétés. Déjà, au commencement de floréal, une altercation avait eu lieu entre Saint-Just et Carnot au sujet de l'administration des armes portatives. Le premier se plaignait qu'on eût opprimé et menacé d'arrestation arbitraire l'agent comptable des ateliers du Luxembourg, à qui il portait un grand intérêt. La discussion s'échauffant, Carnot aurait accusé Saint-Just *et ses amis* d'aspirer à la dictature. A quoi Saint-Just aurait répondu que la République était perdue si les hommes chargés de la défendre se traitaient ainsi de dictateurs. Et Carnot, insistant, aurait répliqué: «Vous êtes des dictateurs ridicules». Le lendemain, Saint-Just s'étant rendu au comité en compagnie de Robespierre: «Tiens», se serait-il écrié en s'adressant à Carnot, «les voilà, mes amis, voilà ceux que tu as attaqués hier». Or, quelle fut en cette circonstance le rôle de Robespierre? «Il essaya de parler des torts respectifs *avec un ton très hypocrite*», disent les membres des anciens comités sur la foi desquels nous avons raconté cette scène, ce qui signifie, à n'en pas douter, que Robespierre essaya de la conciliation[128].

[Note 128: *Réponse des membres des deux anciens comités aux imputations de Laurent Lecointre*, p. 103, 104, note de la p. 21.—M. H. Carnot, dans les Mémoires sur son père, raconte un peu différemment la scène, d'après un récit de Prieur, et il termine par cette exclamation mélodramatique qu'il prête à Carnot s'adressant à Couthon, à Saint-Just et à Robespierre: «Triumvirs, vous disparaîtrez». (T. I, p. 524.) Or il est à remarquer que dans la narration des anciens membres du comité, écrite peu de temps après Thermidor, il n'est pas question de Couthon, et que Robespierre ne figure en quelque sorte que comme médiateur. Mais voilà comme on embellit l'histoire.]

Si donc ce récit, dans les termes mêmes où il nous a été transmis, fait honneur à quelqu'un, ce n'est pas assurément à Carnot. Que serait-ce si Robespierre et Saint-Just avaient pu fournir leurs explications! Dictateur! c'était, paraît-il, la grosse injure de Carnot, car dans une autre occasion, croyant avoir à se plaindre de Robespierre, au sujet de l'arrestation de deux commis des bureaux de la guerre, il lui aurait dit, en présence de Levasseur (de la Sarthe): «Il ne se commet que des actes arbitraires dans ton bureau de police générale, tu es un dictateur». Robespierre furieux aurait pris en vain ses collègues à témoins de l'insulte dont il venait d'être l'objet. En vérité, on se refuserait à croire à de si puériles accusations, si cela n'était pas constaté par le *Moniteur*[129].

[Note 129: Voy. le *Moniteur* du 10 germinal, an III (30 mars 1795). Séance de la Convention du 6 germinal.]

J'ai voulu savoir à quoi m'en tenir sur cette fameuse histoire des secrétaires de Carnot, dont celui-ci signa l'ordre d'arrestation *sans s'en douter*, comme il le déclara d'un ton patelin à la Convention nationale. Ces deux secrétaires, jeunes l'un et l'autre, en qui Carnot avait la plus grande confiance, pouvaient être fort intelligents, mais ils étaient plus légers encore. Un soir qu'ils avaient bien dîné, ils firent irruption au milieu d'une réunion sectionnaire, y causèrent un effroyable vacarme, et, se retranchant derrière leur qualité de secrétaires du comité de Salut public, menacèrent de faire guillotiner l'un et l'autre[130]. Ils furent arrêtés tous deux, et relâchés peu de temps après; mais si jamais arrestation fut juste, ce fut assurément celle-là, et tout gouvernement s'honore qui réprime sévèrement les excès de pouvoir de ses agents[131].

[Note 130: *Archives*, F. 7, 4437.]

[Note 131: Rien de curieux et de triste à la fois, comme l'attitude de Carnot après Thermidor. Il a poussé le mépris de la vérité jusqu'à oser déclarer, en pleine séance de la Convention (6 germinal an III), que Robespierre avait lancé un mandat d'arrêt contre un restaurateur de la terrasse des Feuillants, uniquement parce que lui, Carnot, allait y prendre ses repas. Mais le bouffon de l'affaire, c'est qu'il signa aussi, *sans le savoir*, ce mandat. Aussi ne fut-il pas médiocrement étonné lorsqu'on allant dîner on lui dit que son traiteur avait été arrêté par son ordre. Je suis fâché, en vérité, de n'avoir pas découvert, parmi les milliers d'arrêtés que j'ai eus sous les yeux, cet ordre d'arrestation. Fut-ce aussi sans le savoir et dans l'innocence de son coeur que Carnot, suivant la malicieuse expression de Lecointre, écrivit de sa main et signa la petite *recommandation* qui servit à Victor de Broglie de passeport pour l'échafaud?]

Je suis convaincu, répéterai-je, que la principale raison de la retraite toute morale de Robespierre fut la scène violente à laquelle donna lieu, le 28 prairial, entre plusieurs de ses collègues et lui, la ridicule affaire de Catherine Théot, lui s'indignant de voir transformer en conspiration de pures et innocentes mômeries, eux ne voulant pas arracher sa proie au comité de Sûreté générale. Mon opinion se trouve singulièrement renforcée de celle du représentant Levasseur, lequel a dû être bien informé, et qui, dans ses Mémoires, s'est exprimé en ces termes: «Il est constant que c'est à propos de la ridicule superstition de Catherine Théot qu'éclata la guerre sourde des membres des deux comités»[132]. Mais la résistance de Robespierre en cette occasion était trop honorable pour que ses adversaires pussent l'invoquer comme la cause de sa scission d'avec eux; aussi imaginèrent-ils de donner pour prétexte à leur querelle le décret du 20 prairial, qu'ils avaient approuvé aveuglément les uns et les autres.

[Note 132: *Mémoires de Levasseur*, t. III, p. 112.]

Au reste, la résolution de Maximilien eut sa source dans plusieurs motifs. Lui-même s'en est expliqué en ces termes dans son discours du 8 thermidor: «Je me bornerai à dire que, depuis plus de six semaines, la nature et la force de la calomnie, l'IMPUISSANCE DE FAIRE LE BIEN ET D'ARRÊTER LE MAL, m'ont forcé à abandonner absolument mes fonctions de membre du comité de Salut public, et je jure qu'en cela même je n'ai consulté que ma raison et la patrie. Je préfère ma qualité de représentant du peuple à celle de membre du comité de Salut public, et je mets ma qualité d'homme et de citoyen français avant tout[133].» Disons maintenant de quelles amertumes il fut abreuvé durant les six dernières semaines de sa vie.

[Note 133: Discours du 8 thermidor, p. 30.]

V

Les anciens collègues de Robespierre au comité de Salut public ont fait un aveu bien précieux: la seule preuve matérielle, la pièce de conviction la plus essentielle contre lui, ont-ils dit, résultant de son discours du 8 thermidor à la Convention, il ne leur avait pas été possible de l'attaquer plus tôt[134]. Or, si jamais homme, victime d'une accusation injuste, s'est admirablement justifié devant ses concitoyens et devant l'avenir, c'est bien Robespierre dans le magnifique discours qui a été son testament de mort.

[Note 134: *Réponse des membres des deux anciens comités aux imputations de Laurent Lecointre*, p. 14.]

Et comment ne pas comprendre l'embarras mortel de ses accusateurs quand on se rappelle ces paroles de Fréron, à la séance du 9 fructidor (26 août 1794): «Le tyran qui opprimait ses collègues puis encore que la nation était tellement enveloppé dans les apparences des vertus les plus populaires, la considération et la confiance du peuple formaient autour de lui un rempart si sacré, que nous aurions mis la nation et la liberté elle-même en péril si nous nous étions abandonnés à notre impatience de l'abattre plus tôt[135].»

[Note 135: *Réponse des membres des deux anciens comités aux imputations de Laurent Lecointre*, p. 24.]

On a vu déjà comment il opprimait ses collègues: il suffisait d'un coup d'oeil d'intelligence pour que la majorité fût acquise contre lui. Billaud-Varenne ne se révoltait-il pas à cette supposition que des hommes comme Robert Lindet, Prieur (de la Côte-d'Or), Carnot et lui avaient pu se laisser mener[136]? Donc, sur ses collègues du comité, il n'avait aucune influence prépondérante, c'est un point acquis. Mais, ont prétendu ceux-ci, tout le mal venait du bureau de police générale, dont il avait la direction suprême et au moyen duquel il gouvernait despotiquement le tribunal révolutionnaire; et tous les historiens de la réaction, voire même certains écrivains prétendus libéraux, d'accueillir avec empressement ce double mensonge thermidorien, sans prendre la peine de remonter aux sources.

[Note 136: *Réponse de J.-N. Billaud à Laurent Lecointre*, p. 94.]

Et d'abord signalons un fait en passant, ne fût-ce que pour constater une fois de plus les contradictions habituelles aux calomniateurs de Robespierre. Lecointre ayant prétendu n'avoir point attaqué Carnot, Prieur (de la Côte-d'Or) et Robert Lindet, parce qu'ils se tenaient généralement à l'écart des discussions sur les matières de haute police, de politique et de gouvernement,—tradition menteuse acceptée par une foule d'historiens superficiels,—Billaud-Varenne lui donna un démenti sanglant, appuyé des propres déclarations de ses collègues, et il insista sur ce que les meilleures opérations de l'ancien comité de Salut public étaient précisément celles de ce genre[137].

[Note 137: *Réponse de J.-N. Billaud à Lecointre*, p. 41.]

Seulement, eut-il soin de dire, les attributions du bureau de police avaient été dénaturées par Robespierre. Établi au commencement de floréal, non point, comme on l'a dit, dans un but d'opposition au comité de Sûreté générale, mais pour surveiller les fonctionnaires publics, et surtout pour examiner les innombrables dénonciations adressées au comité de Salut public; ce bureau avait été placé sous la direction de Saint-Just, qui, étant parti en mission très peu de jours après, avait été provisoirement remplacé par Robespierre.

Écoutons à ce sujet Maximilien lui-même: «J'ai été chargé, en l'absence d'un de mes collègues, de surveiller un bureau de police générale, récemment et faiblement organisé au comité de Salut public. Ma courte gestion s'est bornée à provoquer une trentaine d'arrêtés, soit pour mettre en liberté des patriotes persécutés, soit pour s'assurer de quelques ennemis de la Révolution. Eh bien! croira-t-on que ce seul mot de police générale a servi de prétexte pour mettre sur ma tête la responsabilité de toutes les opérations du comité de Sûreté générale,—ce grand instrument de la Terreur—des erreurs de toutes les autorités constituées, des crimes de tous mes ennemis? Il n'y a peut-être pas un individu arrêté, pas un citoyen vexé, à qui l'on n'ait dit de moi: «Voilà l'auteur de tes maux; tu serais heureux et libre s'il n'existait plus». Comment pourrais-je ou raconter ou deviner toutes les espèces d'impostures qui ont été clandestinement insinuées, soit dans la Convention nationale, soit ailleurs, pour me rendre odieux ou redoutable[138]!»

[Note 138: Discours du 8 thermidor, p. 30.]

J'ai sous les yeux l'ensemble complet des pièces relatives aux opérations de ce bureau de police générale[139]; rien ne saurait mieux démontrer la vérité des assertions de Robespierre; et, en consultant ces témoins vivants, en fouillant dans ces registres où l'histoire se trouve à nu et sans fard, on est stupéfait de voir avec quelle facilité les choses les plus simples, les plus honorables même, ont pu être retournées contre lui et servir d'armes à ses ennemis.

[Note 139: *Archives*, A F 7, 4437.]

Quand Saladin présenta son rapport sur la conduite des membres de l'ancien comité de Salut public, il prouva, de la façon la plus lumineuse, que le bureau de police générale n'avait nullement été un établissement distinct, séparé du comité de Salut public, et que ses opérations avaient été soumises à tous les membres du comité et sciemment approuvées par eux. A cet égard la déclaration si nette et si précise de Fouquier-Tinville ne saurait laisser subsister l'ombre d'un doute: «Tous les ordres m'ont été donnés dans le lieu des séances du comité, de même que tous les arrêtés qui m'ont été transmis étaient intitulés: *Extrait des registres du comité de Salut public*, et signés de plus ou de moins de membres de ce comité[140].»

[Note 140: Voy. le rapport de Saladin, où se trouve citée la déclaration de Fouquier-Tinville, p. 10 et 11.]

Rien de simple comme le mécanisme de ce bureau. Tous les rapports, dénonciations et demandes adressés au comité de Salut public étaient transcrits sur des registres spéciaux. Le membre chargé de la direction du bureau émettait en marge son avis, auquel était presque toujours conforme la décision du comité. En général, suivant la nature de l'affaire, il renvoyait à tel ou tel de ses collègues.

Ainsi, s'agissait-il de dénonciations ou de demandes concernant les approvisionnements ou la partie militaire: «Communiquer à Robert Lindet, à Carnot», se contentait d'écrire en marge Maximilien. Parmi les ordres d'arrestation délivrés sur l'avis de Robespierre, nous trouvons celui de l'ex-vicomte de Mailly, dénoncé par un officier municipal de Laon pour s'être livré à des excès dangereux en mettant la Terreur à l'ordre du jour[141].

[Note 141: 8 prairial (27 mai 1794). *Archives*, F, 7, 4437.]

Chacune des recommandations de Robespierre ou de Saint-Just porte l'empreinte de la sagesse et de la véritable modération. L'agent national du district de Senlis rend compte du succès de ses courses républicaines pour la destruction du fanatisme dans les communes de son arrondissement; on lui fait répondre qu'il doit se borner à ses fonctions précisées par la loi, respecter le décret qui établit la liberté des cultes et *faire le bien sans faux zèle*[142]. La société populaire du canton d'Épinay, dans le département de l'Aube, dénonce le ci-devant curé de Pelet comme un fanatique dangereux et accuse le district de Bar-sur-Aube de favoriser la caste nobiliaire; Robespierre recommande qu'on s'informe de l'esprit de cette société populaire et de celui du district de Bar[143]. L'agent du district national de Compiègne dénonce des malveillants cherchant à plonger le peuple dans la superstition et dans le fanatisme; réponse: «Quand on envoie une dénonciation, il faut la préciser autrement». En marge d'une dénonciation de la municipalité de Passy contre Reine Vindé, accusée de troubler la tranquillité publique par ses folies, il écrit: «On enferme les fous»[144]. Au comité de surveillance de la commune de Dourdan, qui avait cru devoir ranger dans la catégorie des suspects ceux des habitants de cette ville convaincus d'avoir envoyé des subsistances à Paris, il fait écrire pour l'instruire des inconvénients de cette mesure et lui dire de révoquer son arrêté. La société populaire de Lodève s'étant plainte des abus de pouvoir du citoyen Favre, délégué des représentants du peuple Milhaud et Soubrany, lequel, avec les manières d'un intendant de l'ancien régime, avait exigé qu'on apportât chez lui les livres des délibérations de la société, il fit aussitôt mander le citoyen Favre à Paris[145]. Un individu, se disant président de la commune d'Exmes, dans le département de l'Orne, avait écrit au comité pour demander si les croix portées au cou par les femmes devaient être assimilées aux signes extérieurs des cultes, tels que croix et images dont certaines municipalités avaient ordonné la destruction, Robespierre renvoie au commissaire de police générale la lettre de l'homme en question pour s'informer si c'est un sot ou un fripon. Je laisse pour mémoire une foule d'ordres de mise en liberté, et j'arrive à l'arrestation des membres du comité révolutionnaire de la section de *l'Indivisibilité*, à cette arrestation fameuse citée par les collègues de Robespierre comme la preuve la plus évidente de sa *tyrannie*.

[Note 142: 13 prairial (1er juin). *Ibid.*]

[Note 143: 10 floréal (29 avril). *Ibid.*]

[Note 144: 19 floréal (8 mai). *Ibid.*]

[Note 145: 21 prairial (9 juin 1794) *Archives*, 7, 7, 4437.]

A la séance du 9 thermidor, Billaud-Varenne lui reprocha, par-dessus toutes choses, d'avoir défendu Danton, et fait arrêter le *meilleur comité révolutionnaire* de Paris; et le vieux Vadier, arrivant ensuite, lui imputa à crime d'abord de s'être porté ouvertement le défenseur de Bazire, de Chabot et de Camille Desmoulins, et d'avoir ordonné l'incarcération du comité révolutionnaire *le plus pur* de Paris.

Le comité que les ennemis de Robespierre prenaient si chaleureusement sous leur garde, c'était celui de *l'Indivisibilité*. Quelle faute avaient donc commise les membres de ce comité? Étaient-ils des continuateurs de Danton? Non, assurément, car ils n'eussent pas trouvé un si ardent avocat dans la personne de Billaud-Varenne. Je supposais bien que ce devaient être quelques disciples de Jacques Roux ou d'Hébert; mais, n'en ayant aucune preuve, j'étais fort perplexe, lorsqu'en fouillant dans les papiers encore inexplorés du bureau de police générale, j'ai été assez heureux découvrir les motifs très graves de l'arrestation de ce comite.

Elle eut lieu sur la dénonciation formelle du citoyen Périer, employé de la bibliothèque de l'Instruction publique, et président de la section même de *l'Indivisibilité*, ce qui ajoutait un poids énorme à la dénonciation. Pour la troisième fois, à la date du 1er messidor, il venait dénoncer les membres du comité révolutionnaire de cette section. Mais laissons ici la parole au dénonciateur: «Leur promotion est le fruit de leurs intrigues. Depuis qu'ils sont en place, on a remarqué une progression dans leurs facultés pécuniaires. Ils se donnent des repas splendides. Hyvert a étouffé constamment la voix de ses concitoyens dans les assemblées générales. Despote dans ses actes, il a porté les citoyens à s'entr'égorger à la porte d'un boucher. Le fait est constaté par procès-verbal. Grosler a dit hautement que les assemblées sectionnaires étoient au-dessus de la Convention. Il a rétabli sous les scellés des flambeaux d'argent qu'on l'accusoit d'avoir soustraits. Grosler a été prédicateur de l'athéisme. Il a dit à Testard et à Guérin que Robespierre, malgré son foutu décret sur l'Être suprême, seroit guillotiné.... Viard a mis des riches à contribution, il a insulté des gens qu'il mettoit en arrestation. Laîné a été persécuteur d'un Anglais qui s'est donné la mort pour échapper à sa rage; Allemain, commissaire de police, est dépositaire d'une lettre de lui.... Fournier a traité les représentants de scélérats, d'intrigants qui seraient guillotinés....» En marge de cette dénonciation on lit de la main de Robespierre: «Mettre en état d'arrestation tous les individus désignés dans l'article[146].» Nous n'avons point trouvé la minute du mandat d'arrêt, laquelle était probablement revêtue des signatures de ceux-là même qui se sont fait une arme contre Robespierre de cette arrestation si parfaitement motivée. On voit en effet maintenant ce que Billaud-Varenne et Vadier entendaient par le comité révolutionnaire le meilleur et le plus pur de Paris.

[Note 146: 1er messidor (19 juin). *Archives*, F, 7, 4437.]

Ainsi, dans toutes nos révélations se manifeste la pensée si claire de Robespierre: réprimer les excès de la Terreur sans compromettre les destinées de la République et sans ouvrir la porte à la contre-révolution. A partir du 12 messidor—je précise la date—il devint complètement étranger au bureau de police générale. Au reste, les Thermidoriens ont, involontairement bien entendu, rendu plus d'une fois à leur victime une justice éclatante. Quoi de plus significatif que ce passage d'un Mémoire de Billaud-Varenne où, après avoir établi la légalité de l'établissement d'un bureau de haute police au sein du comité de Salut public, il s'écrie: «Si, depuis, Robespierre, marchant à la dictature par la compression et la terreur, *avec l'intention peut-être de trouver moins de résistance au dénouement par une clémence momentanée*, et en rejetant tout l'odieux de ses excès sur ceux qu'il aurait immolés, a dénaturé l'attribution de ce bureau, c'est une de ces usurpations de pouvoir qui ont servi et à réaliser ses crimes et à l'en convaincre.» Ses crimes, ce fut sa résolution bien arrêtée et trop bien devinée par ses collègues d'opposer une digue à la Terreur aveugle et brutale, et de maintenir la Révolution dans les strictes limites de la justice inflexible et du bon sens.

VI

Il nous reste à démontrer combien il demeura toujours étranger au tribunal révolutionnaire, à l'établissement duquel il n'avait contribué en rien. Et d'abord, ne craignons pas de le dire, comparé aux tribunaux exceptionnels et extraordinaires de la réaction thermidorienne ou des temps monarchiques et despotiques, où le plus grand des crimes était d'avoir trop aimé la République, la patrie, la liberté, ce tribunal sanglant pourrait sembler un idéal de justice. De simples rapprochements suffiraient pour établir cette vérité; mais une histoire impartiale et sérieuse du tribunal révolutionnaire est encore à faire.

Emparons-nous d'abord de cette déclaration non démentie par des membres de l'ancien comité de Salut public: «Il n'y avoit point de contact entre le comité et le tribunal révolutionnaire que pour les dénonciations des accusés de crimes de lèse-nation, ou des factions, ou des généraux, pour la communication des pièces et les rapports sur lesquels l'accusation était portée, ainsi que pour l'exécution des décrets de la Convention nationale.»[147] Cela n'a pas empêché ces membres eux-mêmes et une foule d'écrivains sans conscience d'attribuer à Robespierre la responsabilité d'une partie des actes de ce tribunal.

[Note 147: *Réponse des membres des anciens comités aux imputations de Laurent Lecointre*, p. 43.]

Assez embarrassés pour expliquer l'absence des signatures de Robespierre, de Couthon et de Saint-Just sur les grandes listes d'accusés traduits au tribunal révolutionnaire en messidor et dans la première décade de thermidor, les anciens collègues de Maximilien ont dit: «Qu'importe! si c'était leur voeu que nous remplissions»![148] Hélas! c'était si peu leur voeu que ce que Robespierre reprocha précisément à ses ennemis, ce fut—ne cessons pas de le rappeler—«d'avoir porté la Terreur dans toutes les conditions, déclaré la guerre aux citoyens paisibles, érigé en crimes ou des préjugés incurables ou des choses indifférentes, pour trouver partout des coupables et rendre la Révolution redoutable au peuple même».[149] A cette accusation terrible ils n'ont pu répondre que par des mensonges et des calomnies.

[Note 148: *Réponse des membres des anciens comités aux imputations de Lecointre*, p. 44.]

[Note 149: Discours du 8 thermidor, p. 8.]

Présenter le tribunal révolutionnaire comme tout dévoué à Maximilien, c'était chose assez difficile au lendemain du jour où ce tribunal s'était mis si complaisamment au service des vainqueurs, et, Fouquier-Tinville en tête, avait été féliciter la Convention nationale d'avoir su distinguer les *traîtres*[150]. Si parmi les membres de ce tribunal, jurés ou juges, quelques-uns professaient pour Robespierre une estime sans borne, la plupart étaient à son égard ou indifférents ou hostiles. Dans le procès où furent impliquées les *fameuses vierges* de Verdun figuraient deux accusés nommés Bertault et Bonin, à la charge desquels on avait relevé, entre autres griefs, de violents propros contre Robespierre. Tous deux se trouvèrent précisément au nombre des acquittés[151].

[Note 150: Séance du 10 thermidor (*Moniteur* du 12 [30 juillet 1794]).]

[Note 151: Audience du 12 floréal (25 avril 1794), *Moniteur* du 13 floréal (2 mai 1794).]

Cependant il paraissait indispensable de le rendre solidaire des actes de ce tribunal. «On s'est attaché particulièrement», a-t-il dit lui-même, «à prouver que le tribunal révolutionnaire était un tribunal de sang créé par moi seul, et que je maîtrisais absolument pour faire égorger tous les gens de bien, et même tous les fripons, car on voulait me susciter des ennemis de tous les genres»[152]. On imagina donc, après Thermidor, de répandre le bruit qu'il avait gouverné le tribunal par Dumas et par Coffinhal. On avait appris *depuis*, prétendait-on, qu'il avait eu avec eux des conférences journalières où *sans doute* il conférait des détenus à mettre en jugement[153]. On ne s'en était pas douté auparavant. Mais plus la chose était absurde, invraisemblable, plus on comptait sur la méchanceté des uns et sur la crédulité des autres pour la faire accepter.

[Note 152: Discours du 8 thermidor, p. 22.]

[Note 153: *Réponse des membres des anciens comités aux imputations de Lecointre*, p. 44.]

Hommes de tête et de coeur, dont la réputation de civisme et de probité est demeurée intacte malgré les calomnies persistantes sous lesquelles on a tenté d'étouffer leur mémoire, Dumas et Coffinhal avaient été les seuls membres du tribunal révolutionnaire qui se fussent activement dévoués à la fortune de Robespierre dans la journée du 9 thermidor.

Emportés avec lui par la tempête, ils n'étaient plus là pour répondre. A-t-on jamais produit la moindre preuve de leurs prétendues conférences avec Maximilien? Non; mais c'était chose dont on se passait volontiers quand on écrivait l'histoire sous la dictée des vainqueurs. Dans les papiers de Dumas on a trouvé un billet de Robespierre, un seul: c'était une invitation pour se rendre ... au comité de Salut public[154].

[Note 154: Voici cette invitation citée en fac-similé à la suite des notes fournies par Robespierre à Saint-Just pour son rapport sur les dantonistes: «Le comité de Salut public invite le citoïen Dumas, vice-président du tribunal criminel, à se rendre au lieu de ses séances demain à midi.—Paris, le 12 germinal, l'an II de la République. —Robespierre.»]

S'il n'avait aucune action sur le tribunal révolutionnaire, du moins, a-t-on prétendu encore, agissait-il sur Herman, qui, en sa qualité de commissaire des administrations civiles et tribunaux, avait les prisons sous sa surveillance. Nous avons démontré ailleurs la fausseté de cette allégation. Herman, dont Robespierre estimait à juste titre la probité et les lumières, avait bien pu être nommé, sur la recommandation de Maximilien, président du tribunal révolutionnaire d'abord, et ensuite commissaire des administrations civiles, mais ses relations avec lui se bornèrent à des relations purement officielles, et dans l'espace d'une année, il n'alla pas chez lui plus de cinq fois; ses déclarations à cet égard n'ont jamais été démenties[155].

[Note 155: Voyez le mémoire justificatif d'Herman, déjà cité *ubi supra*.]

Seulement il était tout simple qu'en marge des rapports de dénonciations adressées au comité de Salut public, Maximilien écrivît: *renvoïé* à Herman, autrement dit au commissaire des administrations civiles et tribunaux, comme il écrivait: *renvoïé* à Carnot, à Robert Lindet, suivant que les faits dénoncés étaient de la compétence de tel ou tel de ces fonctionnaires. Ainsi fut-il fait pour les dénonciations relatives aux conspirations dites des prisons[156]; et lorsque dans les premiers jours de messidor, le comité de Salut public autorisait le commissaire des administrations civiles à opérer des recherches dans les prisons au sujet des complots contre la sûreté de la République, pour en donner ensuite le résultat au comité, il prenait une simple mesure de précaution toute légitime dans les circonstances où l'on se trouvait[157].

[Note 156: Voyez entre autres les dénonciations de Valagnos et de Grenier, détenus à Bicètre. *Archives*, F, 7, 4437.]

[Note 157: Arrêté signé: Robespierre, Barère, Carnot, Couthon, C.-A. Prieur, Billaud-Varenne, Collot-d'Herbois et Robert Lindet.]

Au reste, Herman était si peu l'homme de Robespierre, et il songea si peu à s'associer à sa destinée dans la tragique journée de Thermidor, qu'il s'empressa d'enjoindre à ses agents de mettre à exécution le décret de la Convention qui mettait Hanriot, son état-major et plusieurs autres individus, en état d'arrestation.

Quoi qu'il en soit, Herman, sans être lié d'amitié avec Robespierre, avait mérité d'être apprécié de lui, et il professait pour le caractère de ce grand citoyen la plus profonde estime. Tout au contraire, Maximilien semblait avoir pour la personne de Fouquier-Tinville une secrète répulsion. On ne pourrait citer un mot d'éloge tombé de sa bouche ou de sa plume sur ce farouche et sanglant magistrat, dont la réaction, d'ailleurs, ne s'est pas privée d'assombrir encore la sombre figure. Fouquier s'asseyait à la table de Laurent Lecointre en compagnie de Merlin (de Thionville); il avait des relations de monde avec les députés Morisson, Cochon de Lapparent, Goupilleau (de Fontenay) et bien d'autres[158]; mais Robespierre, il ne le voyait jamais en dehors du comité de Salut public; une seule fois il alla chez lui, ce fut le jour de l'attentat de Ladmiral, comme ce jour-là il se rendit également chez Collot-d'Herbois[159]. Il ne se gênait même point pour manifester son antipathie contre lui. Un jour, ayant reçu la visite du représentant Martel, député de l'Allier à la Convention, il lui en parla dans les termes les plus hostiles, en l'engageant à se liguer avec lui, afin, disait-il, de sauver leurs têtes[160].

[Note 158: Mémoire de Fouquier-Tinville dans l'*Histoire parlementaire*, t. XXXIV, p. 241.]

[Note 159: Mémoire de Fouquier, *ubi supra*, p. 239.]

[Note 160: Mémoire de Fouquier, *ubi supra*, p. 247, corroboré ici par la déposition de Martel. (*Histoire parlementaire*, t. XXXV, p. 16.)]

Fouquier-Tinville était-il de la conjuration? On pourrait le croire. Il recevait de fréquentes visites d'Amar, de Vadier, de Voulland et de Jagot—quatre des plus violents ennemis de Robespierre—qui venaient lui recommander de mettre en jugement tel ou tel qu'ils désignaient[161]. On sait avec quel empressement il vint, dans la matinée du 10 thermidor, offrir ses services à la Convention nationale; on sait aussi comment le lendemain, à la séance du soir, Barère, au nom des comités de Salut public et de Sûreté générale, parla du tribunal révolutionnaire, «de cette institution salutaire, qui détruisait les ennemis de la République, purgeait le sol de la liberté, pesait aux aristocrates et nuisait aux ambitieux»; comment enfin il proposa de maintenir au poste d'accusateur public ... Fouquier-Tinville[162]. Ce n'était donc pas le tribunal de Robespierre, bien que dans la matinée du 10, quelques-uns des calomniateurs jurés de Robespierre, Élie Lacoste, Thuriot, Bréard, eussent demandé la suppression de ce tribunal comme étant composé de créatures de Maximilien. Mais admirez les contradictions de ces sanguinaires Thermidoriens, le soir même Barère annonçait que les *conjurés* avaient formé le projet de faire fusiller le tribunal révolutionnaire[163].

[Note 161: Déposition d'Etienne Masson, ex-greffier au tribunal révolutionnaire, dans le procès de Fouquier. (*Histoire parlementaire*, t. XXXV, p. 89.)]

[Note 162: Voy. le *Moniteur* du 14 thermidor an II (1er août 1794).]

[Note 163: *Ibid.*]

La vérité est que Robespierre blâmait et voulait arrêter les excès auxquels ce tribunal était en quelque sorte forcément entraîné par les manoeuvres odieuses de certains membres du gouvernement. Quant à son influence sur les décisions du tribunal révolutionnaire, elle était nulle, absolument nulle; mais en eût-il eu la moindre sur quelques-uns de ses membres, qu'il lui eût répugné d'en user. Nous avons dit comment, ayant négligemment demandé un jour à Duplay ce qu'il avait fait au tribunal, et son hôte lui ayant répondu: «Maximilien, je ne vous demande jamais ce que vous faites au comité de Salut public», il lui avait étroitement serré la main, en signe d'estime et d'adhésion.

VII.

Quand les conjurés virent Robespierre fermement décidé à arrêter le débordement des excès, ils imaginèrent de retourner contre lui l'arme même dont il entendait se servir, et de le présenter partout comme l'auteur des actes d'oppression qu'ils multipliaient à dessein. Tous ceux qui avaient une mauvaise conscience, tous ceux qui s'étaient souillés de rapines ou baignés dans le sang à plaisir, les Bourdon, les Carrier, les Guffroy, les Tallien, les Rovère, les Dumont, les Vadier, s'associèrent à ce plan où se devine si bien la main de l'odieux Fouché. D'impurs émissaires, répandus dans tous les lieux publics, dans les assemblées de sections, dans les sociétés populaires, étaient chargés de propager la calomnie.

Mais laissons ici Robespierre dévoiler lui-même les effroyables trames dont il fut victime: «Pour moi, je frémis quand je songe que des ennemis de la Révolution, que d'anciens professeurs de royalisme, que des ex-nobles, que des émigrés peut-être, se sont tout à coup faits révolutionnaires et transformés en commis du comité de Sûreté générale, pour se venger sur les amis de la patrie de la naissance et des succès de la République.... A ces puissants motifs qui m'avaient déjà déterminé à dénoncer ces hommes, mais inutilement, j'en joins un autre qui tient à la trame que j'avais commencé à développer: nous sommes instruits qu'ils sont payés par les ennemis de la Révolution pour déshonorer le gouvernement révolutionnaire en lui-même et pour calomnier les représentants du peuple dont les tyrans ont ordonné la perte. Par exemple, quand les victimes de leur perversité se plaignent, ils s'excusent en leur disant: *C'est Robespierre qui le veut: nous ne pouvons pas nous en dispenser....* Jusques à quand l'honneur des citoyens et la dignité de la Convention nationale seront-ils à la merci de ces hommes-là? Mais le trait que je viens de citer n'est qu'une branche du système de persécution plus vaste dont je suis l'objet. En développant cette accusation de dictature mise à l'ordre du jour par les tyrans, on s'est attaché à me charger de toutes leurs iniquités, de tous les torts de la fortune, ou de toutes les rigueurs commandées par le salut de la patrie. On disait aux nobles: *c'est lui seul* qui vous a proscrits; on disait en même temps aux patriotes: *il veut sauver les nobles*; on disait aux prêtres: *c'est lui seul qui vous poursuit, sans lui vous seriez paisibles et triomphants*; on disait aux fanatiques: *c'est lui qui détruit la religion*; on disait aux patriotes persécutés: *c'est lui qui l'a ordonné ou qui ne veut pas l'empêcher.* On me renvoyait toutes les plaintes dont je ne pouvais faire cesser les causes, en disant: *Votre sort dépend de lui seul.* Des hommes apostés dans les lieux publics propageaient chaque jour ce système; il y en avait dans le lieu des séances du tribunal révolutionnaire, dans les lieux où les ennemis de la patrie expient leurs forfaits; ils disaient: *Voilà des malheureux condamnés; qui est-ce qui en est la cause? Robespierre....* Ce cri retentissait dans toutes les prisons; le plan de proscription était exécuté à la fois dans tous les départements par les émissaires de la tyrannie…. Comme on voulait me perdre surtout dans l'opinion de la Convention nationale, on prétendit que moi seul avais osé croire qu'elle pouvait renfermer dans son sein quelques hommes indignes d'elle. On dit à chaque député revenu d'une mission dans les départements que moi seul avais provoqué son rappel; je fus accusé, par des hommes très officieux et très insinuants, de tout le bien et de tout le mal qui avait été fait. On rapportait fidèlement à mes collègues et tout ce que j'avais dit, et surtout ce que je n'avais pas dit. On écartait avec soin le soupçon qu'on eût contribué à un acte qui pût déplaire à quelqu'un; j'avais tout fait, tout exigé, tout commandé, car il ne faut pas oublier mon titre de dictateur…. Ce que je puis affirmer positivement, c'est que parmi les auteurs de cette trame sont les agents de ce système de corruption et d'extravagance, le plus puissant de tous les moyens inventés par l'étranger pour perdre la République….[164]»

[Note 164: Discours du 8 thermidor, p. 20, 21, 22, 23.—Et voilà ce que d'aveugles écrivains, comme MM. Michelet et Quinet, appellent le *sentiment populaire.*]

Il n'est pas jusqu'à son immense popularité qui ne servît merveilleusement les projets de ses ennemis. L'opinion se figurait son influence sur les affaires du gouvernement beaucoup plus considérable qu'elle ne l'était en réalité. N'entendons-nous pas aujourd'hui encore une foule de gens témoigner un étonnement assurément bien naïf de ce qu'il ait abandonné sa part de dictature au lieu de s'opposer à la recrudescence de terreur infligée au pays dans les quatre décades qui précédèrent sa chute? Nous avons prouvé, au contraire, qu'il lutta énergiquement au sein du comité de Salut public pour refréner la Terreur, cette Terreur déchaînée par ses ennemis sur toutes les classes de la société; l'impossibilité de réussir fut la seule cause de sa retraite, toute morale. «L'impuissance de faire le bien et d'arrêter le mal m'a forcé à abandonner absolument mes fonctions de membre du comité de Salut public»[165]. Quant à en appeler à la Convention nationale, dernière ressource sur laquelle il comptait, il sera brisé avec une étonnante facilité lorsqu'il y aura recours. Remplacé au fauteuil présidentiel, dans la soirée du 1er messidor, par le terroriste Élie Lacoste, un de ses adversaires les plus acharnés, peut-être aurait-il dû se méfier des mauvaises dispositions de l'Assemblée à son égard; mais il croyait le côté droit converti à la Révolution: là fut son erreur.

[Note 165: Discours du 8 thermidor, p. 30.]

On se tromperait fort, du reste, si l'on s'imaginait qu'il voulût ouvrir toutes grandes les portes des prisons, au risque d'offrir le champ libre à tous les ennemis de la Révolution et d'accroître ainsi les forces des coalisés de l'intérieur et de l'extérieur. Décidé à combattre le crime, il n'entendait pas encourager la réaction. Ses adversaires, eux, n'y prenaient point garde; peu leur importait, ils avaient bien souci de la République et de la liberté! Il s'agissait d'abord pour eux de rendre le gouvernement révolutionnaire odieux par des excès de tous genres, et d'en rejeter la responsabilité sur ceux qu'on voulait perdre. Il y a dans le dernier discours de Robespierre un mot bien profond à ce sujet: «Si nous réussissons, disaient les conjurés, il faudra contraster par une extrême indulgence avec l'état présent des choses. Ce mot renferme toute la conspiration»[166].

[Note 166: Discours du 8 thermidor, p. 29.]

Cela ne s'est-il point réalisé de point en point au lendemain de Thermidor, et n'a-t-on point usé d'une extrême indulgence envers les traîtres et les conspirateurs? Il est vrai qu'en revanche on s'est mis à courir sus aux républicains les plus purs, aux meilleurs patriotes. Ce que Robespierre demandait, lui, c'était que, tout en continuant de combattre à outrance les ennemis déclarés de la Révolution, on ne troublât point les citoyens paisibles, et qu'on n'érigeât pas en crimes ou des préjugés incurables, ou des choses indifférentes, pour trouver partout des coupables[167]. Telle fut la politique qu'il s'efforça de faire prévaloir dans le courant de messidor, à la société des Jacobins, où il parla, non point constamment, comme on l'a si souvent et si légèrement avancé, mais sept ou huit fois en tout et pour tout dans l'espace de cinquante jours.

[Note 167: *Ibid.*, p. 8.]

Ce fut dans la séance du 3 messidor (21 juin 1794) qu'à propos d'une proclamation du duc d'York, il commença à signaler les manoeuvres employées contre lui. Cette proclamation avait été rédigée à l'occasion du décret rendu sur le rapport de Barère, où il était dit qu'il ne serait point fait de prisonniers anglais ou hanovriens. C'était une sorte de protestation exaltant la générosité et la clémence comme la plus belle vertu du soldat, pour rendre plus odieuse la mesure prise par la Convention nationale.

Robespierre démêla très bien la perfidie, et, dans un long discours improvisé, il montra sous les couleurs les plus hideuses la longue astuce et la basse scélératesse des tyrans. Reprenant phrase à phrase la proclamation du duc, après en avoir donné lecture, il établit un contraste frappant entre la probité républicaine et la mauvaise foi britannique. Sans doute, dit-il, aux applaudissements unanimes de la société, un homme libre pouvait pardonner à son ennemi ne lui présentant que la mort, mais le pouvait-il s'il ne lui offrait que des fers? York parlant d'humanité! lui le soldat d'un gouvernement qui avait rempli l'univers de ses crimes et de ses infamies, c'était à la fois risible et odieux. Certainement, ajoutait Robespierre, on comptait sur les trames ourdies dans l'intérieur, sur les pièges des imposteurs, sur le système d'immoralité mis en pratique par certains hommes pervers. N'y avait-il pas un rapprochement instructif à établir entre le duc d'York, qui, par une préférence singulière donnée à Maximilien, appelait les soldats de la République *les soldats de Robespierre*, dépeignait celui-ci comme entouré d'une garde militaire, et ces révolutionnaires équivoques, qui s'en allaient dans les assemblées populaires réclamer une sorte de garde prétorienne pour les représentants? «Je croyais être citoyen français», s'écria Robespierre avec une animation extraordinaire, en repoussant les qualifications que lui avait si généreusement octroyées le duc d'York, «et il me fait roi de France et de Navarre»! Y avait-il donc au monde un plus beau titre que celui de citoyen français, et quelque chose de préférable, pour un ami de la liberté, à l'amour de ses concitoyens? C'étaient là, disait Maximilien en terminant, des pièges faciles à déjouer; on n'avait pour cela qu'à se tenir fermement attaché aux principes. Quant à lui, les poignards seuls pourraient lui fermer la bouche et l'empêcher de combattre les tyrans, les traîtres et tous les scélérats.

La Société accueillit par les plus vives acclamations ce chaleureux discours, dont elle vota d'enthousiasme l'impression, la distribution et l'envoi aux armées[168].

[Note 168: Il n'existe de ce discours qu'un compte rendu très imparfait. (Voy. le *Moniteur* du 6 messidor (24 juin 1794)). C'est la reproduction pure et simple de la version donnée par le *Journal de la Montagne*. Quant à l'arrêté concernant l'impression du discours, il n'a pas été exécuté. Invité à rédiger son improvisation, Robespierre n'aura pas eu le temps ou aura négligé de le faire.]

VIII

Retranché dans sa conscience comme dans une forteresse impénétrable, isolé, inaccessible à l'intrigue, Robespierre opposait aux coups de ses ennemis, à leurs manoeuvres tortueuses, sa conduite si droite, si franche, se contentant de prendre entre eux et lui l'opinion publique pour juge. «Il est temps peut-être», dit-il aux Jacobins, dans la séance du 13 messidor, «que la vérité fasse entendre dans cette enceinte des accents aussi mâles et aussi libres que ceux dont cette salle a retenti dans toutes les circonstances où il s'est agi de sauver la patrie. Quand le crime conspire dans l'ombre la ruine de la liberté, est-il pour des hommes libres des moyens plus forts que la vérité et la publicité? Irons-nous, comme des conspirateurs, concerter dans des repairs obscurs les moyens de nous défendre contre leurs efforts perfides? Irons-nous répandre l'or et semer la corruption? En un mot, nous servirons-nous contre nos ennemis des mêmes armes qu'ils emploient pour nous combattre? Non. Les armes de la liberté et de la tyrannie sont aussi opposées que la liberté et la tyrannie sont opposées. Contre les scélératesses des tyrans et de leurs amis, il ne nous reste d'autre ressource que la vérité et le tribunal de l'opinion publique, et d'autre appui que les gens de bien.»

Il n'était pas dupe, on le voit, des machinations ourdies contre lui; il savait bien quel orage dans l'ombre se préparait à fondre sur sa tête, mais il répugnait à son honnêteté de combattre l'injustice par l'intrigue, et il succombera pour n'avoir point voulu s'avilir.

La République était-elle fondée sur des bases durables quand l'innocence tremblait pour elle-même, persécutée par d'audacieuses factions? On allait cherchant des recrues dans l'aristocratie, dénonçant comme des actes d'injustice et de cruauté les mesures sévères déployées contre les conspirateurs, et en même temps on ne cessait de poursuivre les patriotes. Ah! disait Robespierre, «l'homme humain est celui qui se dévoue pour la cause de l'humanité et qui poursuit avec rigueur et avec justice celui qui s'en montre l'ennemi; on le verra toujours tendre une main secourable à la vertu outragée et à l'innocence opprimée». Mais était-ce se montrer vraiment humain que de favoriser les ennemis de la Révolution aux dépens des républicains? On connaît le mot de Bourdon (de l'Oise) à Durand-Maillane: «Oh! les braves gens que les gens de la droite»! Tel était le système des conjurés. Ils recrutaient des alliés parmi tous ceux qui conspiraient en secret la ruine de la République, et qui, tout en estimant dans Robespierre le patriotisme et la probité même, aimèrent mieux le sacrifier à des misérables qu'ils méprisaient que d'assurer, en prenant fait et cause pour lui, le triomphe de la Révolution.

La crainte de Robespierre était que les calomnies des tyrans et de leurs stipendiés ne finissent par jeter le découragement dans l'âme des patriotes; mais il engageait ses concitoyens à se fier à la vertu de la Convention, au patriotisme et à la fermeté des membres du comité de Salut public et de Sûreté générale. Et comme ses paroles étaient accueillies par des applaudissements réitérés: «Ah! s'écria ce *flatteur du peuple*, ce qu'il faut pour sauver la liberté, ce ne sont ni des applaudissements ni des éloges, mais une vigilance infatigable. Il promit de s'expliquer plus au long quand les circonstances se développeraient, car aucune puissance au monde n'était capable de l'empêcher de s'épancher, de déposer la vérité dans le sein de la Convention ou dans le coeur des républicains, et il n'était pas au pouvoir des tyrans ou de leurs valets de faire échouer son courage. «Qu'on répande des libelles contre moi», dit-il en terminant, «je n'en serai pas moins toujours le même, et je défendrai la liberté et l'égalité avec la même ardeur. Si l'on me forçait de renoncer à une partie des fonctions dont je suis chargé, il me resterait encore ma qualité de représentant du peuple, et je ferais une guerre à mort aux tyrans et aux conspirateurs[169].» Donc, à cette époque, Robespierre ne considérait pas encore la rupture avec ses collègues du comité de Salut public, ni même avec les membres du comité de Sûreté générale, comme une chose accomplie. Il sentait bien qu'on s'efforçait de le perdre dans l'esprit de ces comités, mais il avait encore confiance dans la vertu et la fermeté de leurs membres, et sans doute il ne désespérait pas de les ramener à sa politique à la fois énergique et modérée. Une preuve assez manifeste que la scission n'existait pas encore, au moins dans le comité de Salut public, c'est que vers cette époque (15 messidor) Couthon fut investi d'une mission de confiance près les armées du Midi, et chargé de prendre dans tous les départements qu'il parcourrait les mesures les plus utiles aux intérêts du peuple et au bonheur public[170].

[Note 169: Voyez ce discours dans le *Moniteur* du 17 messidor an II (5 juillet 1794).]

[Note 170: Séance du comité de Salut public du 15 messidor (3 juillet 1794). Etaient présents: Barère, Carnot, Collot-d'Herbois, Couthon, C.-A. Prieur, Billaud-Varenne, Saint-Just, Robespierre, Robert-Lindet. (Registre des délibérations et arrêtés.) L'arrêté est signé, pour extrait, de Carnot, Collot-d'Herbois, Billaud-Varenne et C.-A. Prieur, *Archives*, A F, II, 58.]

En confiant à Couthon, une importante mission, les collègues de Robespierre eurent-ils l'intention d'éloigner de lui un de ses plus ardents amis? On le supposerait à tort; ils n'avaient pas encore de parti pris. D'ailleurs Maximilien et Saint-Just, revenu depuis peu de l'armée du Nord après une participation glorieuse à la bataille de Fleurus et à la prise de Charleroi[171], n'avaient-ils pas approuvé eux-mêmes la mission confiée à leur ami? Si Couthon différa son départ, ce fut sans doute parce que de jour en jour la conjuration devenait plus manifeste et plus menaçante, et que, comme il allait bientôt le déclarer hautement, il voulait «partager les poignards dirigés contre Robespierre»[172].

[Note 171: Nous avons, dans notre histoire de Saint-Just, signalé l'erreur capitale des historiens qui, comme Thiers et Lamartine, ont fait revenir Saint-Just la veille même du 9 thermidor. (Voy. notre *Histoire de Saint-Just*, liv. V, ch. v.)]

[Note 172: Séance des Jacobins du 23 messidor (11 juillet 1794).]

IX

L'horreur de Maximilien pour les injustices commises envers les particuliers, son indignation contre ceux qui se servaient des lois révolutionnaires contre les citoyens non coupables ou simplement égarés, éclatèrent d'une façon toute particulière aux Jacobins dans la séance du 21 messidor (9 juillet 1794). Rien de plus rare, à son sens, que la défense généreuse des opprimés quand on n'en attend aucun profit. Or, si quelqu'un usa sa vie, se dévoua complètement à soutenir la cause des faibles, des déshérités, sans même compter sur la reconnaissance des hommes, ce fut assurément lui. Ah! s'il eût été plus habile, s'il eût prêté sa voix aux puissants de la veille, destinés à redevenir les puissants du lendemain, il n'y aurait pas assez d'éloges pour sa mémoire; mais il voulait le bonheur de tous dans la liberté et dans l'égalité; il ne voulait pas que la France devînt la proie de quelques misérables qui dans la Révolution ne voyaient qu'un moyen de fortune; il ne voulait pas que certains fonctionnaires trop zélés multipliassent les actes d'oppression, érigeassent en crimes des erreurs ou des préjugés pour trouver partout des coupables et rendre la Révolution redoutable au peuple même. Comment n'aurait-il pas été maudit des ambitieux vulgaires, des fripons, des égoïstes, des spéculateurs avides qui finirent par tuer la République après l'avoir déshonorée?

Un décret avait été rendu qui, en mettant à l'ordre du jour la vertu et la probité, eût pu sauver l'État; mais des hommes couverts du masque du patriotisme s'en étaient servi pour persécuter les citoyens. «Tous les scélérats», dit Robespierre, «ont abusé de la loi qui a sauvé la liberté et le peuple français. Ils ont feint d'ignorer que c'était la justice suprême que la Convention avait mise à l'ordre du jour, c'est-à-dire le devoir de confondre les hypocrites, de soulager les malheureux et les opprimés, et de combattre les tyrans; ils ont laissé à l'écart ces grands devoirs, et s'en sont fait un instrument pour tourmenter le peuple et perdre les patriotes.» Un comité révolutionnaire avait imaginé d'ordonner l'arrestation de tous les citoyens qui dans un jour de fête se seraient trouvés en état d'ivresse, et une foule d'artisans, de bons citoyens, avaient été impitoyablement incarcérés. Voilà ce dont s'indignait Robespierre, qui peut-être avait plus que «ces inquisiteurs méchants et hypocrites», comme il les appelait, le droit de se montrer sévère et rigide, car personne autant que lui ne prêcha d'exemple l'austérité des moeurs. Après avoir parlé des obligations imposées aux fonctionnaires publics dont il flétrit le faux zèle, il ajoutait: «Mais ces obligations ne les forcent point à s'appesantir avec une inquisition sévère sur les actions des bons citoyens pour détourner les yeux de dessus les fripons; ces fripons qui ont cessé d'attirer leur attention sont ceux-là même qui oppriment l'humanité, et sont de vrais tyrans. Si les fonctionnaires publics avaient fait ces réflexions,

ILS AURAIENT TROUVÉ PEU DE COUPABLES A PUNIR, car le peuple est bon, et la classe des méchants est la plus petite.» Elle est la plus petite, il est vrai, mais elle est aussi la plus forte, aurait-il pu ajouter, parce qu'elle est la plus audacieuse.

En recommandant au gouvernement beaucoup d'unité, de sagesse et d'action, Robespierre s'attacha à défendre les institutions révolutionnaires devenues le point de mire des attaques de tous les intrigants et de tous les fripons, devant les convoitises desquels elles se dressaient comme un obstacle infranchissable. Il ne venait point réclamer des mesures sévères contre les coupables, mais seulement prémunir les citoyens contre les pièges qui leur étaient tendus, et tâcher d'éteindre la nouvelle torche de discorde allumée au milieu de la Convention nationale, qu'on s'efforçait d'avilir par un système de terreur. A la franchise on avait substitué la défiance, et le sentiment généreux des fondateurs de la République avait fait place au calcul des âmes faibles. «Comparez», disait Robespierre, «comparez avec la justice tout ce qui n'en a que l'apparence». Tout ce qui tendait à un résultat dangereux lui semblait dicté par la perfidie. «Qu'importaient, ajoutait-il, des lieux communs contre Pitt et les ennemis du genre humain, si les mêmes hommes qui les débitaient attaquaient sourdement le gouvernement révolutionnaire, tantôt modérés et tantôt hors de toute mesure, déclamant toujours, et sans cesse s'opposant aux moyens utiles qu'on proposait. Ces hommes, il était temps de se mettre en garde contre leurs complots.

Les hommes auxquels Robespierre faisait allusion, c'étaient les Bourdon (de l'Oise), les Tallien, les Fouché, les Fréron, les Rovère; c'était à ces hommes de sang et de rapine qu'il jetait ce défi hautain: «Il faut que ces lâches conspirateurs ou renoncent à leurs complots infâmes, ou nous arrachent la vie.» Car il ne s'illusionnait pas sur leurs desseins; il savait bien qu'on en voulait à ses jours.

Cependant il avait confiance encore dans le génie de la patrie, et, en terminant, il engageait vivement les membres de la Convention à se mettre en garde contre les insinuations perfides de certains personnages qui, en craignant pour eux-mêmes, cherchaient à faire partager leurs craintes. «Tant que la terreur durera parmi les représentants, ils seront incapables de remplir leur mission glorieuse. Qu'ils se rallient à la justice éternelle, qu'ils déjouent les complots par leur surveillance; que le fruit de nos victoires soit la liberté, la paix, le bonheur et la vertu, et que nos frères, après avoir versé leur sang pour nous assurer tant d'avantages, soient eux-mêmes assurés que leurs familles jouiront du fruit immortel que doit leur garantir leur généreux dévouement.[173]» Comment de telles paroles n'auraient-elles pas produit une impression profonde sur une société dont la plupart des membres étaient animés du plus pur patriotisme. Ah! si tous les hommes de cette époque avaient été également amis de la patrie et des lois, la Révolution se serait terminée d'une manière bien simple, sans être inquiétée par les factieux comme venait de le déclarer Robespierre. Mais, tandis que de sa bouche sortait cet éloquent appel à la justice, à la probité, à l'amour de la patrie, la calomnie continuait son oeuvre souterraine, et tous les vices coalisés se préparaient dans l'ombre à abattre la plus robuste vertu de ces temps héroïques.

[Note 173: Voyez ce discours dans le *Moniteur* du 30 messidor (18 juillet 1794). Il est textuellement emprunté au *Journal de la Montagne*.]

X

Parmi les hommes pervers acharnés à la perte de Robespierre, nous avons déjà signalé Fouché, le futur duc d'Otrante, qui, redoutant d'avoir à rendre compte du sang inutilement répandu à Lyon, cherchait dans un nouveau crime l'impunité de ses nombreux méfaits. Une adresse des habitants de Commune-Affranchie, en ramenant aux Jacobins la discussion sur les affaires lyonnaises, fournit à Robespierre l'occasion de démasquer tout à fait ce sanglant maître fourbe.

C'était le 23 messidor (11 juillet 1794). Reprenant les choses de plus haut, Maximilien rappela d'abord la situation malheureuse où s'étaient trouvés les patriotes de cette ville à l'époque du supplice de Chalier, supplice si cruellement prolongé par les aristocrates de Lyon. Par quatre fois le bourreau avait fait tomber la hache sur la tête de l'infortuné maire, et lui, par quatre fois, soulevant sa tête mutilée, s'était écrié d'une voix mourante: *Vive la République! attachez-moi la cocarde.* Nous avons dit avec quelle modération Couthon avait usé de la victoire. Collot-d'Herbois lui avait reproché de s'être laissé entraîner par une pente naturelle vers l'indulgence; il avait même dénoncé à Robespierre ce système d'indulgence inauguré par Couthon, en rendant d'ailleurs pleine justice aux intentions de son collègue. La commission temporaire, établie pour juger les conspirateurs, avait commencé par déployer de l'énergie; mais bientôt, cédant à la séduction de certaines femmes et à de perfides manoeuvres, elle s'était relâchée de sa pureté; les patriotes avaient été de nouveau en butte aux persécutions de l'aristocratie, et, de désespoir, le républicain Gaillard, un des amis de Chalier, s'était donné la mort. Cette commission ne fonctionnait pas d'ailleurs à titre de tribunal; il ne s'agissait donc nullement de la terrible commission des *sept* instituée par Fouché et par Collot-d'Herbois à la place des deux anciens tribunaux révolutionnaires également créés par eux, et qui, astreints à de certaines formes, n'accéléraient pas à leur gré l'oeuvre de vengeance dont ils étaient les sauvages exécuteurs. C'était cette dernière commission à laquelle Robespierre reprochait de s'être montrée impitoyable, et d'avoir proscrit à la fois la faiblesse et la méchanceté, l'erreur et le crime.

Eh bien! un historien de nos jours, par une de ces aberrations qui font de son livre un des livres les plus dangereux qui aient été écrits sur la Révolution française, confond la commission temporaire de surveillance républicaine avec la sanglante commission dite des *sept*, tout cela pour le plaisir d'affirmer, en violation de la vérité, que Robespierre soutenait à Lyon les ultra-terroristes contre l'exécrable Fouché[174]. Et la preuve, il la voit dans ce fait que l'austère tribun invoquait à l'appui de son accusation le souvenir de Gaillard, «le plus violent des ultra-terroristes de Lyon». On ne saurait vraiment avoir la main plus malheureuse. Il est faux, d'abord, que Gaillard ait été un violent terroriste. Victime lui-même de longues vexations de la part de l'aristocratie, il s'était tué le jour où, en présence de persécutions dirigées contre certains patriotes, il avait désespéré de la République, comme Caton de la liberté. Son suicide avait eu lieu dans les derniers jours de frimaire an II (décembre 1793). Or, trois mois après environ, le 21 ventôse (11 mars 1794), Fouché écrivait de Lyon à la Convention ces lignes déjà citées en partie: «La justice aura bientôt achevé son cours terrible dans cette cité rebelle; il existe encore quelques complices de la révolte lyonnaise, *nous allons les lancer sous la foudre*; il faut que tout ce qui fit la guerre à la liberté, tout ce qui fut opposé à la République, ne présente aux yeux des républicains que des cendres et des décombres[175].» N'est-il pas souverainement ridicule, pour ne pas dire plus, de venir opposer le prétendu terrorisme de Gaillard à la modération de Fouché!

[Note 174: *Histoire de la Révolution,* par M. Michelet, t. VII, p. 402.—M. Michelet reproche à MM. Buchez et Roux de profiter des moindres équivoques pour faire dire à Robespierre le contraire de ce qu'il veut dire. Et sur quoi se fonde-t-il pour avancer cette grave accusation? Sur ce que les auteurs de l'*Histoire parlementaire* ont écrit à la table de leur tome XXXIII: *Robespierre déclare qu'il veut arrêter l'effusion du sang humain.* Mais ils renvoient à la page 341, où ils citent textuellement et *in extenso* le discours de Robespierre dont la conclusion est, en effet, qu'il faut arrêter l'effusion du sang humain «versé par le crime.» Que veut donc de plus M. Michelet? Est-ce que par hasard on a l'habitude de ne lire que la table des matières? Il sied bien, du reste, à cet écrivain de suspecter la franchise historique de MM. Buchez et Roux, lui dont l'*histoire* est trop souvent bâtie sur des suppositions, des hypothèses et des équivoques!]

[Note 175: Voyez cette lettre à la suite du rapport de Courtois, sous le numéro XXV.]

Ce dont Robespierre fit positivement un crime à Fouché, ce furent les persécutions indistinctement dirigées contre les ennemis de la Révolution et contre les patriotes, contre les citoyens qui n'étaient qu'égarés et contre les coupables. Tout concourt à la démonstration de cette vérité. Son frère ne lui avait-il pas, tout récemment, dénoncé la conduite «extraordinairement extravagante» de quelques hommes envoyés à Commune-Affranchie[176]? Les plaintes des victimes n'étaient-elles pas montées vers lui[177]? Que dis-je, à l'heure même où il prenait si vivement à partie l'impitoyable mitrailleur de Lyon, ne recevait-il pas une lettre dans laquelle on lui dépeignait le massacre d'une grande quantité de pères de famille, dont la plupart n'avaient point pris les armes[178]? Ce que voulait Robespierre, c'était le retour à la justice, à la modération, sinon à une indulgence aveugle; il n'y a point d'autre signification à attribuer à ces quelques mots dont se sont contentés les rédacteurs du *Journal de la Montagne* et du *Moniteur* pour indiquer l'ordre d'idées développé par lui dans cette séance du 23 messidor, mais qui nous paraissent assez significatifs: «LES PRINCIPES DE L'ORATEUR SONT D'ARRÊTER L'EFFUSION DU SANG HUMAIN VERSÉ PAR LE CRIME»[179].

[Note 176: Lettre d'Augustin Robespierre à Maximilien, de Nice, en date du 16 germinal. *Vide supra.*]

[Note 177: Voyez les lettres de Cadillot, sous le numéro CVI, à la suite du rapport de Courtois, et de Jérôme Gillet, dans les *Papiers inédits*, t. I, p. 217.]

[Note 178: Lettre en date du 20 messidor, déjà citée, d'une chaumière au midi de Ville-Affranchie, numéro CV, à la suite du rapport de Courtois.]

[Note 179: M. Michelet trouve que le rédacteur du journal a étendu complaisamment la pensée de Robespierre. (T. VII, p. 402.) En vérité, c'est par trop naïf!]

Et il ne s'agissait pas ici seulement des horreurs commises à Lyon par Fouché, Robespierre entendait aussi flétrir les actes d'oppression multipliés sur tous les points de la République; il revendiquait pour lui, et même pour ses collègues du comité, dont il ne séparait point sa cause, l'honneur d'avoir distingué l'erreur du crime et défendu les patriotes *égarés*. Or, l'homme qui, au dire de Maximilien, avait persécuté les patriotes de Commune-Affranchie «avec une astuce, une perfidie aussi lâche que cruelle», c'est-à-dire Fouché, n'était-il pas le même qui, à cette heure, se trouvait être l'âme d'un complot ourdi contre les meilleurs patriotes de la Convention? Mais le comité de Salut public ne serait point sa dupe, Robespierre le croyait du moins. Hélas! dans quelle erreur il était! «Nous demandons enfin», dit-il, «que la justice et la vertu triomphent, que l'innocence soit paisible, le peuple victorieux de tous ses ennemis, et que la Convention mette sous ses pieds toutes les petites intrigues»[180]. On convint, sur la proposition de Robespierre, d'inviter Fouché à se disculper des reproches dont il avait été l'objet.

[Note 180: Comment s'étonner que, dès 1794, Fouché ait été le fléau des plus purs patriotes! Ne fut-ce pas lui qui, sous le Consulat, lors de l'explosion de la machine infernale, oeuvre toute royaliste, comme on sait, proscrivit tant de républicains innocents? Ne fut-ce pas lui qui, en 1815, fournit à la monarchie une liste de cent citoyens voués d'avance par lui à l'exil, à la ruine, à la mort?]

Les fourbes ont partout des partisans, et Fouché n'en manquait pas au milieu même de la société des Jacobins, dont quelques jours auparavant on l'avait vu occuper le fauteuil. Robespierre jeune, revenu depuis peu de temps de l'armée du Midi, ne trouvant pas suffisante l'indignation de la société contre les persécuteurs des patriotes, s'élança à la tribune, et, d'une voix émue, raconta qu'on avait usé à son égard des plus basses flatteries pour l'éloigner de son frère. Mais, s'écria-t-il, on chercherait en vain à nous séparer. «Je n'ambitionne que la gloire d'avoir le même tombeau que lui». Voeu touchant qui n'allait pas tarder à être exaucé. Couthon vint aussi réclamer le privilège de mourir avec son ami: «Je veux partager les poignards de Robespierre».— «Et moi aussi! et moi aussi»! s'écria-t-on tous les coins de la salle[181]. Hélas! combien, au jour de de l'épreuve suprême, se souviendront de leur parole!

[Note 181: Voyez cette séance des Jacobins reproduite d'après le *Journal de la Montagne*, dans le *Moniteur* du 26 messidor (14 juillet 1794).]

Le jour fixé pour entendre Fouché (26 messidor) était un jour solennel dans la Révolution, c'était le 14 juillet; ce jour-là, tous les coeurs devaient être à la patrie, aux sentiments généreux. On s'attendait, aux Jacobins, à voir arriver Fouché; mais celui-ci n'était pas homme à accepter une discussion publique, à mettre sa vie à découvert, à ouvrir son âme à ses concitoyens. La dissimulation et l'intrigue étaient ses armes; il lui fallait les ténèbres et les voies tortueuses.

Au lieu de venir, il adressa à la société une lettre par laquelle il la priait de suspendre son jugement jusqu'à ce que les comités de Salut public et de Sûreté générale eussent fait leur rapport sur sa conduite politique et privée. Cette méfiance à l'égard d'une société dont tout récemment il avait été le président était loin d'annoncer une conscience tranquille. Aussitôt après la lecture de cette lettre, Robespierre prit la parole: il avait pu être lié jadis avec l'individu Fouché, dit-il, parce qu'il l'avait cru patriote; et s'il le dénonçait, c'était moins encore à cause de ses crimes passés que parce qu'il le soupçonnait de se cacher pour en commettre d'autres.

Nous savons aujourd'hui si Robespierre se trompait dans ses prévisions. N'était-il pas dans le vrai quand il présentait Fouché comme le chef, l'âme de la conspiration à déjouer? Et pourquoi donc cet homme, après avoir brigué le fauteuil où il avait été élevé grâce aux démarches de quelques membres qui s'étaient trouvés avec lui à Commune-Affranchie, refusait-il de soumettre sa conduite à l'appréciation de ceux dont il avait sollicité les suffrages? «Craint-il», s'écria Robespierre, cédant à l'indignation qui l'oppressait, «craint-il les yeux et les oreilles du peuple? Craint-il que sa triste figure ne présente visiblement le crime? que six mille regards fixés sur lui ne découvrent dans ses yeux son âme tout entière, et qu'en dépit de la nature qui les a cachées on n'y lise ses pensées[182]? Craint-il que son langage ne décèle l'embarras et les contradictions d'un coupable?»

[Note 182: Dans le tome XX de l'*Histoire du Consulat et de L'Empire*, M. Thiers, parlant de ce même Fouché, dit: «En portant à la tribune *sa face pâle, louche, fausse*».]

Puis, établissant entre Fouché et les véritables républicains un parallèle écrasant, Robespierre le rangea au nombre de ces hommes qui n'avaient servi la Révolution que pour la déshonorer, et qui avaient employé la terreur pour forcer les patriotes au silence. «Ils plongeaient dans les cachots ceux qui avaient le courage de le rompre, et voilà le crime que je reproche à Fouché». Étaient-ce là les principes de la Convention nationale? Son intention avait-elle jamais été de jeter la terreur dans l'âme des bons citoyens? Et quelle ressource resterait-il aux amis de la liberté s'il leur était interdit de parler, tandis que des conjurés préparaient traîtreusement des poignards pour les assassiner? On voit avec quelle perspicacité Robespierre jugeait dès lors la situation. Fouché, ajoutait-il, «est un imposteur vil et méprisable»[183]. Et comme s'il ne pouvait se résoudre à croire que la Providence abandonnât la bonne cause, il assurait, en terminant, que jamais la vertu ne serait sacrifiée à la bassesse, ni la liberté à des hommes dont les mains étaient «pleines de rapines et de crimes»[184]. Mais, hélas il se trompait ici cruellement; la victoire devait être du parti des grands crimes. Toutefois, ses paroles n'en produisirent pas moins une impression profonde, et, sur la proposition d'un membre obscur, Fouché fut exclu de la société.

[Note 183: Fouché, avons-nous dit, a contribué activement à perdre la République au thermidor, comme l'Empire en 1815. La postérité a ratifié le jugement de Robespierre sur ce personnage. «Je n'ai jamais vu un plus hideux coquin», disait de lui l'illustre Dupont (de l'Eure). Voyez à ce sujet *l'Histoire des deux Restaurations*, par M. de Vaulabelle, t. III, p. 404.]

[Note 184: Voyez, pour cette séance, *le Moniteur* du 3 thermidor (12 juillet 1794).]

Le futur duc d'Otrante continua de plus belle ses sourdes et coupables intrigues. «Je n'ai rien à redouter des *calomnies* de Maximilien Robespierre», écrivait-il vers la fin de messidor à sa soeur, qui habitait Nantes ... «dans peu vous apprendrez l'issue de cet événement, qui, j'espère, tournera au profit de la République». Déjà les conjurés comptaient sur le succès. Cette lettre, communiquée à Bô, alors en mission à Nantes, où il s'était fait bénir par une conduite semblable à celle de Robespierre jeune, éveilla les soupçons de ce représentant, homme à la fois énergique et modéré, patriote aussi intègre qu'intelligent. Il crut urgent de faire parvenir ce billet de Fouché au comité de Salut public, et il chargea un aide de camp du général Dufresne de le porter sans retard[185]. Quelques jours après, nouvelles lettres de Fouché et nouvel envoi de Bô. «Mon affaire ... est devenue celle de tous les patriotes depuis qu'on a reconnu que c'est à ma vertu, qu'on n'a pu fléchir, que les ambitieux du pouvoir déclarent la guerre», écrivait le premier à la date du 3 thermidor. La vertu de Fouché!! Et le surlendemain: «... Encore quelques jours, les fripons (*sic*), les scélérats seront connus; l'intégrité des hommes probes sera triomphante. Aujourd'hui peut-être nous verrons les traîtres démasqués...» Non, jamais Tartufe n'a mieux dit. C'est Tartufe se signant avec du sang au lieu d'eau bénite. De plus en plus inquiet, Bô écrivit au comité de Salut public:

«Je vous envoie trois lettres de notre collègue *Fouchet*, dont les principes vous sont connus, mais dont il faut se hâter, selon moi, de confondre et punir les menées criminelles....[186]» Par malheur cette lettre arriva trop tard et ne valut à Bô qu'une disgrâce. Quand elle parvint au comité, tout était consommé. Nous sommes en effet à la veille d'une des plus tragiques et des plus déplorables journées de la Révolution.

[Note 185: Lettres de Bô au comité de Salut public, en date du 2 thermidor. *Archives*.]

[Note 186: Ces lettres de Bô et de Fouché, révélées pour la première fois, sont en originaux aux *Archives*, où nous en avons pris copie.]

CHAPITRE QUATRIÈME

Situation de la République en Thermidor.—Participation de Robespierre aux affaires.—La pétition Magenthies.—Plaintes des amis de Robespierre.— Joseph Le Bon et Maximilien.—Tentatives pour sortir de la Terreur.— Comment on est parvenu à noircir Robespierre—Les deux amis de la liberté.—Le rapport du représentant Courtois.—Cri de Choudieu.—Les fraudes thermidoriennes.—Une lettre de Charlotte Robespierre.—Question de l'espionnage.

I

Avant de commencer le récit du drame où succomba l'homme dont le malheur et la gloire sont d'avoir entraîné dans sa chute les destinées de la Révolution, arrêtons-nous un moment pour contempler ce qui fut si grand; voyons l'oeuvre des quatorze mois qui viennent de s'écouler, et comparons ce qu'était devenue la République dans les premiers jours de thermidor avec ce qu'elle était quand les hommes de la Montagne la prirent, défaillante et bouleversée, des mains de la Gironde.

A l'intérieur, les départements, soulevés l'année précédente par les prédications insurrectionnelles de quelques députés égarés, étaient rentrés dans le devoir; de gré ou de force, la contre-révolution avait été comprimée dans le Calvados, à Bordeaux, à Marseille; Lyon s'était soumis, et Couthon y avait paru en vainqueur modéré et clément; Toulon, livré à l'ennemi par la trahison d'une partie de ses habitants, avait été repris aux Anglais et aux Espagnols à la suite d'attaques hardies dans lesquelles Robespierre jeune avait illustré encore le nom si célèbre qu'il portait; la Vendée, victorieuse d'abord, et qui, au bruit de ses succès, avait vu accourir sous ses drapeaux tant de milliers de combattants, était désorganisée, constamment battue, réduite aux abois, et à la veille de demander grâce.

Sur nos frontières et au dehors, que de prodiges accomplis! Où est le temps où les armées de la coalition étaient à peine à deux journées de la capitale? Les rôles sont bien changés. D'envahissante, l'Europe est devenue envahie; partout la guerre est rejetée sur le territoire ennemi. Dans le Midi, Collioures, Port-Vendre, le fort Saint-Elme et Bellegarde sont repris et nos troupes ont mis le pied en Espagne. Au Nord, Dunkerque et Maubeuge ont été sauvées; les alliés ont repassé la Sambre en désordre après la bataille de Wattignies; Valenciennes, Landrecies, Le Quesnoy, Condé, ont été repris également; enfin, sous les yeux de Saint-Just, nos troupes se sont emparées de Charleroi et ont gagné la bataille de Fleurus, qui va nous rendre la Belgique. Un port manquait à la sûreté de nos flottes, Ostende est à nous. A l'Est, grâce encore, en grande partie, aux efforts énergiques de Saint-Just et de Le Bas, Landau a été débloqué, les lignes de Wissembourg ont été recouvrées; déjà voici le

Palatinat au pouvoir de nos armes; la France est à la veille d'être sur tous les points circonscrite dans ses limites naturelles.

Etait-ce l'esprit de conquête qui animait le grand coeur de la République? Non certes; mais, exposée aux agressions des États despotiques, elle avait senti la nécessité de s'enfermer dans des positions inexpugnables et de se donner des frontières faciles à garder: l'Océan d'une part, les Pyrénées, les Alpes et le Rhin de l'autre.

Le comité de Salut public, dans sa sagesse, n'entendait pas révolutionner les peuples qui se contentaient d'assister indifférents au spectacle de nos luttes intérieures et extérieures. «Nous ne devons point nous immiscer dans l'administration de ceux qui respectent la neutralité», écrivait-il, le 22 pluviôse an II (10 février 1794), au représentant Albite. «Force, implacabilité aux tyrans qui voudroient nous dicter des lois sur les débris de la liberté; franchise, fraternité aux peuples amis. Malheur à qui osera porter sur l'arche de notre liberté un bras sacrilège et profanateur, mais laissons aux autres peuples le soin de leur administration intérieure. C'est pour soutenir l'inviolabilité de ce principe que nous combattons aujourd'hui. Les peuples faibles se bornent à suivre quelquefois les grands exemples, les peuples forts les donnent, et nous sommes forts.» Ce langage, où semble se reconnaître l'âpre et hautain génie de Saint-Just, n'était-il pas celui de la raison même[187]?

[Note 187: La minute de cette lettre est aux *Archives*, A F II, 37.]

Pour atteindre les immenses résultats dont nous avons rapidement tracé le sommaire, que d'efforts gigantesques, que d'énergie et de vigilance il fallut déployer! Quatorze armées organisées, équipées et nourries au milieu des difficultés d'une véritable disette, notre marine remontée et mise en état de lutter contre les forces de l'Angleterre, tout cela atteste suffisamment la prodigieuse activité des membres du comité de Salut public.

Lorsque, après Thermidor, les survivants de ce comité eurent, pour se défendre, à dresser le bilan de leurs travaux, ils essayèrent de ravir à Robespierre sa part de gloire, en prétendant qu'il n'avait été pour rien dans les actes utiles émanés de ce comité, notamment dans ceux relatifs à la guerre, et Carnot ne craignit pas de s'associer à ce mensonge, au risque de ternir la juste considération attachée à son nom. Robespierre, Couthon, Saint-Just n'étaient plus là pour confondre l'imposture; heureusement le temps est passé où l'histoire des vaincus s'écrivait avec la pointe du sabre des vainqueurs.

Nous avons prouvé ailleurs avec quelle sollicitude Maximilien s'occupa toujours des choses militaires. Ennemi de la guerre en principe, il la voulut poussée à outrance pour qu'elle fût plus vite terminée; mais sans cesse il s'efforça de subordonner l'élément militaire à l'élément civil, le premier ne devant être que l'accessoire dans une nation bien organisée. Tant qu'il vécut, pas un général ne fut pris de l'ambition du pouvoir et n'essaya de se mettre au-dessus des autorités constituées. Quand ils partaient, nos volontaires de 92, à la voix des Robespierre et des Danton, ce n'était point le bâton de maréchal qu'ils rêvaient, c'était le salut, le triomphe de la République, puis le prochain retour au foyer.

Quelle était donc la perspective que Robespierre montrait à nos troupes dans les lettres et proclamations adressées par lui aux officiers et aux soldats, et dont nous avons pu donner quelques échantillons? Etait-ce la gloire militaire, mot vide et creux quand il ne se rattache pas directement à la défense du pays? Non, c'était surtout la récompense que les nobles coeurs trouvent dans la seule satisfaction du devoir accompli. Et à cette époque le désintéressement était grand parmi les masses. Comment oser révoquer en doute les constants efforts de Maximilien pour hâter le moment du triomphe définitif de la République? Plus d'une fois ses collègues du comité de Salut public se servirent de lui pour parler aux généraux et aux représentants du peuple en mission près les armées le langage mâle et sévère de la patrie. Il s'attacha surtout à éteindre les petites rivalités qui, sur plusieurs points, s'élevèrent parmi les commissaires de la Convention. «Amis, écrivait-il en nivôse à Saint-Just et à Le Bas, à propos de quelques discussions qu'ils avaient eues avec leurs collègues J.-B. Lacoste et Baudot, «j'ai craint, au milieu de nos succès, et à la veille d'une victoire décisive, les conséquences funestes d'un malentendu ou d'une misérable intrigue. Vos principes et vos vertus m'ont rassuré. Je les ai secondés autant qu'il étoit en moi. La lettre que le comité de Salut public vous adresse en même temps que la mienne vous dira le reste. Je vous embrasse de toute mon âme[188].»

[Note 188: Lettre inédite en date du 9 nivôse an II (27 février 1791), de la collection Portiez (de l'Oise).]

Un peu plus tard, il écrivait encore à ces glorieux associés de sa gloire et de son martyre: «Mes amis, le comité a pris toutes les mesures qui dépendoient de lui dans le moment pour seconder votre zèle; il me charge de vous écrire pour vous expliquer les motifs de quelques-unes de ces dispositions; il a cru que la cause principale du dernier échec étoit la pénurie de généraux habiles; il vous adressera les militaires patriotes et instruits qu'il pourra découvrir.» Puis, après leur avoir annoncé l'envoi du général Stetenofer, officier apprécié pour son mérite personnel et son patriotisme, il ajoutait: «Le comité se repose du reste sur votre sagesse et sur votre énergie».[189] On voit avec quel soin, même dans une lettre particulière adressée à ses amis intimes, Robespierre s'effaçait devant le comité de Salut public; et l'on sait si Saint Just et Le Bas ont justifié la confiance dont les avait investis le comité.

[Note 189: Lettre en date du 15 floréal an II (4 mai 1794), de la collection de M. Berthevin.]

Maintenant,—toutes concessions faites aux nécessités de la défense nationale—que Robespierre ait eu la guerre en horreur, qu'il l'ait considérée comme une chose antisociale, antihumaine, qu'il ait eu pour «des missionnaires armés» une invincible répulsion, c'est ce dont témoigne la lutte ardente soutenue par lui contre les partisans de la guerre offensive. Les batailles où coulait à flots le sang des hommes n'étaient pas à ses yeux de bons instruments de civilisation. Si les principes de la Révolution se répandirent en Europe, ce ne fut point par la force des armes, comme le prétendent certains publicistes, ce fut par la puissance de l'opinion. «Ce n'est ni par des phrases de rhéteur, ni même par des exploits guerriers, que nous subjuguerons l'Europe», disait Robespierre, «mais par la sagesse de nos lois, la majesté de nos délibérations et la grandeur de nos caractères[190].»

[Note 190: Discours du 8 thermidor.]

Les nations, tout en combattant, s'imprégnaient des idées nouvelles et tournaient vers la France républicaine de longs regards d'envie et d'espérance. Nos interminables courses armées à travers l'Europe ont seules tué l'enthousiasme révolutionnaire des peuples étrangers et rendu au despotisme la force et le prestige qu'il avait perdus. Si Robespierre engageait vivement ses concitoyens à se méfier de l'engouement militaire, s'il avait une très médiocre admiration pour les *carmagnoles* de son collègue Barère, si, comme Saint-Just, il n'aimait pas qu'on fît trop *mousser* les victoires, c'est qu'il connaissait l'ambition terrible qui d'ordinaire sollicite les généraux victorieux, c'est qu'instruit par les leçons de l'histoire, il savait avec quelle facilité les peuples se jettent entre les mains d'un chef d'armée habile et heureux, c'est qu'il savait enfin que la guerre est une mauvaise école de liberté; voilà pourquoi il la maudissait. Quel sage, quel philosophe, quel véritable ami de la liberté et de l'humanité ne lui en saurait gré?

Si nous examinons la situation intérieure, que de progrès accomplis ou à la veille de l'être! Tous les anciens privilèges blessants pour l'humanité, toutes les tyrannies seigneuriales et locales avec le despotisme monarchique au sommet—en un mot l'oeuvre inique de quatorze siècles—détruits, anéantis, brisés. Les institutions les plus avantageuses se forment; l'instruction de la jeunesse, abandonnée ou livrée aux prêtres depuis si longtemps, est l'objet de la plus vive sollicitude de la part de la Convention; des secours sont votés aux familles des défenseurs de la République; de sages mesures sont prises pour l'extinction de la mendicité; le code civil se prépare et se discute; enfin une Constitution, où le respect des droits de l'homme est poussé aux dernières limites, attend, pour être mise à exécution, l'heure où, débarrassée de ses ennemis du dedans et du dehors, la France victorieuse pourra prendre d'un pas sûr sa marche vers l'avenir, vers le progrès. Contester à Robespierre la part immense qu'il eut dans ces glorieuses réformes, ce serait nier la lumière du jour. Au besoin, ses ennemis mêmes stipuleraient pour lui. «Ne sentiez-vous donc pas que j'avois pour moi une réputation de cinq années de vertus…; que j'avois beaucoup servi à la Révolution par mes discours et mes écrits; que j'avois, en marchant toujours dans la même route à côté des hommes les plus vigoureux, su m'élever un temple dans le coeur de la plus grande partie des gens honnêtes….» lui fait dire, comme contraint et forcé, un de ses plus violents détracteurs[191].

[Note 191: *La tête à la queue, ou Première lettre de Robespierre à ses continuateurs*, p. 5 et 6.]

Cet aveu de la part d'un pamphlétaire hostile est bien précieux à enregistrer. Robespierre, en effet, va mourir en cette année 1794, fidèle à ses principes de 1789; et ce ne sera pas sa moindre gloire que d'avoir défendu sous la Convention les vérités éternelles dont, sous la Constituante, il avait été le champion le plus assidu et le plus courageux. Il était bien près de voir se réaliser ses voeux les plus chers; encore un pas, encore un effort, et le règne de la justice était inauguré, et la République était fondée. Mais il suffit de l'audace de quelques coquins et du coup de pistolet d'un misérable gendarme pour faire échouer la Révolution au port, et peut-être ajourner à un siècle son triomphe définitif.

II

Revenons à la lutte engagée entre Robespierre et les membres les plus gangrenés de la Convention; lutte n'est pas le mot, car de la part de ces derniers il n'y eut pas combat, il y eut guet-apens. Nous en sommes restés à la fameuse séance des Jacobins où Robespierre avait dénoncé Fouché comme le plus vil et le plus misérable des imposteurs. Maximilien savait très bien que les quelques députés impurs dont il avait signalé la bassesse et les crimes à ses collègues du comité de Salut public promenaient la terreur dans toutes les parties de la Convention; nous avons parlé déjà des listes de proscription habilement fabriquées et colportées par eux. Aussi Robespierre se tenait-il sur ses gardes, et, s'il attaquait résolument les représentants véritablement coupables à ses yeux, il ne manquait pas l'occasion de parler en faveur de ceux qui avaient pu se tromper sans mauvaise intention.

On l'entendit, à la séance du 1er thermidor (18 juillet 1794), aux Jacobins, défendre avec beaucoup de vivacité un député du Jura nommé Prost, accusé, sans preuve, d'avoir commis des vexations. Faisant allusion aux individus qui cherchaient à remplir la Convention de leurs propres inquiétudes pour conspirer impunément contre elle, il dit: «Ceux-là voudraient voir prodiguer des dénonciations hasardées contre les représentants du peuple exempts de reproches ou qui n'ont failli que par erreur, pour donner de la consistance à leur système de terreur.»

Il fallait se méfier, ajoutait-il, de la méchanceté de ces hommes qui voudraient accuser les plus purs citoyens ou traiter l'erreur comme le crime, «pour accréditer par là ce principe affreux et tyrannique inventé par les coupables, que dénoncer un représentant infidèle, c'est conspirer contre la représentation nationale…. Vous voyez entre quels écueils leur perfidie nous force à marcher, mais nous éviterons le naufrage. La Convention est pure en général; elle est au-dessus de la crainte comme du crime; elle n'a rien de commun avec une poignée de conjurés. Pour moi, quoiqu'il puisse arriver, je déclare aux contre-révolutionnaires qui ne veulent chercher leur salut que dans la ruine de la patrie qu'en dépit de toutes les trames dirigées contre moi, je continuerai de démasquer les traîtres et de défendre les opprimés[192].» On voit sur quel terrain les enragés pouvaient se rencontrer avec les ennemis de la Révolution, comme cela aura lieu au 9 thermidor.

[Note 192: Voy. *le Moniteur* du 6 thermidor (24 juillet 1794).]

Cependant, en dépit de Robespierre, la Terreur continuait son mouvement ascensionnel. Ecoutons-le lui-même s'en plaindre à la face de la République: «Partout les actes d'oppression avaient été multipliés pour étendre le système de terreur et de calomnie. Des agents impurs prodiguaient les arrestations injustes; des projets de finance destructeurs menaçaient toutes les fortunes modiques et portaient le désespoir dans une multitude innombrable de familles attachées à la Révolution; on épouvantait les nobles et les prêtres par des motions concertées....[193]» Comment ne pas s'étonner de l'injustice de ces prétendus libéraux qui après tous les pamphlétaires de la réaction, viennent lui jeter à la tête les mesures tyranniques, les maux auxquels il lui a été impossible de s'opposer et dont il était le premier à gémir! Tout ce qui était de nature à compromettre, à avilir la Révolution lui causait une irritation profonde et bien légitime.

[Note 193: Discours du 8 thermidor.]

Un jour, il plut à un individu du nom de Magenthies de réclamer de la Convention la peine de mort contre quiconque profanerait dans un jurement le nom de Dieu: n'était-ce point là une manoeuvre contre-révolutionnaire? Robespierre le crut, et, dans une pétition émanée de la Société des Jacobins, pétition où d'un bout à l'autre son esprit se reconnaît tout entier, il la fit dénoncer à l'Assemblée comme une injure à la nation elle-même. «N'est-ce pas l'étranger qui, pour tourner contre vous-mêmes ce qu'il y a de plus sacré, de plus sublime dans vos travaux, vous fait proposer d'ensanglanter les pages de la philosophie et de la morale, en prononçant la peine de mort contre tout individu qui laisserait échapper ces mots: *Sacré nom de Dieu*[194]?»

[Note 194: Voy. cette pétition dans *le Moniteur* du 8 thermidor (26 juillet 1794).]

N'était-ce pas aussi pour déverser le ridicule sur la Révolution que certains personnages avaient inventé les repas communs en plein air, dans les rues et sur les places publiques, repas où l'on forçait tous les citoyens de se rendre. Cette idée d'agapes renouvelées des premiers chrétiens, d'une communion fraternelle sous les auspices du pain et du vin, avait souri à quelques patriotes de bonne foi, mais à courte vue. Ils ne surent pas démêler ce qu'il y avait de perfide dans ces dîners soi-disant patriotiques. Ici l'on voyait des riches insulter à la pauvreté de leurs voisins par des tables splendidement servies; là des aristocrates attiraient les sans-culottes à leurs banquets somptueux et tentaient de corrompre l'esprit républicain. Les uns s'en faisaient un amusement: «*A ta santé, Picard,*» disait telle personne à son valet qu'elle venait de rudoyer dans la maison. Et la petite maîtresse de s'écrier avec affectation: «Voyez comme j'aime l'égalité; je mange avec mes domestiques.» D'autres se servaient de ces banquets comme autrefois du bonnet rouge, et les contre-révolutionnaires accouraient s'y asseoir, soit pour dissimuler leurs vues perfides, soit au contraire pour faciliter l'exécution de leurs desseins artificieux. Payan à la commune[195], Barère à la Convention[196], Robespierre aux Jacobins[197], dépeignirent sous de vives couleurs les dangers de ces sortes de réunions, et engagèrent fortement les bons citoyens à s'abstenir d'y assister désormais. Ces conseils furent entendus; les repas prétendus fraternels disparurent des rues et des places publiques, comme jadis, à la voix de Maximilien, avait disparu le bonnet rouge dont tant de royalistes se couvraient pour mieux combattre la Révolution.

[Note 195: Séance du Conseil général du 27 messidor (15 juillet). Voy. le discours de Payan dans *le Moniteur* du 2 thermidor.]

[Note 196: Séance du 28 messidor (16 juillet 1794), *Moniteur* du 29 messidor.]

[Note 197: Séance des Jacobins du 28 messidor (16 juillet 1794). Aucun journal que je sache, n'a rendu compte de cette séance. Je n'en ai trouvé mention que dans une lettre de Garnier-Launay à Robespierre. Voy. cette lettre dans les *Papiers inédits...*, t. 1er p. 231.]

III

Mais c'était là une bien faible victoire remportée par Robespierre, à côté des maux qu'il ne pouvait empêcher. Plus d'une fois son coeur saigna au bruit des plaintes dont il était impuissant à faire cesser les causes.

Un jour un immense cri de douleur, parti d'Arras, vint frapper ses oreilles: «Permettez à une ancienne amie d'adresser à vous-même une faible et légère peinture des maux dont est accablée votre patrie. Vous préconisez la vertu: nous sommes depuis six mois persécutés, gouvernés par tous les vices. Tous les genres de séduction sont employés pour égarer le peuple: mépris pour les hommes vertueux, outrage à la nature, à la justice, à la raison, à la Divinité, appât des richesses, soif du sang de ses frères. Si ma lettre vous parvient, je la regarderai comme une faveur du ciel. Nos maux sont bien grands, mais notre sort est dans vos mains; toutes les âmes vertueuses vous réclament....» Cette lettre était de Mme Buissart[198], la femme de cet intime ami à qui Robespierre au commencement de la Révolution, écrivait les longues lettres dont nous avons donné des extraits. Depuis, la correspondance était devenue beaucoup plus rare.

[Note 198: Nous avons sous les yeux l'original de cette lettre de Mme Buissart, en date du 26 floréal (15 mai 1794). Supprimée par Courtois, elle a été insérée, mais d'une façon légèrement inexacte, dans *les Papiers inédits...*, t. 1er, p. 254.]

Absorbé par ses immenses occupations, Maximilien n'avait guère le temps d'écrire à ses amis; l'homme public avait pour ainsi dire tué en lui l'homme privé. Ses amis se plaignaient, et très amèrement quelquefois. «Ma femme, outrée de ton silence, a voulu t'écrire et te parler de la position où nous nous trouvons; pour moi, j'avois enfin résolu de ne plus te rien dire[199]....», lui mandait Buissart de son côté.—«Mon cher Bon bon...», écrivait d'autre part, le 30 messidor, à Augustin Robespierre, Régis Deshorties, sans doute le frère de l'ancien notaire Deshorties qui avait épousé en secondes noces Eulalie de Robespierre, et dont Maximilien avait aimé et failli épouser la fille, «que te chargerai-je de dire à Maximilien? Te prierai-je de me rappeler à son souvenir, et où trouveras-tu l'homme privé? Tout entier à la patrie et aux grands intérêts de l'humanité entière, Robespierre n'existe plus pour ses amis....[200]» Ils ne savaient pas, les amis de Maximilien, à quelles douloureuses préoccupations l'ami dont ils étaient si fiers alors se trouvait en proie au moment où ils accusaient son silence.

[Note 199: Voy. *Papiers inédits...*, t. 1er, p. 253.]

[Note 200: Lettre en date du 30 messidor (18 juillet 1794). Elle porte en suscription: Au citoïen Robespierre jeune, maison du citoïen Duplay, au premier sur le devant, rue Honoré, Paris.]

Les plaintes dont Mme Buissart s'était faite l'écho auprès de Robespierre concernaient l'âpre et farouche proconsul Joseph Le Bon, que les Thermidoriens n'ont pas manqué de transformer en agent de Maximilien. «Voilà le bourreau dont se servait Robespierre», disaient d'un touchant accord Bourdon (de l'Oise) et André Dumont à la séance du 15 thermidor (2 août 1794)[201]; et Guffroy de crier partout que Le Bon était un complice de la conspiration ourdie par Robespierre, Saint-Just et autres[202]. Nul, il est vrai, n'avait plus d'intérêt à faire disparaître Le Bon, celui-ci ayant en main les preuves d'un faux commis l'année précédente par le misérable auteur du *Rougyff*. Si quelque chose milite en faveur de Joseph Le Bon, c'est surtout l'indignité de ses accusateurs. Il serait, d'ailleurs, injuste de le mettre au rang des Carrier, des Barras et des Fouché. S'il eut, dans son proconsulat, des formes beaucoup trop violentes, du moins il ne se souilla point de rapines, et lors de son procès, il se justifia victorieusement d'accusations de vol dirigées contre lui par quelques coquins.

[Note 201: *Moniteur* du 16 thermidor (3 août 1794).]

[Note 202: Voy. notamment une lettre écrite par Guffroy à ses concitoyens d'Arras le 16 thermidor (3 août 1794).]

Commissaire de la Convention dans le département du Pas-de-Calais, Le Bon rendit à la République des services dont il serait également injuste de ne pas lui tenir compte, et que ne sauraient effacer les griefs et les calomnies sous lesquels la réaction est parvenue à étouffer sa mémoire. Ce qu'il y a de vrai, c'est qu'il fut le ministre implacable des vengeances révolutionnaires, et qu'il apporta dans sa mission une dureté parfois excessive. Ce fut précisément là ce que lui reprocha Robespierre.

Compatriote de ce dernier, Joseph Le Bon avait eu, dans les premières années de la Révolution, quelques relations avec Maximilien. Il lui avait écrit à diverses reprises, notamment en juin 1791, pour l'engager à renouveler sa motion contre le célibat des prêtres[203], et un peu plus tard, en août, pour lui recommander chaudement un des vainqueurs de la Bastille, le citoyen Hullin, qui, arrivé au grade de capitaine, venait d'être suspendu de ses fonctions[204]. Joseph Le Bon fut, du reste, nommé membre de la Convention sans autre recommandation que l'estime qu'il avait su inspirer à ses concitoyens par ses vertus patriotiques.

[Note 203: Voy. cette lettre dans les *Papiers inédits...*, t. III, p. 237.]

[Note 204: *Papiers inédits...*, t. III, p. 254. Général de division et comte de l'Empire, le protégé de Joseph Le Bon était commandant de la 1re division militaire lors de la tentative du général Malet pour renverser le gouvernement impérial. Le général Hullin est mort à Paris dans un âge assez avancé.]

Chargé, au mois de brumaire de l'an II, de se rendre dans le Pas-de-Calais pour y réprimer les manoeuvres et les menées contre-révolutionnaires dont ce département était le théâtre[205], il déploya contre les aristocrates de ce pays une énergie terrible. Mais par qui fut-il encouragé dans sa redoutable mission? Fut-ce par Robespierre? Lisez cette lettre:

[Note 205: Arrêté signé: Robespierre, Barère, Collot-d'Herbois, Billaud-Varenne, C.-A. Prieur et Carnot, *Archives.*]

«... Vous devez prendre dans votre énergie toutes les mesures commandées par le salut de la patrie. Continuez votre attitude révolutionnaire; l'amnistie prononcée lors de la Constitution captieuse et invoquée par tous les scélérats est un crime qui ne peut en couvrir d'autres. Les forfaits ne se rachètent point contre une République, ils s'expient sous le glaive. Le tyran l'invoqua, le tyran fut frappé.... Secouez sur les traîtres le flambeau et le glaive. Marchez toujours, citoyen collègue, sur la ligne révolutionnaire que vous suivez avec courage. Le comité applaudit à vos travaux. *Signé* «Billaud-Varenne, Carnot, Barère[206].»

[Note 206: Lettre en date du 26 brumaire an II (16 novembre 1793), *Rapport de Saladin*, p. 68.]

Lisez encore cette autre lettre à propos de la ligne de conduite suivie par Le Bon: «Le comité de Salut public applaudit aux mesures que vous avez prises.... Toutes ces mesures sont non seulement permises, mais encore commandées par votre mission; rien ne doit faire obstacle à votre marche révolutionnaire. Abandonnez-vous à votre énergie; vos pouvoirs sont illimités....» *Signé* Billaud-Varenne, Carnot, Barère et Robert Lindet[207].

[Note 207: Cette lettre est également du mois de brumaire. *Rapport de Saladin*, p. 69.]

Certes, je ne viens pas blâmer ici les intentions du comité de Salut public; mais j'ai tenu à montrer combien Robespierre était resté en définitive étranger aux missions de Joseph Le Bon. Et quand on voit Carnot se retrancher piteusement et humblement derrière une excuse banale, quand on l'entend soutenir qu'il signait de complaisance et *sans savoir*, on ne peut s'empêcher de sourire. Carnot, dans tous les cas, jouait de malheur, car on chercherait vainement la signature de Robespierre au bas d'actes du comité de Salut public recommandant aux commissaires de la Convention de secouer, même sur les traîtres, le flambeau et le glaive.

Ce n'est pas tout: lorsqu'en exécution du décret du 14 frimaire (4 décembre 1793), le comité de Salut public fut autorisé à modifier le personnel des envoyés conventionnels, Joseph Le Bon se trouva désigné pour les départements du Pas-de-Calais et du Nord. Par qui? par Billaud-Varenne, Barère, Collot-d'Herbois et Carnot[208].

[Note 208: Arrêté en date du 9 nivôse an II (29 décembre 1793), *Archives.*]

Revenu à Paris au commencement de pluviôse, sur une invitation pressante de Saint-Just et de Collot-d'Herbois, Le Bon repartait au bout de quelques jours à peine, en vertu d'un arrêté ainsi conçu: «Le comité de Salut public arrête que le citoyen Le Bon retournera dans le département du Pas-de-Calais, en qualité de représentant du peuple, pour y suivre les opérations déjà commencées; il pourra les suivre dans les départements environnants. Il est revêtu à cet effet des pouvoirs qu'ont les autres représentants du peuple.» *Signé* Barère, Collot-d'Herbois et Carnot[209].»

[Note 209: Arrêté en date du 11 ventôse (1er mars 1794), *Archives*, A F II, 58.]

Je n'ai aucunement l'intention, je le répète, d'incriminer les signataires de ces divers arrêtés, ni de rechercher jusqu'à quel point Joseph Le Bon dépassa, dans la répression des crimes contre -révolutionnaires, les bornes d'une juste sévérité; seulement il importe de laisser à chacun la responsabilité de ses actes, et de montrer une fois de plus ce que valent les déclamations de tous ces écrivains qui persistent à attribuer à Robespierre ce qui fut l'oeuvre commune du comité de Salut public et de la Convention nationale.

Il y avait à Arras un parti complètement opposé à Joseph Le Bon, et dans lequel figuraient Buissart et quelques autres amis de Maximilien, ce qui explique la lettre de Mme Buissart à Robespierre. Mais une chose me rend infiniment suspecte la prétendue modération de ce parti: il avait pour chef de file et pour inspirateur Guffroy, l'horrible Guffroy, dont l'affreux journal excita tant l'indignation de Maximilien. Quoi qu'il en soit, Mme Buissart accourut auprès de Robespierre et vint loger sous le même toit, dans la maison de Duplay, ou elle reçut la plus affectueuse hospitalité. Elle profita de son influence sur Maximilien pour lui dépeindre sous les plus sombres couleurs la situation de sa ville natale.

De son côté, le mari écrivait à son ami, à la date du 10 messidor (18 juillet 1794): «N'accordez rien à l'amitié, mais tout à la justice; ne me voyez pas ici, ne voyez que la chose publique, et peut-être vous-même, puisque vous la défendez si bien….» On comptait beaucoup alors à Arras sur la prochaine arrivée d'Augustin Robespierre, dont il avait été un moment question pour remplacer Joseph Le Bon. «Quand viendra Bon bon tant désiré?» ajoutait Buissart; «lui seul peut calmer les maux qui désolent votre patrie…[210]»

[Note 210: Cette lettre, supprimée par Courtois, et dont nous avons l'original sous les yeux, a été insérée dans les *Papiers Inédits...*, t. 1er, p. 247.]

On n'ignorait pas, en effet, comment, dans ses missions, Augustin Robespierre avait su allier la sagesse, la modération à une inébranlable fermeté et à une énergie à toute épreuve.

Trois jours après, Buissart écrivait encore, à sa femme cette fois: «L'arrivée de Bon bon est l'espoir des vrais patriotes et la terreur de ceux qui osent les persécuter; il connaît trop bien les individus de la ville d'Arras pour ne pas rendre justice à qui il appartient. Sa présence ne peut être suppléée par celle d'aucun autre. Il faut donc qu'il vienne à Arras pour rendre la paix et le calme aux vrais patriotes.... Embrassez-le pour moi, jusqu'à ce que je puisse le faire moi-même; rendez-moi le même service auprès de Maximilien[211]....» Mais Augustin n'était pas homme à quitter Paris à l'heure où déjà il voyait prêt à éclater l'orage amassé contre son frère.

[Note 211: *Papiers inédits...*, t. 1er, p. 250. Cette lettre porte en suscription: «A la citoyenne Buissart, chez M. Robespierre, rue Saint-Honoré, à Paris.»— Telle fut la terreur qui, après le 9 Thermidor, courba toutes les consciences, que les plus chers amis de Maximilien ne reculèrent pas devant une apostasie sanglante. Au bas d'une adresse de la commune d'Arras à la Convention, adresse dirigée contre Joseph Le Bon, et dans laquelle Robespierre «Cromwell» est assimilé à Tibère, à Néron et à Caligula, on voit figurer, non sans en être attristé, la signature de Buissart. (Voir le *Moniteur* du 27 Thermidor an II (11 août 1794)). Ceux qu'on aurait crus les plus fermes payèrent du reste ce tribut à la lâcheté humaine. Citons, parmi tant d'autres, l'héroïque Duquesnoy lui-même, lequel, dans une lettre adressée à ses concitoyens d'Arras et de Béthune, à la date du 16 fructidor (12 septembre 1794), pour se défendre d'avoir été *le complice* de Maximilien, jeta l'insulte aux vaincus; acte de faiblesse que d'ailleurs il racheta amplement en prairial an III, quand il tomba sous les coups de la réaction. «Ménage-toi pour la patrie, elle a besoin d'un défenseur tel que toi,» écrivait-il à Robespierre en floréal. (Lettre inédite de la collection Portiez [de l'Oise]).]

Cependant Robespierre, ému des plaintes de ses amis, essaya d'obtenir du comité de Salut public le rappel de Le Bon, s'il faut s'en rapporter au propre aveu de celui-ci, qui plus tard rappela qu'en messidor sa conduite avait été l'objet d'une accusation violente de la part de Maximilien[212]. Mais que pouvait alors Robespierre sur ses collègues? Le comité de Salut public disculpa Joseph Le Bon en pleine Convention par la bouche de Barère, et l'Assemblée écarta par un ordre du jour dédaigneux les réclamations auxquelles avaient donné lieu les opérations de ce représentant dans le département du Pas-de-Calais[213]. Toutefois, le 6 thermidor, Robespierre fut assez heureux pour faire mettre en liberté un certain nombre de ses compatriotes, incarcérés par les ordres du proconsul d'Arras, entre autres les citoyens Demeulier et Beugniet, les frères Le Blond et leurs femmes. Ils arrivèrent dans leur pays le coeur plein de reconnaissance, et en bénissant leur sauveur, juste au moment où y parvenait la nouvelle de l'arrestation de Maximilien; aussi il faillit leur en coûter cher pour avoir, dans un sentiment de gratitude, prononcé avec éloge le nom de Robespierre[214].

[Note 212: Séance de la Convention du 15 thermidor (2 août 1794), *Moniteur* du 16 thermidor.]

[Note 213: Séance de la Convention du 21 messidor (9 juillet 1794), *Moniteur* du 22 messidor.]

[Note 214: Ceci, tiré d'un pamphlet de Guffroy intitulé: *les Secrets de Joseph le Bon et de ses complices, deuxième censure républicaine*, in-8° de 474 p., an III, p. 167.]

Quand, victime des passions contre-révolutionnaires, Joseph Le Bon comparut devant la cour d'assises d'Amiens, où du moins l'énergie de son attitude et la franchise de ses réponses contrastèrent singulièrement avec l'hypocrisie de ses accusateurs, il répondit à ceux qui prétendaient, selon la mode du jour, voir en lui un agent, une créature de Robespierre: «Qu'on ne croie point que ce fût pour faire sortir les détenus et pour anéantir les échafauds qu'on le proscrivît; non, non; qu'on lise son discours du 8 à la Convention et celui que Robespierre jeune prononça la veille aux Jacobins, on verra clairement qu'il provoquait lui-même l'ouverture des prisons et qu'il s'élevait contre la multitude des victimes que l'on faisait et que l'on voulait faire encore[215]….» Et l'accusation ne trouva pas un mot à répondre. «Qu'on ne s'imagine point», ajouta Le Bon, «que le renversement de Robespierre a été opéré pour ouvrir les prisons; hélas! non; ç'a été simplement pour sauver la tête de quelques fripons[216]». L'accusation demeura muette encore.

[Note 215: *Procès de Joseph Le Bon*, p. 147, 148.]

[Note 216: *Ibid.*, p. 167.]

Ces paroles, prononcées aux portes de la tombe, en face de l'échafaud, par un homme dont l'intérêt au contraire eût été de charger la mémoire de Maximilien, comme tant d'autres le faisaient alors, sont l'indiscutable vérité. Il faut être d'une bien grande naïveté ou d'une insigne mauvaise foi pour oser prétendre que la catastrophe du 9 thermidor fut le signal du réveil de la justice. Quelle ironie sanglante!

IV

Que Robespierre ait été déterminé à mettre fin aux actes d'oppression inutilement et indistinctement prodigués sur tous les points de la République, qu'il ait été résolu à subordonner la sévérité nationale à la stricte justice, en évitant toutefois de rendre courage à la réaction, toujours prête à profiter des moindres défaillances du parti démocratique; qu'il ait voulu enfin, suivant sa propre expression, «arrêter l'effusion de sang humain versé par le crime», c'est ce qui est hors de doute pour quiconque a étudié aux vraies sources, de sang-froid et d'un esprit impartial, l'histoire de la Révolution française. La chose était assez peu aisée puisqu'il périt en essayant de l'exécuter. Or l'homme qui est mort à la peine dans une telle entreprise mériterait par cela seul le respect et l'admiration de la postérité.

De son ferme dessein d'en finir avec les excès sous lesquels la Révolution lui paraissait en danger de périr, il reste des preuves de plus d'un genre, malgré tout le soin apporté par les Thermidoriens à détruire les documents de nature à établir cette incontestable vérité. Il se plaignait qu'on prodiguât les accusations injustes pour trouver partout des coupables. Une lettre du littérateur Aignan, qui alors occupait le poste d'agent national de la commune d'Orléans, nous apprend les préoccupations où le tenait la moralité des dénonciateurs[217]. Il avait toujours peur que des personnes inoffensives, que des patriotes même ne fussent victimes de vengeances particulières, persécutés par des hommes pervers; et ses craintes, hélas! n'ont été que trop justifiées. Il lui semblait donc indispensable de purifier les administrations publiques, de les composer de citoyens probes, dévoués, incapables de sacrifier l'intérêt général à leur intérêt particulier, et décidés à combattre résolûment tous les abus, sans détendre le ressort révolutionnaire.

[Note 217: Lettre à Deschamps, en date du 17 prairial an II (5 juin 1794). Devenu plus tard membre de l'Académie française, Aignan était, pendant la Révolution, un partisan et un admirateur sincère de Robespierre. «Je suis bien enchanté du retour de Saint-Just et de l'approbation que Robespierre et lui veulent bien donner à mes opérations. Le bien public, l'affermissement de la République une et indivisible, le triomphe de la vertu sur l'intrigue, tel est le but que je me propose, tel est le seul sentiment qui m'anime», écrivait-il à son «cher Deschamps» qui sera frappé avec Robespierre. (*Papiers inédits,..*, t. 1er, p. 162). Eh bien! telle est la conscience, la bonne foi de la plupart des biographes, qu'ils font d'Aignan une victime *de la tyrannie de Robespierre*, tandis qu'au contraire, Aignan fut poursuivi comme un ami, comme une créature de Maximilien. (Voy. notamment la *Biographie universelle*, à l'article AIGNAN). Chose assez singulière, cet admirateur de Robespierre eut pour successeur à l'Académie française le poète Soumet, qui fut un des plus violents calomniateurs de Robespierre, et qui mit ses calomnies en assez mauvais vers. (Voy. *Divine Épopée.*)]

Les seuls titres à sa faveur étaient un patriotisme et une intégrité à toute épreuve. Ceux des représentants en mission en qui il avait confiance étaient priés de lui désigner des citoyens vertueux et éclairés, propres à occuper les emplois auxquels le comité de Salut public était chargé de pourvoir.

Ainsi se formèrent les listes de patriotes trouvées dans les papiers de Robespierre. Ainsi fut appelé au poste important de la commission des hospices et secours publics le Franc-Comtois Lerebours. Mais trouver des gens de bien et de courage en nombre suffisant n'était pas chose facile, tant d'indignes agents étaient parvenus, en multipliant les actes d'oppression à jeter l'épouvante dans les coeurs! «Tu me demandes la liste des patriotes que j'ai pu découvrir sur ma route,» écrivait Augustin à son frère, «ils sont bien rares, ou peut-être la torpeur empêchoit les hommes purs de se montrer par le danger et l'oppression où se trouvoit la vertu»[218].

[Note 218: Lettre en date du 16 germinal an II (5 avril 1794), déjà citée.]

Robespierre pouvait se souvenir des paroles qu'il avait laissé tomber un jour du haut de la tribune: «La vertu a toujours été en minorité sur la terre». Aux approches du 9 thermidor, il fit, dit-on, des ouvertures à quelques conventionnels dont il croyait pouvoir estimer le caractère et le talent, et il chargea une personne de confiance de demander à Cambacérès s'il pouvait compter sur lui dans sa lutte suprême contre les révolutionnaires dans le sens du crime[219]. Homme d'une intelligence supérieure, Cambacérès sentait bien que la justice, l'équité, le bon droit, l'humanité étaient du côté de Robespierre; mais, caractère médiocre, il se garda bien de se compromettre, et il attendit patiemment le résultat du combat pour passer du côté du vainqueur. On comprend maintenant pourquoi, devenu prince et archichancelier de l'Empire, il disait, en parlant du 9 thermidor: «Ça été un procès jugé, mais non plaidé». Personne n'eût été plus que lui en état de le plaider en toute connaissance de cause, s'il eût été moins ami de la fortune et des honneurs.

[Note 219: Ce fait a été assuré à M. Hauréau par Godefroy Cavaignac, qui le tenait de son père; et la personne chargée de la démarche auprès de Cambacérès n'aurait été autre que Cavaignac lui-même. Pour détacher de Robespierre ce membre de la Montagne, les Thermidoriens couchèrent son nom sur une des prétendues listes de proscrits qu'ils faisaient circuler. Après Thermidor, Cavaignac se rallia aux vainqueurs et trouva en eux un appui contre les accusations dont le poursuivit la réaction.]

Tandis que Robespierre gémissait et s'indignait de voir des préjugés incurables, ou des choses indifférentes, ou de simples erreurs érigés en crimes[220], ses collègues du comité de Salut public et du comité de Sûreté générale proclamaient bien haut, au moment même où la hache allait le frapper, que les erreurs de l'aristocratie étaient des crimes irrémissibles[221]. La force du gouvernement révolutionnaire devait être centuplée, disaient-ils, par la chute d'un homme dont la popularité était trop grande pour une République[222].

[Note 220: Discours du 8 thermidor.]

[Note 221: Discours de Barère à la séance du 10 thermidor (28 juillet 1794) Voy. le *Moniteur* du 12.]

[Note 222: *Ibid.*]

Le désir d'en finir avec la Terreur était si loin de la pensée des hommes de Thermidor, que, dans la matinée du 10, faisant allusion aux projets de Robespierre de ramener au milieu de la République «la justice et la liberté exilées», ils s'élevèrent fortement contre l'étrange présomption de ceux qui voulaient arrêter le cours *majestueux, terrible* de la Révolution française[223].

[Note 223: Discours de Barère à la séance du 10 thermidor (*Moniteur* du 12).]

Les anciens membres des comités nous ont du reste laissé un aveu trop précieux pour que nous ne saisissions pas l'occasion de le mettre encore une fois sous les yeux du lecteur. Il s'agit des séances du comité de Salut public à la veille même de la catastrophe: «Lorsqu'on faisoit le tableau des circonstances malheureuses où se trouvait la chose publique, disent-ils, chacun de nous cherchoit des mesures et proposoit des moyens. Saint-Just nous arrêtoit, jouoit l'étonnement de n'être pas dans la confidence de ces dangers, et se plaignoit de ce que tous les coeurs étoient fermés, suivant lui; qu'il ne connaissoit rien, qu'il ne concevoit pas cette manière prompte d'improviser la foudre à chaque instant, et il nous conjuroit, au nom de la République, de revenir à des idées plus justes, à des mesures plus sages[224]». C'étaient ainsi, ajoutent-ils, que le *traître* les tenait en échec, paralysait leurs mesures et refroidissait leur zèle[225]. Saint-Just se contentait d'être ici l'écho des sentiments de son ami, qui, certainement, n'avait pas manqué de se plaindre devant lui de voir certains hommes prendre plaisir à multiplier les actes d'oppression et à rendre les institutions révolutionnaires odieuses par des excès[226].

[Note 224: *Réponse des membres des deux anciens comités de Salut public et de Sûreté générale aux imputations de Laurent Lecointre*, note [illisible] Voy. p. 107.]

[Note 225: Voy. notre *Histoire de Saint-Just.*]

[Note 226: Discours du 8 thermidor.]

Un simple rapprochement achèvera de démontrer cette vérité, à savoir que le 9 Thermidor fut le triomphe de la Terreur. Parmi les innombrables lettres, trouvées dans les papiers de Robespierre, il y avait une certaine quantité de lettres anonymes pleines d'invectives, de bave, de fiel, comme sont presque toujours ces oeuvres de lâcheté et d'infamie. Plusieurs de ces lettres provenant du même auteur, et remarquables par la beauté et la netteté de l'écriture, contenaient, au milieu de réflexions sensées et de vérités, que Robespierre était le premier à reconnaître, les plus horribles injures contre le comité de Salut public. A la suite de son rapport, Courtois ne manqua pas de citer avec complaisance une de ces lettres où il était dit que Tibère, Néron, Caligula, Auguste, Antoine et Lépide n'avaient jamais rien imaginé d'aussi horrible que ce qui se passait[227]. Et Courtois de s'extasier,— naturellement[228].

[Note 227: Pièce à la suite du rapport de Courtois, numéros XXXI et XXXII.]

[Note 228: P. 18 du rapport.]

Ces lettres étaient d'un homme de loi, nommé Jacquotot, demeurant rue Saint-Jacques. Robespierre ne se préoccupait guère de ces lettres et de leur auteur, dont, sur plus d'un point du reste, il partageait les idées. Affamé de persécution comme d'autres de justice, l'ancien avocat, lassé en quelque sorte de la tranquillité dans laquelle il vivait au milieu de cette Terreur dont il aimait tant à dénoncer les excès, écrivit une dernière lettre, d'une violence inouïe, où il stigmatisa rudement la politique extérieure et intérieure du comité de Salut public; puis il signa son nom en toutes lettres, et, cette fois, il adressa sa missive à Saint-Just: «Jusqu'à présent j'ai gardé l'anonyme, mais maintenant que je crois ma malheureuse patrie perdue sans ressource, je ne crains plus la guillotine, et je signe[229].»

[Note 229: L'original de cette lettre est aux *Archives*. Elle porte en suscription: Au citoyen Saint-Just, député à la Convention et membre du comité de Salut public.]

D'autres, les Legendre, les Bourdon (de l'Oise), par exemple, se fussent empressés d'aller déposer ce libelle sur le bureau du comité afin de faire montre de zèle, eussent réclamé l'arrestation de l'auteur; Saint-Just n'y fit nulle attention; il mit la lettre dans un coin, garda le silence, et Jacquotot continua de vivre sans être inquiété jusqu'au 9 thermidor. Mais, au lendemain de ce jour néfaste, les glorieux vainqueurs trouvèrent les lettres du malheureux Jacquotot et, sans perdre un instant, ils le firent arrêter et jeter dans la prison des Carmes[230], tant il est vrai que la chute de Robespierre fut le signal du réveil de la modération, de la justice et de l'humanité!

[Note 230: Voici l'ordre d'arrestation de Jacquotot: «Paris, le 11 thermidor.... Les comités de Salut public et de Sûreté générale arrêtent que le nommé Jacquotot, ci-devant homme de loi, rue Saint-Jacques, 13, sera mis sur-le-champ en état d'arrestation dans la maison de détention dite des Carmes; la perquisition la plus exacte de ses papiers sera faite, et ceux qui paraîtront suspects seront portés au comité de Sûreté générale de la Convention nationale. Barère, Dubarran, Billaud-Varenne, Robert Lindet, Jagot, Voulland, Moïse Bayle, C.-A. Prieur, Collot-d'Herbois, Vadier.» (*Archives. coll.* 119.)]

V

C'est ici le lieu de faire connaître par quels étranges procédés, par quels efforts incessants, par quelles manoeuvres criminelles les ennemis de Robespierre sont parvenus à ternir sa mémoire aux yeux d'une partie du monde aveuglé. Nous dirons tout à l'heure de quelle réputation éclatante et pure il jouissait au moment de sa chute, et pour cela nous n'aurons qu'à interroger un de ses plus violents adversaires. Disons auparavant ce qu'on s'est efforcé d'en faire, et comment on a tenté de l'assassiner au moral comme au physique.

Un historien anglais a écrit: «De tous les hommes que la Révolution française a produits, Robespierre fut de beaucoup le plus remarquable.... Aucun homme n'a été plus mal représenté, plus défiguré dans les portraits qu'ont faits de lui les annalistes contemporains de toute espèce[231].» Rien de plus juste et de plus vrai. Pareils à des malfaiteurs pris la main dans le sac et qui, afin de donner le change, sont les premiers à crier: au voleur! les Thermidoriens, comme on l'a vu, mettaient tout en oeuvre pour rejeter sur Robespierre la responsabilité des crimes dont ils s'étaient couverts. D'où ce cri désespéré de Maximilien: «J'ai craint quelquefois, je l'avoue, d'être souillé aux yeux de la postérité par le voisinage impur des hommes pervers qui s'introduisaient parmi les sincères amis de l'humanité[232].» Et ces hommes, quels étaient-ils? Ceux-là mêmes qui avaient poursuivi les Dantonistes avec le plus d'acharnement. Nous le savons de Robespierre lui-même: «Que dirait-on si les auteurs du complot ... étaient du nombre de ceux qui ont conduit Danton et Desmoulins à l'échafaud[233]?» Les hommes auxquels Robespierre faisait ici allusion étaient Vadier, Amar, Voulland, Billaud-Varenne. Ah! à cette heure suprême, est-ce qu'un bandeau ne tomba pas de ses yeux? Est-ce qu'une voix secrète ne lui reprocha pas amèrement de s'être laissé tromper au point de consentir à abandonner ces citoyens illustres?

[Note 231: Alison, *History of Europe*, t. II, p. 145.]

[Note 232: Discours du 8 thermidor.]

[Note 233: *Ibid.*]

Cependant, une fois leur victime abattue, les Thermidoriens ne songèrent pas tout d'abord à faire de Maximilien le bouc émissaire de la Terreur; au contraire, ainsi qu'on l'a vu déjà, ils le dénoncèrent bien haut comme ayant voulu arrêter le cours *majestueux, terrible* de la Révolution. Il est si vrai que le coup d'État du 9 thermidor eut un caractère ultra-terroriste, qu'après l'événement Billaud-Varenne et Collot-d'Herbois durent quitter leurs noms de Varenne et de d'Herbois comme entachés d'aristocratie[234]. Et, le 19 fructidor (1er septembre 1794), on entendait encore le futur duc d'Otrante, l'exécrable Fouché, s'écrier: «Toute pensée d'indulgence est une pensée contre -révolutionnaire[235].»

[Note 234: Aucun historien, que je sache, n'a jusqu'à ce jour signalé cette particularité.]

[Note 235: Voy. le *Moniteur* du 19 fructidor an II (5 septembre 1794).]

Mais quand la contre-révolution en force fut venue s'asseoir sur les bancs de la Convention, quand les portes de l'Assemblée eurent été rouvertes à tous les débris des partis girondin et royaliste, quand la réaction enfin se fut rendue maîtresse du terrain, les Thermidoriens changèrent de tactique, et ils s'appliquèrent à charger Robespierre de tout le mal qu'il avait tenté d'empêcher, de tous les excès qu'il avait voulu réprimer. Les infamies auxquelles ils eurent recours pour arriver à leurs fins sont à peine croyables.

On commença par chercher à ternir le renom de pureté attaché à sa vie privée. Comme il arrive toujours au lendemain des grandes catastrophes, il ne manqua pas de misérables pour lancer contre le géant tombé des libelles remplis des plus dégoûtantes calomnies. Dès le 27 thermidor (14 août 1794), un des hommes les plus vils et les plus décriés de la Convention, un de ceux dont Robespierre aurait aimé à punir les excès et les dilapidations, l'ex-comte de Barras, le digne acolyte de Fréron, osait, en pleine tribune, l'accuser d'avoir entretenu de nombreuses concubines, de s'être réservé la propriété de Monceau pour ses plaisirs, tandis que Couthon s'était approprié Bagatelle, et Saint-Just le Raincy[236]. Et les voûtes de la Convention ne s'écroulèrent pas quand ces turpitudes tombèrent de la bouche de l'homme qui plus tard achètera, du fruit de ses rapines peut-être, le magnifique domaine de Grosbois[237].

[Note 236: *Moniteur* du 29 thermidor (16 août 1794).]

[Note 237: De graves accusations de dilapidation furent dirigées contre Barras et Fréron, notamment à la séance de la Convention du 2 vendémiaire an III (*Moniteur* du 6 vendémiaire, 27 septembre 1794). L'active participation de ces deux représentants au coup d'État de Thermidor contribua certainement à les faire absoudre par l'Assemblée. Consultez à ce sujet les Mémoires de Barère qui ici ont un certain poids. (T. IV, p. 223.) L'auteur assez favorable d'une vie de Barras, dans la *Biographie universelle* (Beauchamp), assure que ce membre du Directoire recevait des pots-de-vin de 50 à 100,000 francs des fournisseurs et hommes à grandes affaires qu'il favorisait. Est-il vrai que, devenu vieux, Barras ait senti peser sur sa conscience, comme un remords, le souvenir du 9 thermidor? Voici ce qu'a raconté à ce sujet M. Alexandre Dumas: «Barras nous reçut dans son grand fauteuil qu'il ne quittait guère plus vers les dernières années de sa vie. Il se rappelait parfaitement mon père, l'accident qui l'avait éloigné du commandement de la force armée au 13 vendémiaire, et je me souviens qu'il me répéta plusieurs fois, ce jour-là, ces paroles, que je reproduis textuellement: «Jeune homme, n'oubliez pas ce que vous dit un vieux républicain: je n'ai que deux regrets, je devrais dire deux remords, et ce seront les seuls qui seront assis à mon chevet le jour où je mourrai: J'ai le double remords d'avoir renversé Robespierre par le 9 thermidor, et élevé Bonaparte par le 13 vendémiaire.» (*Mémoires d'Alexandre Dumas*, t. V, p. 299.)]

Barras ne faisait du reste qu'accroître et embellir ici une calomnie émanée de quelques misérables appartenant à la société populaire de Maisons-Alfort, lesquels, pour faire leur cour au parti victorieux, eurent l'idée d'adresser au comité de Sûreté générale une dénonciation contre un chaud partisan de Robespierre, contre Deschamps, le marchand mercier de la rue Béthisy, dont jadis Maximilien avait tenu l'enfant sur les fonts de baptême. Deschamps avait loué à Maisons-Alfort une maison de campagne qu'il habitait avec sa famille dans la belle saison, et où ses amis venaient quelquefois le visiter. Sous la plume des dénonciateurs, la maison de campagne se tranforme en superbe maison d'émigré où Deschamps, Robespierre, Hanriot et quelques officiers de l'état-major de Paris venaient se livrer à des orgies, courant à cheval quatre et cinq de front à bride abattue, et renversant les habitants qui avaient le malheur de se trouver sur leur passage. Quelques lignes plus loin, il est vrai, il est dit que Robespierre, Couthon et Saint-Just avaient promis de venir dans cette maison, mais qu'ils avaient changé d'avis. 11 ne faut point demander de logique à ces impurs artisans de calomnies[238].

[Note 238: Les signataires de cette dénonciation méritent d'être connus: c'étaient Preuille, vice-président, Bazin et Trouvé, secrétaires de la Société populaire de Maisons-Alfort. Voyez cette dénonciation, citée *in extenso*, à la suite d'un rapport de Courtois sur les événements du 9 Thermidor, p. 83.— Les dénonciateurs se plaignaient surtout qu'à la date du 28 thermidor, Deschamps n'eût pas encore été frappé du glaive de la loi. Leur voeu ne tarda pas à être rempli; le pauvre Deschamps fut guillotiné le 5 fructidor an II (22 août 1794).]

Que de pareilles inepties aient pu s'imprimer, passe encore, il faut s'attendre à tout de la part de certaines natures perverses; mais qu'elles se soient produites à la face d'une Assemblée qui si longtemps avait été témoin des actes de Robespierre; qu'aucune protestation n'ait retenti à la lecture de cette pièce odieuse, c'est à confondre l'imagination. Courtois, dans son rapport sur les papiers trouvés chez Robespierre et *ses complices*, suivant l'expression thermidorienne, n'osa point, il faut le croire, parler de ce document honteux; mais un peu plus tard, et la réaction grandissant, il jugea à propos d'en orner le discours prononcé par lui à la Convention sur les événements du 9 thermidor, la veille de l'anniversaire de cette catastrophe.

Comme Barras, Courtois trouva moyen de surenchérir sur cette dénonciation signée de trois habitants de Maisons-Alfort. Par un procédé qui lui était familier, comme on le verra bientôt, confondant Robespierre avec une foule de gens auxquels Maximilien était complètement étranger, et même avec quelques-uns de ses proscripteurs, proscrits à leur tour, il nous peint ceux qu'il appelle *nos tyrans* prenant successivement pour lieu de leurs plaisirs et de leurs débauches, Auteuil, Passy, Vanves et Issy [239]. C'est là que d'après des notes anonymes [240], on nous montre Couthon s'apprêtant à établir son trône à Clermont, promettant quatorze millions pour l'embellissement de la ville, et se faisant préparer par ses créatures un palais superbe à Chamallière![241] Tout cela dit et écouté sérieusement.

[Note 239: Rapport sur les événements du 9 thermidor, p. 24.]

[Note 240: Voyez ces notes à la suite du rapport de Courtois sur les événements du 9 thermidor, p. 80]

[Note 241: *Ibid.*, p. 31. J'ai eu entre les mains l'original de cette note, en marge de laquelle Courtois a écrit: *Verités tardives!*]

Du représentant Courtois aux coquins qui ont écrit le livre intitulé: *Histoire de la Révolution par deux amis de la liberté*, il n'y a qu'un pas. Dans cette oeuvre, où tant d'écrivains, hélas! ont été puiser des documents, on nous montre Robespierre arrivant la nuit, à petit bruit, dans un beau château garni de femmes de mauvaise vie, s'y livrant à toutes sortes d'excès, au milieu d'images lubriques réfléchies par des glaces nombreuses, à la lueur de cent bougies, signant d'une main tremblante de débauches des arrêts de proscription, et laissant échapper devant des prostituées la confidence qu'il y aurait bientôt plus de six mille Parisiens égorgés[242]. Voilà bien le pendant de la fameuse scène d'ivresse chez Mme de Saint-Amaranthe. C'est encore dans ce livre honteux qu'on nous montre Robespierre disposé à frapper d'un seul coup la majorité de la Représentation nationale, et faisant creuser de vastes souterrains, des catacombes où l'on pût enterrer «des immensités de cadavre»[243]. Jamais romanciers à l'imagination pervertie, depuis Mme de Genlis jusqu'à ceux de nos jours, n'ont aussi lâchement abusé du droit que se sont arrogé les écrivains de mettre en scène dans des oeuvres de pure fantaisie les personnages historiques les plus connus, et de dénaturer tout à leur aise leurs actes et leurs discours.

[Note 242: *Histoire de la Révolution, par deux amis de la liberté*, t. XIII p. 300 et 301.]

[Note 243: *Ibid.*, p. 362, 364. C'est encore là, une amplification du récit de Courtois. Voyez son rapport sur les événements du 9 thermidor, p. 9.]

Devant ces inventions de la haine où l'ineptie le dispute à l'odieux, la conscience indignée se révolte; mais il faut surmonter son dégoût, et pénétrer jusqu'au fond de ces sentines du coeur humain pour juger ce dont est capable la rage des partis. Ces mêmes *Amis de la liberté* ont inséré dans leur texte, comme un document sérieux, une lettre censément trouvée dans les papiers de Robespierre, et signée *Niveau*, lettre d'un véritable fou, sinon d'un faussaire. C'est un tissu d'absurdités dont l'auteur, sur une foule de points, semble ignorer les idées de Robespierre; mais on y lit des phrases dans le genre de celle-ci: «Encore quelques têtes à bas, et la dictature vous est dévolue; car nous reconnaissons avec vous qu'il faut un seul maître aux Français». On comprend dès lors que d'honnêtes historiens, comme les «*deux Amis de la liberté*», n'aient pas négligé une telle pièce. Cette lettre ne figure pas à la suite du premier rapport de Courtois: ce représentant l'aurait-il dédaignée? C'est peu probable. Il est à présumer plutôt qu'elle n'était pas encore fabriquée à l'époque où il écrivit son rapport[244].

[Note 244: Les éditeurs des *Papiers inédits* ont donné cette lettre comme inédite; ils n'avaient pas lu apparemment *l'Histoire de la Révolution par deux amis de la liberté*. Voy. *Papiers inédits*, t. I, p. 261.]

VI

J'ai nommé Courtois! Jamais homme ne fut plus digne du mépris public. Si quelque chose est de nature à donner du poids aux graves soupçons dont reste encore chargée la mémoire de Danton, c'est d'avoir eu pour ami intime un tel misérable. Aucun scrupule, un mélange d'astuce, de friponnerie et de lâcheté, Basile et Tartufe, voilà Courtois. Signalé dès le mois de juillet 1793 comme s'étant rendu coupable de dilapidations dans une mission en Belgique, il avait été, pour ce fait, mandé devant le comité de Salut public par un arrêté portant la signature de Robespierre[245]. Les faits ne s'étant pas trouvés suffisamment établis, il n'avait pas été donné suite à la plainte; mais de l'humiliation subie naquit une haine qui, longtemps concentrée, se donna largement et en toute sûreté carrière après Thermidor[246]. Chargé du rapport sur les papiers trouvés chez Robespierre, Couthon, Saint-Just et autres, Courtois s'acquitta de cette tâche avec une mauvaise foi et une déloyauté à peine croyables. La postérité, je n'en doute pas, sera étrangement surprise de la facilité avec laquelle cet homme a pu, à l'aide des plus grossiers mensonges, de faux matériels, égarer pendant si longtemps l'opinion publique.

[Note 245: Voici cet arrêté: «Du 30 juillet 1793, les comités de Salut public et de Sûreté générale arrêtent que Beffroy, député du département de l'Aisne, et Courtois, député du département de l'Aube, seront amenés sur-le-champ au comité de Salut public pour être entendus. Chargent le maire de Paris de l'exécution du présent arrêté. Robespierre, Prieur (de la Marne), Saint-Just, Laignelot, Amar, Legendre.»]

[Note 246: Les dilapidations de Courtois n'en paraissent pas moins constantes. L'homme qui ne craignit pas de voler les papiers les plus précieux de Robespierre, était bien capable de spéculer sur les fourrages de la République. Sous le gouvernement de Bonaparte, il fut éliminé du Tribunal à cause de ses tripotages sur les grains. Devenu riche, il acheta en Lorraine une terre où il vécut isolé jusqu'en 1814. On raconte qu'en Belgique, où il se retira sous la Restauration, les réfugiés s'éloignaient de lui avec dégoût. Voyez à ce sujet les *Mémoires de Barère* t. III, p. 253.]

Le premier rapport de Courtois se compose de deux parties bien distinctes[247]: le rapport proprement dit et les pièces à l'appui. Voici en quels termes un écrivain royaliste, peu suspect de partialité pour Robespierre, a apprécié ce rapport: «Ce n'est guère qu'une mauvaise amplification de collège, où le style emphatique et déclamatoire va jusqu'au ridicule[248].» L'emphase et la déclamation sont du fait d'un méchant écrivain; mais ce qui est du fait d'un malhonnête homme, c'est l'étonnante mauvaise foi régnant d'un bout à l'autre de cette indigne rapsodie. Il ne faut pas s'imaginer, d'ailleurs, que Courtois en soit seul responsable; d'autres y ont travaillé;— Guffroy notamment.—C'est bien l'oeuvre de la faction thermidorienne, de cette association de malfaiteurs pour laquelle le monde n'aura jamais assez de mépris.

[Note 247: Il y a de Courtois deux rapports qu'il faut bien se garder de confondre: le premier, sur les papiers trouvés chez Robespierre et autres, présenté à la Convention dans la séance du 16 nivôse de l'an III (5 janvier 1795), imprimé par ordre de la Convention, in-8° de 408 p.; le second, sur les événements du 9 thermidor, prononcé le 8 thermidor de l'an III (26 juillet 1795), et également imprimé par ordre de la Convention, in-8° de 220 p.; ce dernier précédé d'une préface en réponse aux détracteurs de la journée du 9 thermidor.]

[Note 248: Michaud jeune, Article COURTOIS, dans la *Biographie universelle*.]

La tactique de la faction, tactique suivie, depuis, par tous les écrivains et historiens de la réaction, a été d'attribuer à Robespierre tout le mal, toutes les erreurs inséparables des crises violentes d'une révolution, et tous les excès qu'il combattit avec tant de courage et de persévérance. Le rédacteur du laborieux rapport où l'on a cru ensevelir pour jamais la réputation de Maximilien a mis en réquisition la mythologie de tous les peuples. L'amant de Dalila, Dagon, Gorgone, Asmodée, le dieu Vishnou et la bête du Gévaudan, figurent pêle-mêle dans cette oeuvre. César et Sylla, Confucius et Jésus-Christ, Épictète et Domitien, Néron, Caligula, Tibère, Damoclès s'y coudoient, fort étonnés de se trouver ensemble; voilà pour le ridicule.

Voici pour l'odieux: De l'innombrable quantité de lettres trouvées chez Robespierre on commença par supprimer tout ce qui était à son honneur, tout ce qui prouvait la bonté de son coeur, la grandeur de son âme, l'élévation de ses sentiments, son horreur des excès, sa sagesse et son humanité. Ainsi disparurent les lettres des Girondins, dont nous avons pu remettre une partie en lumière, celles du général Hoche, la correspondance échangée entre les deux frères et une foule d'autres pièces précieuses à jamais perdues pour l'histoire. Ce fut un des larrons de Thermidor, le député Rovère, qui le premier se plaignit qu'on eut *escamoté* beaucoup de pièces[240]. Courtois, comme on sait, s'en appropria la plus grande partie[250]. Portiez (de l'Oise) en eut une bonne portion; d'autres encore participèrent au larcin. Les uns et les autres ont fait commerce de ces pièces, lesquelles se trouvent aujourd'hui dispersées dans des collections particulières. Enfin une foule de lettres ont été rendues aux intéressés, notamment celles adressées à Robespierre par nombre de ses collègues, dont les Thermidoriens payèrent par là la neutralité, ou même achetèrent l'assistance.

[Note 249: Séance de la Convention du 20 frimaire an III (10 décembre 1794), *Moniteur* du 22 frimaire.]

[Note 250: En 1816, le domicile de Courtois fut envahi par les ordres du ministre de la police Decaze, et tout ceux de ses papiers qu'il n'avait point vendus ou cédés se trouvèrent saisis. Casimir Perier lui en fit rendre une partie après 1830.]

Même au plus fort de la réaction, ces inqualifiables procédés soulevèrent des protestations indignées. Dans la séance du 29 pluviôse de l'an III (17 février 1795), le représentant Montmayou réclama l'impression générale de toutes les pièces, afin que tout fût connu du peuple et de la Convention, et un député de la Marne, nommé Deville, se plaignit que l'on n'eût imprimé que ce qui avait paru favorable au parti sous les coups duquel avait succombé Robespierre [251]. Les voûtes de la Convention retentirent ce jour-là des plus étranges mensonges. Le boucher Legendre, par exemple, se vanta de n'avoir jamais écrit à Robespierre. Il comptait sans doute sur la discrétion de ses alliés de Thermidor; peut-être lui avait-on rendu ses lettres, sauf une, où se lit cette phrase déjà citée: «Une reconnaissance immortelle s'épanche vers Robespierre toutes les fois qu'on pense à un homme de bien.» Gardée par malice ou par mégarde, cette lettre devait paraître plus tard comme pour attester la mauvaise foi de Legendre [252].

[Note 251: Journal des débats et des décrets de la Convention, numéro 877, p. 415.]

[Note 252: Nous avons déjà cité cette lettre en extrait dans notre premier volume de l'Histoire de Robespierre. Voyez-la, du reste, dans les Papiers inédits, t. I, p. 180.]

Le même député avoua—aveu bien précieux—qu'une foule d'excellents citoyens avaient écrit à Robespierre, et que c'était à lui que, de toutes les parties de la France, s'adressaient les demandes des infortunés et les réclamations des opprimés [253]. Preuve assez manifeste qu'aux yeux du pays Maximilien ne passait ni pour un terroriste ni pour l'ordonnateur des actes d'oppression dont il était le premier à gémir. Décréter l'impression de pareilles pièces, n'était-ce point condamner et flétrir les auteurs de la journée du 9 thermidor? André Dumont, devenu l'un des insulteurs habituels de la mémoire de Maximilien, protesta vivement. Comme il se targuait, lui aussi, de n'avoir pas écrit au vaincu:—«Tes lettres sont au *Bulletin*», lui cria une voix.—Choudieu vint ensuite, et réclama à son tour l'impression générale de toutes les pièces trouvées chez Robespierre.—«Cette impression», dit-il, «fera connaître une partialité révoltante, une contradiction manifeste avec les principes de justice que l'on réclame. On verra qu'on a choisi toutes les pièces qui pouvaient satisfaire des vengeances particulières pour refuser la publicité des autres[254]». L'honnête Choudieu ne se doutait pas alors que les auteurs du rapport n'avaient pas reculé devant des faux matériels. L'Assemblée se borna à ordonner l'impression de la correspondance des représentants avec Maximilien, mais on se garda bien, et pour cause, de donner suite à ce décret.

[Note 253: Journal des débats et des décrets de la Convention, numéro 877.]

[Note 254: *Moniteur* du 3 ventôse an III (21 février 1795).]

VII

On sait maintenant, par une discussion solennelle et officielle, avec quelle effroyable mauvaise foi a été conçu le rapport de Courtois. Tous les témoignages d'affection, d'enthousiasme et d'admiration adressés à Robespierre y sont retournés en arguments contre lui. Et il faut voir comment sont traités ses enthousiastes et ses admirateurs. Crime à un écrivain nommé Félix d'avoir exprimé le désir de connaître un homme aussi vertueux[255]; crime à un vieillard de quatre-vingt-sept ans d'avoir regardé Robespierre comme le messie annoncé pour réformer toutes choses[256]; crime à celui-ci d'avoir baptisé son enfant du nom de Maximilien; crime à celui-là d'avoir voulu rassasier ses yeux et son coeur de la vue de l'immortel tribun; crime au maire de Vermanton, en Bourgogne, de l'avoir regardé comme la pierre angulaire de l'édifice constitutionnel, etc.[257]. Naturellement Robespierre est un profond scélérat d'avoir été l'objet de si chaudes protestations[258]. S'il faut s'en rapporter aux honorables vainqueurs de Thermidor, il n'appartient qu'aux gens sans courage, sans vertus et sans talents de recevoir tant de marques d'amour et de soulever les applaudissements de tout un peuple.

[Note 255: P. 10 du rapport de Courtois.]

[Note 256: P. 11.]

[Note 257: Toutes les lettres auxquelles il est fait allusion figurent à la suite du rapport de Courtois.]

[Note 258: P. 13 du rapport.]

Comme dans toute la correspondance recueillie chez Robespierre tout concourait à prouver que c'était un parfait homme de bien, les Thermidoriens ont usé d'un stratagème digne de l'école jésuitique dont ils procèdent si directement. Ils ont fait l'amalgame le plus étrange qui se puisse imaginer. Ainsi le rapport de Courtois roule sur une foule de lettres et de pièces entièrement étrangères à Maximilien, lettres émanées de patriotes très sincères, mais quelquefois peu éclairés, et dont certaines expressions triviales ou exagérées ont été relevées avec une indignation risible, venant d'hommes comme les Thermidoriens. Ce rapport est plein, du reste, de réminiscences de Louvet, et l'on sent que le rédacteur était un lecteur assidu, sinon un collaborateur des journaux girondins. La soif de la domination qu'il prête si gratuitement à Robespierre, et qui chez d'autres, selon lui,—chez les Thermidoriens sans doute—peut venir d'un mouvement louable, naquit chez le premier de l'égoïsme et de l'envie[259]. Quel égoïste en effet! Jamais homme ne songea moins à ses intérêts personnels; l'humanité et la patrie occupèrent uniquement ses pensées. Quant à être envieux, beaucoup de ses ennemis avaient de fortes raisons pour l'être de sa renommée si pure, mais lui, pourquoi et de qui l'aurait-il été?

[Note 259: P. 23 du rapport.—Le rapporteur veut bien avouer (p. 25) que quelques hommes *superficiels* ont cru au courage de Robespierre. D'après Courtois, ce courage n'était que de l'insolence. Il y a toutefois là un aveu involontaire dont il faut tenir compte, surtout quand on songe que tant d'écrivains, parmi lesquels on a le regret de voir figurer M. Thiers,—je ne parle pas de Proudhon—ont fait de Robespierre un être faible, timide, pusillanime].

Un exemple fera voir jusqu'où Courtois a poussé la déloyauté. Dans les papiers trouvés chez Robespierre il y a un certain nombre de lettres anonymes, plus niaises et plus bêtes les unes que les autres. Le premier devoir de l'homme qui se respecte est de fouler aux pieds ces sortes de lettres, monuments de lâcheté et d'ineptie. Mais les Thermidoriens!! Parmi ces lettres s'en trouve une que le rapporteur dit être écrite sur le ton d'une réponse, et qui n'est autre chose qu'une plate et ignoble mystification. On y parle à Robespierre de la *nécessité* de fuir un théâtre où il doit bientôt paraître pour la dernière fois; on l'engage à venir jouir des trésors qu'il a amassés; tout cela écrit d'un style et d'une orthographe impossibles. Courtois n'en a pas moins feint de prendre cette lettre au sérieux, et, après en avoir cité un assez long fragment, auquel il a eu grand soin de restituer une orthographe usuelle, afin d'y donner un air un peu plus véridique, il s'écrie triomphalement: «Voilà l'incorruptible, le désintéressé Maximilien[260]!» Non, je ne sais si dans toute la comédie italienne on trouverait un fourbe pareil.

[Note 260: Rapport de Courtois, p. 54.—On a honte vraiment d'être obligé de prémunir le lecteur contre de si grossières inventions. Voici le commencement de cette lettre dont les Thermidoriens ont cru avoir tiré un si beau parti, et que nous avons transcrite aux *Archives* sur l'original, en en respectant soigneusement l'orthographe: «Sans doute vous être inquiette de ne pas avoire reçu plutôt des nouvelles des effet que vous m'avez fait adresser pour continuer le plan de faciliter votre retraite dans ce pays, soyez tranquille sur tout les objest que votre adresse a su me fair parvenir depuis le commencement de vos crainte personnel et non pas sans sujet, vous savez que je ne doit vous faire de reponce que par notre courrier ordinaire comme il a été interrompu par sa dernière course, ce qui est cause de mon retard aujourd'hui, mais lorsque vous la rêceverêz vous emploirêz toute la vigilance que l'exige la nesesité de fuir un théâtre ou vous deviez bientôt paraître et disparaître pour la dernière fois; il est inutil de vous rappeller toutes les raison qui vous expose car ce dernier pas qui vient de vous mettre sur le soffa de la présidence vous raproche de l'échafaut ou vous verriez cette canaille qui vous cracherait au visage comme elle a fait à ceux que vous avez jugé, l'Égalité, dit d'Orléans, vous en fournit un assez grand exemple, etc.

«Je finis notre courrier parti je vous attend pour reponce.»

Cette lettre, d'un fou ou d'un mystificateur, porte en suscription: «Au cytoyen cytoyen Robespierre, président de la Convention national, en son hotel, a Paris.» (*Archives*, F. 7, 4436.)]

Au reste, de quoi n'étaient pas capables des gens qui ne reculaient point devant des faux matériels? Courtois et ses amis, comme s'ils eussent eu le pressentiment qu'un jour ou l'autre leurs fraudes finiraient par être découvertes, refusaient avec obstination de rendre les originaux des pièces saisies chez les victimes de Thermidor. Il fallut que Saladin, au nom de la commission des Vingt et un, chargée de présenter un rapport sur les anciens membres des comités, menaçât Courtois d'un décret de la Convention, pour l'amener à une restitution. Mais cet habile artisan de calomnies eut bien soin de ne rendre que les pièces dont l'existence se trouvait révélée par l'impression, et il garda le reste; de sorte que ce fameux rapport qui, depuis si longues années fait les délices de la réaction, est à la fois l'oeuvre d'un faussaire et d'un voleur.

VIII

Nous avons déjà signalé en passant plusieurs des fraudes de Courtois, et le lecteur ne les a sans doute pas oubliées. Ici, au lieu des écrivains mercenaires dont parlait Maximilien, on a généralisé et l'on a écrit: *les écrivains*; là, au lieu d'une couronne *civique*, on lui fait offrir *la couronne*, et cela suffit au rapporteur pour l'accuser d'avoir aspiré à la royauté. Mais de tous les faux commis par les Thermidoriens pour charger la mémoire de Robespierre, il n'en est pas de plus odieux que celui qui a consisté à donner comme adressée à Maximilien une lettre écrite par Charlotte Robespierre à son jeune frère Augustin, dans un moment de dépit et de colère. A ceux qui révoqueraient en doute l'infamie et la scélératesse de cette faction thermidorienne que Charles Nodier a si justement flétrie du nom d'exécrable, de ces *sauveurs de la France*, comme disent les fanatiques de Mme Tallien, il n'y a qu'à opposer l'horrible trame dont nous allons placer le récit sous les yeux de nos lecteurs. Les individus coupables de ce fait monstreux étaient, à coup sûr, disposés à tout. On s'étonnera moins que Robespierre ait eu la pensée de dénoncer à la France ces hommes «couverts de crimes», les Fouché, les Tallien, les Rovère, les Bourdon (de l'Oise) et les Courtois. Je ne sais même s'il ne faut pas s'applaudir à cette heure des faux dont nous avons découvert les preuves authentiques, et qui resteront comme un monument éternel de la bassesse et de l'immoralité de ces misérables.

Charlotte Robespierre aimait passionnément ses frères. Depuis sa sortie du couvent des Manares, elle avait constamment vécu avec eux et, grâce aux libéralités de Maximilien, qui suppléaient à la modicité de son patrimoine, elle avait pu jouir d'une existence honorable et aisée. Séparée de lui pendant la durée de la Constituante et de l'Assemblée législative, elle était venue le rejoindre après l'élection d'Augustin à la Convention nationale, et elle avait pris un logement dans la maison de Duplay. Toute dévouée à des frères adorés, elle était malheureusement affectée d'un défaut assez commun chez les personnes qui aiment beaucoup: elle était jalouse, jalouse à l'excès. Cette jalousie, jointe à un caractère assez difficile, fut plus d'une fois pour Maximilien une cause de véritable souffrance. Charlotte avait accompagné Augustin Robespierre dans une de ses missions dans le Midi; mais elle avait dû précipitamment quitter Nice, sur l'ordre même de son frère, à la suite de très vives discussions avec Mme Ricord, dont les prévenances pour Augustin l'avaient vivement offusquée.

Fort contrariée d'avoir été ainsi congédiée, elle était revenue à Paris le coeur gonflé d'amertume. A son retour, Augustin ne mit point le pied chez sa soeur, et, sans l'avoir vue, il repartit pour l'armée d'Italie[261]. Charlotte en garda un ressentiment profond. Au lieu de s'expliquer franchement auprès de son frère aîné sur ce qui s'était passé entre elle, Mme Ricord, et Augustin, elle alla récriminer violemment contre ce dernier dans le cercle de ses connaissances, sans se soucier du scandale qu'elle causait. Ce fut en apprenant ces récriminations que Robespierre jeune écrivit à son frère: «Ma soeur n'a pas une seule goutte de sang qui ressemble au nôtre. J'ai appris et j'ai vu tant de choses d'elle que je la regarde comme notre plus grande ennemie. Elle abuse de notre réputation sans tache pour nous faire la loi…. Il faut prendre un parti décidé contre elle. Il faut la faire partir pour Arras, et éloigner ainsi de nous une femme qui fait notre désespoir commun. Elle voudrait nous donner la réputation de mauvais frères[262].»

[Note 261: *Mémoires de Charlotte Robespierre*, p. 125.]

[Note 262: Cette lettre, dont l'original est aux *Archives* (F 7, 4436, liasse R.), ne porte point de date. Elle figure à la suite du rapport de Courtois, sous le numéro XLII (*a*).]

Maximilien, dont le caractère était aussi doux et aussi conciliant dans l'intérieur que celui de Charlotte était irritable, n'osa adresser de reproches à sa soeur, craignant de l'animer encore davantage contre Augustin; mais Charlotte vit bien, à sa froideur, qu'il était mécontent d'elle[263]. Son dépit s'en accrut, et Augustin n'étant pas allé la voir en revenant de sa seconde mission dans le Midi, elle lui écrivit, le 18 messidor, la lettre suivante: «Votre aversion pour moi, mon frère, loin de diminuer comme je m'en étois flattée, est devenue la haine la plus implacable, au point que ma vue seule vous inspire de l'horreur; ainsi, je ne dois pas espérer que vous soyez assez calme pour m'entendre; c'est pourquoi je vais essayer de vous écrire….»

[Note 263: *Mémoires de Charlotte Robespierre*, p. 126.]

Cette lettre est longue, très longue et d'une violence extrême; on s'aperçoit qu'elle a été écrite sous l'empire de la plus aveugle irritation, et cependant, au milieu des expressions de colère: *Si vous pouvez, dans le désordre de vos passions, distinguer la voix du remords…. Que cette passion de la haine doit être affreuse, puisqu'elle vous aveugle au point de me calomnier …* on sent bien vibrer la corde douce et tendre de l'affection fraternelle, et les sentiments de la soeur aimante percent instinctivement à travers certaines paroles de fureur irréfléchie. On l'avait, s'il faut l'en croire, indignement calomniée auprès de son frère[264]. Ah! si vous pouviez lire au fond de mon coeur, lui disait-elle, «vous y verriez, avec la preuve de mon innocence, que rien ne peut en effacer l'attachement tendre qui me lie à vous, et que c'est le seul sentiment auquel je rapporte toutes mes affections; sans cela me plaindrois-je de votre haine? Que m'importe à moi d'être haïe par ceux qui me sont indifférens et que je méprise! Jamais leur souvenir ne viendra me troubler; mais être haïe de mes frères, moi pour qui c'est un besoin de les chérir, c'est la seule chose qui puisse me rendre aussi malheureuse que je le suis». Puis, après avoir déclaré à son frère Augustin que, *sa haine pour elle étant trop aveugle pour ne pas se porter sur tout ce qui lui porterait quelque intérêt*, elle était disposée à quitter Paris sous quelques jours, elle ajoutait: «*Je vous quitte donc puisque vous l'exigez*; mais, malgré vos injustices, mon amitié pour vous est tellement indestructible que je ne conserverai aucun ressentiment du *traitement cruel que vous me faites essuyer*, lorsque désabusé, tôt ou tard, vous viendrez à prendre pour moi les sentiments que je mérite. Qu'une mauvaise honte ne vous empêche pas de m'instruire que j'ai retrouvé votre amitié, et, en quelque lieu que je sois, *fusse-je par delà les mers*, si je puis vous être utile à quelque chose, sachez m'en instruire, et bientôt je serai auprès de vous….»

[Note 264: *Mémoires de Charlotte Robespierre.*]

Là se termine la version donnée par les Thermidoriens de la lettre de Charlotte Robespierre. Jusqu'à ce jour, impossible aux personnes non initiées aux rapports ayant existé entre la soeur et les deux frères de savoir auquel des deux était adressée cette lettre. Quelle belle occasion pour les Thermidoriens de faire prendre le change à tout un peuple, sans qu'une voix osât les démentir, et d'imputer à Maximilien tous les griefs que, dans son ressentiment aveugle, Charlotte se croyait en droit de reprocher à son frère Augustin! Ils se gardèrent bien de la laisser échapper; ils n'eurent qu'à supprimer vingt lignes dont nous parlerons tout à l'heure, qu'à remplacer la suscription: *Au citoyen Robespierre cadet*, par ces simples mots: *Lettre de la citoyenne Robespierre à son frère*, et le tour fut fait.

Quand plus tard, longtemps, bien longtemps après, il fut permis à Charlotte Robespierre d'élever la voix, elle protesta de toutes les forces de sa conscience indignée et elle déclara hautement, d'abord que cette lettre avait été adressée à son jeune frère, et non pas à Maximilien, ensuite qu'elle renfermait des phrases apocryphes qu'elle ne reconnaissait pas comme siennes. Elle déniait, notamment, les passages soulignés par nous[265]. Sur ce second point, Charlotte commettait une erreur. La colère est une mauvaise conseillère, et l'on ne se souvient pas toujours des emportements de langage auxquels elle peut entraîner. Or, ne pas s'en souvenir, c'est déjà avouer qu'on avait tort de s'y laisser aller. Les termes de la lettre, telle qu'elle a été insérée à la suite du rapport de Courtois sont bien exacts; je les ai collationnés avec le plus grand soin sur l'original.

[Note 265: Voyez, à cet égard, la note de Laponneraye, p. 133 des *Mémoires de Charlotte Robespierre.*]

Beaucoup de personnes ont cru et plusieurs même ont soutenu que Mlle Robespierre n'avait fait cette déclaration que par complaisance et à l'instigation de quelques anciens amis de son frère aîné. Charlotte ne s'est pas aperçue de la suppression d'un passage qui, placé sous les yeux du lecteur, eût coupé court à tout débat. Deux lignes de plus et il n'y avait pas de confusion possible. Quel ne fut pas mon étonnement, et quelle ma joie, puis-je ajouter, quand, ayant mis, aux *Archives*, la main sur les pièces citées par Courtois et qu'il ne restitua, comme je l'ai dit, qu'un décret sur la gorge en quelque sorte, je lus dans l'original de la lettre de Charlotte ces lignes d'où jaillit la lumière: «Je vous envoie l'état de la dépense que j'ai faite depuis VOTRE DÉPART POUR NICE. J'ai appris avec peine que vous vous étiez singulièrement dégradé par la manière dont vous avez parlé de cet affaire d'intérêt....» Suivent des explications sur la nature des dépenses faites par Charlotte, dépenses qui, paraît-il, avaient semblé un peu exagérées à Augustin. Charlotte s'était chargée de tenir le ménage de son jeune frère, avec lequel elle avait habité jusqu'alors; quelques reproches indirects sur l'exagération de ses dépenses n'avaient sans doute pas peu contribué à l'exaspérer. «Je vous rends tout ce qui me reste d'argent», disait-elle en terminant, «si cela ne s'accorde pas avec ma dépense, cela ne peut venir que de ce que j'aurai oublié quelques articles[266]». On comprend de reste l'intérêt qu'ont eu les Thermidoriens à supprimer ce passage: toute la France savait que c'était Augustin et non pas Maximilien qui avait été en mission à Nice; or, pour tromper l'opinion publique, ils n'étaient pas hommes à reculer devant un faux par omission.

[Note 266: L'original de la lettre de Charlotte Robespierre est aux *Archives*, où chacun peut le voir (F 7, 4436 liasse R).]

Comment sans cela le rédacteur du rapport de Courtois eût-il pu écrire: «Il se disoit philosophe, Robespierre, hélas! il l'étoit sans doute comme ce Constantin qui se le disoit aussi. Robespierre se fût teint comme lui, sans scrupule, du sang de ses proches, puisqu'il avoit déjà menacé de sa fureur une de ses soeurs...» Et, comme preuve, le rapporteur a eu soin de renvoyer le lecteur à la lettre tronquée citée à la suite du rapport[267]. Eh bien! je le demande, y a-t-il assez de mépris pour l'homme qui n'a pas craint de tracer ces lignes, ayant sous les yeux la lettre même de Charlotte Robespierre? On n'ignore pas quel parti ont tiré de ce faux la plupart des écrivains de la réaction. «Il avait résolu de faire périr aussi sa propre soeur», a écrit l'un d'eux en parlant de Robespierre[268]. Et chacun de se lamenter sur le sort de cette pauvre soeur. Ah! je ne sais si je me trompe, mais il y a là, ce me semble, une de ces infamies que certains scélérats n'eussent point osé commettre et contre laquelle ne saurait trop se révolter la conscience des gens de bien. Quelle infernale idée que celle d'avoir falsifié la lettre de la soeur pour tâcher de flétrir le frère!

[Note 267: Voyez le rapport de Courtois, p. 25. La lettre tronquée de Charlotte figure à la suite de ce rapport, sous le numéro XLII (*b*). Elle a été reproduite telle quelle par les éditeurs des *Papiers inédits*, t. II, p. 112. Dans des Mémoires, dont quelques fragments ont été récemment publiés, un des complices de Courtois, le cynique Barras, a écrit: «Courtois n'a point calomnié Robespierre en disant qu'il n'avait point d'entrailles, même pour ses parents. *Les lettres que sa soeur lui a écrites* sont l'expression de la douleur et du désespoir».

N'ai-je pas eu raison de dire que ces Thermidoriens s'étaient entendus comme des larrons en foire. Ce passage, du reste, a son utilité; il donne une idée du degré de confiance que méritent les Mémoires de Barras.]

[Note 268: L'abbé Proyard. *Vie de Robespierre*, p. 170. Nous avons plusieurs fois déjà cité ce libelle impur, fruit d'une imagination en délire, et où se trouvent condensées avec une sorte de frénésie toutes les calomnies vomies depuis Thermidor sur la mémoire de Robespierre.]

Charlotte ne se consola jamais de la publicité donnée, par une odieuse indiscrétion, à une lettre écrite dans un moment de dépit, et dont le souvenir lui revenait souvent comme un remords. La pensée qu'on pouvait supposer que cette lettre ait été adressée par elle à son frère Maximilien la mettait au supplice[269]. Cette lettre avait été écrite le 18 messidor; à moins de trois semaines de là, dans la matinée du 10 thermidor, une femme toute troublée, le désespoir au coeur, parcourait les rues comme une folle, cherchant, appelant ses frères. C'était Charlotte Robespierre. On lui dit que ses frères sont à la Conciergerie, elle y court, demande à les voir, supplie à mains jointes, se traîne à genoux aux pieds des soldats; mais, malheur aux vaincus! on la repousse, on l'injurie, on rit de ses pleurs. Quelques personnes, émues de pitié, la relevèrent et parvinrent à l'emmener; sa raison s'était égarée. Quant, au bout de quelques jours, elle revint à elle, ignorant ce qui s'était passé depuis, elle était en prison[270].

[Note 269: *Mémoires de Charlotte Robespierre*, p. 123.]

[Note 270: *Mémoires de Charlotte Robespierre*, p. 145.]

Voici donc bien établis les véritables sentiments de Charlotte pour ses frères, et l'on peut comprendre combien elle dut souffrir de l'étrange abus que les Thermidoriens avaient fait de son nom. Tous les honnêtes gens se féliciteront donc de la découverte d'un faux qui imprime une souillure de plus sur la mémoire de ces hommes souillés déjà de tant de crimes, et je ne saurais trop m'applaudir, pour ma part, d'avoir pu, ici comme ailleurs, dégager l'histoire des ténèbres dont elle était enveloppée.

IX

Un faux non moins curieux, dont se sont rendus coupables les Thermidoriens pour charger la mémoire de Robespierre, est celui qui concerne les pièces relatives à l'espionnage, insérées à la suite du rapport de Courtois. De leur propre aveu ils avaient, on l'a vu, formé, dès le 5 prairial, contre Robespierre, et très certainement contre le comité de Salut public tout entier, une conjuration sur laquelle nous nous sommes déjà expliqué en détail. Leurs menées n'avaient pas été sans transpirer. Rien d'étonnant, en conséquence, à ce que les membres formant le noyau de cette conjuration fussent l'objet d'une surveillance active. Des agents du comité épièrent avec le plus grand soin les démarches de Tallien, de Bourdon (de l'Oise) et de deux ou trois autres. Mais est-il vrai que Robespierre ait eu des espions à sa solde, comme on l'a répété sur tous les tons depuis soixante-dix ans? Pas d'historien contre-révolutionnaire qui n'ait relevé ce fait à la charge de Maximilien, en se fondant uniquement sur l'autorité des pièces imprimées par Courtois, lesquelles pièces sont en effet données comme ayant été adressées particulièrement à Robespierre. Les écrivains les plus consciencieux y ont été pris, notamment les auteurs de l'*Histoire parlementaire*; seulement ils ont cru à un espionnage officieux organisé par des amis dévoués et quelques agents sûrs du comité de Salut public[271].

[Note 271: *Histoire parlementaire*, t. XXXIII, p. 359.]

Cependant la manière embrouillée et ambiguë dont Courtois, dans son rapport, parle des documents relatifs à l'espionnage, aurait dû les mettre sur la voie du faux. Il était difficile, après la scène violente qui avait eu lieu à la Convention nationale, le 24 prairial, entre Billaud-Varenne et Tallien, d'affirmer que les rapports de police étaient adressés à Robespierre seul. Courtois, dont le rapport fut rédigé après les poursuites intentées contre plusieurs des anciens membres des comités et qui, par conséquent, put déterrer à son aise dans les cartons du comité de Salut public les pièces de nature à donner quelque poids à ses accusations, s'attacha à entortiller la question. Ainsi, après avoir déclaré qu'il y avait des crimes communs aux membres des comités et communs à Robespierre, comme espionnage exercé sur les citoyens et surtout sur les députés[272], il ajoute: «L'espionnage a fait toute la force de Robespierre et des comités...; il servit aussi à alimenter leurs fureurs par la connaissance qu'il donnait à Robespierre des projets vrais ou supposés de ceux qui méditaient sa perte....[273]» Billaud-Varenne, il est vrai, à la séance du 9 thermidor, essaya, dans une intention facile à deviner, de rejeter sur Robespierre la responsabilité de la surveillance exercée par le comité sur certains représentants du peuple; mais combien mérité le démenti qu'un peu plus tard lui infligea Laurent Lecointre, en rappelant la scène du 24 prairial[274]!

[Note 272: *Rapport fait au nom de la commission chargée de l'examen des papiers trouvés chez Robespierre et ses complices, par L.-B. Courtois*, représentant du département de l'Aube, p. 16.]

[Note 273: *Ibid.*, p. 17.]

[Note 274: *Les crimes des sept membres des anciens comités*, etc., par Laurent Lecointre, p. 53.]

Quoi qu'il en soit, les Thermidoriens jugèrent utile d'appuyer d'un certain nombre de pièces la ridicule accusation de dictature dirigée par eux contre leur victime, et comme ils avaient décoré du nom de *gardes du corps* les trois ou quatre personnes dévouées qui, de loin et secrètement, veillaient sur Maximilien, ils imaginèrent de le gratifier d'espions à sa solde, que, par parenthèse, il lui eût été assez difficile de payer. Comme à tous les personnages entourés d'un certain prestige et d'une grande notoriété, il arrivait à Robespierre de recevoir une foule de lettres plus ou moins sérieuses, plus ou moins bouffonnes, et anonymes la plupart du temps, où les avis, les avertissements et les menaces ne lui étaient pas épargnés. C'est, par exemple, une sorte de déclaration écrite d'une femme Labesse, laquelle dénonce une autre femme nommée Lacroix comme ayant appris d'elle, quelque jours après l'exécution du père Duchesne, que la faction *Pierrotine* ne tarderait pas à tomber. Voilà pourtant ce que les Thermidoriens n'ont pas craint de donner comme une des preuves du prétendu espionnage organisé par Robespierre. Cette pièce, d'une orthographe défectueuse[275], ne porte aucune suscription; et de l'énorme fatras de notes adressées à Maximilien, suivant Courtois, c'est à coup sur la plus compromettante, puisqu'on l'a choisie comme échantillon. Jugez du reste.

[Note 275: Cette pièce figure à la suite du rapport de Courtois, sous le numéro XXVIII; mais elle n'a pas été imprimée conforme à l'original, qu'on peut voir aux *Archives*, F 7, 4336, liasse R.]

Viennent ensuite une série de rapports concernant le boucher Legendre, Bourdon (de l'Oise), Tallien, Thuriot et Fouché, signés de la lettre G. Ces rapports vont du 4 messidor au 29 du même mois; ainsi ils sont d'une époque où Robespierre se contentait de faire acte de présence au sein du comité de Salut public, sans prendre part aux délibérations; où le fameux bureau de police générale, dont il avait eu un moment la direction, n'existait plus; où enfin il avait complètement abandonné à ses collègues l'exercice du pouvoir. C'était donc aussi bien sous les yeux de ces derniers que sous les siens que passaient ces rapports. On a dit, il est vrai, et Billaud-Varenne l'a soutenu quand il s'est agi pour lui de se défendre contre les inculpations de Lecointre, que certaines pièces étaient portées à la signature chez Maximilien lui-même par les employés du comité—allégation dont nous avons démontré la fausseté—et l'on pourrait supposer que ces rapports de police lui avaient été adressés chez lui.

Si en effet le rédacteur de ces rapports, lequel était un nommé Guérin, eût été un agent particulier de Robespierre, les Thermidoriens se fussent empressés, après leur facile victoire, de lui faire un très mauvais parti, cela est de toute évidence. Plus d'un fut guillotiné qui s'était moins compromis pour Maximilien. Or, ce Guérin continua pendant quelque temps encore, après comme avant Thermidor, son métier d'agent secret du comité; on peut s'en convaincre en consultant ses rapports conservés aux Archives. Voici, du reste, un arrêté en date du 26 messidor, rendu sur la proposition de Guérin. «Le comité de Salut public arrête que le citoyen Duchesne, menuisier…, se rendra au comité le 28 de ce mois, dans la matinée, pour être entendu.» Arrêté signé: Billaud-Varenne, Saint-Just, Carnot, C.-A. Prieur. Cet homme avait été surpris par Guérin en possession de faux assignats[276].

[Note 276: *Archives*, F 7, 4437. Voici, d'ailleurs, deux arrêtés en date du 1er thermidor qui tranchent bien nettement la question: «Le comité de Salut public arrête qu'il sera délivré au citoyen Guérin un mandat de deux mille 166 livres 10 sous à prendre sur les 50 millions à la disposition des membres du comité de Salut public.

«Le comité de Salut public arrête que les appointements du citoyen Guérin, son agent, seront de cinq cents livres par mois, et que les dix citoyens qu'il occupe pour l'aider dans ses opérations seront payés à raison de 166 livres 13 sous.» (*Archives*, F 7, 4437).]

Mais les Thermidoriens avaient à coeur de présenter leur victime comme ayant tenu seule, pour ainsi dire, entre ses mains les destinées de ses collègues. Quel effet magique ne devait pas produire sur des imaginations effrayées l'idée de ce Robespierre faisant épier par ses agents les moindres démarches de ceux des représentants que, disait-on, il se disposait à frapper! Trente, cinquante députés devaient être sacrifiés par lui; on en éleva même le nombre à cent quatre-vingt-douze, cela ne coûtait rien[277]. Le comité de Salut public s'était borné à surveiller cinq ou six membres de la Convention dont les faits et gestes lui causaient de légitimes inquiétudes; n'importe! il fallait mettre sur le compte de Robespierre ce fameux espionnage qui depuis soixante-dix ans a défrayé presque toutes les *Histoires de la Révolution*. Les Thermidoriens ont commencé par supprimer des rapports de Guérin tout ce qui était étranger aux représentants, notamment une dénonciation contre un bijoutier du Palais-Royal nommé Lebrun; car, se serait-on demandé, quel intérêt pouvait avoir Robespierre à se faire rendre compte, à lui personnellement, de la conduite de tel ou tel particulier? Ensuite, partout où dans le texte des rapports il y avait le pluriel, preuve éclatante que ces pièces étaient adressées à tous les membres du comité et non pas à un seul d'entre eux, ils ont mis le singulier: ainsi, au lieu de citoyens, ils ont imprimé CITOYEN[278].

[Note 277: Voyez à cet égard une vie apologétique de Carnot, publiée en 1817 par Rioust, in-8 de 294 pages, p. 145.]

[Note 278: Voyez aux *Archives* les rapports manuscrits de Guérin, F 7, 4436, liasse R. Ces pièces figurent à la suite du rapport de Courtois, sous le numéro XXVIII, p. 128 et suiv.]

Je ne saurais rendre l'impression singulière que j'ai ressentie lorsqu'en collationnant aux *Archives* sur les originaux les pièces insérées par Courtois à la suite de son rapport, j'ai découvert cette supercherie, constaté ce faux. Quel qu'ait été dès lors mon mépris pour les vainqueurs de Thermidor, je ne pouvais croire qu'il y eût eu chez eux une telle absence de sens moral, et plus d'un parmi ceux dont le jugement sur Robespierre s'est formé d'après les données thermidoriennes partagera mon étonnement. La postérité, qui nous jugera tous, se demandera aussi, stupéfaite, comment, sur de pareils témoignages, on a pu, durant tant d'années, apprécier légèrement les victimes de Thermidor, et elle frappera d'une réprobation éternelle leurs bourreaux, ces faussaires désormais cloués au pilori de l'histoire.

CHAPITRE CINQUIÈME

Lâchetés et apostasies.—Rares exemples de fidélité.—Moyens d'action de la calomnie.—Les continuateurs de Courtois.—Rouget de Lisle et Robespierre.—Les vaincus au théâtre.—L'historien Montjoie.—Le véritable sentiment populaire.—L'opinion de Boissy d'Anglas. —Hésitation du comité de Salut public.—Cri d'indignation.—De Carnot et de Robespierre.—L'accusation de dictature.—Protestations de Saint-Just.—Manoeuvres thermidoriennes.—Amar et Voulland aux Madelonnettes.—Les conjurés et les députés de la droite.—Lettres anonymes.—Inertie de Robespierre.—Ses alliés.—Le général Hanriot.—Séances des comités les 4 et 5 thermidor.—Avertissement de Saint-Just.

I

Après Thermidor, une effroyable terreur s'abattit sur les patriotes; ce fut le commencement de la Terreur blanche. De toutes les communes de France, une seule, je crois, eut le courage de protester contre cette funeste journée, ce fut la commune de Dijon. Mais ce fut une protestation isolée, perdue dans le concert des serviles adresses de félicitations envoyées de toutes parts aux vainqueurs. Malheur en effet à qui eût osé ouvrir la bouche pour défendre la mémoire de Robespierre! On vit alors se produire les plus honteuses apostasies. Tels qui avaient porté aux nues Maximilien vivant et s'étaient extasiés sur son humanité, sur son amour de la justice, firent chorus avec ses calomniateurs et ses assassins, et l'accablèrent, mort, des plus indignes outrages.

Les Girondins sauvés par lui, les Mercier, les Daunou, les Saladin, les Olivier de Gérente et tant d'autres injurièrent bassement l'homme qui, de leur propre aveu, les avait par trois fois sauvés de la mort, et vers lequel ils avaient poussé un long cri de reconnaissance. Mais, passé Thermidor, leur reconnaissance était avec les neiges d'antan. Celui qu'en messidor de l'an II, Boissy-d'Anglas présentait au monde comme l'Orphée de la France, enseignant aux peuples les principes de la morale et de la justice, n'était plus, en ventôse de l'an III (mars 1795), de par le même Boissy, qu'un hypocrite à la tyrannie duquel le 9 Thermidor avait heureusement mis fin[279].

[Note 279: Séance de la Convention du 30 ventôse an III (20 mars 1795), *Moniteur* du 3 germinal (23 mars).]

Toutes les lâchetés, toutes les turpitudes, toutes les apostasies débordèrent des coeurs comme d'un terrain fangeux. Barère, malgré l'appui prêté par lui aux assassins de Robespierre, n'en fut pas moins obligé de venir un jour faire amende honorable pour avoir, à diverses reprises, parlé de lui avec éloge[280]. On entendit, sans que personne osât protester, les diffamations les plus ineptes, les plus saugrenues, se produire en pleine Convention. Ici, Maximilien est désigné par le montagnard Bentabole comme le chef de la faction d'Hébert[281]. Là, deux républicains, Laignelot et Lequinio, qui toute leur vie durent regretter, j'en suis sûr, d'avoir un moment subi l'influence des passions thermidoriennes, en parlent comme ayant été d'intelligence avec la Vendée[282]. Tandis que Thuriot *de Larozière*, le futur magistrat impérial, demande que le tribunal révolutionnaire continue d'informer contre les nombreux partisans de Robespierre, Merlin (de Douai), le législateur par excellence de la Terreur, annonce que les rois coalisés, et spécialement le pape, sont désespérés de la catastrophe qui a fait tomber la tête de Maximilien[283]. Catastrophe, le mot y est. Merlin l'a-t-il prononcé intentionnellement? Je n'en serais pas étonné. Quel ami des rois et du pape, en effet, que ce Maximilien Robespierre! et comme les partisans de la monarchie et du catholicisme ont pris soin de défendre sa mémoire!

[Note 280: *Ibid* du 7 germinal an III (27 mars), *Moniteur* du 11 germinal (31 mars 1795).]

[Note 281: Séance des Jacobins du 26 thermidor an II (8 août 1794), *Moniteur* du 30 thermidor.]

[Note 282: Séance de la Convention du 8 vendémiaire an III (29 septembre 1794), *Moniteur* des 11 et 12 vendémiaire.]

[Note 283: Séance de la Convention du 12 vendémiaire an III (3 octobre 1794), *Moniteur* du 13 vendémiaire.]

On frémit d'indignation en lisant dans le *Moniteur*, où tant de fois le nom de Robespierre avait été cité avec éloge, les injures crachées sur ce même nom par un tas de misérables sans conscience et sans aveu. Un jour, ce sont des vers d'un bailli suisse, où nous voyons «qu'il fallait sans tarder faire son épitaphe ou bien celle du genre humain[284]». Une autre fois, ce sont des articles d'un des rédacteurs ordinaires du journal, où sont délayées en un style emphatique et diffus toutes les calomnies ayant cours alors contre Robespierre[285]. Ce rédacteur, déjà nommé, s'appelait Trouvé. Auteur d'un hymne à l'Être suprême, qui apparemment n'était pas fait pour déplaire à Robespierre, et qui, par une singulière ironie du sort, parut au *Moniteur*, le jour même où tombait la tête de Maximilien, Trouvé composa une ode sur le 9 Thermidor, et chanta ensuite tous les pouvoirs qui s'élevèrent successivement sur les ruines de la République. Après avoir été baron et préfet de l'Empire, cet individu était devenu l'un des plus serviles fonctionnaires de la Restauration. Les injures d'un tel homme ne pouvaient qu'honorer la mémoire de Robespierre[286].

[Note 284: Voyez ces vers dans le *Moniteur* du 3 frimaire an III (29 novembre 1794).]

[Note 285: Voyez notamment le *Moniteur* des 3 et 27 germinal an III (23 mars et 16 avril 1795), des 12 et 28 floréal an III (1er et 7 mai 1795), des 2 et 11 thermidor an III (20 et 29 juillet 1795), etc.]

[Note 286: Il faut lire dans l'*Histoire de la Restauration*, par M. de Vaulabelle, les infamies dont, sous la Restauration, le *baron* Trouvé s'est rendu complice comme préfet.]

Aucun genre de diffamation ou de calomnie n'a été épargné au martyr dans sa tombe. Tantôt c'est un député du nom de Lecongne qui, rompant le silence auquel il s'était à peu près condamné jusque-là, a l'effronterie de présenter comme l'oeuvre personnelle de Robespierre les lois votées de son temps par la Convention nationale, effronterie devenue commune à tant de prétendus historiens; tantôt c'est l'épicurien Dupin, l'auteur du rapport à la suite duquel les fermiers généraux furent traduits devant le tribunal révolutionnaire, et leurs biens, de source assez impure du reste, mis sous le séquestre, qui accuse Maximilien d'avoir voulu spolier ces mêmes fermiers généraux[287]. A peine si, de temps à autre, une voix faible et isolée s'élevait pour protester contre tant d'infamies et de mensonges.

[Note 287: Séance de la Convention du 16 floréal an III (5 mai 1795). Voy. le *Moniteur* du 20 floréal.]

Tardivement, Baboeuf, dans le *Tribun du peuple*, présenta Robespierre comme le martyr de la liberté, et qualifia d'exécrable la journée du 9 thermidor; mais, à l'origine, il avait, lui aussi, calomnié, à l'instar des Thermidoriens, ce véritable martyr de la liberté. Plus tard encore, dans le procès de Baboeuf, un des accusés, nommé Fossar, s'entendit reprocher comme un crime d'avoir dit devant témoins que le peuple était plus heureux du temps de Robespierre. Cet accusé maintint fièrement son assertion devant la haute cour de Vendôme. «Si ce propos est un crime», ajouta-t-il, «j'en suis coupable, et le tribunal peut me condamner». Mais ces exemples étaient rares.

La justice thermidorienne avait d'ailleurs l'oeil toujours ouvert sur toutes les personnes suspectes d'attachement à la mémoire de Maximilien. Malheur à qui osait prendre ouvertement sa défense. Un ancien commensal de Duplay, le citoyen Taschereau, dont nous avons déjà eu l'occasion de parler, craignant qu'on ne lui demandât compte de son amitié et de ses admirations pour Robespierre, avait, peu après Thermidor, lancé contre le vaincu un long pamphlet en vers. Plus tard, en l'an VII, pris de remords, croyant peut-être les passions apaisées, et que l'heure était venue où il était permis d'ouvrir la bouche pour dire la vérité, il publia un écrit dans lequel il préconisait celui qu'un jour, le couteau sur la gorge, il avait renié publiquement[288]; il fut impitoyablement jeté en prison[289].

[Note 288: Taschereau avait été mis hors la loi dans la nuit du 9 au 10 thermidor. Voy. le *Moniteur* du 11 thermidor (29 juillet 1795).]

[Note 289: Voy. le *Moniteur* du 13 germinal an VII (2 avril 1799).]

Tel était le sort réservé aux citoyens auxquels l'amour de la justice, ou quelquefois un reste de pudeur, arrachait un cri de protestation. Les honnêtes gens, ceux en qui le sentiment de l'intérêt personnel n'avait pas étouffé toute conscience, les innombrables admirateurs de Maximilien Robespierre, durent courber la tête; ils gémirent indignés, et gardèrent le silence. Qu'eussent-ils fait d'ailleurs? Ce n'étaient pour la plupart ni des écrivains ni des orateurs; c'était le peuple tout entier, et, au 9 thermidor, la parole fut pour bien longtemps ôtée au peuple. Puis l'âge arriva, l'oubli se fit; et la génération qui succéda aux rudes jouteurs des grandes années de la Révolution fut bercée uniquement au bruit des déclamations thermido-girondines. Dans son oeuvre de calomnie et de diffamation, la réaction se trouva merveilleusement aidée par les apostasies d'une multitude de fonctionnaires, désireux de faire oublier leurs anciennes sympathies pour Robespierre[290], et surtout par l'empressement avec lequel nombre de membres de la Convention s'associèrent à l'idée machiavélique d'attribuer à Maximilien tous les torts, toutes les erreurs, toutes les sévérités de la Révolution, croyant dans un moment d'impardonnable faiblesse se dégager, par ce lâche et honteux moyen, de toute responsabilité dans les actes du gouvernement révolutionnaire.[291]

[Note 290: Beaucoup de personnes avaient donné à leurs enfants le nom de Robespierre, tant ce grand citoyen était en effet un monstre horrible et sanguinaire. En l'an VI il se trouva, au conseil des Anciens, un compatriote de Maximilien, nommé Dauchet, qui poussa le dédain de la vérité jusqu'à prétendre que c'étaient les officiers de l'état civil qui avaient contraint les parents de donner à leurs enfants ce *nom odieux*. Ingénieuse manière d'excuser les admirateurs du vaincu. (Séance des Anciens du 15 prairial an VI [3 juin 1797].)]

[Note 291: Le père de Georges Sand, M. Maurice Dupin, écrivait, à la date du 10 thermidor de l'an II: «C'est à la Convention que nous devons notre salut. Sans elle, dit-on, tous les patriotes eussent été victimes de la tyrannie de Robespierre.»

Mme Georges Sand, qui a cité cette lettre dans sa *Correspondance*, l'a fait suivre d'une note où il est dit:

«Voici l'effet des calomnies de la réaction. De tous les terrroristes, Robespierre fut le plus humain, le plus ennemi par nature et par conviction des apparentes nécessités de la Terreur et du fatal système de la peine de mort. Cela est assez prouvé, et l'on ne peut pas recuser à cet égard le témoignage de M. de Lamartine. La réaction thermidorienne est une des plus lâches que l'histoire ait produites. Cela est encore suffisamment prouvé. A quelques exceptions près, les Thermidoriens n'obéirent à aucune conviction, à aucun cri de la conscience, en immolant Robespierre. La plupart d'entre eux le trouvaient trop faible et trop miséricordieux la veille de sa mort, et le lendemain ils lui attribuèrent leurs propres forfaits pour se rendre populaires. Soyons justes enfin, et, ne craignons plus de le dire: Robespierre est le plus grand homme de la Révolution, et l'un des plus grands hommes de l'histoire….»]

Dans les premiers jours de ventôse an III (février 1795), quelques patriotes de Nancy, harcelés, mourant de faim, ayant osé dire que le temps où vivait Robespierre était l'âge d'or de la République, furent aussitôt dénoncés à la Convention par le représentant Mazade, alors en mission dans le département de la Meurthe. «Hâtons-nous», écrivit ce digne émule de Courtois, «de consigner dans les fastes de l'histoire que les violences de ce monstre exécrable, *que le sang des Français qu'il fit couler par torrents, que le pillage auquel il dévoua toutes les propriétés*, ont seuls amené ce moment de gêne….»[292]

[Note 292: Voyez cette lettre de Mazade dans le *Moniteur* du 12 ventôse de l'an III (3 mars 1795).]

Tel fut en effet l'infernal système suivi par les Thermidoriens. La France et l'Europe se trouvèrent littéralement inondées de libelles, de pamphlets, de prétendues histoires où l'odieux le dispute au bouffon. Le rapport de Courtois fut naturellement le grand arsenal où les écrivains mercenaires et les pamphlétaires de la réaction puisèrent à l'envi; néanmoins, des imaginations perverties trouvèrent moyen de renchérir sur ce chef-d'oeuvre d'impudence et de mensonge. D'anciens collègues de Maximilien s'abaissèrent jusqu'à ramasser dans la fange la plume du libelliste. Passe encore pour Fréron qui, dans une note adressée à Courtois, présente la figure de Robespierre comme ressemblant beaucoup à celle du chat[293]! il n'y avait chez Fréron ni conscience ni moralité; mais Merlin (de Thionville)! On s'attriste en songeant qu'un patriote de cette trempe a prêté les mains à l'oeuvre basse et ténébreuse entreprise par les héros de Thermidor. Son *Portrait de Robespierre* et sa brochure intitulée *Louis Capet et Robespierre* ne sont pas d'un honnête homme.

[Note 293: Voyez cette note dans les *Papiers inédits*, t. I, p. 154.]

Mais tout cela n'est rien auprès des calomnies enfantées par l'imagination des Harmand (de la Meuse)[294] et des Guffroy. Des presses de l'ancien propriétaire-rédacteur du *Rougyff* sortirent des libelles dont les innombrables exemplaires étaient répandus à profusion dans les villes et dans les campagnes. Parmi les impostures de cette impure officine citons, outre les élucubrations de Laurent Lecointre, *la Queue de Robespierre, ou les dangers de la liberté de la presse* par Méhée fils; *les Anneaux de la queue; Défends ta queue; Jugement du peuple souverain qui condamne à mort la queue infernale de Robespierre; Lettre de Robespierre à la Convention nationale; la Tête à la Queue, ou Première Lettre de Robespierre à ses continuateurs;* j'en passe et des meilleurs[295]. Ajoutez à cela des nuées de libelles dont la seule nomenclature couvrirait plusieurs pages. Prose et vers, tout servit à noircir cette grande figure qui rayonnait d'un si merveilleux éclat aux yeux des républicains de l'an II. Les poètes, en effet, se mirent aussi de la partie, si l'on peut prostituer ce nom de poètes à d'indignes versificateurs qui mirent leur muse boiteuse et mercenaire au service des héros thermidoriens. Hélas! pourquoi faut-il que parmi ces insulteurs du géant tombé, on ait le regret de compter l'auteur de la *Marseillaise*! Mais autant Rouget de Lisle, inspiré par le génie de la patrie, avait été sublime dans le chant qui a immortalisé son nom, autant il fut plat et lourd dans l'hymne calomnieux composé par lui sur la *conjuration de Robespierre*, suivant l'expression de l'époque[296].

[Note 294: Préfet sous le gouvernement consulaire, Harmand (de la Meuse) publia en 1814, sous ce titre: *Anecdotes relatives à quelques personnes et à plusieurs événements remarquables de la Révolution*, un libelle effrontément cynique qu'une main complaisante réédita en 1819, en y ajoutant douze anecdoctes qui, prétendit-on, avait été supprimées lors de la première édition. C'est là qu'on lit que Saint-Just s'était fait faire une culotte de la peau d'une jeune fille qu'il avait fait guillotiner. De pareilles oeuvres ne s'analysent ni ne se discutent; il suffit de les signaler, elles et leurs auteurs, au mépris de tous les honnêtes gens.]

[Note 295: Nombre de ces pamphlets sont l'oeuvre de Méhée fils, lequel signa: *Felhemesi*, anagramme de son nom. Nous avons déjà dit autre part quel horrible coquin était ce Méhée, qui ne put jamais pardonner à Robespierre d'avoir en 1792 combattu sa candidature à la Convention nationale. Rappelons ici que, sous le nom de Méhée de la Touche, il fut un des mouchards de la police impériale, et qu'après la chute de Napoléon, il tenta de se mettre au service de la Restauration.]

[Note 296: *Hymne dithyrambique sur la conjuration de Robespierre et la révolution du 9 Thermidor*, par Joseph Rouget de Lisle, capitaine au corps du génie, auteur du chant marseillais, à Paris, l'an deuxième de la République une et indivisible. Le couplet suivant, qui a trait directement à Robespierre, peut donner une idée de cet hymne, que par une sorte de profanation, l'auteur mit sur l'air de la *Marseillaise*:

Voyez-vous ce spectre livide
Qui déchire son propre flanc;
Encore tout souillé de sang,
De sang il est encore avide.
Voyez avec un rire affreux

Comme il désigne ses victimes,
Voyez comme il excite aux crimes
Ses satellites furieux.
Chantons, la liberté, couronnons sa statue, etc....

Rouget de Lisle avait été arrêté avant Thermidor, sur un ordre signé de Carnot. On ne manqua pas sans doute de lui persuader que son arrestation avait été l'oeuvre de Robespierre.]

Le théâtre n'épargna pas les vaincus, et l'on nous montra sur la scène Maximilien Robespierre envoyant à la mort une jeune fille coupable de n'avoir point voulu sacrifier sa virginité à la rançon d'un père[297].

[Note 297: Le nom de l'auteur de cette belle oeuvre nous a échappé, et c'est dommage. Il est bon que le nom d'Anitus vive à côté de celui de Socrate. Le roman moderne offre quelques équivalents d'inepties pareilles.

Nous ne connaissons guère qu'une oeuvre dramatique, représentée au théâtre, où la grande figure de Robespierre ait été sérieusement étudiée. Elle est de M. le docteur Louis Combe, ancien adjoint au maire de Lyon, mort il y a trois ans, et auquel la population lyonnaise a fait de magnifiques funérailles.

Cette pièce intitulée *Robespierre* ou les *Drames de la Révolution*, a été représentée en 1888 sur les théâtres Voltaire, de Batignolles et de Montmartre. Elle y a obtenu le plus légitime succès, ainsi que le constate une lettre de M. Pascal Delagarde, directeur de ces théâtres, en date du 17 juillet 1888. «Cette oeuvre, dit-il, méritait d'être représentée sur une scène du boulevard, où elle aurait obtenu, je le garantis, cent représentations».

Elle a été imprimée, après la mort de son auteur, par les soins pieux de sa fille, Mlle Marie Combe, avec cette épigraphe de M. Louis Combet: «Ce livre n'est point une oeuvre de parti, c'est un essai de réparation et de justice. C'est un appel à l'impartiale histoire pour la revision d'un jugement hâtivement rendu contre l'homme le plus pur de la Révolution française, et que la calomnie et la haine n'ont cessé de poursuivre jusqu'au delà de la tombe.»]

Mais les oeuvres d'imagination pure ne suffisaient pas pour fixer l'opinion des esprits un peu sérieux, on eut des *historiens* à discrétion. Dès le lendemain de Thermidor parut une *Vie secrète, politique et curieuse de Robespierre*, déjà mentionnée par nous, et dont l'auteur voulut bien reconnaître que «ce monstre *feignit* de vouloir épargner le sang»[298].

[Note 298: *Vie secrète, politique et curieuse de Maximilien Robespierre, suivie de plusieurs anecdotes sur la conspiration sans pareille*, par L. Duperron, avec une gravure qui représente une main tenant par les cheveux la tête de Maximilien, in-12 de 36 pages.]

Pareil aveu ne sortira pas de la plume du citoyen Montjoie, que dis-je! du sieur Félix-Christophe-Louis Ventre de Latouloubre de Galart de Montjoie, auteur d'une *Histoire de la conjuration de Robespierre* qui est le modèle du genre, parce qu'elle offre les allures d'une oeuvre sérieuse, et semble écrite avec une certaine modération. On y lit cependant des phrases dans le genre de celle-ci: «Chaque citoyen arrêté étoit destiné à la mort. Robespierre n'avoit d'autre soin que de grossir les listes de proscription, que de multiplier le nombre des assassinats. Le fer de la guillotine n'alloit point assez vite à son gré. On lui parla d'un glaive qui frapperoit neuf têtes à la fois. Cette invention lui plut. On en fit des expériences à Bicêtre, elles ne réussirent pas; mais l'humanité n'y gagna rien. Au lieu de trois, quatre victimes par jour, Robespierre voulut en avoir journellement cinquante, soixante, et il fut obéi[299].» Il faut, pour citer de semblables lignes, surmonter le dégoût qu'on éprouve. C'est ce Montjoie qui prête à Maximilien le mot suivant: «Tout individu qui avait plus de 13 ans en 1789 doit être égorgé[300].» C'est encore lui qui porte à cinquante-quatre mille le chiffre des victimes mortes sur l'échafaud durant les six derniers mois *du règne de Robespierre*[301]. Y a-t-il assez de mépris pour les gens capables de mentir avec une telle impudence? Eh bien! toutes ces turpitudes s'écrivaient et s'imprimaient à Paris en l'an II de la République, quand quelques mois à peine s'étaient écoulés depuis le jour où, dans une heure d'enthousiaste épanchement, Boissy-d'Anglas appelait Robespierre l'*Orphée de la France* et le félicitait d'enseigner aux peuples les plus purs préceptes de la morale et de la justice.

[Note 299: *Histoire de la conjuration de Robespierre*, par Montjoie, p. 149 de l'édit. in-8° de 1795 (Lausanne).]

[Note 300: *Ibid.*, p. 154.]

[Note 301: *Ibid.*, p. 158.]

Il n'y a pas à se demander si un pareil livre fit fortune[302]. Réaction thermidorienne, réaction girondine, réaction royaliste battirent des mains à l'envi. Les éditions de cet ouvrage se trouvèrent coup sur coup multipliées; il y en eut de tous les formats, et il fut presque instantanément traduit en espagnol, en allemand et en anglais. C'était là sans doute que l'illustre Walter Scott avait puisé ses renseignements quand il écrivit sur Robespierre les lignes qui déshonorent son beau talent.

[Note 302: Collaborateur au *Journal général de France* et au *Journal des Débats*, Montjoie reçut du roi Louis XVIII une pension de trois mille francs et une place de conservateur à la Bibliothèque Mazarine. Son panégyriste n'a pu s'empêcher d'écrire: «Le respect qu'on doit à la vérité oblige de convenir que Montjoie n'était qu'un écrivain médiocre; son style est incorrect et déclamatoire, et ses ouvrages historiques ne doivent être lus qu'avec une extrême défiance.» (Art. MONTJOIE, par Weiss, dans la *Biographie universelle*).]

Est-il maintenant nécessaire de mentionner les *histoires* plus ou moins odieuses et absurdes de Desessarts, *la Vie et les crimes de Robespierre* par Leblond de Neuvéglise, autrement dit l'abbé Proyard, ouvrage traduit en allemand, en italien, et si tristement imité de nos jours par un autre abbé Proyard? Faut-il signaler toutes les rapsodies, tous les contes en l'air, toutes les fables acceptés bénévolement ou imaginés par les écrivains de la réaction? Et n'avions-nous pas raison de dire, au commencement de notre histoire de Robespierre, que, depuis dix-huit cents ans, jamais homme n'avait été plus calomnié sur la terre? Ah! devant tant d'infamies, devant tant d'outrages sanglants à la vérité, la conscience, interdite, se trouble; on croit rêver. Heureux encore, Robespierre, quand ce ne sont pas des libéraux et des démocrates qui viennent jeter sur sa tombe l'injure et la boue.

II

On voit à quelle école a été élevée la génération antérieure à la nôtre. Nous avons dit comment l'oubli s'était fait dans la masse des admirateurs de Robespierre. Gens simples pour la plupart, ils moururent sans rien comprendre au changement qui s'était produit dans l'opinion sur ce nom si respecté jadis.

Une foule de ceux qui auraient pu le défendre étaient morts ou proscrits; beaucoup se laissaient comprimer par la peur ou s'excusaient de leurs sympathies anciennes, en alléguant qu'ils avaient été trompés. Bien restreint fut le nombre des gens consciencieux dont la bouche ne craignit pas de s'ouvrir pour protester. D'ailleurs, dans les quinze années du Consulat et de l'Empire, il ne fut plus guère question de la Révolution et de ses hommes, sinon de temps à autre pour décimer ses derniers défenseurs. Quelle voix assez puissante aurait couvert le bruit du canon et des clairons? Puis vint la Restauration. Oh! alors, on ne songea qu'à une chose, à savoir, de reprendre contre l'homme dont le nom était comme le symbole et le drapeau de la République la grande croisade thermidorienne, tant il paraissait nécessaire à la réaction royaliste d'avilir la démocratie dans l'un de ses plus purs, de ses plus ardents, de ses plus dévoués représentants. Et la plupart des libéraux de l'époque, anciens serviteurs de l'Empire, ou héritiers plus ou moins directs de la Gironde, de laisser faire.

Eh bien! qui le croirait? toutes ces calomnies si patiemment, si habilement propagées, ces mensonges inouïs, ces diffamations éhontées, toutes ces infamies enfin, ont paru à certains écrivains aveuglés, je devrais dire fourvoyés, l'opinion des contemporains et l'expression du sentiment populaire[303]. Ah! l'opinion des contemporains, il faut la chercher dans ces milliers de lettres qui chaque jour tombaient sur la maison Duplay comme une pluie de bénédictions. Nous avons déjà mentionné, en passant, un certain nombre de celles qui, au point de vue historique, nous ont paru avoir une réelle importance. Et, ceci est à noter, presque toutes ces lettres sont inspirées par les sentiments les plus désintéressés. Si dans quelques-unes, à travers l'encens et l'éloge, on sent percer l'intérêt personnel, c'est l'exception[304].

[Note 303: MM. Michelet et Quinet.]

[Note 304: Voy. notamment une lettre de Cousin dans les *Papiers inédits*, t. III, p. 317, et à la suite du rapport de Courtois, sous le n° LXXIV. Volontaire à l'armée de la Vendée, Cousin avait avec lui deux fils au service de la République. Robespierre, paraît-il, avait déjà eu des bontés pour lui; Cousin le prie de les continuer «à un père de famille qui ne veut rentrer, ainsi que ses deux fils, dans ses foyers que lorsque les tyrans de l'Europe seront tous extirpés». Quelle belle occasion pour les Thermidoriens de flétrir un solliciteur! Voy. p. 61 du rapport.]

En général, ces lettres sont l'expression naïve de l'enthousiasme le plus sincère et d'une admiration sans bornes. «Tu remplis le monde de ta renommée; tes principes sont ceux de la nature, ton langage celui de l'humanité; tu rends les hommes à leur dignité ... ton génie et ta sage politique sauvent la liberté; tu apprends aux Français, par les vertus de ton coeur et l'empire de ta raison, à vaincre ou mourir pour la liberté et la vertu...», lui écrivait l'un[305].—«Vous respirez encore, pour le bonheur de votre pays, en dépit des scélérats et des traîtres qui avoient juré votre perte. Grâces immortelles en soient rendues à l'Être suprême.... Puissent ces sentiments, qui ne sont que l'expression d'un coeur pénétré de reconnaissance pour vos bienfaits, me mériter quelque part à votre estime. Sans vous je périssois victime de la plus affreuse persécution[306]....», écrivait un autre.

[Note 305: Lettre de J.-P. Besson, de Manosque, en date du 23 prairial; citée sous le n° 1, à la suite du rapport de Courtois. *Vide suprà.*]

[Note 306: Lettre de Hugon jeune, de Vesoul, le 11 prairial, citée à la suite du rapport sous le n° IV. L'*honnête* Courtois a eu soin de supprimer le dernier membre de phrase. Nous l'avons rétabli d'après l'original conservé aux Archives, et en marge duquel on lit de la main de Courtois: *Flagorneries*. Voy. *Archives*, F. 7, 4436, liasse X.]

Un citoyen de Tours lui déclare que, pénétré d'admiration pour ses talents, il est prêt à verser tout son sang plutôt que de voir porter atteinte à sa réputation[307]. Un soldat du nom de Brincourt, en réclamant l'honneur de verser son sang pour la patrie, s'adresse à lui en ces termes: «Fondateur de la République, ô vous, incorruptible Robespierre, qui couvrez son berceau de l'égide de votre éloquence»[308]!...

[Note 307: Lettre en date du 28 germinal, citée à la suite du rapport de Courtois sous le numéro VII. L'original est aux *Archives*, F 7, 4436, liasse R.]

[Note 308: Lettre de Sedan en date du 19 août 1793, citée par Courtois sous le numéro VIII.]

Vers lui, avons-nous dit déjà, s'élevaient les plaintes d'une foule de malheureux et d'opprimés, plaintes qui retentissaient d'autant plus douloureusement dans son coeur que la plupart du temps il était dans l'impuissance d'y faire droit. «Républicain vertueux et intègre», lui mandait de Saint-Omer, à la date du 2 messidor, un ancien commissaire des guerres destitué par le représentant Florent Guyot, «permets qu'un citoyen pénétré de tes sublimes principes et rempli de la lecture de tes illustres écrits, où respirent le patriotisme le plus pur, la morale la plus touchante et la plus profonde, vienne à ton tribunal réclamer la justice, qui fut toujours la vertu innée de ton âme…. Je fais reposer le succès de ma demande sur ton équité, qui fut toujours la base de toutes tes actions….[309]» Et le citoyen Carpot: «Je regrette de n'avoir pu vous entretenir quelques instants. Il me semble que je laisse échapper par là un moyen d'abréger la captivité des personnes qui m'intéressent.»[310]

[Note 309: Lettre citée à la suite du rapport de Courtois sous le numéro IX. Le dernier membre de phrase a été supprimé par Courtois.]

[Note 310: Lettre omise par Courtois, provenant de la précieuse collection Beuchot, que le savant conservateur de la bibliothèque du Louvre, M. Barbier, a bien voulu mettre à notre disposition.]

Un littérateur du nom de Félix, qui depuis quarante ans vivait en philosophe dans un ermitage au pied des Alpes, d'où il s'associait par le coeur aux destinées de la Révolution, étant venu à Paris au mois d'août 1793, écrit à Robespierre afin de lui demander la faveur d'un entretien, tant sa conduite et ses discours lui avaient inspiré d'estime et d'affection pour sa personne; et il lui garantit d'avance «la plus douce récompense au coeur de l'homme de bien, sa propre estime, et celle de tous les gens vertueux et éclairés»[311]. Aux yeux des uns, c'est l'apôtre de l'humanité, l'homme sensible, humain et bienfaisant par excellence, «réputation», lui dit-on, «sur laquelle vos ennemis mêmes n'élèvent pas le plus petit doute»[312]; aux yeux des autres, c'est le messie promis par l'Eternel pour réformer toutes choses[313]. Un citoyen de Toulouse ne peut s'empêcher de témoigner à Robespierre toute la joie qu'il a ressentie en apprenant qu'il y avait entre eux une ressemblance frappante. Il rougit seulement de ne ressembler que par le physique au régénérateur et bienfaiteur de sa patrie[314]. Maximilien est regardé comme la pierre angulaire de l'édifice constitutionnel, comme le flambeau, la colonne de la République[315]. «Tous les braves Français sentent avec moi de quel prix sont vos infatigables efforts pour assurer la liberté, en vous criant par mon organe: Béni soit Robespierre»! lui écrit le citoyen Jamgon[316]. «L'estime que j'avois pour toi dès l'Assemblée constituante», lui mande Borel l'aîné, «me fit te placer au ciel à côté d'Andromède dans un projet de monument sidéral»[317]….

[Note 311: Lettre citée par Courtois sous le numéro X.]

[Note 312: Lettres de Vaquier, ancien inspecteur des droits *réservés*, insérée par Courtois sous le numéro XI et déjà citée par nous. *Vide suprà.*]

[Note 313: Lettre du citoyen Chauvet, ancien capitaine-commandant de la compagnie des vétérans de Château-Thierry, en date du 30 prairial, déjà citée. Dans cette lettre très-longue d'*un jeune homme de quatre-vingt-sept ans*, lettre dont l'original est aux *Archives*, Courtois n'a cité qu'une vingtaine de lignes, numéro XII.]

[Note 314: Lettre en date du 22 messidor, tronquée et altérée par Courtois, sous le numéro XIII.]

[Note 315: Lettre de Dathé, ancien maire de Vermanton, en Bourgogne, et de Picard, citées sous le numéro XV à la suite du rapport de Courtois.]

[Note 316: Lettre citée par Courtois sous le numéro XXIV. *Vide suprà.*]

[Note 317: Lettre en date du 15 floréal an II, citée par Courtois sous le numéro XXIV.]

Et Courtois ne peut s'empêcher de s'écrier dans son rapport: «C'étoit à qui enivreroit l'idole…. Partout même prostitution d'encens, de voeux et d'hommages; partout on verserait son sang pour sauver ses jours[318].» Le misérable rapporteur se console, il est vrai, en ajoutant que si la peste avait des emplois et des trésors à distribuer, elle aurait aussi ses courtisans[319]. Mais les courtisans et les rois, c'est l'exception, et les hommages des courtisans ne sont jamais désintéressés. Robespierre, lui, d'ailleurs, n'avait ni emplois ni trésors à distribuer. On connaît sa belle réponse à ceux qui, pour le déconsidérer, allaient le présentant comme revêtu d'une dictature personnelle: «Il m'appellent tyran! Si je l'étais, ils ramperaient à mes pieds, je les gorgerais d'or, je leur assurerais le droit de commettre tous tes crimes, et ils seraient reconnaissants….[320].»

[Note 318: Rapport de Courtois, p. 9 et 10.]

[Note 319: *Ibid.*, p. 12.]

[Note 320: Discours du 8 thermidor, p. 16.]

Nous pourrions multiplier les citations de ces lettres, dont le nombre était presque infini, du propre aveu de Courtois[321], avons-nous dit, et Courtois s'est bien gardé, comme on pense, de publier les plus concluantes en faveur de Robespierre[322]. Or, comme contre-poids à ces témoignages éclatants, comme contre-partie de ce concert d'enthousiasme, qu'a trouvé Courtois à offrir à la postérité? quelques misérables lettres anonymes, les unes ineptes, les autres ordurières, oeuvres de bassesse et de lâcheté dont nous aurons à dire un mot, et que tout homme de coeur ne saurait s'empêcher de fouler aux pieds avec dédain.

[Note 321: Rapport de Courtois, p. 103.]

[Note 322: Nous avons déjà dit l'indigne trafic qu'a fait Courtois des innombrables lettres trouvées chez Robespierre.]

III

On sait maintenant, à ne s'y pas méprendre, quelle était l'opinion publique à l'égard de Robespierre. Le véritable sentiment populaire pour sa personne, c'était de l'idolâtrie, comme l'impur Guffroy se trouva obligé de l'avouer lui-même[323]. Ce sentiment, il ressort des lettres dont nous avons donné des extraits assez significatifs; il ressort de ces lettres des Girondins sauvés par Robespierre, lettres que nous avons révélées et qui reviennent au jour pour déposer comme d'irrécusables témoins; ce sentiment, il ressort enfin des aveux involontaires des Thermidoriens.

[Note 323: Lettre de Guffroy à ses concitoyens d'Arras, écrite de Paris le 29 Thermidor an II (16 août 1793).]

D'après Billaud-Varenne, dont l'autorité a ici tant de poids, Maximilien était considéré dans l'opinion comme l'être le plus essentiel de la République[324]. De leur côté, les membres des deux anciens comités ont avoué que, *quelque prévention qu'on eût*, on ne pouvait se dissimuler quel était l'état des esprits à cette époque, et que la popularité de Robespierre dépassait toutes les bornes[325].

[Note 324: *Réponse de J.-N. Billaud à Lecointre*, p. 25.]

[Note 325: *Réponse des anciens membres des deux comités aux imputations de L. Lecointre*, p. 19.]

Écoutons maintenant Billaud-Varenne, atteint à son tour par la réaction et se débattant sous l'accusation de n'avoir pas dénoncé plus tôt la *tyrannie* de Robespierre: «Sous quels rapports eût-il pu paraître coupable? S'il n'eût pas manifesté l'intention de frapper, de dissoudre, d'exterminer la représentation nationale, si l'on n'eût pas eu à lui reprocher jusqu'à sa POPULARITÉ même … popularité si énorme qu'elle eût suffi pour le rendre suspect et trop dangereux dans un État libre, en un mot s'il ne se fût point créé une puissance monstrueuse tout aussi indépendante du comité de Salut public que de la Convention nationale elle-même, Robespierre ne se seroit pas montré sous les traits odieux de la tyrannie, et tout ami de la liberté lui eût conservé son estime[326].» Et plus loin: «Nous demandera-t-on, comme on l'a déjà fait, pourquoi nous avons laissé prendre tant d'empire à Robespierre? Oublie-t-on que dès l'Assemblée constituante, il jouissoit déjà d'une immense popularité et qu'il obtint le titre d'Incorruptible? Oublie-t-on, que pendant l'Assemblée législative sa popularité ne fit que s'accroître…? Oublie-t-on que, dans la Convention nationale, Robespierre se trouva bientôt le seul qui, fixant sur sa personne tous les regards, acquittant de confiance qu'elle le rendit prépondérant, de sorte que lorsqu'il est arrivé au comité de Salut public, il étoit déjà l'être le plus important de la France? Si l'on me demandoit comment il avoit réussi à prendre tant d'ascendant sur l'opinion publique, je répondrais que *c'est en affichant* LES VERTUS LES PLUS AUSTÈRES, LE DÉVOUEMENT LE PLUS ABSOLU, LES PRINCIPES LES PLUS PURS[327].» Otez de ce morceau ce double mensonge thermidorien, à savoir l'accusation d'avoir eu l'intention de dissoudre la Convention, et d'avoir exercé une puissance monstrueuse en dehors de l'Assemblée et des comités, il reste en faveur de Robespierre une admirable plaidoirie, d'autant plus saisissante qu'elle est comme involontairement tombée de la plume d'un de ses proscripteurs.

[Note 326: Mémoire de Billaud-Varenne conservé aux *Archives*, F 7, 4579, p. 5 du manuscrit.]

[Note 327: *Ibid.*, p. 12 et 13.]

Nous allons voir bientôt jusqu'où Robespierre poussa le respect pour la Représentation nationale; et quant à cette puissance monstrueuse, laquelle était purement et simplement un immense ascendant moral, elle était si peu réelle, si peu effective, qu'il suffisait à ses collègues, comme on l'a vu plus haut, d'un simple coup d'oeil pour qu'instantanément la majorité fût acquise contre lui. Son grand crime, aux yeux de Billaud-Varenne et de quelques républicains sincères, fut précisément le crime d'Aristide: sa popularité; il leur répugnait de l'entendre toujours appeler *le Juste*.

Mais si le sentiment populaire était si favorable à Maximilien, en était-il de même de l'opinion des gens dont l'attachement à la Révolution était médiocre? Je réponds oui, sans hésiter, et je le prouve. Pour cela, je rappellerai d'abord les lettres de reconnaissance adressées à Robespierre par les soixante-treize Girondins dont il avait été le sauveur; ensuite je m'en référerai à l'avis de Boissy-d'Anglas, Boissy le type le plus parfait de ces révolutionnaires incolores et incertains, de ces royalistes déguisés qui se fussent peut-être accommodés de la République sous des conducteurs comme Robespierre, mais qui, une fois la possibilité d'en sortir entrevue, n'ont pas mieux demandé que de s'associer aux premiers coquins venus pour abattre l'homme à l'existence duquel ils la savaient attachée.

Nous insistons donc sur l'opinion de Boissy-d'Anglas, parce qu'il est l'homme dont la réaction royaliste et girondine a le plus exalté le courage, les vertus et le patriotisme. Or, quelle nécessité le forçait de venir en messidor, à moins d'être le plus lâche et le dernier des hommes, présenter Robespierre en exemple au monde, dans un ouvrage dédié à la Convention nationale, s'il ne croyait ni aux vertus, ni au courage, ni à la pureté de Maximilien? Rien ne nous autorise à révoquer en doute sa sincérité, et quand il comparait Robespierre à Orphée enseignant aux hommes les principes de la civilisation et de la morale, il laissait échapper de sa conscience un cri qui n'était autre chose qu'un splendide hommage rendu à la vérité[328]. L'opinion postérieure de Boissy ne compte pas.

[Note 328: *Essai sur les fêtes nationales*, adressé à la Convention, in-8° de 192 p., déjà cité. Membre du Sénat et comte de l'Empire, grand officier de la Légion d'honneur, pair de France de la première Restauration, pair de France de l'Empire des Cent jours, pair de France de la seconde Restauration, Boissy-d'Anglas mourut considéré et comblé d'honneurs en 1826. C'était un sage!

«Homme qui suit son temps à saison opportune», dirai-je avec notre vieux poète Régnier.]

Ainsi, à l'exception de quelques ultra-révolutionnaires de bonne foi, de royalistes se refusant à toute espèce de composition avec la République, de plusieurs anciens amis de Danton ne pouvant pardonner à Maximilien de l'avoir laissé sacrifier, et enfin d'un certain nombre de Conventionnels sans conscience et perdus de crimes, la France tout entière était de coeur avec Robespierre et ne prononçait son nom qu'avec respect et amour. Il était arrivé, pour nous servir encore d'une expression de Billaud-Varenne, à une hauteur de puissance morale inouïe jusqu'alors; tous les hommages et tous les voeux étaient pour lui seul, on le regardait comme l'être unique; la prospérité publique semblait inhérente à sa personne, on s'imaginait, en un mot, que sa perte était la plus grande calamité qu'on eût à craindre[329]. Eh bien! je le demande à tout homme sérieux et de bonne foi, est-il un seul instant permis de supposer la forte génération de 1789 capable de s'être éprise d'idolâtrie pour un génie médiocre, pour un vaniteux, pour un rhéteur pusillanime, pour un esprit étroit et mesquin, pour un être bilieux et sanguinaire, suivant les épithètes prodiguées à Maximilien par tant d'écrivains ignorants, à courte vue ou de mauvaise foi, je ne parle pas seulement des libellistes?

[Note 329: Mémoire manuscrit de Billaud-Varenne, *Archives*, F. 7, 4579², p. 38 et 39.]

Au spectacle du déchaînement qui, après Thermidor, se produisit contre Robespierre, Billaud-Varenne, quoique ayant joué un des principaux rôles dans le lugubre drame, ne put s'empêcher d'écrire: «J'aime bien voir ceux qui se sont montrés jusqu'au dernier moment les plus bas valets de cet homme le rabaisser au-dessous d'un esprit médiocre, maintenant qu'il n'est plus[330].» On remarqua en effet, parmi les plus lâches détracteurs de Maximilien, quelques-uns de ceux qui, la veille de sa chute, lui proposaient de lui faire un rempart de leurs corps[331].

[Note 330: *Ibid.*, p. 40.]

[Note 331: Mémoire manuscrit de Billaud-Varenne, *Archives*, F. 7, 4579², p. 40.]

Ah! je le répète, c'est avoir une étrange idée de nos pères que de les peindre aux pieds d'un ambitieux sans valeur et sans talent; on ne saurait les insulter davantage dans leur gloire et dans leur oeuvre. Il faut en convenir franchement, si ces fils de Voltaire et de Rousseau, si ces rudes champions de la justice et du droit, eurent pour Robespierre un enthousiasme et une admiration sans bornes, c'est que Robespierre fut le plus énergique défenseur de la liberté, c'est qu'il représenta la démocratie dans ce qu'elle a de plus pur, de plus noble, de plus élevé, c'est qu'il n'y eut jamais un plus grand ami de la justice et de l'humanité. L'événement du reste leur donna tristement raison, car, une fois l'objet de leur culte brisé, la Révolution déchut des hauteurs où elle planait et se noya dans une boue sanglante.

IV

Il est aisé de comprendre à présent pourquoi les collègues de Maximilien au comité de Salut public hésitèrent jusqu'au dernier moment à conclure une alliance monstrueuse avec les conjurés de Thermidor, avec les Fouché, les Tallien, les Fréron, les Rovère, les Courtois et autres. Un secret pressentiment semblait les avertir qu'en sacrifiant l'austère auteur de la Déclaration des droits de l'homme, ils sacrifiaient la République elle-même et préparaient leur propre perte. C'est un fait avéré que tout d'abord on songea à attaquer le comité de Salut public en masse.

Certains complices de la conjuration ne comprenaient pas très-bien pourquoi l'on s'en prenait à Robespierre seul, et ils l'eussent moins compris encore s'ils avaient su que, depuis plus d'un mois, le comité exerçait un pouvoir dictatorial en dehors de la participation active de Maximilien. Un de ces mannequins de la réaction, le député Laurent Lecointre, ayant conçu le projet de rédiger un acte d'accusation contre tous les membres du comité, reçut le conseil d'attaquer Robepierre seul, afin que le succès fût plus certain[332]. On sait comment il se rendit à cet avis, et tout le monde connaît le fameux acte d'accusation qu'il révéla courageusement … après Thermidor, et dont le titre se trouve pompeusement orné du projet d'immoler Maximilien Robespierre en plein Sénat[333]. Le conseil était bon, car si les Thermidoriens s'en fussent pris au comité en masse, s'ils ne fussent point parvenus à entraîner Billaud-Varenne, qui devint leur allié le plus actif et le plus utile, ils eussent été infailliblement écrasés.

[Note 332: *Conjuration formée dès le 5 prairial par neuf représentants du peuple, etc. Rapport et projet d'accusation par Laurent Lecointre*, in 8° de 38 p., de l'Imprimerie du *Rougyff*, p. 4.]

[Note 333: *Ibid.* Voyez le titre.]

Billaud, c'était l'image incarnée de la Terreur. «Quiconque», écrivait-il en répondant à ses accusateurs, «est chargé de veiller au salut public, et, dans les grandes crises, ne lance pas la foudre que le peuple a remise entre ses mains pour exterminer ses ennemis, est le premier traître à la patrie[334].» Étonnez-vous donc si, en dépit de Robespierre, les exécutions sanglantes se multipliaient, si les sévérités étaient indistinctement prodiguées, si la Terreur s'abattait sur toutes les conditions. Il semblait, suivant la propre expression de Maximilien, qu'on eût cherché à rendre les institutions révolutionnaires odieuses par les excès[335].

[Note 334: Mémoire de Billaud-Varenne, *ubi suprà*, p. 69 du manuscrit.]

[Note 335: Discours du 8 thermidor, p. 19.]

Le 2 thermidor, Robespierre, qui depuis un mois avait refusé d'approuver toutes les listes de détenus renvoyés devant le tribunal révolutionnaire, en signa une de 138 noms appartenant à des personnes dont la culpabilité sans doute ne lui avait pas paru douteuse; mais le lendemain il repoussait, indigné, une autre liste de trois cent dix-huit détenus offerte à sa signature[336], et, trois jours plus tard, comme nous l'avons dit déjà, il refusait encore de participer à un arrêté rendu par les comités de Salut public et de Sûreté générale réunis, arrêté instituant, en vertu d'un décret rendu le 4 ventôse, quatre commissions populaires chargées de juger promptement les ennemis du peuple détenus dans toute l'étendue de la République, et auquel s'associèrent cependant ses amis Saint-Just et Couthon[337].

[Note 336: Les signataires de cette liste sont: «Vadier, Voulland, Élie Lacoste, Collot-d'Herbois, Barère, Ruhl, Amar, C.-A. Prieur, Billaud-Varenne». *Archives*, F 7, 4436, *Rapport de Saladin*, p.142 et 254.]

[Note 337: Arrêté signé: Barère, Dubarran, C.-A. Prieur, Louis (du Bas-Rhin), Lavicomterie, Collot-d'Herbois, Carnot, Couthon, Robert Lindet, Saint-Just, Billaud-Varenne, Voulland, Vadier, Amar, Moyse Bayle (cité dans l'*Histoire parlementaire*, t. XXXIII, p. 393).]

En revanche, comme nous l'avons dit aussi, il avait écrit de sa main et signé l'ordre d'arrestation d'un nommé Lépine, administrateur des travaux publics, lequel avait abusé de sa position pour se faire adjuger à vil prix des biens nationaux[338].

[Note 338: Arrêté en date du 26 messidor, signé: Robespierre, Carnot, Collot-d'Herbois, Barère, Couthon, Billaud-Varenne, C.-A. Prieur, Robert Lindet (*Archives* F 7, 4437). *Vide suprâ.*]

A son sens, on allait beaucop trop vite, et surtout beau-trop légèrement en besogne, comme le prouvent d'une façon irréfragable ces paroles tombées de sa bouche dans la séance du 8 thermidor, déjà citées en partie: «Partout les actes d'oppression avaient été multipliés pour étendre le système de terreur … Est-ce nous qui avons plongé dans les cachots les patriotes et porté la terreur dans toutes les conditions? Ce sont les monstres que nous avons accusés. Est-ce nous qui, oubliant les crimes de l'aristocratie et protégeant les traîtres, avons déclaré la guerre aux citoyens paisibles, érigé en crime ou des préjugés incurables ou des choses indifférentes, pour trouver partout des coupables et rendre la Révolution redoutable au peuple même? Ce sont les monstres que nous avons accusés. Est-ce nous qui, recherchant des opinions anciennes, fruit de l'obsession des traîtres, avons promené le glaive sur la plus grande partie de la Convention nationale, demandions dans les sociétés populaires les têtes de six cents représentants du peuple? Ce sont les monstres que nous avons accusés….[339]» Billaud-Varenne ne put pardonner à

Robespierre de vouloir supprimer la Terreur en tant que Terreur, et la réduire à ne s'exercer, sous forme de justice sévère, que contre les seuls ennemis actifs de la Révolution. Aussi fut-ce sur Billaud que, dans une séance du conseil des Anciens, Garat rejeta toute la responsabilité des exécutions sanglantes faites pendant la durée du comité de Salut public[340].

[Note 339: Discours du 8 thermidor, p. 10, 7 et 8.]

[Note 340: Séance du 14 thermidor an VIII (1er août 1799). *Moniteur* du 20 Thermidor.]

Cependant, comme averti par sa conscience, Billaud hésita longtemps avant de se rendre aux invitations pressantes de ses collègues du comité de Sûreté générale, acquis presque tous à la conjuration. Saint-Just, dans son dernier discours, a très bien dépeint les anxiétés et les doutes de ce patriote aveuglé. «Il devenait hardi dans les moments où, ayant excité les passions, on paraissait écouter ses conseils, mais son dernier mot expirait toujours sur ses lèvres, il appelait tel homme absent Pisistrate; aujourd'hui présent, il était son ami; il était silencieux, pâle, l'oeil fixe, arrangeant ses traits altérés. La vérité n'a point ce caractère ni cette politique[341]». Un montagnard austère et dévoué, Ingrand, député de la Vienne à la Convention, alors en mission, étant venu à Paris vers cette époque, alla voir Billaud-Varenne. «Il se passe ici des choses fort importantes», lui dit ce dernier, «va trouver Ruamps, il t'informera de tout». Billaud eut comme une sorte de honte de faire lui-même la confidence du noir complot.

[Note 341: Discours du 9 thermidor.]

Ingrand courut chez Ruamps, qui le mit au courant des machinations ourdies contre Robespierre en l'engageant vivement à se joindre aux conjurés. Saisi d'un sombre pressentiment, Ingrand refusa non seulement d'entrer dans la conjuration, mais il s'efforça de persuader à Ruamps d'en sortir, lui en décrivant d'avance les conséquences funestes, et l'assurant qu'une attaque contre Robespierre, si elle était suivie de succès, entraînerait infailliblement la perte de la République[342]. Puis il repartit, le coeur serré et plein d'inquiétudes. Égaré par d'injustifiables préventions, Ruamps demeura sourd à ces sages conseils; mais que de fois, plus tard, pris de remords, il dut se rappeler la sinistre prédiction d'Ingrand!

[Note 342: Ces détails ont été fournis aux auteurs de l'*Histoire parlementaire* par Buonaroti, qui les tenait d'Ingrand lui-même. Membre du conseil des Anciens jusqu'en 1797, Ingrand entra vers cette époque dans l'administration forestière et cessa de s'occuper de politique. Proscrit en 1816, comme régicide, il se retira à Bruxelles, y vécut pauvre, souffrant stoïquement comme un vieux républicain, et revint mourir en France, après la Révolution de 1830, fidèle aux convictions de sa jeunesse.]

La vérité est que Billaud-Varenne agit de dépit et sous l'irritation profonde de voir Robespierre ne rien comprendre à son système «d'improviser la foudre à chaque instant». Ce fut du reste le remords cuisant des dernières années de sa vie. Il appelait le 9 thermidor sa véritable faute. «Je le répète», disait-il, «la Révolution puritaine a été perdue le 9 thermidor. Depuis, combien de fois j'ai déploré d'y avoir agi de colère[343].» Ah! ces remords de Billaud-Varenne, ils ont été partagés par tous les vrais républicains coupables d'avoir, dans une heure d'égarement et de folie, coopéré par leurs actes ou par leur silence à la chute de Robespierre.

[Note 343: Dernières années de Billaud-Varenne, dans la *Nouvelle Minerve*, t. 1er, p. 351 à 358. La regrettable part prise par Billaud au 9 Thermidor ne doit pas nous empêcher de rendre justice à la fermeté et au patriotisme de ce républicain sincère. Au général Bernard, qui, jeune officier alors, s'était rendu auprès de lui à Cayenne pour lui porter sa grâce de la part de Bonaparte et de ses collègues, il répondit: «Je sais par l'histoire que des consuls romains tenaient du peuple certains droits; mais le droit de faire grâce que s'arrogent les consuls français n'ayant pas été puisé à la même source, je ne puis accepter l'amnistie qu'ils prétendent m'accorder.» Un jour, ajoute le général Bernard, «il m'échappa de lui dire sans aucune précaution: Quel malheur pour la Convention nationale que la loi du 22 prairial ait taché de sang les belles pages qui éternisent son énergie contre les ennemis de la République française, c'est-à-dire contre toute l'Europe armée!—«Jeune homme, me répondit-il avec un air sévère, quand les os des deux générations qui succéderont à la vôtre seront blanchis, alors et seulement alors l'histoire s'emparera de cette grande question.» Puis, se radoucissant, il me prit la main en me disant: «Venez donc voir les quatre palmiers de la Guadeloupe, que Martin, le directeur des épiceries, est venu lui-même planter dans mon jardin.»

(*Billaud-Varenne à Cayenne*, par le général Bernard, dans la *Nouvelle Minerve*, t. II, p. 288.)]

V

Un des hommes qui contribuèrent le plus à amener les membres du comité de Salut public à l'abandon de Maximilien fut certainement Carnot. Esprit laborieux, honnête, mais caractère sans consistance et sans fermeté, ainsi qu'il le prouva de reste quand, après Thermidor, il lui fallut rendre compte de sa conduite comme membre du comité de Salut public, Carnot avait beaucoup plus de penchant pour Collot-d'Herbois et Billaud-Varenne, qui jusqu'au dernier moment soutinrent le système de la Terreur quand même, que pour Robespierre et Saint-Just qui voulurent en arrêter les excès et s'efforcèrent d'y substituer la justice[344]. Les premiers, il est vrai, s'inclinaient respectueusement et sans mot dire devant les aptitudes militaires de Carnot, dont les seconds s'étaient permis quelquefois de critiquer les actes. Ainsi, Maximilien lui reprochait de persécuter les généraux patriotes, et Saint-Just de ne pas assez tenir compte des observations que lui adressaient les représentants en mission aux armées, lesquels, placés au centre des opérations militaires, étaient mieux à même de juger des besoins de nos troupes et de l'opportunité de certaines mesures: «Il n'y a que ceux qui sont dans les batailles qui les gagnent, et il n'y a que ceux qui sont puissants qui en profitent....[345]», disait Saint-Just. Paroles trop vraies, que Carnot ne sut point pardonner à la mémoire de son jeune collègue.

[Note 344: Voy., au sujet de la préférence de Carnot pour Billaud-Varenne et Collot-d'Herbois, les *Mémoires sur Carnot* par son fils, t. 1er, p. 511.]

[Note 345: Discours de Saint-Just dans la séance du 9 Thermidor.]

Nous avons déjà parlé d'une altercation qui avait eu lieu au mois de floréal entre ces deux membres du comité de Salut public, altercation à laquelle on n'a pas manqué, après coup, de mêler Robespierre, qui y avait été complètement étranger. A son retour de l'armée, vers le milieu de messidor, Saint-Just avait eu avec Carnot de nouvelles discussions au sujet d'un ordre malheureux donné par son collègue. Carnot, ayant dans son bureau des Tuileries imaginé une expédition militaire, avait prescrit à Jourdan de détacher dix-huit mille hommes de son armée pour cette expédition. Si cet ordre avait été exécuté, l'armée de Sambre-et-Meuse aurait été forcée de quitter Charleroi, de se replier même sous Philippeville et Givet, en abandonnant Avesnes et Maubeuge[346]. Heureusement les représentants du peuple présents à l'armée de Sambre-et-Meuse avaient pris sur eux de suspendre le malencontreux ordre. Cette grave imprudence de Carnot avait été signalée dès l'époque, et n'avait pas peu contribué à lui nuire dans l'opinion publique[347].

[Note 346: *Ibid.*]

[Note 347: Nous lisons dans un rapport de l'agent national de Boulogne au comité de Salut public, en date du 25 messidor (13 juillet 1794), que ce fonctionnaire avait appris par des connaissances que Carnot avait failli faire manquer l'affaire de Charleroi (Pièce de la collection Beuchot). Les membres des anciens comités, dans la note 6 où il est question des discussions entre Saint-Just et Carnot, n'ont donné aucune explication à ce sujet. (Voy. leur *Réponse aux imputations de Laurent Lecointre*, p. 105.)]

Froissé dans son amour-propre, Carnot ne pardonna pas à Saint-Just, et dans ses rancunes contre lui il enveloppa Robespierre, dont la popularité n'était peut-être pas sans l'offusquer. Tout en reprochant à son collègue de persécuter les généraux fidèles[348], Maximilien, paraît-il, faisait grand cas de ses talents[349]. Carnot, nous dit-on, ne lui rendait pas la pareille[350]. Cela dénote tout simplement chez lui une intelligence médiocre, quoi qu'en aient dit ses apologistes. Il fut, je crois, extrêmement jaloux de la supériorité d'influence et de talent d'un collègue plus jeune que lui; et, sous l'empire de ce sentiment, il se laissa facilement entraîner dans la conjuration thermidorienne. Le 9 thermidor, comme en 1815, Carnot fut le jouet et la dupe de Fouché.

[Note 348: Discours du 8 Thermidor.]

[Note 349: C'est ce que M. Philippe Le Bas a assuré à M. Hippolyte Carnot.]

[Note 350: *Mémoires sur Carnot*, par son fils, t. 1er, p. 510.]

Dans les divers Mémoires publiés sur lui, on trouve contre Robespierre beaucoup de lieux communs, d'appréciations erronées et injustes, de redites, de déclamations renouvelées des Thermidoriens, mais pas un fait précis, rien surtout de nature à justifier la part active prise par Carnot au guet-apens de Thermidor. Rien de curieux, du reste, comme l'embarras des anciens collègues de Maximilien quand il s'est agi de répondre à cette question: Pourquoi avez-vous attendu si longtemps pour le démasquer?—Nous ne possédions pas son discours du 8 thermidor, ont-ils dit, comme on a vu plus haut, et c'était l'unique preuve, la preuve matérielle des crimes du *tyran*[351]. A cet égard Billaud-Varenne, Collot-d'Herbois et Barère sont d'une unanimité touchante. Dans l'intérieur du comité Robespierre était inattaquable, paraît-il, car «il colorait ses opinions de fortes nuances de bien public et il les ralliait adroitement à l'intérêt des plus graves circonstances[352].» Aux Jacobins, ses discours étaient remplis de patriotisme, et ce n'est pas là sans doute qu'il aurait divulgué ses plans de dictature ou son ambition triumvirale[353]. Ainsi il a fallu arriver jusqu'au 8 thermidor pour avoir seulement l'idée que Robespierre eût médité des plans de dictature ou fût doué d'une *ambition triumvirale*. Savez-vous quel a été, au dire de Collot-d'Herbois, l'instrument terrible de Maximilien pour dissoudre la Représentation nationale, amener la guerre civile, et rompre le gouvernement? son discours[354]. Et de son côté Billaud-Varenne a écrit: «Je demande à mon tour qui seroit sorti vainqueur de cette lutte quand pour confondre le tyran, quand pour dissiper l'illusion générale nous n'avions ni son discours du 8 thermidor ... ni le discours de Saint-Just[355]?» C'est puéril, n'est-ce pas? Voilà pourtant sur quelles accusations s'est perpétuée jusqu'à nos jours la tradition du fameux triumvirat dont le fantôme est encore évoqué de temps à autre par certains niais solennels, chez qui la naïveté est au moins égale à l'ignorance.

[Note 351: *Réponse des membres des deux anciens comités aux imputations de Laurent Lecointre*, p. 14.]

[Note 352: *Réponse des membres des deux anciens comités aux imputations de Laurent Lecointre*, p. 13.]

[Note 353: *Ibid.*, p. 15.]

[Note 354: Séance du 9 Thermidor. Voy. le *Moniteur* du 12 (30 juillet 1794).]

[Note 355: Mémoire de Billaud-Varenne. *Ubi Suprà*, p. 43 du manuscrit.]

Que les misérables, coalisés contre Robespierre, se soient attachés à répandre contre lui cette accusation de dictature, cela se comprend de la part de gens sans conscience: c'était leur unique moyen d'ameuter contre lui certains patriotes ombrageux. «Ce mot de dictature a des effets magiques», répondit Robespierre dans un admirable élan, en prenant la Convention pour juge entre ses calomniateurs et lui; «il flétrit la liberté, il avilit le gouvernement, il détruit la République, il dégrade toutes les institutions révolutionnaires, qu'on présente comme l'ouvrage d'un seul homme; il rend odieuse la justice nationale, qu'il présente comme instituée pour l'ambition d'un seul homme; il dirige sur un point toutes les haines et tous les poignards du fanatisme et de l'aristocratie. Quel terrible usage les ennemis de la République ont fait du seul nom d'une magistrature romaine! Et si leur érudition nous est si fatale, que sera-ce de leurs trésors et de leurs intrigues? Je ne parle point de leurs armées.» N'est-ce pas là le dédain poussé jusqu'au sublime[356]? «Qu'il me soit permis», ajoutait Robespierre, «de renvoyer au duc d'York et à tous les écrivains royaux les patentes de cette dignité ridicule qu'ils m'ont expédiées les premiers. Il y a trop d'insolence à des rois qui ne sont pas sûrs de conserver leurs couronnes, de s'arroger le droit d'en distribuer à d'autres.... J'ai vu d'indignes mandataires du peuple qui auraient échangé ce titre glorieux (celui du citoyen) pour celui de valet de chambre de Georges ou de d'Orléans. Mais qu'un représentant du peuple qui sent la dignité de ce caractère sacré, qu'un citoyen français digne de ce nom puisse abaisser ses voeux jusqu'aux grandeurs coupables et ridicules qu'il a contribué à foudroyer, et qu'il se soumette à la dégradation civique pour descendre à l'infamie du trône, c'est ce qui ne paraît vraisemblable qu'à ces êtres pervers qui n'ont pas même le droit de croire à la vertu. Que dis-je, vertu? C'est une passion naturelle, sans doute; mais comment la connaîtraient-elles, ces âmes vénales qui ne s'ouvrirent jamais qu'à des passions lâches et féroces, ces misérables intrigants qui ne lièrent jamais le patriotisme à aucune idée morale?... Mais elle existe, je vous en atteste, âmes sensibles et pures, elle existe cette passion tendre, impérieuse, irrésistible, tourment et délices des coeurs magnanimes, cette horreur profonde de la tyrannie, ce zèle compatissant pour les opprimés, cet amour sacré de la patrie, cet amour plus sublime et plus saint de l'humanité, sans lequel une grande révolution n'est qu'un crime éclatant qui détruit un autre crime; elle existe cette ambition généreuse de fonder sur la terre la première république du monde, cet égoïsme des hommes non dégradés qui trouve une volupté céleste dans le calme d'une conscience pure et dans le spectacle ravissant du bonheur public? Vous la sentez en ce moment qui brûle dans vos âmes; je la sens dans la mienne. Mais comment nos vils calomniateurs la devineraient-ils? comment l'aveugle-né aurait-il l'idée de la lumière[357]?...» Rarement d'une poitrine oppressée sortirent des accents empreints d'une vérité plus poignante. A cette noble protestation répondirent seuls l'injure brutale, la calomnie éhontée et l'échafaud.

[Note 356: «Ce trait sublime: *Je ne parle pas de leurs armées*, est de la hauteur de *Nicomède* et de Corneille,» a écrit Charles Nodier. *Souvenirs de la Révolution*, t. 1er, p. 294 de l'édit. Charpentier.]

[Note 357: Discours du 8 thermidor, p. 15 et 16.]

Ce fut, j'imagine, pour s'excuser aux yeux de la postérité d'avoir lâchement abandonné Robespierre, et aussi pour se parer d'un vernis de stoïcisme républicain, que ses collègues du comité prétendirent, après coup, l'avoir sacrifié parce qu'il aspirait à la dictature. Ce qui les fâchait, au contraire, c'était d'avoir en lui un censeur incommode, se plaignant toujours des excès de pouvoir. Les conclusions de son discours du 8 thermidor ne tendaient-elles pas surtout à faire cesser l'arbitraire dans les comités? Constituez, disait-il à l'Assemblée, «constituez l'unité du gouvernement sous l'autorité suprême de la Convention nationale, qui est le centre et le juge, et écrasez ainsi toutes les factions du poids de l'autorité nationale, pour élever sur leurs ruines la puissance de la justice et de la liberté[358]...»

[Note 358: *Ibid.*, p. 43.]

Et de quoi se plaignait Saint-Just dans son discours du 9? Précisément de ce qu'au comité de Salut public les délibérations avaient été livrées à quelques hommes «ayant le même pouvoir et la même influence que le comité même», et de ce que le gouvernement s'était trouvé «abandonné à un petit nombre qui, jouissant d'un absolu pouvoir, accusa les autres d'y prétendre pour le conserver[359]». Les véritables dictateurs étaient donc Billaud-Varenne,

Collot-d'Herbois, Barère, Carnot, C.-A. Prieur et Robert Lindet, nullement Robespierre, qui avait, en quelque sorte, résigné sa part d'autorité, ni Couthon, presque toujours retenu chez lui par la maladie, ni Saint-Just, presque toujours aux armées, qu'on laissait à l'écart et paisible, «comme un citoyen sans prétention»[360].

[Note 359: Discours de Saint-Just dans la séance du 9 thermidor.]

[Note 360: Discours de Saint-Just dans la séance du 9 thermidor.—Nous avons dit qu'il n'existait presque point d'arrêtés portant les seules signatures de Robespierre, de Couthon et de Saint-Just. En voici un pourtant du 30 messidor: «Le comité de Salut public arrête que les citoyens Fijon et Bassanger, patriotes liégeois, seront mis sur le champ en liberté ... Couthon, Robespierre, Saint-Just.» *Archives*, F 7, 4437. Eh bien! après Thermidor, il se trouvera des gens pour accuser Robespierre d'être l'auteur des persécutions dirigées contre certains patriotes liégeois.]

C'est donc le comble de l'absurdité et de l'impudence d'avoir présenté ce dernier comme ayant un jour réclamé pour Robespierre la ... dictature. N'importe! comme Saint-Just était mort et ne pouvait répondre, les membres des anciens comités commencèrent par insinuer qu'il avait proposé aux comités réunis de faire gouverner la France par des *réputations patriotiques*, en attendant qu'il y eut des institutions républicaines[361]! L'accusation était bien vague; tout d'abord on n'osa pas aller plus loin; mais plus tard on prit des airs de Brutus indigné. Dans des Mémoires où les erreurs les plus grossières se heurtent de page en page aux mensonges les plus effrontés, Barère prétend que, dans les premiers jours de messidor, Saint-Just proposa formellement aux deux comités réunis de décerner la dictature à Robespierre.—Dans les premiers jours de messidor, notons-le en passant, Saint-Just n'était même pas à Paris; il n'y revint que dans la nuit du 10. Telle est, du reste, l'inadvertance de Barère dans ses mensonges, qu'un peu plus loin il transporte la scène en thermidor, pour la replacer ensuite en messidor[362]. Pendant l'allocution de Saint-Just, Robespierre se serait promené autour de la salle, «gonflant ses joues, soufflant avec saccades». Et il y a de braves[363] gens, sérieux, honnêtes, qui acceptent bénévolement de pareilles inepties!

[Note 361: *Réponse des membres des deux anciens comités aux imputations de L. Lecointre*, p. 16.]

[Note 362: Mémoires de Barère, t. II, p. 213, 216 et 232. Voy. au surplus, à ce sujet, notre *Histoire de Saint-Just*.]

[Note 363: C'est M.H. Carnot qui, dans ses *Mémoires* sur son père, raconte ce fait comme l'ayant trouvé dans une note «*évidemment émanée d'un témoin oculaire*» qu'il ne nomme pas (t. 1er, p. 530).]

Pour renfoncer son assertion, Barère s'appuie d'une lettre adressée à Robespierre par un Anglais nommé Benjamin Vaughan, résidant à Genève, lettre dans laquelle on soumet à Maximilien l'idée d'un protectorat de la France sur les provinces hollandaises et rhénanes confédérées, ce qui, suivant l'auteur du projet, aurait donné à la République huit ou neuf millions d'alliés[364]; d'où Barère conclut que Robespierre était en relations avec le gouvernement anglais, et qu'il aspirait à la dictature, «demandée en sa présence par Saint-Just»[365]. En vérité, on n'a pas plus de logique! La dictature était aussi loin de la pensée de Saint-Just que de celle de Robespierre. Dans son discours du 9 thermidor, le premier disait en propres termes: «Je déclare qu'on a tenté de mécontenter et d'aigrir les esprits pour les conduire à des démarches funestes, et l'on n'a point espéré de moi, sans doute, que je prêterais mes mains pures à l'iniquité. Ne croyez pas au moins qu'il ait pu sortir de mon coeur l'idée de flatter un homme! Je le défends parce qu'il m'a paru irréprochable, et je l'accuserais lui-même s'il devenait criminel»[366].— Criminel, c'est-à-dire s'il eut aspiré à la dictature.

[Note 364: Voy. cette lettre de l'Anglais Vaughan, dans les Mémoires de Barère (t. II, p. 227). Robespierre n'en eut même pas connaissance, car, d'après Barère, elle arriva et fut décachetée au comité de Salut public dans la journée du 9 thermidor.]

[Note 365: Mémoires de Barère, t. II, p. 232. Il faudrait tout un volume pour relever les inconséquences de Barère.]

[Note 366: Discours de Saint-Just dans la séance du 9 thermidor. Saint-Just, comme on sait, ne put prononcer que les premières paroles de son discours.]

Enfin—raison décisive et qui coupe court au débat—comment! Saint-Just aurait proposé en pleine séance du comité de Salut public d'armer Robespierre du pouvoir dictatorial, et aucun de ceux qu'il accusait précisément d'avoir exercé l'autorité à l'exclusion de Maximilien ne se serait levé pour retourner contre lui l'accusation! Personne n'eût songé à s'emparer de cet argument si favorable aux projets des conjurés et bien de nature à exaspérer contre celui qu'on voulait abattre les républicains les plus désintéressés dans la lutte! Cela est inadmissible, n'est-ce pas? Eh bien! pas une voix accusatrice ne se fit entendre à cet égard. Et quand on voit aujourd'hui des gens se prévaloir d'une assertion maladroite de Barère, assertion dont on ne trouve aucune trace dans les discours prononcés ou les écrits publiés à l'époque même par ce membre du comité de Salut public, on se prend involontairement à douter de leur bonne foi. Robespierre garda jusqu'à sa dernière heure trop de respect à la Convention nationale pour avoir jamais pensé à détourner à son profit une part de l'autorité souveraine de la grande Assemblée, et nous avons dit tout à l'heure avec quelle instance singulière il demanda que le comité de Salut public fût, en tout état de cause, subordonné à la Convention nationale.

Comme Billaud-Varenne, dont il était si loin d'avoir les convictions sincères et farouches, Barère eut son heure de remords. Un jour, sur le soir de sa vie, peu de temps après sa rentrée en France, retenu au lit par un asthme violent, il reçut la visite de l'illustre sculpteur David (d'Angers). Il s'entretint longtemps de Robespierre avec l'artiste démocrate.

Après avoir parlé du désintéressement de son ancien collègue et de ses aspirations à la dictature—deux termes essentiellement contradictoires—il ajouta: «Depuis, j'ai réfléchi sur cet homme; j'ai vu que son idée dominante était l'établissement du gouvernement républicain, qu'il poursuivait, en effet, des hommes dont l'opposition entravait les rouages de ce gouvernement.... Nous n'avons pas compris cet homme ... il avait le tempérament des grands hommes, et la postérité lui accordera ce titre.» Et comme David confiait au vieux Conventionnel son projet de sculpter les traits des personnages les plus éminents de la Révolution et prononçait le nom de Danton:—«N'oubliez pas Robespierre!» s'écria Barère en se levant avec vivacité sur son séant, et, en appuyant sa parole d'un geste impératif: «c'était un homme pur, intègre, un vrai républicain. Ce qui l'a perdu, c'est sa vanité, son irascible susceptibilité et son injuste défiance envers ses collègues.... Ce fut un grand malheur!...» Puis, ajoutent ses biographes, «sa tête retomba sur sa poitrine, et il demeura longtemps enseveli dans ses réflexions» [367]. Ainsi, dans cet épanchement suprême, Barère reprochait à Maximilien ... quoi? ... sa vanité, sa susceptibilité, sa défiance. Il fallait bien qu'il colorât de l'ombre d'un prétexte sa participation trop active au guet-apens de Thermidor. Etonnez-vous donc qu'en ce moment des visions sanglantes aient traversé l'esprit du moribond, et qu'il soit resté comme anéanti sous le poids du remords!

[Note 367: *Mémoires de Barère*. Notice historique par MM. Carnot et David (d'Angers), t. 1er, p. 118, 119.—David (d'Angers) a accompli le voeu de Barère. Qui ne connaît ses beaux médaillons de Robespierre?]

VI

Cependant les Thermidoriens continuaient dans l'ombre leurs manoeuvres odieuses. Présenter Robespierre, aux uns comme l'auteur des persécutions indistinctement prodiguées, aux autres comme un modéré, décidé à arrêter le cours terrible de la Révolution, telle fut leur tactique. On ne saura jamais ce qu'ils ont répandu d'assignats pour corrompre l'esprit public et se faire des créatures. Leurs émissaires salariaient grassement des perturbateurs, puis s'en allaient de tous côtés, disant: «Toute cette canaille-là est payée par ce coquin de Robespierre». Et, ajoute l'auteur de la note où nous puisons ces renseignements, «voilà Robespierre qui a des ennemis bien gratuitement, et le nombre des mécontents bien augmenté»[368].

[Note 368: Pièce anonyme trouvée dans les papiers de Robespierre, et non insérée par Courtois. Elle faisait partie de la collection Beuchot (4 p. in-4°), et elle a été publiée dans l'*Histoire parlementaire*, t. XXXIII, p. 360.]

Mais c'était surtout comme contre-révolutionnaire qu'on essayait de le déconsidérer aux yeux des masses. Comment, en effet, aurait-on pu le transformer alors en agent de la Terreur, quand on entendait un de ses plus chers amis, Couthon, dénoncer aux Jacobins les persécutions exercées par l'espion Senar, ce misérable agent du comité de Sûreté générale, et se plaindre, en termes indignés, du système affreux mis en pratique par certains hommes pour tuer la liberté par le crime. Les fripons ainsi désignés—quatre à cinq scélérats, selon Couthon— prétendaient qu'en les attaquant on voulait entamer la représentation nationale. «Personne plus que nous ne respecte et n'honore la Convention», s'écriait Couthon. «Nous sommes tous disposés à verser mille fois tout notre sang pour elle. Nous honorons par-dessus tout la justice et la vertu, et je déclare, pour mon compte, qu'il n'est aucune puissance humaine qui puisse m'imposer silence toutes les fois que je verrai la justice outragée[369].»

[Note 369: Séance des Jacobins du 3 thermidor, *Moniteur* du 9 Thermidor (27 juillet 1794).]

Robespierre jeune, de son côté, avec non moins de véhémence et d'indignation, signalait «un système universel d'oppression». Il fallait du courage pour dire la vérité, ajoutait-il. «Tout est confondu par la calomnie; on espère faire suspecter tous les amis de la liberté; on a l'impudeur de dire dans le département du Pas-de-Calais, qui méritait d'être plus tranquille, que je suis en arrestation comme modéré. Eh bien! oui, je suis modéré, si l'on entend par ce mot un citoyen qui ne se contente pas de la proclamation des principes de la morale et de la justice, mais qui veut leur application; si l'on entend un homme qui sauve l'innocence opprimée aux dépens de sa réputation. Oui, je suis un modéré en ce sens; je l'étais encore lorsque j'ai déclaré que le gouvernement révolutionnaire devait être comme la foudre, qu'il devait en un instant écraser tous les conspirateurs; mais qu'il fallait prendre garde que cette institution terrible ne devînt un instrument de contre-révolution par la malveillance qui voudrait en abuser, et qui en abuserait au point que tous les citoyens s'en croiraient menacés, extrémité cruelle qui ne manquerait pas de réduire au silence tous les amis de la liberté[370]....» Voilà bien les sentiments si souvent exprimés déjà par Maximilien Robespierre, et que nous allons lui entendre développer tout à l'heure, avec une énergie nouvelle, à la tribune de la Convention.

[Note 370: Séance des Jacobins du 3 thermidor, *ubi suprà*.]

Robespierre pouvait donc compter, c'était à croire du moins, sur la partie modérée de l'Assemblée, je veux dire sur cette partie incertaine et flottante formant l'appoint de la majorité, tantôt girondine et tantôt montagnarde, sur ce côté droit dont il avait arraché soixante-treize membres à l'échafaud. Peu de temps avant la catastrophe on entendit le vieux Vadier s'écrier, un jour où les ménagements de Robespierre pour la droite semblaient lui inspirer quelques craintes: «Si cela continue, je *lui* ferai guillotiner cent crapauds de son marais»[371]. Cependant les conjurés sentirent la nécessité de se concilier les membres de la Convention connus pour leur peu d'ardeur républicaine; il n'est sorte de stratagèmes dont ils n'usèrent pour les détacher de Maximilien.

[Note 371: Ce mot est rapporté par Courtois à la suite de la préface de son rapport sur les événements du 9 thermidor, note XXXVIII, p. 39. Courtois peut être cru ici, car c'est un complice révélant une parole échappée à un complice.]

Dans la journée du 5 thermidor, Amar et Voulland se transportèrent, au nom du comité de Sûreté générale, dont la plupart des membres, avons nous dit, étaient de la conjuration, à la prison des Madelonnettes, où avaient été transférés une partie des soixante-treize Girondins; et là, avec une horrible hypocrisie, ils témoignèrent à leurs collègues détenus le plus affectueux intérêt. Ces hommes qui, de si bon coeur, eussent envoyé à la mort les auteurs de la protestation contre le 31 mai, que Robespierre leur avait arrachés des mains, parurent attendris. «Arrête-t-on votre correspondance?... Votre caractère est-il méconnu ici? Le concierge s'est-il refusé à mettre sur le registre votre qualité de députés? Parlez, parlez, nos chers collègues; le comité de Sûreté nous envoie vers vous pour vous apporter la consolation et recevoir vos plaintes....» Et sur les plaintes des prisonniers que leur caractère était méconnu, qu'on les traitait comme les autres prisonniers, Amar s'écria: «C'est un crime affreux», et il pleura, lui, le rédacteur du rapport à la suite duquel les Girondins avaient été traduits devant le tribunal révolutionnaire! Quelle dérision!

Les deux envoyés du comité de Sûreté générale enjoignirent aux administrateurs de police d'avoir pour les détenus tous les égards dus aux représentants du peuple, de laisser passer toutes les lettres qu'ils écriraient, toutes celles qui leur seraient adressées, *sans les ouvrir*. Ils donnèrent encore aux administrateurs l'ordre de choisir pour les députés une maison commode avec un jardin. Alors tous les représentants tendirent leurs mains qu'Amar et Voulland serrèrent alternativement, et ceux-ci se retirèrent comblés des bénédictions des détenus[372]. Le but des conjurés était atteint.

[Note 372: *Rapport fait à la police par Faro, administrateur de police, sur l'entrevue qui a eu lieu entre les représentants du peuple Amar et Voulland, envoyés par le comité de Sûreté générale, et les députés détenus aux Madelonnettes.* Ce rapport est de la main même de l'agent national Payan, dans les papiers duquel il a été trouvé. Payan ne fut pas dupe du faux attendrissement d'Amar et de Voulland; il sut très bien démêler le stratagème des membres du comité de Sûreté générale. (Voyez ce rapport à la suite du rapport de Courtois, sous le numéro XXXII, p. 150.) Il a été reproduit dans les *Papiers inédits*, t. II, p. 367.]

Ainsi se trouvait préparée l'alliance thermido-girondine. Les Girondins détenus allaient pouvoir écrire librement à leurs amis de la droite, et sans doute ils ne manqueraient pas de leur faire part de la sollicitude avec laquelle ils avaient été traités par le comité de Sûreté générale. Or, ce n'était un mystère pour personne qu'à l'exception de trois ou quatre de ses membres, ce comité, instrument sinistre de la Terreur, était entièrement hostile à Robespierre. D'où la conclusion toute naturelle que Robespierre était le persécuteur, puisque ses ennemis prenaient un si tendre intérêt aux persécutés. Quels maîtres fourbes que ces héros de Thermidor!

VII

Toutefois les députés de la droite hésitèrent longtemps avant de se rendre, car ils craignaient d'être dupes des manoeuvres de la conspiration. Ils savaient bien que du côté de Robespierre étaient le bon sens, la vertu, la justice; que ses adversaires étaient les plus vils et les plus méprisables des hommes; mais ils savaient aussi fort bien que son triomphe assurait celui de la démocratie, la victoire définitive de la République, et cette certitude fut la seule cause qui fit épouser aux futurs comtes Sieyès, Boissy-d'Anglas, Dubois-Dubais, Thibaudeau et autres la querelle des Rovère, des Fouché, des Tallien, des Bourdon et de leurs pareils.

Par trois fois ceux-ci durent revenir à la charge, avoue Durand-Maillane[373], tant la conscience, chez ces députés de la droite, balançait encore l'esprit de parti. Comment, en effet, eussent-ils consenti à sacrifier légèrement, sans résistance, celui qui les avait constamment protégés[374], celui qu'ils regardaient comme le défenseur du faible et de l'homme trompé[375]? Mais l'esprit de parti fut le plus fort. Il y eut, dit-on, chez Boissy-d'Anglas des conférences où, dans le désir d'en finir plus vite avec la République, la majorité se décida, non sans combat, à livrer la tête du Juste, de celui que le maître du logis venait de surnommer hautement et publiquement l'Orphée de la France[376]. Et voilà comment des gens relativement honnêtes conclurent un pacte odieux avec des coquins qu'ils méprisaient.

[Note 373: *Mémoires de Durand-Maillane*, p. 199.]

[Note 374: *Ibid.*]

[Note 375: Lettre de Durand-Maillane, citée *in-extenso* dans son second volume. «Il n'était pas possible de voir plus longtemps tomber soixante, quatre-vingts têtes par jour sans horreur....» dit Durand-Maillane dans ses mémoires, qui sont, comme nous l'avons dit déjà, un mélange étonnant de lâcheté et de fourberie. Singulier moyen de mettre fin à cette boucherie que de s'allier avec ceux qui en étaient les auteurs contre celui qu'on savait décidé à les poursuivre *pour arrêter l'effusion du sang versé par le crime*.]

[Note 376: A l'égard de ces conférences chez Boissy-d'Anglas, je n'ai rien trouvé de certain. Je ne les mentionne que d'après un bruit fort accrédité. Ce fut, du reste, à Boissy-d'Anglas particulièrement, à Champeaux-Duplasne et à Durand-Maillane que s'adressèrent les conjurés. (*Mémoires de Durand-Maillane*, p. 199.)]

Outre l'élément royaliste, il y avait dans la *Plaine*, cette pépinière des serviteurs et des grands seigneurs de l'Empire, une masse variable, composée d'individus craintifs et sans convictions, toujours prêts à se ranger du côté des vainqueurs. Un mot attribué à l'un d'eux les peint tout entiers.

«Pouvez-vous nous répondre du *ventre*»? demanda un jour Billaud-Varenne à ce personnage de la *Plaine*. «Oui», répondit celui-ci, «si vous êtes les plus forts». Abattre Robespierre ne paraissait pas chose aisée, tant la vertu exerce sur les hommes un légitime prestige.

Lui, pourtant, en face de la coalition menaçante, restait volontairement désarmé. Dépouillé de toute influence gouvernementale, il ne songea même pas à tenter une démarche auprès des députés du centre, qui peut-être se fussent unis à lui s'il eût fait le moindre pas vers eux. Tandis que l'orage s'amoncelait, il vivait plus retiré que jamais, laissant à ses amis le soin de signaler aux Jacobins les trames ourdies dans l'ombre, car les avertissements ne lui manquaient pas. Je ne parle pas des lettres anonymes auxquelles certains écrivains ont accordé une importance ridicule. Il y avait alors, ai-je dit déjà, une véritable fabrication de ces sortes de productions, monuments honteux de la bassesse et de la lâcheté humaines.

J'en ai là, sous les yeux, un certain nombre adressées à Hanriot, à Hérault-Séchelles, à Danton. «Te voila donc, f…. coquin, président d'une horde de scélérats», écrivait-on à ce dernier; «j'ose me flatter que plus tôt que tu ne penses je te verrai écarteler avec Robespierre…. Vous avez à vos trousses cent cinquante *Brutuse* ou *Charlotte Cordé*[377]». Toutes ces lettres se valent pour le fond comme pour la forme. A Maximilien, on écrivait, tantôt: «Robespierre, Robespierre! Ah! Robespierre, je le vois, tu tends à la dictature, et tu veux tuer la liberté que tu as créée…. Malheureux, tu as vendu ta patrie! Tu déclames avec tant de force contre les tyrans coalisés contre nous, et tu veux nous livrer à eux…. Ah! scélérat, oui, tu périras, et tu périras des mains desquelles tu n'attends guère le coup qu'elles te préparent[378]….» Tantôt: «Tu es encore…. Ecoute, lis l'arrêt de ton châtiment. J'ai attendu, j'attends encore que le peuple affamé sonne l'heure de ton trépas…. Si mon espoir était vain, s'il était différé, écoute, lis, te dis-je: cette main qui trace ta sentence, cette main que tes yeux égarés cherchent à découvrir, cette main qui presse la tienne avec horreur, percera ton coeur inhumain. Tous les jours je suis avec toi, je te vois tous les jours, à toute heure mon bras levé cherche ta poitrine…. O le plus scélérat des hommes, vis encore quelques jours pour penser à moi; que mon souvenir et ta frayeur soient le premier appareil de ton supplice. Adieu! ce jour même, en te regardant, je vais jouir de ta terreur[379].» A coup sûr, le misérable auteur de ces lignes grotesques connaissait bien mal Robespierre, un des hommes qui aient possédé au plus haut degré le courage civil, cette vertu si précieuse et si rare. Croirait-on qu'il s'est rencontré des écrivains d'assez de bêtise ou de mauvaise foi pour voir dans les lettres dont nous venons d'offrir un échantillon des caractères *tracés par des mains courageuses*, des traits aigus lancés par *le courage et la vertu*[380]. C'est à n'y pas croire!

[Note 377: Les originaux de ces lettres sont aux *Archives*, F 7, 4434.]

[Note 378: Cette lettre, dont l'original est aux *Archives*, F 7, 4436, liasse R, figure à la suite du rapport de Courtois, sous le numéro LVIII; elle a été reproduite dans les *Papiers inédits*, t. II, p. 151.]

[Note 379: Cette autre lettre, dont l'original est également aux *Archives* (*ubi suprà*), est d'une orthographe qu'il nous a été impossible de conserver. On la trouve *arrangée* à la suite du rapport de Courtois, sous le numéro LX, et dans les *Papiers inédits*, t. II, p. 155.]

[Note 380: Ce sont les propres expressions dont s'est servi le rédacteur du rapport de Courtois, p. 51 et 52.]

De ces lettres anonymes, Robespierre faisait le cas qu'un honnête homme fait ordinairement de pareilles pièces, il les méprisait. Quelquefois, pour donner à ses concitoyens une idée de l'ineptie et de la méchanceté de certains ennemis de la Révolution, il en donnait lecture soit aux Jacobins, soit à ses collègues du comité de Salut public, mais il n'y prenait pas autrement garde. Seulement d'autres avertissements plus sérieux ne lui manquèrent pas. Nous avons mentionné plus haut une pièce dans laquelle un ami inconnu lui rendait compte des menées de la conjuration. Dans la journée du 5 thermidor, le rédacteur de l'*Orateur du peuple*, Labenette, un des plus anciens collaborateurs de Fréron, lui écrivant pour réclamer un service, ajoutait: «Qui sait? Peut-être que je t'apprendrai ce que tu ne sais pas». Et il terminait sa lettre en prévenant Maximilien qu'il irait le voir le lendemain pour savoir l'heure et le moment où il pourrait lui ouvrir son coeur[381]. Celui-là devait être bien informé. Vit-il Robespierre, et déroula-t-il devant lui tout le plan de la conjuration? C'est probable. Ce qu'il y a de certain, c'est que Maximilien, comme on peut s'en convaincre par son discours du 8 thermidor, connaissait jusque dans leurs moindres détails les manoeuvres de ses ennemis.

[Note 381: Cette lettre figure à la suite du rapport de Courtois, sous le numéro XVI, p. 113. Courtois n'a donné que l'initiale du nom de Labenette. Nous l'avons rétabli d'après l'original de la lettre, qu'on peut voir aux *Archives*.]

S'il eût été doué du moindre esprit d'intrigue, comme il lui eût été facile de déjouer toutes les machinations thermidoriennes, comme aisément il se fût rendu d'avance maître de la situation! Mais non, il sembla se complaire dans une complète inaction. Loin de prendre la précaution de sonder les intentions de ses collègues de la droite, il n'eut même pas l'idée de s'entendre avec ceux dont le concours lui était assuré! La grande majorité des sections parisiennes, la société des Jacobins presque tout entière, la commune lui étaient dévouées; il ne songea point à tirer parti de tant d'éléments de force et de succès. Les inventeurs *de la conspiration de Robespierre* ont eu beau s'ingénier, ils n'ont pu prouver un lambeau de papier indiquant qu'il y ait eu la moindre intelligence et le moindre concert entre Maximilien et le maire de Paris Fleuriot-Lescot, par exemple, ou l'agent national Payan[382]. Si ces deux hauts fonctionnaires, sur le compte desquels la réaction, malgré sa science dans l'art de la calomnie, n'est parvenue à mettre ni une action basse ni une lâcheté, ont, dans la journée du 9 thermidor, pris parti pour Robespierre, ç'a été tout spontanément et emportés par l'esprit de justice. En revanche on a été beaucoup plus fertile en inventions sur le compte d'Hanriot, le célèbre général de la garde nationale parisienne[383].

[Note 382: Il n'existe qu'une seule lettre de Payan à Robespierre; elle est datée du 9 messidor (2 juin 1794). Cette lettre, dont nous avons déjà parlé plus haut, est surtout relative à un rapport de Vadier sur Catherine Théot, rapport dans lequel l'agent national croit voir le fruit d'une intrigue contre-révolutionnaire. Elle est très loin de respirer un ton d'intimité, et, contrairement aux habitudes du jour, Payan n'y tutoie pas Robespierre. (Voyez-la à la suite du rapport de Courtois, sous le numéro LVI, p. 212, et dans les *Papiers inédits*, t. II, p. 359.)]

[Note 383: M. Thiers, dont nous avons renoncé à signaler les erreurs étranges, les inconséquences, les contradictions se renouvelant de page en page, fait offrir par Hanriot à Robespierre le *déploiement de ses colonnes* et une énergie plus grande qu'au 2 juin. (*Histoire de la Révolution*, ch. XXI.) M. Thiers, suivant son habitude, du reste, n'oublie qu'une chose, c'est de nous dire d'où lui est venu ce renseignement; nous aurions pu alors en discuter la valeur.]

VIII

Oh! pour celui-là la réaction a été impitoyable; elle a épuisé à son égard tous les raffinements de la calomnie. Hanriot a payé cher sa coopération active au mouvement démocratique du 31 mai. De cet ami sincère de la Révolution, de ce citoyen auquel un jour, à l'Hôtel de Ville, on promettait une renommée immortelle pour son désintéressement et son patriotisme, les uns ont fait un laquais ivre, les autres l'ont malicieusement confondu avec un certain Hanriot, compromis dans les massacres de Septembre.

On a jusqu'à ce jour vomi beaucoup de calomnies contre lui, on n'a jamais rien articulé de sérieux. Dans son commandement il se montra toujours irréprochable. Sa conduite, durant le rude hiver de 1794, fut digne de tous éloges. Si la paix publique ne fut point troublée, si les attroupements aux portes des boulangers et des bouchers ne dégénérèrent pas en collisions sanglantes, ce fut grâce surtout à son énergie tempérée de douceur.

S'il est vrai que le style soit l'homme, on n'a qu'à parcourir les ordres du jour du général Hanriot, et l'on se convaincra que ce révolutionnaire tant calomnié était un excellent patriote, un pur républicain, un véritable homme de bien. A ses frères d'armes, de service dans les maisons d'arrêt, il recommande de se comporter avec le plus d'égards possible envers les détenus et leurs femmes. «La justice nationale seule», dit-il, «a le droit de sévir contre les coupables[384]…. Le criminel dans les fers doit être respecté; on plaint le malheur, mais on n'y insulte pas»[385]. Pour réprimer l'indiscipline de certains gardes nationaux, il préfère l'emploi du raisonnement à celui de la force: «Nous autres républicains, nous devons être frappés de l'évidence de notre égalité et pour la soutenir il faut des moeurs, des vertus et de l'austérité»[386]. Ailleurs il disait: «Je ne croirai jamais que des mains républicaines soient capables de s'emparer du bien d'autrui; j'en appelle à toutes les vertueuses mères de famille dont les sentiments d'amour pour la patrie et de respect pour tout ce qui mérite d'être respecté, sont publiquement connus»[387]. Est-il parfois obligé de recourir à la force armée, il ne peut s'empêcher d'en gémir: «Si nous nous armons quelquefois de fusils, ce n'est pas pour nous en servir contre nos pères, nos frères et amis, mais contre les ennemis du dehors[388]….»

[Note 384: Ordre du jour en date du 26 pluviôse (14 février 1794).]

[Note 385: *Ibid.* du 1er germinal (21 mars 1794).]

[Note 386: *Ibid.* du 14 nivôse (3 janvier 1794).]

[Note 387: *Ibid.* en date du 19 pluviôse (7 février 1794).]

[Note 388: Ordre du jour en date du 17 pluviôse an II (5 février 1794).]

Ce n'est pas lui qui eût encouragé notre malheureuse tendance à nous engouer des hommes de guerre: «Souvenez-vous, mes amis, que le temps de servir les hommes est passé. C'est à la chose publique seule que tout bon citoyen se doit entièrement…. Tant que je serai général, je ne souffrirai jamais que le pouvoir militaire domine le civil, et si mes frères les canonniers veulent *despotiser*, ce ne sera jamais sous mes ordres»[389].

[Note 389: Ordre du jour en date du 29 brumaire (19 novembre 1793).]

Dans nos fêtes publiques, il nous faut toujours des baïonnettes qui reluisent au soleil; Hanriot ne comprend pas ce déploiement de l'appareil des armes dans des solennités pacifiques. Le lendemain d'un jour de cérémonie populaire, un citoyen s'étant plaint que la force armée n'eût pas été là avec ses fusils et ses piques pour mettre l'ordre dans la foule: «Ce ne sont pas mes principes», s'écrie Hanriot dans un ordre du jour; «quand on fête, pas d'armes, pas de despote; la raison établit l'ordre, la douce et saine philosophie règle nos pas … un ruban tricolore suffit pour indiquer à nos frères que telles places sont destinées à nos bons législateurs…. Quand il s'agit de fête, ne parlons jamais de force armée, elle touche de trop près au despotisme….»[390].

[Note 390: *Ibid.* du 21 brumaire (11 novembre 1793).]

A coup sûr, le moindre chef de corps trouverait aujourd'hui cet Hanriot bien arriéré. «Dans un pays libre», dit encore cet étrange général, «la police ne doit pas se faire avec des piques et des baïonnettes, mais avec la raison et la philosophie. Elles doivent entretenir un oeil de surveillance sur la société, l'épurer et en proscrire les méchants et les fripons…. Quand viendra-t-il ce temps désiré où les fonctionnaires publics seront rares, où tous les mauvais sujets seront terrassés, où la société entière n'aura pour fonctionnaire public que la loi[391]….! Un peuple libre se police lui-même, il n'a pas besoin de force armée pour être juste[392]…; La puissance militaire exercée despotiquement mène à l'esclavage, à la misère, tandis que la puissance civile mène au bonheur, à la paix, à la justice, à l'abondance[393]….»

[Note 391: *Ibid.* du 6 brumaire (27 octobre 1793).]

[Note 392: *Ibid.* du 19 brumaire (9 novembre 1793).]

[Note 393: Ordre du jour en date du 25 prairial (13 juin 1794).]

Aux fonctionnaires qui se prévalent de leurs titres pour s'arroger certains privilèges, il rappelle que la loi est égale pour tous. «Les dépositaires des lois en doivent être les premiers esclaves» [394]. Un arrêté de la commune ayant ordonné que les citoyens trouvés mendiant dans les rues fussent arrêtés et conduits à leurs sections respectives, le général prescrit à ses soldats d'opérer ces sortes d'arrestations «avec beaucoup d'humanité et d'égards pour le malheur, qu'on doit respecter»[395]. Aux gardes nationaux sous ses ordres, il recommande la plus grande modération dans le service: «Souvenez-vous que le fer dont vos mains sont armées n'est pas destiné à déchirer le sein d'un père, d'un frère, d'une mère, d'une épouse chérie…. Souvenez-vous de mes premières promesses où je vous fis part de l'horreur que j'avois pour toute effusion de sang…. Je ne souffrirai jamais qu'aucun de vous en provoque un autre au meurtre et à l'assassinat. Les armes que vous portez ne doivent être tirées que pour la défense de la patrie, c'est le comble de la folie de voir un Français égorger un Français; si vous avez des querelles particulières, étouffez-les pour l'amour de la patrie»[396].

[Note 394: *Ibid.* du 4 septembre 1793.]

[Note 395: *Ibid.* du 21 prairial an II (9 juin 1794).]

[Note 396: *Ibid.* du 27 ventôse (17 mars 1794).]

Le véritable Hanriot ressemble assez peu, comme on voit, à l'Hanriot légendaire de la plupart des écrivains. Le bruit a-t-il couru, au plus fort moment de l'hébertisme, que certains hommes songeraient à ériger une dictature, il s'empresse d'écrire: «Tant que nous conserverons notre énergie, nous défierons ces êtres vils et corrompus de se mesurer avec nous. Nous ne voulons pour maître que la loi, pour idole que la liberté et l'égalité, pour autel que la justice et la raison[397].»

[Note 397: Ordre du jour du 16 ventôse an II (6 mars 1794).]

A ses camarades il ne cesse de prêcher la probité, la décence, la sobriété, toutes les vertus. «Ce sont nos seules richesses; elles sont impérissables. Fuyons l'usure; ne prenons pas les vices des tyrans que nous avons terrassés[398]…. Soyons sobres, aimons la patrie, et que notre conduite simple, juste et vertueuse remplisse d'étonnement les peuples des autres climats»[399].

[Note 398: *Ibid.* du 16 floréal (5 mai 1794).]

[Note 399: *Ibid.* du 26 prairial (14 juin 1794).]

Indigné de l'imprudence et de la brutalité avec lesquelles certains soldats de la cavalerie, des estafettes notamment, parcouraient les rues de Paris, au risque de renverser sur leur passage femmes, enfants, vieillards, il avait autorisé les gardes nationaux de service à arrêter les cavaliers de toutes armes allant au grand galop dans les rues. «L'honnête citoyen à pied doit être respecté par celui qui est à cheval»[400].

[Note 400: *Ibid.* du 15 pluviôse (3 février 1794).]

Un matin, l'ordre du jour suivant fut affiché dans tous les postes: «Hier, un gendarme de la 29ème division a jeté à terre, il était midi trois quarts, rue de la Verrerie, au coin de celle Martin, un vieillard ayant à la main une béquille.... Cette atrocité révolte l'homme qui pense et qui connaît ses devoirs. Malheur à celui qui ne sait pas respecter la vieillesse, les lois de son pays, et qui ignore ce qu'il doit à lui-même et à la société entière. Ce gendarme prévaricateur, pour avoir manqué à ce qui est respectable, gardera les arrêts jusqu'à nouvel ordre[401].» Quand je passe maintenant au coin de la rue Saint-Martin, à l'angle de la vieille église Saint-Méry qui, dans ce quartier transformé, est restée presque seule comme un témoin de l'acte de brutalité si sévèrement puni par le général de la garde nationale, je ne puis m'empêcher de songer à cet Hanriot dont la réaction nous a laissé un portrait si défiguré.

[Note 401: Ordre du jour en date du 27 floréal (16 mai 1794).]

Aux approches du 9 thermidor ses conseils deviennent en quelque sorte plus paternels. Il conjure les femmes qui, par trop d'impatience à la porte des fournisseurs, causaient du trouble dans la ville, de se montrer sages et dignes d'elles-mêmes. «Souvenez-vous que vous êtes la moitié de la société et que vous nous devez un exemple que les hommes sensibles ont droit d'attendre de vous[402].» Le 3 thermidor, il invitait encore les canonniers à donner partout le bon exemple: «La patrie, qui aime et veille sur tous ses enfants, proscrit de notre sein la haine et la discorde.... Faisons notre service d'une manière utile et agréable à la grande famille; fraternisons, et aimons tous ceux qui aiment et défendent la chose publique[403].» Voilà pourtant l'homme qu'avec leur effronterie ordinaire les Thermidoriens nous ont présenté comme ayant été jeté ivre-mort par Coffinhal dans un égout de l'Hôtel de Ville.

[Note 402: Ordre du jour en date du 22 messidor (10 juillet 1794).]

[Note 403: *Ibid.*, du 3 thermidor (21 juillet 1794). Les ordres du jour du général Hanriot se trouvent en minutes aux *Archives*, où nous les avons relevés. Un certain nombre ont été publiés, à l'époque, dans le *Moniteur* et les journaux du temps.]

Ces citations, que nous aurions pu multiplier à l'infini, témoignent assez clairement de l'esprit d'ordre, de la sagesse et de la modération du général Hanriot; car ces ordres du jour, superbes parfois d'honnêteté naïve, et révélés pour la première fois, c'est l'histoire prise sur le fait, écrite par un homme de coeur et sans souci de l'opinion du lendemain.

En embrassant, dans la journée du 9 thermidor, la cause des proscrits, Hanriot, comme Dumas et Coffinhal, comme Payan et Fleuriot-Lescot, ne fit que céder à l'ascendant de la vertu. Si, vingt-quatre heures d'avance seulement, Robespierre avait eu l'idée de s'entendre avec ces hauts fonctionnaires, si aux formidables intrigues nouées depuis si longtemps contre lui il avait opposé les plus simples mesures de prudence, s'il avait prévenu d'un mot quelques membres influents de la Commune et des sections, s'il avait enfin pris soin d'éclairer sur les sinistres projets de ses adversaires la foule immense de ses admirateurs et de ses amis inconnus, la victoire lui était assurée; mais, en dehors de la Convention, il n'y avait pas de salut à ses yeux; l'Assemblée, c'était l'arche sainte; plutôt que d'y porter la main, il aurait offert sa poitrine aux poignards. Pour triompher de ses ennemis, il crut qu'il lui suffirait d'un discours, et il se présenta sans autre arme sur le champ de bataille, confiant dans son bon droit et dans les sentiments de justice et d'équité de la Convention. Fatale illusion, mais noble croyance, dont sa mémoire devrait rester éternellement honorée.

IX

D'ailleurs Robespierre ne put se persuader, j'imagine, que ses collègues du comité de Salut public l'abandonneraient si aisément à la rage de ses ennemis. Mais il comptait sans les jaloux et les envieux, à qui son immense popularité portait ombrage. La persistance de Maximilien à ne point s'associer à une foule d'actes qu'il considérait comme tyranniques, à ne pas prendre part, quoique présent, aux délibérations du comité, exaspéra certainement quelques-uns de ses collègues, surtout Billaud. Ce dernier lui reprochait d'être le tyran de l'opinion, à cause de ses succès de tribune. Singulier reproche qui fit dire à Saint-Just: «Est-il un triomphe plus désintéressé? Caton aurait chassé de Rome le mauvais citoyen qui eût appelé l'éloquence dans la tribune aux harangues le tyran de l'opinion[404].» Son empire, ajoute-t-il excellemment, se donne à la raison et ne ressemble guère au pouvoir des gouvernements. Mais Billaud-Varenne et Collot-d'Herbois, forts de l'appui de Carnot, avaient pour ainsi dire accaparé à cette époque l'exercice du pouvoir[405]: ils ne se souciaient nullement de voir la puissance du gouvernement contre balancée par celle de l'opinion.

[Note 404: Discours du 9 Thermidor.]

[Note 405: «Vous avez confié le gouvernement à douze personnes, il s'est trouvé, en effet, le dernier mois, entre deux ou trois.» Saint-Just, *discours du 9 thermidor.*]

Cependant diverses tentatives de rapprochement eurent lieu dans les premiers jours de thermidor, non seulement entre les membres du comité de Salut public, mais encore entre les membres des deux comités réunis. On s'assembla une première fois le 4. Ce jour-là l'entente parut probable, puisqu'on chargea Saint-Just de présenter à la Convention un rapport sur la situation générale de la République, Saint-Just dont l'amitié et le dévouement pour Robespierre n'étaient ignorés de personne. L'âpre et fier jeune homme ne déguisa ni sa pensée ni ses intentions. Il promit de dire tout ce que sa probité lui suggérerait pour le bien de la patrie, rien de plus, rien de moins, et il ajouta: «Tout ce qui ne ressemblera pas au pur amour du peuple et de la liberté aura ma haine[406].» Ces paroles donnèrent sans doute à réfléchir à ceux qui ne le voyaient pas sans regret chargé de prendre la parole au nom des comités devant la Convention nationale. Billaud-Varenne ne dissimula même pas son dessein de rédiger l'acte d'accusation de Maximilien[407].

[Note 406: Discours du 9 thermidor.]

[Note 407: *Ibid.*]

Le lendemain, on se rassembla de nouveau. Les membres des anciens comités ont prétendu que ce jour-là Robespierre avait été cité devant eux pour s'expliquer sur les conspirations dont il parlait sans cesse vaguement aux Jacobins et sur son absence du comité depuis quatre décades. Il ne faut pas beaucoup de perspicacité pour découvrir la fourberie cachée sous cette déclaration intéressée. D'abord il n'y avait pas lieu de citer Robespierre devant les comités, puisque, du propre aveu de ses accusateurs, il n'avait encore accompli aucun de ces actes ostensibles et nécessaires «pour démontrer une conjuration à l'opinion publique abusée»[408]. Cet acte *ostensible et nécessaire* ce fut, comme l'ont dit eux-mêmes ses assassins, son discours du 8 thermidor.— Secondement, l'absence de Robespierre a été, comme nous l'avons prouvé, une absence toute morale; de sa personne il était là; donc il était parfaitement inutile de le mander, puisque chaque jour on se trouvait face à face avec lui.

[Note 408: *Réponse de J.-N. Billaud à Lecointre*, p. 89. M. Michelet trouve moyen de surenchérir sur les allégations inadmissibles des membres des deux anciens comités. Il raconte que le soir du 5 thermidor, le comité, *non sans étonnement, vit arriver Robespierre*. Et que voulait-il? se demande l'éminent écrivain; les tromper? gagner du temps *jusqu'au retour de Saint-Just*? Il ne le croit pas, et c'est bien heureux; mais s'il avait étudié avant d'écrire, il se serait aperçu que Robespierre n'avait pas à gagner du temps jusqu'au retour de Saint-Just, puisque ce représentant était de retour depuis le 10 messidor, c'est-à-dire depuis plus de trois semaines, et que, dans son dernier discours, il a raconté lui-même avec des détails qu'on ne trouve nulle part ailleurs cette séance du 5 thermidor, où il joua un rôle si important. (Voy. l'*Histoire de la Révolution* par M. Michelet, t. VII, p. 428.)]

La vérité est que le 5 thermidor il consentit à une explication. Cette explication, que fût-elle? Il est impossible d'admettre tous les contes en l'air débités là-dessus par les uns et par les autres. Les anciens membres des comités ont gardé à cet égard un silence prudent[409]. Seul, Billaud-Varenne en a dit quelques mots. A l'en croire, Robespierre serait devenu lui-même accusateur, aurait désigné nominativement les victimes qu'il voulait immoler, et surtout aurait reproché aux deux comités l'inexécution du décret ordonnant l'organisation de six commissions populaires pour juger les détenus[410]. Sur ce dernier point nous prenons Billaud en flagrant délit de mensonge, car, dès le 3 thermidor, quatre de ces commissions étaient organisées par un arrêté auquel Robespierre, ainsi qu'on l'a vu plus haut, avait, quoique présent au comité, refusé sa signature. Quant aux membres dénoncés par Robespierre à ses collègues des comités pour leurs crimes et leurs prévarications, quels étaient-ils? Billaud-Varenne s'est abstenu de révéler leurs noms, et c'est infiniment fâcheux; on eût coupé court ainsi aux exagérations de quelques écrivains, qui, feignant d'ajouter foi aux récits mensongers de certains conjurés thermidoriens, se sont complu à porter jusqu'à dix-huit et jusqu'à trente le chiffre des Conventionnels menacés. Le nombre des coupables n'était pas si grand; rappelons que, d'après les déclarations assez précises de Couthon et de Saint-Just, il ne s'élevait pas à plus de quatre ou cinq, parmi lesquels, sans crainte de se tromper, on peut ranger Fouché, Tallien et Rovère. «Robespierre s'est déclaré le ferme appui de la Convention», a écrit Saint-Just, «il n'a jamais parlé dans le comité qu'avec ménagement de porter atteinte à aucun de ses membres[411]». C'est encore au discours de Saint-Just qu'il faut recourir pour savoir à peu près au juste ce qui s'est passé le 5 thermidor dans la séance des deux comités.

[Note 409: *Réponse des membres des deux anciens comités*, p. 7 et 61. Barère n'a pas été plus explicite dans ses *Observations sur le rapport de Saladin*.]

[Note 410: *Réponse de J.-N. Billaud à Laurent Lecointre*, p. 89.]

[Note 411: Discours du 9 Thermidor.]

Au commencement de la séance tout le monde restait muet, comme si l'on eût craint de s'expliquer. Saint-Just rompit le premier le silence. Il raconta qu'un officier suisse, fait prisonnier devant Maubeuge et interrogé par Guyton-Morveau et par lui, leur avait confié que les puissances alliées n'avaient aucun espoir d'accommodement avec la France actuelle, mais qu'elles attendaient tout d'un parti qui renverserait la forme terrible du gouvernement et adopterait des principes moins rigides. En effet, les manoeuvres des conjurés n'avaient pas été sans transpirer au dehors. Les émigrés, ajouta Saint-Just, sont instruits du projet des conjurés de faire, s'ils réussissent, contraster l'indulgence avec la rigueur actuellement déployée contre les traîtres. Ne verra-t-on pas les plus violents terroristes, les Tallien, les Fréron, les Bourdon (de l'Oise), s'éprendre de tendresses singulières pour les victimes de la Révolution et même pour les familles des émigrés?

Arrivant ensuite aux persécutions sourdes dont Robespierre était l'objet, il demanda, sans nommer son ami, s'il était un dominateur qui ne se fût pas d'abord environné d'un grand crédit militaire, emparé des finances et du gouvernement, et si ces choses se trouvaient dans les mains de ceux contre lesquels on insinuait des soupçons. David appuya chaleureusement les paroles de son jeune collègue. Il n'y avait pas à se méprendre sur l'allusion. Billaud-Varenne dit alors à Robespierre: *Nous sommes tes Amis, nous avons toujours marché ensemble.* Et la veille, il l'avait traité de Pisistrate. «Ce déguisement», dit Saint-Just, «fit tressaillir mon coeur»[412].

[Note 412: Discours du 9 thermidor.]

Il n'y eut rien d'arrêté positivement dans cette séance; cependant la paix parut, sinon cimentée, au moins en voie de se conclure, et l'on confirma le choix que, la veille, on avait fait de Saint-Just, comme rédacteur d'un grand rapport sur la situation de la République. Les conjurés, en apprenant l'issue de cette conférence, furent saisis de terreur. Si cette paix eût réussi, a écrit l'un d'eux, «elle perdait à jamais la France»[413]; c'est-à-dire: nous étions démasqués et punis, nous misérables qui avons tué la République dans la personne de son plus dévoué défenseur. De nouveau l'on se mit à l'oeuvre: des listes de proscription plus nombreuses furent lancées parmi les députés. «Epouvanter les membres par des listes de proscription et en accuser l'innocence», voilà ce que Saint-Just appelait un blasphème[414].

[Note 413: *Les Crimes de sept membres des anciens comités, etc., ou Dénonciation formelle à la Convention nationale*, par Laurent Lecointre, p. 194.]

[Note 414: Discours du 9 Thermidor.]

Tel avait été le succès de ce stratagème, qu'ainsi que nous l'avons dit, un certain nombre de représentants n'osaient plus coucher dans leurs lits. Cependant on ne vint pas sans peine à bout d'entraîner le comité de Salut public; il fallut des pas et des démarches dont l'histoire serait certainement instructive et curieuse. Les membres de ce comité semblaient comme retenus par une sorte de crainte instinctive, au moment de livrer la grande victime. Tout à l'heure même nous allons entendre Barère, en leur nom, prodiguer à Robespierre la louange et l'éloge. Mais ce sera le baiser de Judas.

CHAPITRE SIXIÈME

Sortie de Couthon contre les conjurés.—Une pétition des Jacobins. —
Justification de Dubois-Crancé.—Réunion chez Collot-d'Herbois.
Robespierre la veille du 8 thermidor.—Discours testament.—Vote de
l'impression du discours.—Vadier à la tribune.—Intervention de Cambon.—
Billaud-Varenne et Panis dans l'arène.—Fière attitude de Robespierre.—Sa
faute capitale.—Remords de Cambon.—Séance du 8 thermidor aux
Jacobins.—David et Maximilien.—Tentative suprême auprès des gens de la
droite.—Nuit du 8 au 9 thermidor.

I

Aux approches du 9 thermidor, il y avait dans l'air une inquiétude vague,
quelque chose qui annonçait de grands événements. Les malveillants
s'agitaient en tous sens et répandaient les bruits les plus alarmants pour
décourager et diviser les bons citoyens. Ils intriguaient jusque dans les
tribunes de la Convention. Robespierre s'en plaignit vivement aux Jacobins
dans la séance du 6, et il signala d'odieuses menées dont, ce jour-là même,
l'enceinte de la Convention avait été le théâtre[415]. Après lui Couthon prit
la parole et revint sur les manoeuvres employées pour jeter la division dans
la Convention nationale, dans les comités de Salut public et de Sûreté
générale. Il parla de son dévouement absolu pour l'Assemblée, dont la très-
grande majorité lui paraissait d'une pureté exemplaire; il loua également les
comités de Salut public et de Sûreté générale, où, dit-il, il connaissait des
hommes vertueux et énergiques, disposés à tous les sacrifices pour la patrie.
Seulement il reprocha au comité de Sûreté générale de s'être entouré de
scélérats coupables d'avoir exercé en son nom une foule d'actes arbitraires et
répandu l'épouvante parmi les citoyens, et il nomma encore Senar, ce coquin
dont les Mémoires plus ou moins authentiques ont si bien servi la réaction.
«Il n'est pas», dit-il, «d'infamies que cet homme atroce n'ait commises». C'était
là un de ces agents impurs dénoncés par Robespierre comme cherchant
partout des coupables et prodiguant les arrestations injustes[416]. Couthon
ne s'en tint pas là: il signala la présence de quelques scélérats jusque dans le
sein de la Convention, en très petit nombre du reste: cinq ou six, s'écria-t-il,
«dont les mains sont pleines des richesses de la République et dégouttantes
du sang des innocents qu'ils ont immolés»; c'est-à-dire les Fouché, les Tallien,
les Carrier, les Rovère, les Bourdon (de l'Oise), qu'à deux jours de là
Robespierre accusera à son tour—malheureusement sans les nommer—
d'avoir porté la Terreur dans toutes les conditions.

[Note 415: *Journal de la Montagne* du 10 thermidor (28 juillet 1794).]

[Note 416: Senar, comme on sait, avait fini par être arrêté sur les plaintes
réitérées de Couthon.]

Trois jours auparavant, Couthon, après avoir récriminé contre les cinq ou six coquins dont la présence souillait la Convention, avait engagé la société à présenter dans une pétition à l'Assemblée ses voeux et ses réflexions au sujet de la situation, et sa motion avait été unanimement adoptée. Il y revint dans la séance du 6. C'était sans doute, à ses yeux, un moyen très puissant de déterminer les gens de bien à se rallier, et les membres purs de la Convention à se détacher des cinq ou six êtres tarés qu'il considérait comme les plus vils et les plus dangereux ennemis de la liberté[417]. Quelques esprits exaltés songèrent-ils alors à un nouveau 31 mai? Cela est certain; mais il est certain aussi que si quelqu'un s'opposa avec une énergie suprême à l'idée de porter atteinte à la Convention nationale, dans des circonstances nullement semblables à celles où s'était trouvée l'Assemblée à l'époque du 31 mai, ce fut surtout Robespierre. Il ne ménagea point les provocateurs d'insurrection, ceux qui, par leurs paroles, poussaient le peuple à un 31 mai. «C'était bien mériter de son pays», s'écriat-il, «d'arrêter les citoyens qui se permettraient des propos aussi intempestifs et aussi contre-révolutionnaires»[418].

[Note 417: Le compte rendu de la séance du 6 thermidor aux Jacobins ne figure pas au *Moniteur*. Il faut le lire dans le *Journal de la Montagne* au 10 thermidor (28 juillet 1794), où il est très incomplet. La date seule, du reste, suffit pour expliquer les lacunes et les inexactitudes.]

[Note 418: On chercherait vainement dans les journaux du temps trace des paroles de Robespierre. Le compte rendu très incomplet de la séance du 6 thermidor aux Jacobins n'existe que dans le *Journal de la Montagne*. Mais les paroles de Robespierre nous ont été conservées dans le discours prononcé par Barère à la Convention le 7 thermidor, et c'est là un document irrécusable. (Voyez le *Moniteur* du 8 thermidor [26 juillet 1794].)]

Rien de plus légal, d'ailleurs, que l'adresse présentée par la société des Jacobins à la Convention dans la séance du 7 thermidor (25 juillet 1794), rien de plus rassurant surtout pour l'Assemblée. En effet, de quoi y est-il question? D'abord, des inquiétudes auxquelles donnaient lieu les manoeuvres des détracteurs du comité de Salut public, manoeuvres que les Amis de la liberté et de l'égalité ne pouvaient attribuer qu'à l'étranger, contraint de placer sa dernière ressource dans le crime. C'était lui, disait-on, qui «voudrait que des conspirateurs impunis pussent assassiner les patriotes et la liberté, au nom même de la patrie, afin qu'elle ne parût puissante et terrible que contre ses enfants, ses amis et ses défenseurs....» Ces conspirateurs impunis, ces prescripteurs des patriotes et de la liberté, c'étaient les Fouché, les Tallien, les Rovère, etc., les cinq ou six coquins auxquels Couthon avait fait allusion la veille. Ils pouvaient triompher grâce à une indulgence arbitraire, tandis que la justice mise à l'ordre du jour, cette justice impartiale à laquelle se fie le citoyen honnête, même après des erreurs et des fautes, faisait trembler les traîtres, les fripons et les intrigants, mais consolait et rassurait l'homme de bien[419]. On y dénonçait comme une manoeuvre contre-révolutionnaire la proposition faite à la Convention, par un nommé Magenthies, de prononcer la peine de mort contre les auteurs de jurements où le nom de Dieu serait compromis, et d'ensanglanter ainsi les pages de la philosophie et de la morale, proposition dont l'infamie avait déjà été signalée par Robespierre à la tribune des Jacobins[420]. La désignation de prêtres et de prophètes appliquée, dans la pétition Magenthies, aux membres de l'Assemblée qui avaient proclamé la reconnaissance de l'Être suprême et de l'immortalité de l'âme, était également relevée comme injurieuse pour la Représentation nationale.

[Note 419: Impossible de travestir plus déplorablement que ne l'a fait M. Michelet le sens de cette pétition. «Elle accusait les indulgents,» dit-il, t. VII, p. 435. Les indulgents! c'est-à-dire ceux «qui déclaraient la guerre aux citoyens paisibles, érigeaient en crimes ou des préjugés incurables ou des choses indifférentes pour trouver partout des coupables et rendre la Révolution redoutable au peuple même.» Voilà les singuliers indulgents qu'accusait la pétition jacobine.]

[Note 420: Voyez à ce sujet le discours de Barère dans la séance du 7 thermidor (25 juillet 1794).]

Comment, était-il dit dans cette adresse, la sollicitude des amis de la liberté et de l'égalité n'aurait-elle pas été éveillée quand ils voyaient les patriotes les plus purs en proie à la persécution et dans l'impossibilité même de faire entendre leurs réclamations? Ici, bien évidemment, ils songeaient à Robespierre. Leur pétition respirait, du reste, d'un bout à l'autre, le plus absolu dévouement pour la Convention, et ils y protestaient avec chaleur de tout leur attachement pour les mandataires du pays. «Avec vous», disaient-ils en terminant, «ce peuple vertueux, confiant, bravera tous ses ennemis; il placera son devoir et sa gloire à respecter et à défendre ses représentants jusqu'à la mort»[421]. En présence d'un pareil document, il est assurément assez difficile d'accuser la société des Amis de la liberté et de l'égalité de s'être insurgée contre la Convention, et il faut marcher à pieds joints sur la vérité pour oser prétendre qu'à la veille du 9 Thermidor on sonnait le tocsin contre la célèbre Assemblée.

[Note 421: Cette adresse de la Société des Jacobins se trouve dans le *Moniteur* du 8 thermidor (26 juillet) et dans le *Journal des Débats* et des décrets de la Convention, numéro 673.]

II

Au moment où l'on achevait la lecture de cette adresse, Dubois-Crancé s'élançait à la tribune comme s'il se fût senti personnellement désigné et inculpé. Suspect aux patriotes depuis le siège de Lyon, louvoyant entre tous les partis, ce représentant du peuple s'était attiré l'animosité de Robespierre par sa conduite équivoque. Récemment exclu des Jacobins, il essaya de se justifier, protesta de son patriotisme et entra dans de longs détails sur sa conduite pendant le siège de Lyon. Un des principaux griefs relevés à sa charge par Maximilien était d'avoir causé beaucoup de fermentation dans la ci-devant Bretagne, en s'écriant publiquement à Rennes, qu'il y aurait des chouans tant qu'il existerait un Breton[422]. Dubois-Crancé ne dit mot de cela, il se contenta de se vanter d'avoir arraché la Bretagne à la guerre civile. «Robespierre a été trompé», dit-il, «lui-même reconnaîtra bientôt son erreur[423]». Mais ce qui prouve que Robespierre ne se trompait pas, c'est que ce personnage, digne allié des Fouché et des Tallien, devint l'un des plus violents séides de la réaction thermidorienne. On voit, du reste, avec quels ménagements les conjurés traitaient Maximilien à l'heure même où ils n'attendaient que l'occasion de le tuer. Le comité de Salut public n'avait pas dit encore son dernier mot.

[Note 422: Note de Robespierre sur quelques députés, à la suite du rapport de Courtois, sous le numéro LI, et dans les *Papiers inédits*, t. II, p. 17.]

[Note 423: Voyez le discours de Dubois-Crancé dans le *Moniteur* du 8 thermidor (26 juillet 1794).]

On put même croire un moment qu'il allait prendre Maximilien sous sa garde, et lui servir de rempart contre ses ennemis. Barère présenta au nom du comité de Salut public un long rapport dans lequel il refit le procès des Girondins, des Hébertistes et des Dantonistes, porta aux nues la journée du 31 mai, et traça de Robespierre le plus pompeux éloge. Des citoyens aveuglés ou malintentionnés avaient parlé de la nécessité d'un nouveau 31 mai, dit-il; un homme s'était élevé avec chaleur contre de pareilles propositions, avait hautement préconisé le respect de la Représentation nationale, et cet homme, c'était, comme on l'a vu plus haut, Maximilien Robespierre. «Déjà», ajouta Barère, «un représentant du peuple qui jouit d'une réputation patriotique méritée par cinq années de travaux et par ses principes imperturbables d'indépendance et de liberté, a réfuté avec chaleur les propos contre-révolutionnaires que je viens de vous dénoncer[424]».

[Note 424: Voyez le *Moniteur* du 8 thermidor (26 juillet 1794).]

En entendant de telles paroles, les conjurés durent trembler et sentir se fondre leurs espérances criminelles. Qui pouvait prévoir qu'à deux jours de là Barère tiendrait, au nom de ce même comité, un tout autre langage?

Après la séance conventionnelle, les conjurés se répandirent partout où ils espérèrent rencontrer quelque appui. Aux yeux des gens de la droite ils firent de plus belle miroiter la perspective d'un régime d'indulgence et de douceur; aux yeux des républicains farouches, celle d'une aggravation de terreur. Un singulier mélange de coquins, d'imbéciles et de royalistes déguisés, voilà les Thermidoriens. Une réunion eut lieu Chez Collot-d'Herbois, paraît-il[425], où l'on parvint à triompher des scrupules de certains membres qui hésitaient à sacrifier celui qu'avec tant de raison ils regardaient comme la pierre angulaire de l'édifice républicain, et qu'ils ne se pardonnèrent jamais d'avoir livré à la fureur des méchants. Fouché, prédestiné par sa basse nature au rôle d'espion et de mouchard, rendait compte aux conjurés de ce qui se passait au comité de Salut public. Le 8, il arriva triomphant auprès de ses complices; un sourire illuminait son ignoble figure: «La division est complète», dit-il, «demain il faut frapper[426]».

[Note 425: Renseignement fourni par Godefroy Cavaignac à M. Hauréau.]

[Note 426: Déclaration de Tallien dans la séance du 22 thermidor an III (9 août 1795). *Moniteur* du 27 thermidor (14 août).]

Cependant, au lieu de chercher des alliés dans cette partie indécise, craintive et flottante de la Convention qu'on appelait le centre, et qui n'eût pas mieux demandé que de se joindre à lui s'il eût consenti à faire quelques avances, Robespierre continuait de se tenir à l'écart. Tandis que les conjurés, pour recruter des complices, avaient recours aux plus vils moyens, en appelaient aux plus détestables passions, attendant impatiemment l'heure de le tuer à coup sûr, il méditait … un discours, se fiant uniquement à son bon droit et à la justice de sa cause. La légende nous le représente s'égarant dans ces derniers temps en des promenades lointaines; allant chercher l'inspiration dans les poétiques parages où vivait le souvenir de J.-J. Rousseau, son maître, et où il lui avait été permis, tout jeune encore, de se rencontrer avec l'immortel philosophe. C'est là une tradition un peu incertaine.

Il ne quitta guère Paris dans les jours qui précédèrent le 8 thermidor; sa présence s'y trouve constatée par les registres du comité de Salut public. Ce qui est vrai, c'est que le soir, après le repas, il allait prendre l'air aux Champs-Élysées, avec la famille Duplay. On se rendait, de préférence, du côté du jardin Marboeuf[427]. Robespierre marchait en avant, ayant au bras la fille aînée de son hôte, Éléonore, sa fiancée, et, pour un moment, dans cet avant-goût du bonheur domestique, il oubliait les tourments et les agitations de la vie politique. Derrière eux venaient le père, dont la belle tête commandait le respect, et la mère toute fière et heureuse de voir sa fille au bras de celui qu'elle aimait comme le meilleur et le plus tendre des fils.

[Note 427: Manuscrit de Mme Lebas.]

Dès qu'on était rentré, Maximilien reprenait son travail quand il ne se rendait pas à la séance des Jacobins, où il n'alla pas du 3 au 8. Ce fut vraisemblablement dans cet intervalle qu'il composa son discours dont le manuscrit, que j'ai sous les yeux, porte les traces d'une composition rapide et pressée. Robespierre se retrouve tout entier, avec son système, ses aspirations, sa politique en un mot, dans cette volumineuse harangue, qu'il a si justement appelée lui-même son testament de mort.

Ce n'est point, tant s'en faut, comme on l'a dit, une composition laborieusement conçue, et péniblement travaillée; on y sent, au contraire, tout l'abandon d'une inspiration soudaine. Ce discours est fait d'indignation. C'est la révolte d'une âme honnête et pure contre le crime. Les sentiments divers dont le coeur de l'auteur était rempli se sont précipités à flots pressés sous sa plume; cela se voit aux ratures, aux transpositions, au désordre même qui existe d'un bout à l'autre du manuscrit[428]. Nul doute que Robespierre n'ait été content de son discours, et n'y ait compté comme sur une arme infaillible. La veille du jour où il s'était proposé de le prononcer devant la Convention nationale, il sortit avec son secrétaire, Simon Duplay, le soldat de Valmy, celui qu'on appelait Duplay, à la jambe de bois, et il dirigea ses pas du côté du promenoir de Chaillot tout en haut des Champs-Élysées. Il se montra gai, enjoué jusqu'à poursuivre les hannetons fort abondants cette année[429].

[Note 428: Ce discours, a écrit Charles Nodier, «est surtout vraiment monumental, vraiment digne de l'histoire, en ce point qu'il révèle d'une manière éclatante les projets d'amnistie et les théories libérales et humaines qui devaient faire la base du gouvernement, sous l'influence modératrice de Robespierre, si la Terreur n'avoit triomphé le 9 thermidor». (*Souvenirs de la Révolution*, t. I. p. 292, édit. Charpentier).]

[Note 429: Renseignements fournis par M. le docteur Duplay, fils de Duplay à la jambe de bois et père de l'éminent professeur de clinique chirurgicale.

J'ai sous les yeux l'interrogatoire qu'au lendemain de Thermidor, on fit subir à Simon Duplay, qui avait servi de secrétaire à Robespierre. Le lecteur ne sera peut-être pas fâché de connaître ce curieux document, dont nous devons la communication à notre cher et vieil ami Jules Claretie.

INTERROGATOIRE DE SIMON DUPLAY

Demeurant à Paris, rue Honoré, section des Piques, n° 366, chez son oncle, Maurice Duplay.

D. N'est-ce pas chez ton oncle que logeaient les Robespierre?

R. Oui, mais Robespierre jeune en est sorti après son retour de l'armée d'Italie pour aller loger rue Florentin.

D. N'as-tu pas connaissance que le 8 thermidor ou quelques jours auparavant plusieurs membres du comité de Salut public dinèrent chez Robespierre aîné?

R. Non. Excepté Barère qui y dîna dix, douze ou quinze jours auparavant sans préciser le jour.

D. N'as-tu pas connaissance que Saint-Just et Le Bas y dînèrent à la même époque?

R. Non.

D. Dans le dîner où s'est trouvé Barère, ne l'as-tu pas entendu proposer à Robespierre de se raccommoder avec les membres de la Convention et des Comités, qui paraissaient lui être opposés?

R. Non. Je crois même que le dîner dont il s'agit précéda la division qui, depuis, a éclaté au Comité.

D. Ne sais-tu pas que Robespierre, indépendamment de la police générale de la République, dont il s'était chargé, voulait encore diriger les armées, et que c'est de là qu'est née la division dont il s'agit?

R. Non. Je crois même que Robespierre n'entendait rien à l'art militaire.

D. Ne l'as-tu pas entendu différentes fois, le même Robespierre, déclamer contre les victoires des armées de la République, les tourner en ridicule, et dire, dans d'autres moments, que le sacrifice de 6,000 hommes n'était rien quand il s'agissait d'un principe?

R. Non. Je l'ai vu, au contraire, différentes fois, se réjouir de nos victoires, et je ne l'ai jamais entendu tenir ce dernier propos. Simon Duplay nie que Robespierre ait fait enlever des cartons à la police, que Robespierre reçût des Anglais, des étrangers. Parfois des étrangers qui, obligés de sortir de Paris, réclamaient l'exception.

Il n'a vu ni Fleuriot, ni Hanriot, venir chez Robespierre.

(*Archives* W, 79.)]

Néanmoins, par instant, un nuage semblait voiler sa physionomie, et il se sentait pris de je ne sais quelle vague inquiétude, de cette inquiétude qu'on ne peut s'empêcher de ressentir la veille d'une bataille.

En rentrant dans la maison de son hôte, il trouva le citoyen Taschereau, dont nous avons déjà eu occasion de parler, et il lui fit part de son dessein de prendre la parole le lendemain à l'Assemblée.—«Prenez garde», lui dit Taschereau, «vos ennemis ont beaucoup intrigué, beaucoup calomnié».— «C'est égal», reprit Maximilien, «je n'en remplirai pas moins mon devoir».

III

Depuis longtemps Robespierre n'avait point paru à la tribune de la Convention, et son silence prolongé n'avait pas été sans causer quelque étonnement à une foule de patriotes. Le bruit s'étant répandu qu'il allait enfin parler, il y eut à la séance un concours inusité de monde. Il n'était pas difficile de prévoir qu'on était à la veille de grands événements, et chacun, ami ou ennemi, attendait avec impatience le résultat de la lutte.

Rien d'imposant comme le début du discours dont nous avons mis déjà quelques extraits sous les yeux de nos lecteurs, et que nous allons analyser aussi complètement que possible. «Que d'autres vous tracent des tableaux flatteurs; je viens vous dire des vérités utiles. Je ne viens point réaliser des terreurs ridicules, répandues par la perfidie; mais je veux étouffer, s'il est possible, les flambeaux de la discorde par la seule force de la vérité. *Je vais dévoiler des abus qui tendent à la ruine de la patrie et que votre probité seule peut réprimer*[430]. Je vais défendre devant vous votre autorité outragée et la liberté violée. *Si je vous dis aussi quelque chose des persécutions dont je suis l'objet, vous ne m'en ferez point un crime; vous n'avez rien de commun avec les tyrans que vous combattez.* Les cris de l'innocence outragée n'importunent point vos oreilles, et vous n'ignorez pas que cette cause ne vous est point étrangère.»

[Note 430: Nous prévenons le lecteur que nous analysons ce discours d'après le manuscrit de Robespierre, manuscrit dans la possession duquel, quelque temps après le 9 thermidor, la famille Duplay parvint à rentrer. Les passages que nous mettons en italique ont été supprimés ou [illisible] dans l'édition donnée par la commission thermidorienne.]

Après avoir établi, en fait, la supériorité de la Révolution française sur toutes les autres révolutions, parce que seule elle s'était fondée sur la théorie des droits de l'humanité et les principes de la justice, après avoir montré comment la République s'était glissée pour ainsi dire entre toutes les factions, il traça rapidement l'historique de toutes les conjurations dirigées contre elle et des difficultés avec lesquelles, dès sa naissance, elle s'était trouvée aux prises. Il dépeignit vivement les dangers auxquels elle était exposée quand, la puissance des tyrans l'emportant sur la force de la vérité, il n'y avait plus de légitime que la perfidie et de criminel que la vertu. Alors les bons citoyens étaient condamnés au silence et les scélérats dominaient. «Ici, ajoutait-il, j'ai besoin d'épancher mon coeur, vous avez besoin aussi d'entendre la vérité. Ne croyez pas que je vienne intenter aucune accusation; un soin plus pressant m'occupe et je ne me charge pas des devoirs d'autrui; il est tant de dangers imminents que cet objet n'a plus qu'une importance secondaire.»

Arrêtant un instant sa pensée sur le système de terreur et de calomnies mis en pratique depuis quelque temps, il demandait à qui les membres du gouvernement devaient être redoutables, des tyrans et des fripons, ou des gens de bien et des patriotes. Les patriotes! ne les avait-il pas constamment défendus et arrachés aux mains des intrigants hypocrites qui les opprimaient encore et cherchaient à prolonger leurs malheurs en trompant tout le monde par d'inextricables impostures? Étaient-ce Danton, Chabot, Ronsin, Hébert, qu'on prétendait venger? Mais il fallait alors accuser la Convention tout entière, la justice qui les avait frappés, le peuple qui avait applaudi à leur chute. Par le fait de qui gémissaient encore aujourd'hui dans les cachots tant de citoyens innocents ou inoffensifs? Qui accuser, sinon les ennemis de la liberté et la coupable persévérance des tyrans ligués contre la République? Puis, dans un passage que nous avons cité plus haut, Robespierre reprochait à ses adversaires, à ses persécuteurs, d'avoir porté la terreur dans toutes les conditions, déclaré la guerre aux citoyens paisibles, érigé en crime des préjugés incurables ou des choses indifférentes, d'avoir, recherchant des opinions anciennes, promené le glaive sur une partie de la Convention et demandé dans les sociétés populaires les têtes de cinq cents représentants du peuple. Il rappelait alors, avec une légitime fierté, que c'était lui qui avait arraché ces députés à la fureur des monstres qu'il avait accusés. «Aurait-on oublié que nous nous sommes jeté entre eux et leurs perfides adversaires?» Ceux qu'il avait sauvés ne l'avaient pas oublié encore, mais depuis!

Et pourtant un des grands arguments employés contre lui par la faction acharnée à sa perte était son opposition à la proscription d'une grande partie de la Convention nationale. «Ah! certes», s'écriait-il, «lorsqu'au risque de blesser l'opinion publique, ne consultant que les intérêts sacrés de la patrie, j'arrachais seul à une décision précipitée ceux dont les opinions m'auraient conduit à l'échafaud si elles avaient triomphé; quand, dans d'autres occasions, je m'exposais à toutes les fureurs d'une faction hypocrite pour réclamer les principes de la stricte équité envers ceux qui m'avaient jugé avec plus de précipitation, j'étais loin sans doute de penser que l'on dût me tenir compte d'une pareille conduite; j'aurais trop mal présumé d'un pays où elle aurait été remarquée et où l'on aurait donné des noms pompeux aux devoirs les plus indispensables de la probité; mais j'étais encore plus loin de penser qu'un jour on m'accuserait d'être le bourreau de ceux envers qui je les ai remplis, et l'ennemi de la Représentation nationale, que j'avais servie avec dévouement. Je m'attendais bien moins encore qu'on m'accuserait à la fois de vouloir la défendre et de vouloir l'égorger.»

N'avait on pas été jusqu'à l'accuser auprès de ceux qu'il avait soustraits à l'échafaud d'être l'auteur de leur persécution! Il avait d'ailleurs très bien su démêler les trames de ses ennemis. D'abord on s'était attaqué à la Convention tout entière, puis au comité de Salut public, mais on avait échoué dans cette double entreprise, et à présent on s'efforçait d'accabler un seul homme. Et c'étaient des représentants du peuple, se disant républicains, qui travaillaient à exécuter l'arrêt de mort prononcé par les tyrans contre les plus fermes amis de la liberté! Les projets de dictature imputés d'abord à l'Assemblée entière, puis au comité de Salut public, avaient été tout à coup transportés sur la tête d'un seul de ses membres. D'autres s'apercevraient du côté ridicule de ces inculpations, lui n'en voyait que l'atrocité. «Vous rendrez au moins compte à l'opinion publique de votre affreuse persévérance à poursuivre le projet d'égorger tous les amis de la patrie, monstres qui cherchez à me ravir l'estime de la Convention nationale, le prix le plus glorieux des travaux d'un mortel, que je n'ai ni usurpé ni surpris, mais que j'ai été forcé de conquérir. Paraître un objet de terreur aux yeux de ce qu'on révère et de ce qu'on aime, c'est pour un homme sensible et probe le plus affreux des supplices; le lui faire subir, c'est le plus grand des forfaits»[431]!

[Note 431: On trouve dans les Mémoires de Charlotte Robespierre quelques vers qui semblent être la paraphrase de cette idée.

Le seul tourment du juste à son heure dernière,
Et le seul dont alors je serai déchiré,
C'est de voir en mourant la pâle et sombre envie
Distiller sur mon nom l'opprobre et l'infamie,
De mourir pour le peuple et d'en être abhorré.

Charlotte attribue ces vers à son frère. (Voy. ses Mémoires, p. 121.) Je serais fort tenté de croire qu'ils sont apocryphes.]

Après avoir montré les arrestations injustes prodiguées par des agents impurs, le désespoir jeté dans une multitude de familles attachées à la Révolution, les prêtres et les nobles épouvantés par des motions concertées, les représentants du peuple effrayés par des listes de proscription imaginaires, il protestait de son respect absolu pour la Représentation nationale. En s'expliquant avec franchise sur quelques-uns de ses collègues, il avait cru remplir un devoir, voilà tout. Alors tombèrent de sa bouche des paroles difficiles à réfuter et que l'homme de coeur ne relira jamais sans être profondément touché:

«Quant à la Convention nationale, mon premier devoir comme mon premier penchant est un respect sans bornes pour elle. Sans vouloir absoudre le crime, sans vouloir justifier en elles-mêmes les erreurs funestes de plusieurs, sans vouloir ternir la gloire des défenseurs énergiques de la liberté … je dis que tous les représentants du peuple dont le coeur est pur doivent reprendre la confiance et la dignité qui leur convient. Je ne connais que deux partis, celui des bons et celui des mauvais citoyens; le patriotisme n'est point une affaire de parti, mais une affaire de coeur; il ne consiste ni dans l'insolence ni dans une fougue passagère qui ne respecte ni les principes, ni le bon sens, ni la morale…. Le coeur flétri par l'expérience de tant de trahisons, je crois à la nécessité d'appeler surtout la probité et tous les sentiments généreux au secours de la République. Je sens que partout où l'on rencontre un homme de bien, en quelque lieu qu'il soit assis, il faut lui tendre la main et le serrer contre son coeur. Je crois à des circonstances fatales dans la Révolution, qui n'ont rien de commun avec les desseins criminels; je crois à la détestable influence de l'intrigue et surtout à la puissance sinistre de la calomnie. Je vois le monde peuplé de dupes et de fripons; mais le nombre des fripons est le plus petit; ce sont eux qu'il faut punir des crimes et des malheurs du monde....»

C'était au bon sens et à la justice, ajoutait-il, si nécessaires dans les affaires humaines, de séparer soigneusement l'erreur du crime. Revenant ensuite sur cette accusation de dictature si traîtreusement propagée par les conjurés: «Stupides calomniateurs»! leur disait-il, «vous êtes-vous aperçus que vos ridicules déclamations ne sont pas une injure faite à un individu, mais à une nation invincible qui dompte et qui punit les rois?... Pour moi, ajoutait-il en s'adressant à tous ses collègues, «j'aurais une répugnance extrême à me défendre personnellement devant vous contre la plus lâche des tyrannies, si vous n'étiez pas convaincus que vous êtes les véritables objets des attaques de tous les ennemis de la République. Eh! que suis-je pour mériter leurs persécutions, si elles n'entraient dans le système général de conspiration contre la Convention nationale? N'avez-vous pas remarqué que, pour vous isoler de la nation, ils ont publié à la face de l'univers que vous étiez des dictateurs régnant par la Terreur et désavoués par le voeu tacite des Français? N'ont-ils pas appelé nos armées des *hordes conventionnelles*, la Révolution française le *jacobinisme*? Et lorsqu'ils affectent de donner à un faible individu, en butte aux outrages de toutes les factions, une importance gigantesque et ridicule, quel peut être leur but, si ce n'est de vous diviser, de vous avilir, en niant votre existence même!...»

Puis venaient l'admirable morceau sur la dictature cité plus haut, et cette objurgation à ses calomniateurs, trop peu connue et d'une si poignante vérité: «Ils m'appellent tyran! Si je l'étais, ils ramperaient à mes pieds, je les gorgerais d'or, je leur assurerais le droit de commettre tous les crimes, et ils seraient reconnaissants. Si je l'étais, les rois que nous avons vaincus, loin de me dénoncer (quel tendre intérêt ils prennent à notre liberté!), me prêteraient leur coupable appui, je transigerais avec eux. Dans leur détresse qu'attendent-ils, si ce n'est le secours d'une faction protégée par eux? On arrive à la tyrannie par le secours des fripons. Où courent ceux qui les combattent? Au tombeau et à l'immortalité.... Qui suis-je, moi qu'on accuse? Un esclave de la liberté, un martyr vivant de la République, la victime autant que l'ennemi du crime. Tous les fripons m'outragent; les actions les plus indifférentes, les plus légitimes de la part des autres, sont des crimes pour moi.... Otez-moi ma conscience, je suis le plus malheureux de tous les hommes!...» Il était certainement aussi habile que conforme, du reste, à la vérité, de la part de

Robespierre, de rattacher sa situation personnelle à celle de la Convention et de prouver comment les attaques dont il était l'objet retombaient, en définitive, de tout leur poids sur l'Assemblée entière; mais il ne montra pas toujours la même habileté, et nous allons voir tout à l'heure comment il apporta lui-même à ses ennemis un concours inattendu.

«Eh quoi!» disait-il encore, «on assimile à la tyrannie l'influence toute morale des plus vieux athlètes de la Révolution! Voulait-on que la vérité fût sans force dans la bouche des représentants du peuple? Sans doute elle avait des accents tantôt terribles, tantôt touchants, elle avait ses colères, son despotisme même, mais il fallait s'en prendre au peuple, qui la sentait et qui l'aimait».

Combien vraie cette pensée! Ce qu'on poursuivait surtout en Robespierre, c'était sa franchise austère, son patriotisme, son éclatante popularité. Il signala de nouveau, comme les véritables alliés des tyrans, et ceux qui prêchaient une modération perfide, et ceux qui prêchaient l'exagération révolutionnaire, ceux qui voulaient détruire la Convention par leurs intrigues ou leur violence et ceux qui attentaient à sa justice par la séduction et par la perfidie. Etait-ce en combattant pour la sûreté matérielle de l'Assemblée, en défendant sa gloire, ses principes, la morale éternelle, qu'on marchait au despotisme? Qu'avait-il fait autre chose jusqu'à ce jour?

Expliquant le mécanisme des institutions révolutionnaires, il se plaignit énergiquement des excès commis par certains hommes pour les rendre odieuses. On tourmentait les citoyens nuls et paisibles; on plongeait chaque jour les patriotes dans les cachots. «Est-ce là», s'écria-t-il, «le gouvernement révolutionnaire que nous avons institué et défendu»? Ce gouvernement, c'était la foudre lancée par la main de la liberté contre le crime, nullement le despotisme des fripons, l'indépendance du crime, le mépris de toutes les lois divines et humaines. Il était donc loin de la pensée de Robespierre, contrairement à l'opinion de quelques écrivains, de vouloir détruire un gouvernement indispensable, selon lui, à l'affermissement de la République. Seulement, ce gouvernement devait être l'expression même de la justice, sinon, ajoutait-il, s'il tombait dans des mains perfides, il deviendrait l'instrument de la contre-révolution. C'est bien ce que l'on verra se réaliser après Thermidor.

Maximilien attribuait principalement à des agents subalternes les actes d'oppression dénoncés par lui. Quant aux comités, au sein desquels il apercevait des hommes «dont il était impossible de ne pas chérir et respecter les vertus civiques», il espérait bien les voir combattre eux-mêmes des abus commis à leur insu peut-être et dus à la perversité de quelques fonctionnaires inférieurs. Ecoutez maintenant l'opinion de Robespierre sur l'emploi d'une certaine catégorie d'individus dans les choses de la police: «En vain une funeste politique prétendrait-elle environner les agents dont je parle d'un prestige superstitieux: je ne sais pas respecter les fripons; j'adopte bien moins encore cette maxime royale, qu'il est utile de les employer. Les armes de la liberté ne doivent être touchées que par des mains pures. Epurons la surveillance nationale, au lieu d'empailler les vices. La vérité n'est un écueil que pour les gouvernements corrompus; elle est l'appui du nôtre.» Ne sont-ce point là des maximes dont tout gouvernement qui se respecte devrait faire son profit?

L'orateur racontait ensuite les manoeuvres criminelles employées par ses ennemis pour le perdre. Nous avons cité ailleurs le passage si frappant où il rend compte lui-même, avec une précision étonnante, des stratagèmes à l'aide desquels on essayait de le faire passer pour l'auteur principal de toutes les sévérités de la Révolution et de tous les abus qu'il ne cessait de combattre. Déjà les papiers allemands et anglais annonçaient son arrestation, car de jour en jour ils étaient avertis que «cet orage de haines, de vengeances, de terreur, d'amours-propres irrités, allait enfin éclater».

On voit jusqu'où les conjurés étaient allés recruter des alliés. Maximilien était instruit des visites faites par eux à certains membres de la Convention, et il ne le cacha pas à l'Assemblée. Seulement il ne voulut pas—et ce fut sa faute, son irréparable faute—nommer tout de suite les auteurs des trames ténébreuses dont il se plaignait: «Je ne puis me résoudre à déchirer entièrement le voile qui couvre ce profond mystère d'iniquités».

Il assigna, pour point de départ à la conjuration ourdie contre lui, le jour où, par son décret, relatif à la reconnaissance de l'Être suprême et de l'immortalité de l'âme, la Convention avait raffermi les bases ébranlées de la morale publique, frappé à la fois du même coup le despotisme sacerdotal et les intolérants de l'athéisme, avancé d'un demi siècle l'heure fatale des tyrans et rattaché à la cause de la Révolution tous les coeurs purs et généreux. Ce jour-là, en effet, avait, comme le dit très bien Robespierre, «laissé sur la France une impression profonde de calme, de bonheur, de sagesse et de bonté». Mais ce fut précisément ce qui irrita le plus les royalistes cachés sous le masque des ultra-révolutionnaires, lesquels, unis à certains énergumènes plus ou moins sincères et aux misérables qui, comme les Fouché, les Tallien, les Rovère et quelques autres, ne cherchaient dans la Révolution qu'un moyen de fortune, dirigèrent tous leurs coups contre le citoyen assez osé pour déclarer la guerre aux hypocrites et tenter d'asseoir la liberté et l'égalité sur les bases de la morale et de la justice.

Maximilien rappela les insultes dont il avait été l'objet de la part de ces hommes le jour de la fête de l'Être suprême, l'affaire de Catherine Théot, sous laquelle se cachait une véritable conspiration politique, les violences inopinées contre le culte, les exactions et les pirateries exercées sous les formes les plus indécentes, les persécutions intolérables auxquelles la superstition servait de prétexte. Il rappela la guerre suscitée à tout commerce licite sous prétexte d'accaparement.—Il rappela surtout les incarcérations indistinctement prodiguées. «Toute occasion de vexer un citoyen était saisie avec avidité, et toute vexation était déguisée, selon l'usage, sous des prétextes de bien public».

Ceux qui avaient mené à l'échafaud Danton, Fabre d'Églantine et Camille Desmoulins, semblaient aujourd'hui vouloir être leurs vengeurs et figuraient au nombre de ces conjurés impurs ligués pour perdre quelques patriotes. «Les lâches»! s'écriait Robespierre, «ils voulaient donc me faire descendre au tombeau avec ignominie! et je n'aurais laissé sur la terre que la mémoire d'un tyran! Avec quelle perfidie ils abusaient de ma bonne foi! Comme ils semblaient adopter les principes de tous les bons citoyens! Comme leur feinte amitié était naïve et caressante! Tout à coup leurs visages se sont couverts des plus sombres nuages; une joie féroce brillait dans leurs yeux, c'était le moment où ils croyaient leurs mesures bien prises pour m'accabler. Aujourd'hui ils me caressent de nouveau; leur langage est plus affectueux que jamais. Il y a trois jours ils étaient prêts à me dénoncer comme un Catilina; aujourd'hui ils me prêtent les vertus de Caton.»—Allusion aux éloges que la veille lui avait décernés Barère.

Comme nous avons eu soin de le dire déjà, la calomnie n'avait pas manqué de le rendre responsable de toutes les opérations du comité de Sûreté générale, en se fondant sur ce qu'il avait dirigé pendant quelque temps le bureau de police du comité de Salut public. Sa courte gestion, déclara-t-il sans rencontrer de contradicteurs, s'était bornée, comme on l'a vu plus haut, à rendre une trentaine d'arrêtés soit pour mettre en liberté des patriotes persécutés, soit pour s'assurer de quelques ennemis de la Révolution; mais l'impuissance de faire le bien et d'arrêter le mal l'avait bien vite déterminé à résigner ses fonctions, et même à ne prendre plus qu'une part tout à fait indirecte aux choses du gouvernement. «Quoi qu'il en soit, ajouta-t-il, voilà au moins six semaines que ma dictature est expirée et que je n'ai aucune influence sur le gouvernement; le patriotisme a-t-il été plus protégé, les factions plus timides, la patrie plus heureuse? Je le souhaite. Mais cette influence s'est bornée dans tous les temps à plaider la cause de la patrie devant la Représentation nationale et au tribunal de la raison publique....» A quoi avaient tendu tous ses efforts? à déraciner le système de corruption et de désordre établi par les factions, et qu'il regardait comme le grand obstacle à l'affermissement de la République. Cela seul lui avait attiré pour ennemis toutes les mauvaises consciences, tous les gens tarés, tous les intrigants et les ambitieux.

Un moment, sa raison et son coeur avaient été sur le point de douter de cette République vertueuse dont il s'était tracé le plan. Puis, d'une voix douloureusement émue, il dénonça le projet «médité dans les ténèbres», par les monstres ligués contre lui de lui arracher avec la vie le droit de défendre le peuple. «Oh! je le leur abandonnerai sans regret: j'ai l'expérience du passé et je vois l'avenir. Quel ami de la patrie peut vouloir survivre au moment où il n'est plus permis de la servir et de défendre l'innocence opprimée? Pourquoi demeurer dans un ordre de choses où l'intrigue triomphe éternellement de la vérité, où la justice est un mensonge, où les plus viles passions, où les craintes les plus ridicules occupent dans les coeurs la place des intérêts sacrés de l'humanité? Comment supporter le supplice de voir cette horrible succession de traîtres plus ou moins habiles à cacher leurs âmes hideuses sous le voile de la vertu et même de l'amitié, mais qui tous laisseront à la postérité l'embarras de décider lequel des ennemis de mon pays fut le plus lâche et le plus atroce? En voyant la multitude des vices que le torrent de la Révolution a roulés pêle-mêle avec les vertus civiques, j'ai craint, quelquefois, je l'avoue, d'être souillé aux yeux de la postérité par le voisinage impur des hommes pervers qui s'introduisaient parmi les sincères amis de l'humanité, et je m'applaudis de voir la fureur des Verrès et des Catilina de mon pays tracer une ligne profonde de démarcation entre eux et tous les gens de bien. Je conçois qu'il est facile à la ligue des tyrans du monde d'accabler un seul homme, mais je sais aussi quels sont les devoirs d'un homme qui sait mourir en défendant la cause du genre humain. J'ai vu dans l'histoire tous les défenseurs de la liberté accablés par la calomnie; mais leurs oppresseurs sont morts aussi. Les bons et les méchants disparaissent de la terre, mais à des conditions différentes. Français, ne souffrez pas que nos ennemis osent abaisser vos âmes et énerver vos vertus par leurs désolantes doctrines. Non, Chaumette, non, Fouché[432], la mort n'est pas un sommeil éternel. Citoyens, effacez des tombeaux cette maxime gravée par des mains sacrilèges qui jette un crêpe funèbre sur la nature, qui décourage l'innocence opprimée et qui insulte à la mort; gravez-y plutôt celle-ci: «*La mort est le commencement de l'immortalité*».

[Note 432: Ces mots *Non, Fouché*, ne se trouvent point à cette place dans l'édition imprimée par ordre de la Convention, où ce passage a été reproduit deux fois avec quelques variantes.]

Certes, on peut nier l'existence de Dieu, et il est permis de ne pas croire à l'immortalité de l'âme; mais il est impossible de ne pas admirer sans réserve cette page magnifique du discours de Robespierre, et l'on est bien forcé d'avouer que de tels accents ne seraient point sortis de la bouche d'un homme lâche et pusillanime.

Les lâches et les pusillanimes connaissent l'art des ménagements; Robespierre, lui, dans son austère franchise, ne savait ni flatter ni dissimuler. «Ceux qui vous disent que la fondation de la République est une entreprise si facile vous trompent....» Et il demanda où étaient les institutions sages, le plan de régénération propres à justifier cet ambitieux langage. Ne voulait-on pas proscrire ceux qui parlaient de sagesse? Depuis longtemps il s'était plaint qu'on eût indistinctement prodigué les persécutions, porté la terreur dans toutes les conditions, et la veille seulement le Comité de Salut public, par la bouche de Barère, avait promis que dans quatre jours les injustices seraient réparées: «Pourquoi», s'écria-t-il, «ont-elles été commises impunément depuis quatre mois»? C'était encore à l'adresse de Barère cette phrase ironique: «On vous parle beaucoup de vos victoires, avec une légèreté académique qui ferait croire qu'elles n'ont coûté à nos héros ni sang, ni travaux»; et Barère en fut piqué jusqu'au sang. «Ce n'est ni par des phrases de rhéteurs ni même par des exploits guerriers que nous subjuguerons l'Europe», ajouta-t-il, «mais par la sagesse de nos lois, par la majesté de nos délibérations et par la grandeur de nos caractères».

Aux bureaux de la guerre il reprocha de ne pas savoir tourner les succès de nos armes au profit de nos principes, de favoriser l'aristocratie militaire, de persécuter les généraux patriotes.—On se rappelle l'affaire du général Hoche.—Maintes fois déjà il avait manifesté ses méfiances à l'égard des hommes de guerre, et la crainte de voir un jour quelque général victorieux étrangler la liberté lui arracha ces paroles prophétiques: «Au milieu de tant de passions ardentes et dans un si vaste empire, les tyrans dont je vois les armées fugitives, mais non enveloppées, mais non exterminées, se retirent pour vous laisser en proie à vos dissensions intestines, qu'ils allument eux-mêmes, et à une armée d'agents criminels que vous ne savez même pas apercevoir. LAISSEZ FLOTTER UN MOMENT LES RÊNES DE LA RÉVOLUTION, VOUS VERREZ LE DESPOTISME MILITAIRE S'EN EMPARER ET LE CHEF DES FACTIONS RENVERSER LA REPRÉSENTATION NATIONALE AVILIE. Un siècle de guerre civile et de calamités désolera notre patrie, et nous périrons pour n'avoir pas voulu saisir un moment marqué dans l'histoire des hommes pour fonder la liberté; nous livrons notre patrie à un siècle de calamités, et les malédictions du peuple s'attacheront à notre mémoire, qui devait être chère au genre humain. Nous n'aurons même pas le mérite d'avoir entrepris de grandes choses par des motifs vertueux. On nous confondra avec les indignes mandataires du peuple qui ont déshonoré la Représentation nationale…. L'immortalité s'ouvrait devant nous, nous périrons avec ignominie….»

Le 19 brumaire devait être une conséquence fatale et nécessaire du 9 Thermidor; Robespierre le prédit trop bien[433].

[Note 433: Le coup d'État connu sous le nom de 18 Brumaire, n'a eu lieu en réalité que le 19.]

Il accusa aussi l'administration des finances, dont les projets lui paraissaient de nature à désoler les citoyens peu fortunés et à augmenter le nombre des mécontents; il se plaignit qu'on eût réduit au désespoir les petits créanciers de l'État en employant la violence et la ruse pour leur faire souscrire des engagements funestes à leurs intérêts; qu'on favorisât les riches au détriment des pauvres, et qu'on dépouillât le peuple des biens nationaux. Combien Robespierre était ici dans le vrai! On commit une faute immense en vendant en bloc les biens nationaux, au lieu de les diviser à l'infini, sauf à les faire payer par annuités, comme l'eussent voulu Maximilien et Saint-Just. Aux anciens propriétaires on en a substitué de nouveaux, plus avides et non moins hostiles, pour la plupart, à la liberté, à l'égalité, à tous les principes de la Révolution.

Des grands seigneurs un peu modernes,
Des princes un peu subalternes
Ont aujourd'hui les vieux châteaux,

a dit Chénier. Ces grands seigneurs un peu modernes, ces princes un peu subalternes ont figuré en grand nombre dans les rangs des Thermidoriens; ils sont devenus, je le répète, les pires ennemis de la Révolution, qui, hélas! a été trahie par tous ceux qu'elle a gorgés et repus.

En critiquant l'administration des finances, Robespierre nomma Ramel, Mallarmé, Cambon, auxquels il attribua le mécontentement répandu dans les masses par certaines mesures financières intempestives. Il était loin, du reste, d'imputer tous les abus signalés par lui à la majorité des membres des comités; cette majorité lui paraissait seulement paralysée et trahie par des meneurs hypocrites et des traîtres dont le but était d'exciter dans la Convention de violentes discussions et d'accuser de despotisme ceux qu'ils savaient décidés à combattre avec énergie leur ligue criminelle. Et ces oppresseurs du peuple dans toutes les parties de la République poursuivaient tranquillement, comme s'ils eussent été inviolables, le cours de leurs coupables entreprises! N'avaient-ils pas fait ériger en loi que dénoncer un représentant infidèle et corrompu, c'était conspirer contre l'Assemblée? Un opprimé venait-il à élever la voix, ils répondaient à ses réclamations par de nouveaux outrages et souvent par l'incarcération. «Cependant», continuait Maximilien, «des départements où ces crimes ont été commis les ignorent-ils parce que nous les oublions, et les plaintes que nous repoussons ne retentissent-elles pas avec plus de force dans les coeurs comprimés des citoyens malheureux? Il est si facile et si doux d'être juste! Pourquoi nous dévouer à l'opprobre des coupables en les tolérant? Mais quoi! les abus tolérés n'iront-ils pas en croissant? Les coupables impunis ne voleront-ils pas de crimes en crimes? Voulons-nous partager tant d'infamies et nous vouer au sort affreux des oppresseurs du peuple?» C'était là, à coup sûr, un langage bien propre à rasséréner les coeurs, à rassurer les gens de bien; mais on comprend aussi de quel effroi il dut frapper les quelques misérables qui, partout sur leur passage, avaient semé la ruine et la désolation.

La péroraison de ce discours fut le digne couronnement d'une oeuvre aussi imposante, aussi magistrale: «Peuple, souviens-toi que si dans la République la justice ne règne pas avec un empire absolu, et si ce mot ne signifie pas l'amour de l'égalité et de la patrie, la liberté n'est qu'un vain mot. Peuple, toi que l'on craint, que l'on flatte et que l'on méprise; toi, souverain reconnu qu'on traite toujours en esclave, souviens-toi que partout où la justice ne règne pas, ce sont les passions des magistrats, et que le peuple a changé de chaînes et non de destinées.

«Souviens-toi qu'il existe dans ton sein une ligue de fripons qui lutte contre la vertu publique, qui a plus d'influence que toi-même sur tes propres affaires, qui te redoute et te flatte en masse, mais te proscrit en détail dans la personne de tous les bons citoyens.

«Rappelle-toi que, loin de sacrifier cette poignée de fripons à ton bonheur, tes ennemis veulent te sacrifier à cette poignée de fripons, auteurs de tous nos maux et seuls obstacles à la prospérité publique.

«Sache que tout homme qui s'élèvera pour défendre ta cause et la morale publique sera accablé d'avanies et proscrit par les fripons; sache que tout ami de la liberté sera toujours placé entre un devoir et une calomnie; que ceux qui ne pourront être accusés d'avoir trahi seront accusés d'ambition; que l'influence de la probité et des principes sera comparée à la force de la tyrannie et à la violence des factions; que ta confiance et ton estime seront des titres de proscription pour tous tes amis; que les cris du patriotisme opprimé seront appelés des cris de sédition; et que, n'osant t'attaquer toi-même en masse, on te proscrira en détail dans la personne de tous les bons citoyens, jusqu'à ce que les ambitieux aient organisé leur tyrannie. Tel est l'empire des tyrans armés contre nous; telle est l'influence de leur ligue avec tous les hommes corrompus, toujours portés à les servir. Ainsi donc les scélérats nous imposent la loi de trahir le peuple, à peine d'être appelés dictateurs. Souscrirons-nous à cette loi? Non! Défendons le peuple au risque d'en être estimés; qu'ils courent à l'échafaud par la route du crime et nous par celle de la vertu.»

Guider l'action du gouvernement par des lois sages, punir sévèrement tous ceux qui abuseraient des principes révolutionnaires pour vexer les bons citoyens, tel était, selon lui, le but à atteindre. Dans sa pensée, il existait une conspiration qui devait sa force à une coalition criminelle cherchant à perdre les patriotes et la patrie, intriguant au sein même de la Convention et ayant des complices dans le comité de Sûreté générale et jusque dans le comité de Salut public. Rien n'était plus vrai assurément. La conclusion de Robespierre fut que, pour remédier au mal, il fallait punir les traîtres, renouveler les bureaux du comité de Sûreté générale, épurer ce comité et le subordonner au comité de Salut public, épuré lui-même, constituer l'autorité du gouvernement sous l'autorité suprême de la Convention, centre et juge de tout, et écraser ainsi les factions du poids de l'autorité nationale pour élever sur leurs ruines la puissance de la justice et de la liberté. «Tels sont les principes», dit-il en terminant. «S'il est impossible de les réclamer sans passer pour un ambitieux, j'en conclurai que les principes sont proscrits et que la tyrannie règne parmi nous, mais non que je doive me taire; car que peut-on objecter à un homme qui a raison et qui sait mourir pour son pays....[434]»

[Note 434: Ce discours a été imprimé sur des brouillons trouvés chez Robespierre, brouillons couverts de ratures et de renvois, ce qui explique les répétitions qui s'y rencontrent. L'impression en fut votée, sur la demande de Bréard, dans la séance du 30 thermidor (17 août 1794). On s'expliquerait difficilement comment les Thermidoriens ont eu l'imprudence d'ordonner l'impression des discours de Robespierre et de Saint-Just, où leur atroce conduite est mise en pleine lumière et leur système de terreur voué à la malédiction du monde, si l'on ne savait que tout d'abord le grand grief qu'ils firent valoir contre les victimes du 9 Thermidor fut d'avoir voulu «arrêter le cours majestueux, terrible de la Révolution». Ce discours de Robespierre a eu à l'époque deux éditions in-8°, l'une de 44 pages de l'Imprimerie nationale, l'autre de 49 p. Il a été reproduit dans ses *Oeuvres* éditées par Laponneraye, t. III; dans l'*Histoire parlementaire*, t. XXXIII, p. 406 à 409; dans le *Choix de rapports, opinions et discours*, t. XIV, p. 266 à 309, et dans les Mémoires de René Levasseur, t. III, p. 285 à 352.]

Il faut n'avoir jamais lu ce discours de Robespierre, digne couronnement de tous ceux qu'il avait prononcés depuis cinq ans, et où ses vues, ses tendances, sa politique, en un mot, se trouvent si nettement et si fermement formulées, pour demander où il voulait aller, et quels mystérieux desseins il couvait. Personne ne s'expliqua jamais plus clairement. La Convention lui prouva tout d'abord qu'elle l'avait parfaitement compris: Robespierre obtint un éclatant triomphe. Ce devait être le dernier. Electrisée par le magnifique discours qu'elle venait d'entendre, l'Assemblée éclata en applaudissements réitérés quand l'orateur quitta la tribune. Les conjurés, éperdus, tremblants n'osèrent troubler d'un mot ni d'un murmure ce concert d'enthousiasme[435]. Evidemment ils durent croire la partie perdue.

[Note 435: Ceci est constaté par tous les journaux qui rendirent compte de la séance du 8, avant la chute de Robespierre. Voy. entre autres le *Journal de la Montagne* du 9 thermidor, où il est dit: «Ce discours est fort applaudi.» Quant au *Moniteur*, comme il ne publia son compte rendu de la séance du 8 thermidor que le lendemain de la victoire des conjurés, ce n'est pas dans ses colonnes qu'il faut chercher la vérité.]

IV

Pendant que les applaudissements retentissaient encore, Rovère, se penchant à l'oreille de Lecointre, lui conseilla de monter à la tribune et de donner lecture à l'Assemblée de ce fameux acte d'accusation concerté dès le 5 prairial, avec huit de ses collègues, contre Robespierre. C'est du moins ce qu'a depuis prétendu Lecointre[436]. Si ce maniaque avait suivi le conseil de Rovère, la conspiration eût été infailliblement écrasée, car, l'acte d'accusation incriminant au fond tous les membres des comités sans exception, les uns et les autres se fussent réunis contre l'ennemi commun, et Maximilien serait, sans aucun doute, sorti victorieux de la lutte. Telle fut l'excuse, donnée plus tard par Lecointre, de sa réserve dans cette séance du 8 thermidor[437]. Mais là ne fut point, suivant nous, le motif déterminant de sa prudence. A l'enthousiasme de la Convention, il jugea tout à fait compromise la cause des conjurés, et voulant se ménager les moyens de rentrer en grâce auprès de celui dont, après coup, il se vanta d'avoir dressé l'acte d'accusation plus de deux mois avant le 9 Thermidor, il rompit le premier le silence … pour réclamer l'impression du discours de Robespierre[438].

[Note 436: *Les crimes des sept membres des anciens comités* ou *dénonciation formelle à la Convention nationale*, par Laurent Lecointre, p. 79.]

[Note 437: *Ibid.*]

[Note 438: Nous racontons cette séance du 8 thermidor d'après le *Moniteur*, parce que c'est encore là qu'elle se trouve reproduite avec le plus de détails; mais le compte rendu donné par ce journal étant postérieur à la journée du 9, le lecteur ne doit pas perdre de vue que notre récit est entièrement basé sur une version rédigée par les pires ennemis de Maximilien.]

Bourdon (de l'Oise) s'éleva vivement contre la prise en considération de cette motion. Ce discours, objecta-t-il, pouvait contenir des erreurs comme des vérités, et il en demanda le renvoi à l'examen des deux comités. Mais, répondit Barère, qui sentait le vent souffler du côté de Maximilien, «dans un pays libre la lumière ne doit pas être mise sous le boisseau». C'était à la Convention d'être juge elle-même, et il insista pour l'impression. Vint ensuite Couthon. Demander le renvoi du discours à l'examen des comités, c'était, selon ce tendre ami de Maximilien, faire outrage à la Convention nationale, bien capable de sentir et de juger par elle-même. Non seulement il fallait imprimer ce discours, mais encore l'envoyer à toutes les communes de la République, afin que la France entière sût qu'il était ici des hommes ayant le courage de dire la vérité. Lui aussi, il dénonça les calomnies dirigées depuis quelque temps contre les plus vieux serviteurs de la Révolution; il se fit gloire d'avoir parlé contre quelques hommes immoraux indignes de siéger dans la Convention, et il s'écria en terminant: «Si je croyais avoir contribué à la perte d'un seul innocent, je m'immolerais moi-même de douleur». Ce cri, sorti de la bouche d'un homme de bien, acheva d'entraîner l'Assemblée. L'impression du discours, l'envoi à toutes les communes furent décrétés d'enthousiasme. On put croire à un triomphe définitif.

A ce moment le vieux Vadier parut à la tribune. D'un ton patelin, le rusé compère commença par se plaindre d'avoir entendu Robespierre traiter de farce ridicule l'affaire de Catherine Théot, dont lui Vadier, on s'en souvient, avait été le rapporteur. Se sentant écouté, il prit courage et s'efforça de justifier le comité de Sûreté générale des inculpations dont il avait été l'objet. On l'avait accusé d'avoir persécuté des patriotes, et sur les huit cents affaires déjà jugées par les commissions populaires, de concert avec les deux comités, les patriotes, prétendit Vadier, s'étaient trouvés dans la proportion d'un sur quatre-vingts. Mais Robespierre ne s'était pas seulement plaint des persécutions exercées contre les patriotes; il avait aussi reproché à quelques-uns de ses collègues d'avoir porté la Terreur dans toutes les conditions, érigé en crimes des erreurs ou des préjugés afin de trouver partout des coupables, et voilà comment, sur un si grand nombre d'accusés, les commissions populaires, de concert avec les comités, dont s'était séparé Maximilien, avaient rencontré si peu d'innocents. Du reste, il n'y eut de la part de Vadier nulle récrimination contre Robespierre.

Cambon, qui prit ensuite la parole, se montra beaucoup plus agressif. Il avait sur le coeur une accusation peut-être un peu légèrement tombée de la bouche de Maximilien. «Avant d'être déshonoré, je parlerai à la France», s'écria-t-il. Et il défendit avec une extrême vivacité ses opérations financières, et surtout le dernier décret sur les rentes, auquel on reprochait d'avoir jeté la désolation parmi les petits rentiers, des nécessiteux, des vieillards pour la plupart[439].

[Note 439: M. Michelet, qui est bien forcé d'avouer avec nous que la République a été engloutie dans le guet-apens de Thermidor, mais dont la déplorable partialité contre Robespierre ne se dément pas jusqu'au dénoûment, a travesti de la façon la plus ridicule et la plus odieuse ce qu'il appelle le discours accusateur de Robespierre, à qui il ne peut pardonner son attaque contre Cambon. (Voy. t. VII, liv. XXI, ch. III.) Mais les opérations de Cambon ne parurent pas funestes à Robespierre seulement, puisque après Thermidor elles furent, à diverses reprises, l'objet des plus sérieuses critiques, et qu'à cause d'elles leur auteur se trouva gravement inculpé. M. Michelet a-t-il oublié ce passage de la Dénonciation de Lecointre: «Cambon disait à haute voix, en présence du public et de notre collègue Garnier (de l'Aube): Voulez-vous faire face à vos affaires? guillotinez. Voulez-vous payer les dépenses immenses de vos quatorze armées? guillotinez. Voulez-vous payer les estropiés, les mutilés, tous ceux qui sont en droit de vous demander? guillotinez. Voulez-vous amortir les dettes incalculables que vous avez? guillotinez, guillotinez, et puis guillotinez.» (P. 195.)—Assurément je n'attache pas grande importance aux accusations de Lecointre; mais on voit que les reproches de Maximilien à Cambon sont bien pâles à côté de ceux que le grand financier de la Révolution eut à subir de la part des hommes auxquels il eut le tort de s'allier. Avant de se montrer si injuste, si passionné, si cruel, si ingrat envers Robespierre, M. Michelet aurait bien dû se rappeler que son héros, Cambon, manifesta tout le reste de sa vie l'amer regret d'avoir moralement coopéré au crime de Thermidor.]

Puis, prenant à partie Robespierre, il l'accusa de paralyser à lui tout seul la volonté de la Convention nationale. Cette inculpation contre un représentant qui, depuis six semaines, n'avait pas paru à la tribune de l'Assemblée, était puérile; et Robespierre répondit avec raison qu'une telle accusation lui paraisssit aussi inintelligible qu'extraordinaire. Comment aurait-il été en son pouvoir de paralyser la volonté de la Convention, et surtout en fait de finances, matière dont il ne s'était jamais mêlé? Seulement, ajouta-t-il, «par des considérations générales sur les principes, j'ai cru apercevoir que les idées de Cambon en finances ne sont pas aussi favorables au succès de la Révolution qu'il le pense. Voilà mon opinion; j'ai osé la dire; je ne crois pas que ce soit un crime». Et tout en déclarant qu'il n'attaquait point les intentions de Cambon, il persista à soutenir que le décret sur les rentes avait eu pour résultat de désoler une foule de citoyens pauvres.

Quoi qu'il en soit, l'intervention de Cambon dans le débat modifia singulièrement la face des choses. Les connaissances spéciales de ce représentant, ses remarquables rapports sur les questions financières, l'achèvement du grand-livre, dont la conception lui appartenait, lui avaient attiré une juste considération et donné sur ses collègues une certaine influence. Des applaudissements venaient même d'accueillir ses paroles. C'était comme un encouragement aux conjurés. Ils sortirent de leur abattement, et Billaud-Varenne s'élança impétueusement à la tribune. A son avis, il était indispensable d'examiner très scrupuleusement un discours dans lequel le comité était inculpé.—Ce n'est pas le comité en masse que j'attaque, objecta Robespierre; et il demanda à l'Assemblée la permission d'expliquer sa pensée. Alors un grand nombre de membres se levant simultanément:

«Nous le demandons tous». Sentant la Convention ébranlée, Billaud-Varenne reprit la parole. Mais au lieu de répondre aux nombreux griefs dont Robespierre s'était fait l'écho, il balbutia quelques explications; puis, s'enveloppant dans le manteau de Brutus, il s'écria que Robespierre avait raison, qu'il fallait arracher le masque sur quelque visage qu'il se trouvât: «S'il est vrai que nous ne jouissions pas de la liberté des opinions, j'aime mieux que mon cadavre serve de trône à un ambitieux que de devenir, par mon silence, le complice de ses forfaits». Après cette superbe déclaration, il réclama le renvoi du discours à l'examen des deux comités. C'était demander à la Convention de se déjuger.

A Billaud-Varenne succéda Panis, un de ces représentants mous et indécis à qui les conjurés avaient fait accroire qu'ils étaient sur la prétendue liste de proscription dressée par Maximilien. Cet ancien membre du comité de surveillance de la Commune de Paris somma tout d'abord Couthon de s'expliquer sur les six membres qu'il poursuivait. Ensuite il raconta qu'un homme l'avait abordé aux Jacobins et lui avait dit: «Vous êtes de la première fournée ... votre tête est demandée; la liste a été faite par Robespierre.» Après quoi il invita ce dernier à s'expliquer à son égard et sur le compte de Fouché. Touchante sollicitude pour un misérable! Quelques applaudissements ayant éclaté aux dernières paroles de Panis: «Mon opinion est indépendante», répondit fièrement Robespierre; «on ne retirera jamais de moi une rétractation qui n'est pas dans mon coeur. En jetant mon bouclier, je me suis présenté à découvert à mes ennemis; je n'ai flatté personne, je ne crains personne; je n'ai calomnié personne».—«Et Fouché»? répéta Panis, comme Orgon eût dit: Et Tartufe?—«Fouché! reprit Maximilien d'un ton méprisant, je ne veux pas m'en occuper actuellement ... je n'écoute que mon devoir; je ne veux ni l'appui ni l'amitié de personne, je ne cherche point à me faire un parti; il n'est donc pas question de me demander que je blanchisse tel ou tel. J'ai fait mon devoir, c'est aux autres de faire le leur».

Couthon expliqua comment, en demandant l'envoi du discours à toutes les communes, il avait voulu que la Convention en fît juge la République entière. Mais c'était là ce qu'à tout prix les conjurés tenaient à empêcher. Ils savaient bien qu'entre eux et Robespierre l'opinion de la France ne pouvait être un moment douteuse.

Bentabole et Charlier insistent pour le renvoi aux comités. «Quoi»! s'écria Maximilien, «j'aurai eu le courage de venir déposer dans le sein de la Convention des vérités que je crois nécessaires au salut de la patrie, et l'on renverrait mon discours à l'examen des membres que j'accuse»! On murmure à ces paroles. «Quand on se vante d'avoir le courage de la vertu, il faut avoir celui de la vérité», riposte Charlier; et les applaudissements de retentir.

L'apostrophe de Charlier indique suffisamment la faute capitale commise ici par Robespierre. Ce n'était pas à lui, ont prétendu quelques écrivains, de formuler son accusation; il n'avait qu'à indiquer aux comités la faction qu'il combattait les abus et les excès dont elle s'était rendue coupable, et il appartenait à ces comités de prendre telles mesures qu'ils auraient jugées nécessaires. C'est là, à notre avis, une grande erreur; et telle était aussi l'opinion de Saint-Just à cet égard, puisqu'il a écrit dans son discours du 9 Thermidor: «Le membre qui a parlé longtemps hier à cette tribune ne me paraît point avoir assez nettement distingué ceux qu'il inculpait». Le mystère dont Maximilien eut le tort d'envelopper son accusation servit merveilleusement les conjurés. Grâce aux insinuations perfides répandues par eux, un doute effroyable planait sur l'Assemblée. Plus d'un membre se crut menacé, auquel il n'avait jamais songé. Quelle différence s'il avait résolûment nommé les cinq ou six coquins dont le châtiment eût été un hommage rendu à la morale et à la justice! L'immense majorité de la Convention se fût ralliée à Robespierre; avec lui eussent définitivement triomphé, je n'en doute pas, la liberté et la République. Au lieu de cela, il persista dans ses réticences, et tout fut perdu.

Amar et Thirion insistèrent, à leur tour, pour le renvoi aux comités, en faveur desquels étaient toutes les présomptions, suivant Thirion, montagnard aveuglé qui, plus d'une fois, plus tard, dut regretter la légèreté avec laquelle il agit en cette circonstance. Barère, sentant chanceler la fortune de Robespierre, jugea prudent de prononcer quelques paroles équivoques qui lui permissent, à un moment donné, de se tourner contre lui. Enfin l'Assemblée, après avoir entendu Bréard en faveur des comités, rapporta son décret et, par une ironie sanglante, renvoya le discours de Robespierre à l'examen d'une partie de ceux-là mêmes contre lesquels il était dirigé[440]. Ce n'était pas encore pour les conjurés un triomphe définitif, mais leur audace s'en accrut dans des proportions extrêmes; ils virent qu'il ne leur serait pas impossible d'entraîner cette masse incertaine des députés du centre, dont quelques paroles de Cambon avaient si subitement modifié les idées. Jamais, depuis, l'illustre et sévère Cambon ne cessa de gémir sur l'influence fâcheuse exercée par lui dans cette séance mémorable. Proscrit sous la Restauration, après s'être tenu stoïquement à l'écart tant qu'avaient duré les splendeurs du régime impérial, il disait alors: «Nous avons tué la République au 9 Thermidor, en croyant ne tuer que Robespierre! Je servis, à mon insu, les passions de quelques scélérats! Que n'ai-je péri, ce jour-là avec eux! la liberté vivrait encore»[441]! Combien d'autres pleurèrent en silence, avec la liberté perdue, la mémoire du Juste sacrifié, et expièrent par d'éternels remords l'irréparable faute de ne s'être point interposés entre les assassins et la victime!

[Note 440: Voyez, pour cette séance du 8 thermidor, le *Moniteur* du 11 (29 juillet 1794). Avons-nous besoin de dire que le compte-rendu de cette feuille, fait après coup, eût été tout autre si Robespierre l'avait emporté?]

[Note 441: Paroles rapportées à M. Laurent (de l'Ardèche) par un ami de Cambon, (Voy. la *Réfutation de l'Histoire de France de l'abbé de Montgaillard*, XIe lettre, p. 332.) J'ai connu un vieillard à qui Cambon avait exprimé les mêmes sentiments.]

V

Il était environ cinq heures quand fut levée la séance de la Convention. S'il faut en croire une tradition fort incertaine, Robespierre serait allé, dans la soirée même, se promener aux Champs-Élysées avec sa fiancée, qui, triste et rêveuse, flattait de sa main la tête de son fidèle chien Brount. Comme Maximilien lui montrait combien le coucher du soleil était empourpré: «Ah»! se serait écriée Eléonore, «c'est du beau temps pour demain[442].». Mais c'est là de la pure légende. D'abord, les moeurs étaient très-sévères dans cette patriarcale famille Duplay, et Mme Duplay, si grande que fût sa confiance en Maximilien, n'eût pas permis à sa fille de sortir seule avec lui[443]. En second lieu, comment aurait-il été possible à Robespierre d'aller se promener aux Champs-Élysées à la suite de cette orageuse séance du 8, et dans cette soirée où sa destinée et celle de la République allaient être en jeu?

[Note 442: C'est M. Alphonse Esquiros qui raconte cette anecdote dans son *Histoire des Montagnards*. Mais, trompé par ses souvenirs, M. Esquiros a évidemment fait confusion ici. Nous avons sous les yeux une lettre écrite par Mme Le Bas au rédacteur de l'ancienne *Revue de Paris*, à propos d'un article dans lequel M. Esquiros avait retracé la vie intime de Maximilien d'après une conversation avec Mme Le Bas, lettre où la vénérable veuve du Conventionnel se plaint de quelques inexactitudes commises par cet estimable et consciencieux écrivain.]

[Note 443: Mme Le Bas ne dit mot, dans son manuscrit, de cette prétendue promenade du 8, tandis qu'elle raconte complaisamment les promenades habituelles de Maximilien aux Champs-Élysées avec toute la famille Duplay.]

Ce qu'on sait, c'est qu'en rentrant chez son hôte il ne désespérait pas encore; il montra même une sérénité qui n'était peut-être pas dans son coeur, car il n'ignorait pas de quoi était capable la horde de fripons et de coquins déchaînée contre lui. Toutefois, il comptait sur la majorité de la Convention: «La masse de l'Assemblée m'entendra», dit-il. Après dîner, il se hâta de se rendre aux Jacobins, où, comme on pense bien, régnait une animation extraordinaire. La salle, les corridors même étaient remplis de monde[444]. Quand parut Maximilien, des transports d'enthousiasme éclatèrent de toutes parts; on se précipita vers lui pour le choyer et le consoler. Cependant, çà et là, on pouvait apercevoir quelques-uns de ses ennemis. Billaud-Varenne et Collot-d'Herbois, qui depuis longtemps n'avaient pas mis les pieds au club, étaient accourus, fort inquiets de la tournure que prendraient les choses.

[Note 444: Réponse de J.N. Billaud à Laurent Lecointre; p. 36.]

Que se passa-t-il dans cette séance fameuse? Les journaux du temps n'en ayant pas donné le compte rendu, nous n'en savons absolument que ce que les vainqueurs ont bien voulu nous raconter, puisque ceux des amis de Robespierre qui y ont joué un rôle ont été immolés avec lui. Quelques récits plus ou moins travestis de certains orateurs à la tribune de la Convention, et surtout la narration de Billaud dans sa réponse aux imputations personnelles dont il fut l'objet après Thermidor, voilà les seuls documents auxquels on puisse s'en rapporter pour avoir une idée des scènes dramatiques dont la salle des Jacobins fut le théâtre dans la soirée du 8 thermidor.

Dès le début de la séance, Billaud-Varenne, Collot-d'Herbois et Robespierre demandèrent en même temps la parole. Elle fut accordée au dernier, qu'on invita à donner lecture du discours prononcé par lui dans la journée. S'il faut en croire Billaud, Maximilien commença en ces termes: «Aux agitations de cette Assemblée, il est aisé de s'apercevoir qu'elle n'ignore pas ce qui s'est passé ce matin dans la Convention. Les factieux craignent d'être dévoilés en présence du peuple. Mais je les remercie de s'être signalés d'une manière aussi prononcée et de m'avoir mieux fait connaître mes ennemis et ceux de ma patrie». Après quoi, il lut son discours qu'accueillirent un enthousiasme sans bornes et des applaudissements prolongés. Quand il eut achevé sa lecture, il ajouta, dit la tradition: «Ce discours que vous venez d'entendre est mon testament de mort. Je l'ai vu aujourd'hui, la ligue des méchants est tellement forte que je ne puis espérer de lui échapper. Je succombe sans regret; je vous laisse ma mémoire; elle vous sera chère et vous la défendrez.»

On prétend encore que, comme à ce moment ses amis s'élevaient avec vivacité contre un tel découragement et s'écriaient en tumulte que l'heure d'un nouveau 31 mai avait sonné, il aurait dit: «Eh bien! séparez les méchants des hommes faibles; délivrez la Convention des scélérats qui l'oppriment; rendez-lui le service qu'elle attend de vous comme au 31 mai et au 2 juin». Mais cela est tout à fait inadmissible. L'idée d'exercer une pression illégale sur la Représentation nationale n'entra jamais dans son esprit. Nous avons montré combien étranger il était resté aux manifestations populaires qui, au 31 mai et au 2 juin de l'année précédente, avaient précipité la chute des Girondins, et l'on a vu tout à l'heure avec quelle énergie et quelle indignation il s'était élevé deux jours auparavant contre ceux qui parlaient de recourir à un 31 mai; bientôt on l'entendra infliger un démenti sanglant à Collot-d'Herbois, quand celui-ci l'accusera implicitement d'avoir poussé les esprits à la révolte. Si la moindre allusion à un nouveau 31 mai fût sortie de sa bouche dans cette soirée du 8 thermidor, est-ce qu'on ne se serait pas empressé le lendemain d'en faire un texte d'accusation contre lui? Est-ce que la réponse de Billaud-Varenne, où il est rendu compte de la séance des Jacobins, n'en aurait pas contenu mention?

Non, Robespierre, disons-le à son éternel honneur, ne songea pas un seul instant à en appeler à la force. Dans l'état d'enthousiasme et d'exaspération où la lecture de son discours avait porté l'immense majorité des patriotes, il n'avait qu'un signal à donner, et c'en était fait de ses ennemis; la Convention, épurée de [sic] par la volonté populaire, se fût avec empressement ralliée à lui, et il n'eût pas succombé le lendemain, victime de son respect pour le droit et pour la légalité.

«*Custodiatur igitur mea vita reipublicae.* Protégez donc ma vie pour la République», aurait-il pu dire avec Cicéron[445]; et cette exclamation eût suffi, je n'en doute pas, pour remuer tout le peuple de Paris. Il ne voulut pas la pousser. Mais que, cédant à un sentiment de mélancolie bien naturel, il se soit écrié: «S'il faut succomber, eh bien! mes amis, vous me verrez boire la ciguë avec calme», cela est certain. Non moins authentique est le cri de David: «Si tu bois la ciguë, je la boirai avec toi»! Et en prononçant ces paroles d'une voix émue, le peintre immortel se jeta dans les bras de Maximilien et l'embrassa comme un frère[446]. Le lendemain, il est vrai, on ne le vit pas se ranger parmi les hommes héroïques qui demandèrent à partager le sort du Juste immolé. Averti par Barère du résultat probable de la journée[447], il s'abstint de paraître à la Convention. On l'entendit même, dans un moment de déplorable faiblesse, renier son ami et s'excuser d'une amitié qui l'honorait, en disant qu'il ne pouvait concevoir jusqu'à quel point ce *malheureux* l'avait trompé par ses vertus hypocrites[448].

[Note 445: XIIe Philippique.]

[Note 446: Voyez à cet égard la déclaration de Goupilleau (de Fontenay) dans la séance du 13 thermidor au soir (31 juillet 1794). David nia avoir embrassé Robespierre; mais il avoua qu'il lui dit en effet: «Si tu bois la ciguë, je la boirai avec toi.» (Voy. le *Moniteur* du 15 thermidor de l'an II [2 août 1794].)]

[Note 447: *Mémoire de Barère.*]

[Note 448: Séance du 12 thermidor (30 juillet 1794), *Moniteur* du 15.]

L'artiste effrayé s'exprimait ainsi sous la menace de l'échafaud. Mais ce ne fût là qu'une faiblesse momentanée, qu'une heure d'égarement et d'oubli. Jamais le culte de Maximilien ne s'effaça de son coeur. Très peu de temps après le 9 thermidor, David s'exprimait en ces termes devant ses deux fils: «On vous dira que Robespierre était un scélérat; on vous le peindra sous les couleurs les plus odieuses: n'en croyez rien. Il viendra un jour où l'histoire lui rendra une éclatante justice[449].» Plus tard, pendant son exil, se trouvant un soir au théâtre de Bruxelles, il fut abordé par un Anglais qui lui demanda la permission de lui serrer la main.

[Note 449: Biographie de David, dans le *Dictionnaire encyclopédique* de Philippe Le Bas.]

Le grand peintre se montra très flatté de cette marque d'admiration, qu'il crut tout d'abord due à la notoriété dont il jouissait, à son génie d'artiste; et, entre autres choses, il demanda à l'étranger s'il aimait les arts.—L'Anglais lui répondit: «Ce n'est pas à cause de votre talent que je désire vous serrer la main, mais bien parce que vous avez été l'ami de Robespierre.—Ah! s'écria alors David, ce sera pour celui-là comme pour Jésus-Christ, on lui élèvera des autels[450].» Jusqu'à la fin de sa vie l'illustre artiste persista dans les mêmes sentiments. Il revenait souvent sur ce sujet, comme s'il eût senti le besoin de protester contre un moment d'erreur qu'il se reprochait, a dit un de ses biographes. Peu de jours avant sa mort, l'aîné de ses fils, Jules David, l'éminent helléniste, lui dit: «Eh bien! mon père, trente ans sont écoulés depuis le 9 thermidor, et la mémoire de Robespierre est toujours maudite.— Je vous le répète, répondit le peintre, c'était un vertueux citoyen. Le jour de la justice n'est pas encore venu; mais, soyez en certains, il viendra[451].» Est-il beaucoup d'hommes à qui de semblables témoignages puissent être rendus?

[Note 450: David a souvent raconté lui-même cette anecdote à l'un de ses élèves les plus aimés, M. de Lafontaine, mort au mois de décembre 1860, à l'âge de quatre-vingt-sept ans; elle m'a été transmise pur M. Campardon, archiviste aux *Archives nationales*, et, si je ne me trompe, proche parent de M. de Lafontaine.]

[Note 451: Biographie de David, *ubi suprà.*]

L'émotion ressentie par David aux Jacobins fut partagée par toute l'assistance. Billaud-Varenne et Collot-d'Herbois essayèrent en vain de se faire entendre, on refusa de les écouter. Depuis longtemps ils ne s'étaient guère montrés aux Jacobins; leur présence au club ce soir-là parut étrange et suspecte. Conspués, poursuivis d'imprécations, ils se virent contraints de se retirer, et dès ce moment ils ne songèrent plus qu'à se venger[452].

[Note 452: Nous avons dit les regrets, les remords de Billaud-Varenne d'avoir agi de colère. Quelques instants avant cette scène, Collot-d'Herbois s'était, dit-on, jeté aux genoux de Robespierre et l'avait conjuré de se réconcilier avec les comités. Mais c'est là une assertion qui ne repose sur aucune donnée certaine.]

Le silence se rétablit un instant à la voix de Couthon, dont la parole ardente et indignée causa une fermentation extraordinaire. Deux députés soupçonnés d'appartenir à la conjuration, Dubarran et Duval, furent ignominieusement chassés. Quelques hommes de tête et de coeur, l'agent national Payan, Dumas, Prosper Sijas, Coffinhal, patriotes intègres, qui lièrent volontairement leur destinée à celle de Maximilien, auraient voulu profiter de l'enthousiasme général pour frapper un grand coup. Ils pressèrent Robespierre d'agir, assure-t-on, de se porter sur les comités; Robespierre demeura inflexible dans sa résolution de ne pas enfreindre la légalité. Il lui suffisait, pensait-il, de l'appui moral de la société pour résister victorieusement à ses ennemis. Dernière illusion d'un coeur flétri pourtant déjà par la triste expérience de la méchanceté des hommes.

Au lieu de s'entendre, de se concerter avec quelques amis pour la journée du lendemain, il se retira tranquillement chez son hôte. On se sépara aux cris de *Vive la République! Périssent les traîtres!* Mais c'étaient là des cris impuissants. Il eût fallu, malgré Robespierre, se déclarer résolument en permanence. Les Jacobins avaient sur la Convention, divisée comme elle l'était, l'avantage d'une majorité compacte et bien unie. Sans même avoir besoin de recourir à la force, ils eussent, en demeurant en séance, exercé la plus favorable influence sur une foule de membres de l'Assemblée indécis jusqu'au dernier moment; les événements auraient pris une tout autre tournure, et la République eût été sauvée.

VI

Tandis que Robespierre allait dormir son dernier sommeil, les conjurés, peu rassurés, se répandirent de tous côtés et déployèrent l'énergie du désespoir pour tourner contre Maximilien les esprits incertains, hésitants, ceux à qui leur conscience troublée semblait défendre de sacrifier l'intègre et austère tribun. De l'attitude de la droite dépendait le sort de la journée du lendemain, et dans la séance du 8 elle avait paru d'abord toute disposée en faveur de Robespierre.

On vit alors, spectacle étrange! les Tallien, les Fouché, les Rovère, les Bourdon (de l'Oise), les André Dumont, tous ces hommes dégouttants de sang et de rapines, se jeter comme des suppliants aux genoux des membres de cette partie de la Convention dont ils étaient haïs et méprisés. Ils promirent de fermer l'ère de la Terreur, eux qui dans leurs missions avaient commis mille excès, multiplié d'une si horrible manière les actes d'oppression, et demandé mainte et mainte fois l'arrestation de ceux dont ils sollicitaient aujourd'hui le concours. A ces républicains équivoques, à ces royalistes déguisés, ils s'efforcèrent de persuader que la protection qui leur avait été jusqu'alors accordée par Maximilien n'était que passagère, que leur tour arriverait; et naturellement ils mirent sur le compte de Robespierre les exécutions qui s'étaient multipliées précisément depuis le jour où il avait cessé d'exercer aucune influence sur les affaires du gouvernement.

A deux reprises différentes, les gens de la droite repoussèrent dédaigneusement les avances intéressées de ces *bravi* de l'Assemblée; la troisième fois ils cédèrent[453]. La raison de ce brusque changement s'explique à merveille. Avec Robespierre triomphant, la Terreur pour la Terreur, cette Terreur dont il venait de signaler et de flétrir si éloquemment les excès, prenait fin; mais les patriotes étaient protégés, mais la justice sévère continuait d'avoir l'oeil sur les ennemis du dedans et sur ceux du dehors, mais la Révolution n'était pas détournée de son cours, mais la République s'affermissait sur d'inébranlables bases. Au contraire, avec Robespierre vaincu, la Terreur pouvait également cesser, se retourner même contre les patriotes, comme cela arriva; mais la République était frappée au coeur, et la contre-révolution certaine d'avance de sa prochaine victoire. Voilà ce qu'à la dernière heure comprirent très-bien les Boissy-d'Anglas, les Palasne-Champeaux, les Durand-Maillane, et tous ceux qu'effarouchaient la rigueur et l'austérité des principes républicains[454]; et voilà comment fut conclue l'alliance monstrueuse des réactionnaires et des révolutionnaires dans le sens du crime.

[Note 453: Voyez l'*Histoire de la Convention*, par Durand-Maillane, p. 199.]

[Note 454: Buonaroti a prétendu, d'après les révélations de quelques-uns des proscripteurs de Robespierre, que les idées sociales exprimées en diverses occasions par ce dernier n'avaient pas peu contribué à grossir le nombre de ses ennemis. Voyez sa Notice sur Maximilien Robespierre.]

Sur les exagérés de la Montagne la bande des conjurés agit par des arguments tout opposés. On peignit Robespierre sous les couleurs d'un modéré, on lui reprocha d'avoir protégé des royalistes, on rappela avec quelle persistance il avait défendu les signataires de la protestation contre le 31 mai, et cela eut un plein succès. Il n'y eut pas, a-t-on dit avec raison, une conjuration unique contre Robespierre; la contre-révolution y entra en se couvrant de tous les masques. C'était son rôle; et, suivant une appréciation consciencieuse et bien vraie, les ennemis personnels de Maximilien se rendirent les auxiliaires ou plutôt les jouets de l'aristocratie et ne crurent pas payer trop cher la défaite d'un seul homme par le deuil de leur pays[455].

[Note 455: *Choix de rapports, opinions et discours*, t. XIV, p. 264. Paris, 1829.]

Pour cette nuit du 8 au 9 thermidor, comme pour la journée du 8, nous sommes bien obligé de nous en tenir presque entièrement aux renseignements fournis par les vainqueurs, la bouche ayant été à jamais fermée aux vaincus. Rien de dramatique, du reste, comme la séance du comité de Salut public dans cette nuit suprême.

Les membres présents, Carnot, Robert Lindet, Prieur (de la Côte-d'Or), Barère, Saint-Just, travaillaient silencieusement. Saint-Just rédigeait à la hâte son rapport pour le lendemain, «et ne témoignait ni inquiétude, *ni repos*[456]», quand arrivèrent Billaud-Varenne, Collot-d'Herbois et certains membres du comité de Sûreté générale. A la vue de Collot-d'Herbois, dont les traits bouleversés accusaient le trouble intérieur, Saint-Just lui demanda froidement ce qu'il y avait de nouveau aux Jacobins. Sur quoi Collot-d'Herbois, hors de lui, l'aurait traité de traître, de lâche, etc. Puis Élie Lacoste, se levant furieux, se serait écrié que Robespierre, Couthon et Saint-Just étaient un triumvirat de fripons machinant contre la patrie. Que venait faire ici le sauvage rapporteur de l'affaire des *Chemises rouges*? Et Barère, l'héroïque Barère, d'apostropher à son tour Robespierre, Couthon et Saint-Just. A l'en croire, il les aurait appelés des pygmées insolents. Maximilien, qui la veille encore jouissait, disait-il, d'une réputation patriotique méritée par cinq années de travaux et par ses principes imperturbables d'indépendance et de liberté, est devenu tout à coup, du jour au lendemain, un scélérat; le second n'est qu'un éclopé; le troisième un enfant. Robespierre et Couthon n'étaient pas là, notez bien. Oh! le beau courage, la noble conduite, en admettant comme vraies les assertions des membres des anciens comités,—que de se mettre à trois, à quatre contre un *enfant*, à qui ils ont été obligés de rendre cette justice qu'au milieu de leurs vociférations il était resté calme et n'avait témoigné aucune inquiétude!

[Note 456: *Réponse des membres des deux anciens comités aux imputations de Laurent Lecointre*, note 7, p. 105.]

Cet *enfant*, dont l'assurance et le sang froid annonçaient une conscience pure, les glaçait d'épouvante.—«Tu prépares notre acte d'accusation»? lui dit brusquement Collot-d'Herbois.—Saint-Just pâlit-il à cette interrogation, comme l'ont prétendu ses meurtriers? C'est assez peu probable, puisqu'il leur offrit de leur donner, séance tenante, communication du discours qu'il préparait. Personne ne voulut y jeter les yeux.

Saint-Just se remit à l'oeuvre en promettant à ses collègues, s'il faut s'en rapporter à eux, de leur lire son discours le lendemain avant de le prononcer devant la Convention. Quand il eut achevé son travail, il prit part à la conversation, comme si de rien n'était, jouant, paraît-il, l'étonnement de n'être pas dans la confidence des dangers dont il entendait parler, et se plaignant de ce que tous les coeurs étaient fermés. Ce fut alors qu'il ajouta qu'il ne concevait pas cette manière prompte *d'improviser la foudre* à chaque instant, et que, au nom de la République, il conjura ses collègues de revenir à des idées et à des mesures plus justes. Cet aveu, que nous avons déjà relaté, venant des assassins de Robespierre, de Saint-Just et de Couthon, est bien précieux à recueillir[457]. Suivant Collot-d'Herbois et ses amis, il est vrai, Saint-Just ne s'exprimait ainsi que pour les tenir en échec, paralyser leurs mesures, et refroidir leur zèle; mais c'était si peu cela, qu'à cinq heures du matin il sortit, les laissant complètement maîtres du terrain.

[Note 457: *Réponse des membres des deux anciens comités, aux imputations de Laurent Lecointre*, note 7, p. 107.]

Vers dix heures du matin, les comités de Sûreté générale et de Salut public, je veux dire les membres appartenant à la conjuration, se réunirent. Comme on délibérait sur la question de savoir si l'on ferait arrêter le général de la garde nationale, entra Couthon, qui prit avec chaleur la défense d'Hanriot. Une scène violente s'ensuivit entre lui et Carnot. «Je savais bien que tu étais le plus méchant des hommes», dit-il à Carnot.—«Et toi le plus traître», répondit celui-ci[458]. Que Carnot ait agi méchamment dans cette journée du 9 thermidor, c'est ce que malheureusement il est impossible de contester. Quant au reproche tombé de sa bouche, c'est une de ces niaiseries calomnieuses, dont, hélas! les Thermidoriens se sont montrés si prodigues à l'égard de leurs victimes.

[Note 458: *Ibid.*, p. 108.]

Il était alors midi. En cet instant se présenta un huissier de la Convention, porteur d'une lettre de Saint-Just ainsi conçue: «L'injustice a fermé mon coeur, je vais l'ouvrir à la Convention[459].» Si nous devons ajouter foi au dire des membres des anciens comités, Couthon, s'emparant du billet, l'aurait déchiré, et Ruhl, un des membres du comité de Sûreté générale, indigné, se serait écrié: «Allons démasquer ces traîtres ou présenter nos têtes à la Convention»[460]! Ah! pauvre jouet des Fouché et des Tallien, vieux et sincère patriote, tu songeras douloureusement, mais trop tard, à cette heure d'aveuglement fatal, quand, victime à ton tour de la réaction, tu échapperas par le suicide à l'échafaud où toi-même tu contribuas à pousser les plus fermes défenseurs de la République.

[Note 459: *Ibid.* note 7, page 108.]

[Note 460: *Réponse aux imputations de Laurent Lecointre*, note 7, p. 108.]

CHAPITRE SEPTIÈME

Un mot de Bourdon (de l'Oise).—Cause du succès de la faction.—Séance du 9 thermidor.—Tallien à la tribune.—La parole ôtée à Robespierre.—Rapport de Barère.—L'accusation de Billaud-Varenne.—Cri de Garnier (de l'Aube).—Le montagnard Louchet.—Les décrets d'arrestation et d'accusation.—Dévouements sublimes.—Les proscrits à la barre.—Réunion de la Commune.—La dernière charrette.—L'arrestation d'Hanriot.— Mesures prises par les comités.—Attitude des Jacobins. —Mouvement des sections.—Conseil exécutif provisoire.—Délivrance des députés détenus.— Robespierre à la Commune.—Il s'oppose à l'insurrection. —Le décret de mise hors la loi.—Appel à la section des Piques. —Proclamation conventionnelle.—Assassinat de Robespierre.—Mort de Le Bas.—Longue agonie de Maximilien.—Le tribunal révolutionnaire à la barre.—Exécution de Robespierre et de ses amis.—Moralité du 9 thermidor.—Conclusion.

I

Ce fut, sous tous les rapports, une triste et sombre journée que celle du 9 thermidor an II, autrement dit 27 juillet 1794. Le temps, lourd, nuageux, semblait présager les orages qui allaient éclater. On eût dit qu'il se reflétait dans le coeur des membres de la Convention, tant au début de la séance la plupart des physionomies étaient chargées d'anxiété. Les conjurés seuls paraissaient tranquilles. Sûrs désormais des gens de la droite, lesquels, malgré leur estime pour Maximilien, s'étaient décidés à l'abandonner, sachant que, lui tombé, la République ne tarderait pas à tomber aussi[461], ils s'étaient arrêtés à un moyen sûr et commode, c'était de couper la parole à Robespierre, de l'assassiner purement et simplement; et en effet, la séance du 9 Thermidor ne fut pas autre chose qu'un guet-apens et un assassinat. Peu d'instants avant l'ouverture de la séance, Bourdon (de l'Oise) ayant rencontré Durand-Maillane aux abords de la salle, lui prit la main en disant: «Oh! les braves gens que les gens du côté droit[462].» Un moment après on pouvait voir Durand-Maillane se promener avec Rovère dans la salle de la Liberté[463]. Et c'était bien là le vrai type de la faction thermidorienne: le brigandage et le meurtre alliés à la réaction et à l'apostasie.

[Note 461: «La droite,» dit avec raison M. Michelet, «finit par comprendre que si elle aidait la Montagne à ruiner ce qui, dans la Montagne était la pierre de l'angle, l'édifice croulerait….» (T. VII, p. 459). Voilà qui est bien assurément, et tout à fait conforme à la vérité; mais par quelle inconséquence M. Michelet a-t-il pu écrire un peu plus haut: «La droite pensait (aussi bien que l'Europe), qu'après tout il était homme d'ordre, nullement ennemi des prêtres, donc un homme de l'ancien régime». (P. 451). Comment Robespierre pouvait-il être à fois l'homme de l'ancien régime et la pierre de l'angle de l'édifice républicain? Il faudrait des volumes pour relever toutes les erreurs, les inconséquences et les contradictions de M. Michelet.]

[Note 462: Mémoires de Durand-Maillane, p. 199.]

[Note 463: *Ibid.*]

Au reste, jamais cette alliance impure et monstrueuse ne fût parvenue à renverser Robespierre, si à cette époque du 9 Thermidor les membres les plus probes et les plus patriotes de la Convention ne s'étaient pas trouvés en mission auprès des armées, dans les départements et dans les ports de mer où ils avaient été envoyés à la place de la plupart des Thermidoriens, des Rovère, des Fouché, des Carrier, des Fréron, des André Dumont et des Tallien. Le triomphe de la faction tint à l'absence d'une cinquantaine de républicains irréprochables. Laporte et Reverchon étaient à Lyon, Albite et Salicetti à Nice, Laignelot à Laval, Duquesnoy à Arras, Duroy à Landau, René Levasseur à Sedan, Maure à Montargis, Goujon, Soubrany, ces deux futures victimes de la réaction, dans le Haut-Rhin et dans les Pyrénées-Orientales, Bô à Nantes, Maignet à Marseille, Lejeune à Besançon, Alquier et Ingrand à Niort, Lecarpentier à Port-Mâlo, Borie dans le Gard, Jean-Bon Saint-André et Prieur (de la Marne), tous deux membres du comité de Salut public, sur les côtes de l'Océan, etc. Si ces représentants intègres et tout dévoués à l'idée républicaine se fussent trouvés à Paris, jamais une poignée de scélérats ne seraient venus à bout d'abattre les plus fermes appuis de la démocratie.

Au moment où Robespierre quitta, pour n'y plus rentrer, la maison de son hôte, cette pauvre et chère maison où, depuis quatre ans, il avait vécu avec la simplicité du sage, entouré d'amour et de respect, Duplay ne put s'empêcher de lui parler avec beaucoup de sollicitude, et il l'engagea vivement à prendre quelques précautions contre les dangers au-devant desquels il courait. «La masse de la Convention est pure; rassure-toi; je n'ai rien à craindre», répondit Maximilien[464]. Déplorable confiance, qui le livra sans défense à ses ennemis! On s'attendait bien dans Paris à un effroyable orage parlementaire, mais c'était tout; et il y avait si peu d'entente entre Robespierre et ceux dont le concours lui était assuré d'avance, que le général de la garde nationale, Hanriot, s'en était allé tranquillement déjeuner au faubourg Saint-Antoine chez un de ses parents.

[Note 464: Détail transmis à. MM. Buchez et Roux, par Buonaroti qui le tenait de Duplay lui-même. (*Histoire parlementaire*, t. XXXIV, p. 3).]

II

Comme d'habitude, la séance du 9 Thermidor commença par la lecture de la correspondance. Cette lecture à peine achevée, Saint-Just, qui attendait au bas de la tribune, demanda la parole. Collot-d'Herbois occupait le fauteuil. Pour cette séance, nous devons prévenir le lecteur, ainsi que nous l'avons fait pour les séances de la Convention et des Jacobins de la veille, qu'il n'existe pas d'autres renseignements que ceux qu'il a plu aux vainqueurs de fournir eux-mêmes. Comme les historiens qui nous ont devancé, nous sommes réduit ici à écrire d'après des documents longuement médités et arrangés pour les besoins de leur cause par les Thermidoriens eux-mêmes[465].

[Note 465: Il y a deux versions, quasi officielles, de la séance du 9 thermidor, celle du *Moniteur* et le projet de procès-verbal de Charles Duval, imprimé par ordre de la Convention. Charles Duval était de la conjuration. On peut juger par là si son procès-verbal est bien digne de foi. Nous ne parlons pas de la version donnée par le *Journal des Débats et des Décrets de la Convention*. C'est presque absolument la même que celle du *Moniteur*.]

«Je ne suis d'aucune faction, je les combattrai toutes. Elles ne s'éteindront jamais que par les institutions qui produiront les garanties, qui poseront la borne de l'autorité, et feront ployer sans retour l'orgueil humain sous le joug des libertés publiques». Ces paroles ne sont assurément ni d'un triumvir ni d'un aspirant à la dictature; c'était le début du discours de Saint-Just. Dès les premiers mots, le jeune orateur fut interrompu par Tallien. Il fallait empêcher à tout prix la lumière de se produire; car si Saint-Just avait pu aller jusqu'au bout, nul doute que la Convention, éclairée et cédant à la force de la vérité, n'eût écrasé la conjuration. En effet, de quoi se plaignait Saint-Just? De ce que dans les quatre dernières décades, c'est-à-dire durant l'époque où il avait été commis le plus d'actes oppressifs et arbitraires, l'autorité du comité de Salut public avait été en réalité exercée par quelques-uns de ses membres seulement; et ces membres étaient Billaud-Varenne, Collot-d'Herbois, Barère et Carnot. Toute délibération du comité ne portant point la signature de six de ses membres devait être, selon Saint-Just, considérée comme un acte de tyrannie. Et c'était lui et ses amis que la calomnie accusait d'aspirer à la dictature! La conclusion de son discours consistait dans le projet de décret suivant: «La Convention nationale décrète que les institutions qui seront incessamment rédigées présenteront les moyens que le gouvernement, sans rien perdre de son ressort révolutionnaire, ne puisse tendre à l'arbitraire, favoriser l'ambition et opprimer ou usurper la Convention nationale[466].

[Note 466: Voyez, pour plus de détails sur le discours de Saint-Just, notre *Histoire de Saint-Just*, t. II, liv. V, ch. VII, édition Méline et Cans.]

En interrompant Saint-Just, Tallien eut l'impudence de dire que, comme lui, il n'était d'aucune faction; on entendit ce misérable déclarer qu'il n'appartenait qu'à lui-même et à la liberté, et il n'était que le jouet de ses passions, auxquelles il avait indignement sacrifié et sa dignité de représentant du peuple et les intérêts du pays. Il demanda hypocritement que le voile fût tout à fait déchiré, à l'heure même où ses complices et lui se disposaient à étrangler la vérité. La bande accueillit ses paroles par une triple salve d'applaudissements. Mais ce personnage méprisé de Robespierre, qui même avant l'ouverture de la Convention nationale avait deviné ses bas instincts, n'était pas de taille à entraîner l'Assemblée[467]. Billaud-Varenne l'interrompit violemment à son tour, et s'élança à la tribune en demandant la parole pour une motion d'ordre.

[Note 467: On sait ce qu'il advint de Tallien. Nous avons dit plus haut comment, après avoir été l'un des coryphées de la réaction thermidorienne, il suivit le général Bonaparte en Egypte, où il demeura assez longtemps, chargé de l'administration des domaines. Tout le monde connaît l'histoire de ses disgrâces conjugales. Sous la Restauration, il obtint une pension de deux mille francs sur la cassette royale, qui, dit avec raison un biographe de Tallien, devait bien ce secours à l'auteur de la révolution du 9 Thermidor. Tallien était bien digne d'être célébré par Courtois. (Voyez les louanges que lui a décernées ce député dans son rapport sur les événements du 9 Thermidor (p. 39)).]

A ce moment, assure-t-on, Barère dit à son collègue: «N'attaque que Robespierre, laisse là Couthon et Saint-Just»[468]; comme si attaquer le premier, ce n'était pas en même temps attaquer les deux autres, comme si ceux-ci n'étaient pas résolus d'avance à partager la destinée du grand citoyen dont ils partageaient toutes les convictions. Egaré par la colère, Billaud n'écoute rien. Il se plaint amèrement des menaces qui, la veille au soir, avaient retenti contre certains représentants au club des Jacobins, où, dit-il, on avait manifesté l'intention d'égorger la Convention nationale. C'était un mensonge odieux, mais n'importe! il fallait bien exaspérer l'Assemblée. Du doigt, il désigne sur le sommet de la Montagne un citoyen qui s'était fait remarquer par sa véhémence au sein de la société. «Arrêtez-le! arrêtez-le»! crie-t-on de toutes parts, et le malheureux est poussé dehors au milieu des plus vifs applaudissements.

[Note 468: Courtois, dans son second rapport (p. 39), donne en note ce détail comme le tenant du représentant Espert, député de l'Ariége à la Convention.]

A Saint-Just il reproche … quoi? de n'avoir point soumis au comité le discours dont ce député avait commencé la lecture, et il en revient à son thème favori: le prétendu projet d'égorgement de la Convention. Le Bas, indigné, veut répondre; on le rappelle à l'ordre! Il insiste, on le menace de l'Abbaye[469]. Billaud reprend, et, durant dix minutes, se perd en des divagations calomnieuses qui pèseront éternellement sur sa mémoire. Il ose accuser Robespierre, la probité même, de s'être opposé à l'arrestation d'un secrétaire du comité de Salut public accusé d'un vol de 114,000 livres (*Mouvement d'indignation de la part de tous les fripons de l'Assemblée*)[470]. Il l'accuse d'avoir protégé Hanriot, dénoncé dans le temps par le tribunal révolutionnaire comme un complice d'Hébert; d'avoir placé à la tête de la force armée des conspirateurs et des nobles, le général La Valette, entre autres, dont Robespierre avait pris la défense jadis, et qui, à sa recommandation, était entré dans l'état-major de la garde nationale de Paris.

[Note 469: *Procès-verbal* de Charles Duval, p. 5 et *Moniteur* du 11 thermidor (29 juillet 1794).]

[Note 470: *Moniteur* du 11 thermidor (29 juillet 1794).]

Maximilien ne croyait pas qu'on dût proscrire les nobles par cela même qu'ils étaient nobles, s'ils n'avaient, d'ailleurs, rien commis de répréhensible contre les lois révolutionnaires! Quel crime! On tuera La Valette comme noble et comme protégé de Robespierre. Maximilien, prétendait Billaud, ne trouvait pas dans toute la Convention vingt représentants dignes d'être investis de missions dans les départements. Encore un moyen ingénieux de passionner l'Assemblée. Et la Convention de frémir d'horreur! A droite, à gauche, au centre, l'hypocrisie commence de prendre des proportions colossales. Si Robespierre s'était éloigné du comité, c'était, au dire de son accusateur, parce qu'il y avait trouvé de la résistance au moment où seul il avait voulu faire rendre le décret du 22 prairial. Mensonge odieux habilement propagé. La loi de prairial, nous l'avons surabondamment prouvé, eut l'assentiment des deux comités, et si Robespierre, découragé, cessa un jour de prendre réellement part à la direction des affaires, ce fut précisément à cause de l'horrible usage qu'en dépit de sa volonté ses collègues des deux comités crurent devoir faire de cette loi.

«Nous mourrons tous avec honneur», s'écrie ensuite Billaud-Varenne; «je ne crois pas qu'il y ait ici un seul représentant qui voulût exister sous un tyran». Non, non! *périssent les tyrans!* répondent ceux surtout qu'on devait voir plus tard, trente ans durant, se coucher à plat ventre devant toutes les tyrannies. Dérision! Quel tyran que celui qui, depuis quarante jours, s'était abstenu d'exercer la moindre influence sur les affaires du gouvernement, et à qui il n'était même pas permis d'ouvrir la bouche pour repousser d'un mot les abominables calomnies vomies contre lui par des royalistes déguisés, des bandits fieffés et quelques patriotes fourvoyés. Continuant son réquisitoire, Billaud reproche à Maximilien d'avoir fait arrêter le meilleur comité révolutionnaire de Paris, celui de la section de l'*Indivisibilité*. Or, nous avons raconté cette histoire plus haut. Ce comité révolutionnaire, le meilleur de Paris, avait, par des excès de tous genres, jeté l'épouvante dans la section de l'*Indivisibilité*; et voilà pourquoi, d'après l'avis de Robespierre, on en avait ordonné l'arrestation[471]. Billaud-Varenne termine enfin sa diatribe par un trait tout à l'avantage de Robespierre, trait déjà cité, et dont les partisans de Danton n'ont pas assez tenu compte à Maximilien. Laissons-le parler: «La première fois que je dénonçai Danton au comité, Robespierre se leva comme un furieux, en disant qu'il voyait mes intentions, que je voulais perdre les meilleurs patriotes»[472]. Billaud ne soupçonnait donc guère que certains députés songeassent à venger Danton en proscrivant Robespierre.

[Note 471: Voy. plus haut l'affaire du comité révolutionnaire de la section de l'*Indivisibilité*.]

[Note 472: *Moniteur* du 11 thermidor (29 juillet 1794).]

III

Maximilien, qui jusqu'alors était resté muet, monte précipitamment à la tribune. On ne le laisse point parler. *A bas le tyran! à bas le tyran!* hurle la troupe des conjurés. Encouragé par la tournure que prenaient les choses, Tallien remonte à la tribune au milieu des applaudissements de ses complices. On l'entend déclarer, en vrai saltimbanque qu'il était, qu'il s'est armé d'un poignard—le poignard de Thérézia Cabarrus, selon les chroniqueurs galants—pour percer le sein du nouveau Cromwell, au cas où l'Assemblée n'aurait pas le courage de le décréter d'accusation. Ah! si Robespierre eût été Cromwell, comme Tallien se serait empressé de fléchir les genoux devant lui! On n'a pas oublié ses lettres à Couthon et à Maximilien, témoignage immortel de sa bassesse et de sa lâcheté. Il cherche à ménager à la fois les exagérés de la Montagne et les timides de la droite en se défendant d'être modéré d'une part, et, de l'autre, en réclamant protection pour l'innocence. Il ose, lui, le cynique proconsul dont le faste criminel avait indigné les patriotes de Bordeaux, accuser Robespierre d'être servi par «des hommes crapuleux et perdus de débauche», et la Convention indignée ne lui ferme point la bouche[473]! Loin de là, elle vote, sur la proposition de cet indigne historien, l'arrestation d'Hanriot et de son état-major, et elle se déclare en permanence jusqu'à ce que le glaive de la loi ait *assuré la Révolution.*

[Note 473: *Moniteur* du 11 thermidor (29 juillet 1794). Charles Duval se contente de dire dans son procès-verbal que Tallien compara Robespierre à Catilina, et ceux dont il s'était entouré à Verrès. (P. 9.)—La veille même du 9 Thermidor, un de ces Montagnards imprudents qui laissèrent si lâchement sacrifier les plus purs républicains, le représentant Chazaud, député de la Charente, écrivait à Couthon: «Un collègue de trois ans, qui te chérit et qui t'aime, et qui se glorifie de ne s'être pas écarté une minute du sentier que tes talens, ton courage et tes vertus ont tracé dans la carrière politique, désireroit épancher dans ton âme une amertume cruelle…» Lettre inédite en date du 8 thermidor (de la collection Portiez (de l'Oise)).]

Le branle était donné. Billaud-Varenne réclame à son tour surtout l'arrestation du général Boulanger, auquel il reproche d'avoir été l'ami de Danton[474], celle de Dumas, coupable d'avoir la veille, aux Jacobins, traité Collot-d'Herbois de conspirateur, celle de La Vallette et celle du général Dufraisse, dénoncés jadis l'un et l'autre par Bourdon (de l'Oise) et défendus par Maximilien. L'Assemblée vote en aveugle et sans discussion la triple arrestation[475]. Il est impossible qu'Hanriot ne se soit pas entouré de suspects, fait observer Delmas, et il demande et obtient l'arrestation en masse des adjudants et aides-de-camp de ce général. Sont également décrétés d'arrestation, sans autre forme de procès, Prosper Sijas et Vilain d'Aubigny, ce dantoniste si souvent persécuté déjà par Bourdon (de l'Oise), dont la satisfaction dut être au comble. C'était du délire et du délire sanglant, car l'échafaud était au bout de ces décrets rendus contre tous ces innocents.

[Note 474: Le général Boulanger fut également accusé par Billaud-Varenne d'avoir été «conspirateur avec Hébert», en sorte que ce fut surtout comme Hébertiste et Dantoniste qu'il fut décrété d'arrestation. (*Moniteur* du 11 thermidor.) Bien que n'ayant joué aucun rôle le 9 Thermidor, il n'en fut pas moins mis hors la loi et guillotiné le 11, sans autre forme de procès, avec les membres de la commune.]

[Note 475: Projet de procès-verbal de Charles Duval (p. 9). Plus heureux que La Valette, cet autre protégé de Robespierre, le général Dufraisse échappa à l'échafaud et put encore servir glorieusement la France.]

Robespierre s'épuise en efforts pour réclamer en leur faveur; mais la Convention semble avoir perdu toute notion du juste et de l'injuste. *A bas le tyran! à bas le tyran!* s'écrie le choeur des conjurés. Et chaque fois que, profitant d'une minute d'apaisement, Maximilien prononce une parole: *A bas le tyran! à bas le tyran!* répète comme un lugubre refrain la cohue sinistre.

Cependant Barère paraît à la tribune et prononce un discours d'une modération étonnante, à côté des scènes qui venaient de se dérouler[476]. Robespierre y est à peine nommé. Il y est dit seulement que les comités s'occuperont de réfuter avec soin les faits mis la veille à leur charge par Maximilien. En attendant, que propose Barère à l'Assemblée? D'adresser une proclamation au peuple français, d'abolir dans la garde nationale tout grade supérieur à celui de chef de légion et de confier à tour de rôle le commandement à chaque chef de légion, enfin de charger le maire de Paris, l'agent national et le commandant de service de veiller à la sûreté de la Représentation nationale. Ainsi, à cette heure, on ne suppose pas que Fleuriot-Lescot et Payan prendront parti pour un homme contre une Assemblée tout entière; mais cet homme représentait la République, la démocratie, et de purs et sincères patriotes comme le maire et l'agent national de la commune de Paris ne pouvaient hésiter un instant.

[Note 476: On a dit que Barère était arrivé à la Convention avec deux discours dans sa poche. Barère n'avait pas besoin de cela. Merveilleux improvisateur, il était également prêt à parler pour ou contre, selon l'événement. La manière dont il s'exprima prouve, du reste, qu'il était loin de s'attendre, au commencement de cette séance, à une issue fatale pour le collègue dont l'avant-veille encore il avait, à la face de la République, célébré le patriotisme.]

Quant à la proclamation au peuple français, il y était surtout question du gouvernement révolutionnaire, objet de la haine des ennemis de la France et attaqué jusque dans le sein de la Convention nationale. De Robespierre pas un mot[477]. Barère avait parlé au nom de la majorité de ses collègues, et la modération de ses paroles prouve combien peu les comités à cette heure se croyaient certains de la victoire.

[Note 477: Voyez cette proclamation dans le *Moniteur* du 11 thermidor (29 juillet 1794).]

Mais tant de ménagements ne convenaient guère aux membres les plus compromis. Le vieux Vadier bondit comme un furieux à la tribune. Il commence par faire un crime à Maximilien d'avoir pris ouvertement la défense de Chabot, de Bazire, de Camille Desmoulins et de Danton, et de ne les avoir abandonnés qu'en s'apercevant que ses liaisons avec eux pouvaient le compromettre.

Puis, après s'être vanté, à son tour, d'avoir, le premier, démasqué Danton, il se flatte de faire connaître également Robespierre, et de le convaincre de tyrannie, non par des phrases, mais par des faits[478]. Il revient encore sur l'arrestation du comité révolutionnaire de la section de l'*Indivisibilité, le plus pur de Paris*, on sait comment. Cet infatigable pourvoyeur de l'échafaud, qui s'entendait si bien à recommander les victimes à son cher Fouquier-Tinville, recommence ses plaisanteries de la veille au sujet de l'affaire de Catherine Théot, et, comme pris de la nostalgie du sang, il impute à crime à Maximilien d'avoir couvert de sa protection les illuminés et soustrait à la guillotine son ex-collègue dom Gerle et la malheureuse Catherine[479]. Il se plaint ensuite de l'espionnage organisé contre certains députés (les Fouché, les Bourdon (de l'Oise), les Tallien), comme si cela avait été du fait particulier de Robespierre, et il prétend que, pour sa part, on avait attaché à ses pas le citoyen Taschereau, qui se montrait pour lui d'une complaisance rare, et qui, sachant par coeur les discours de Robespierre, les lui récitait sans cesse[480].

[Note 478: Procès-verbal de Charles Duval, p. 15.]

[Note 479: Procès-verbal de Charles Duval, p. 16, et *Moniteur* du 11 thermidor (29 juillet 1794).]

[Note 480: *Moniteur* du 11 thermidor.]

Ennuyé de ce bavardage, Tallien demande la parole pour ramener la discussion à son vrai point. «Je saurai bien l'y ramener», s'écrie Robespierre. Mais la horde recommence ses cris sauvages et l'empêche d'articuler une parole.

Tallien a libre carrière, et la seule base de l'accusation de tyrannie dirigée contre Robespierre, c'est aussi, de son propre aveu, le discours prononcé par Maximilien dans la dernière séance; il ne trouve qu'un seul fait à articuler à sa charge, c'est toujours l'arrestation du fameux comité révolutionnaire de la section de l'*Indivisibilité*. Seulement, Tallien l'accuse d'avoir calomnié les comités sauveurs de la patrie; il insinue hypocritement que les actes d'oppression particuliers dont on s'était plaint avaient eu lieu pendant le temps où Robespierre avait été chargé d'administrer le bureau de police générale momentanément établi au comité de Salut public.—Le mandat d'arrêt de Thérézia Cabarrus, la maîtresse de Tallien, était parti de ce bureau.—«C'est faux, je....» interrompt Maximilien; un tonnerre de murmures couvre sa voix.

Sans se déconcerter, toujours froid et calme, Robespierre arrête un moment son regard sur les membres les plus ardents de la Montagne, sur ceux dont il n'avait jamais suspecté les intentions, comme pour lire dans leurs pensées si en effet ils sont complices de l'abominable machination dont il se trouve victime. Les uns, saisis de remords ou de pitié, n'osent soutenir ce loyal regard et détournent la tête; les autres, égarés par un aveuglement fatal, demeurent immobiles. Lui, dominant le tumulte, et s'adressant à tous les côtés de l'Assemblée[481]: «C'est à vous, hommes purs, que je m'adresse, et non pas aux brigands....» Si en ce moment une voix, une seule voix d'honnête homme, celle de Romme ou de Cambon, eût répondu à cet appel, on aurait vu la partie saine de la Convention se rallier à Robespierre; mais nul ne bouge, et la bande, enhardie, recommence de plus belle son effroyable vacarme. Alors, cédant à un mouvement d'indignation, Robespierre s'écrie d'une voix tonnante: «Pour la dernière fois, président d'assassins, je te demande la parole[482].... Accorde-la-moi, ou décrète que tu veux m'assassiner[483].» L'assassinat, telle devait être en effet la dernière raison thermidorienne.

[Note 481: Et non pas à la droite seulement, comme le prétend M. Michelet, t. VII, p. 405. «La masse de la Convention est pure, elle m'entendra», avait dit Robespierre à Duplay au moment de partir. Il ne pouvait s'attendre à être abandonné de tout ce qui restait de membres de la Montagne à la Convention. Voyez, au surplus, le compte rendu de cette séance dans l'*Histoire parlementaire*, t. XXXIV, p. 33.]

[Note 482: *Histoire parlementaire*, t. XXXIV, p. 33.—Le *Moniteur* s'est bien gardé de reproduire cette exclamation. Il se contente de dire que «Robespierre apostrophe le président et l'Assemblée dans les termes les plus injurieux». (*Moniteur* du 11 thermidor.) —Le *Mercure universel*, numéro du 10 thermidor, rapporte ainsi l'exclamation de Robespierre: «Vous n'accordez la parole qu'à mes assassins....» M. Michelet, qui chevauche de fantaisie en fantaisie, nous montre Robespierre menaçant du poing le président. Si, en effet, Maximilien se fût laissé aller à cet emportement de geste, les Thermidoriens n'eussent pas manqué de constater le fait dans leur compte rendu, et ils n'en ont rien dit. M. Michelet écrit trop d'après son inépuisable imagination.]

[Note 483: Ces derniers mots ne se trouvent pas dans le compte rendu thermidorien. Nous les empruntons à la narration très détaillée que nous a laissée Levasseur (de la Sarthe) des événements de Thermidor. (Mémoires, t. III, p. 146.) Levasseur, il est vrai, était en mission alors, mais il a écrit d'après des renseignements précis, et sa version a le mérite d'être plus désintéressée que celle des assassins de Robespierre.]

Au milieu des vociférations de la bande, Collot-d'Herbois quitte le fauteuil, où le remplace Thuriot. A Maximilien s'épuisant en efforts pour obtenir là parole, le futur magistrat impérial répond ironiquement: «Tu ne l'auras qu'à ton tour»; flétrissant à jamais sa mémoire par cette lâche complicité dans le guet-apens de Thermidor.

Comme Robespierre, brisé par cette lutte inégale, essayait encore, d'une voix qui s'éteignait, de se faire entendre: «Le sang de Danton t'étouffe»! lui cria un Montagnard obscur, Garnier (de l'Aube), compatriote de l'ancien tribun des Cordeliers. A cette apostrophe inattendue, Maximilien, j'imagine, dut comprendre son immense faute d'avoir abandonné celui que, tant de fois, il avait couvert de sa protection. «C'est donc Danton que vous voulez venger?» dit-il[484], et il ajouta—réponse écrasante!—«Lâches, pourquoi ne l'avez-vous pas défendu»[485]? C'eût été en effet dans la séance du 11 germinal que Garnier (de l'Aube) aurait du prendre la parole en se dévouant alors à une amitié illustre; il se fut honoré par un acte de courage, au lieu de s'avilir par une lâcheté inutile. On aurait tort de conclure de là que la mort de Danton fut une des causes efficientes du 9 Thermidor; les principaux amis du puissant révolutionnaire jouèrent dans cette journée un rôle tout à fait passif. Quant aux auteurs du guet-apens actuel, ils se souciaient si peu de venger cette grande victime que, plus d'un mois plus tard, Bourdon (de l'Oise), qui pourtant passe généralement pour Dantoniste, et qui se vanta un jour, en pleine Convention, d'avoir *combiné la mort de Robespierre*[486], traitait encore Maximilien de complice de Danton et se plaignait très vivement qu'on eût fait sortir de prison une créature de ce dernier, le greffier Fabricius[487].

[Note 484: *Histoire parlementaire, ubi suprà.*]

[Note 485: Mémoires de Levasseur, t. III, p. 147.]

[Note 486: Séance du 12 vendémiaire an III (30 octobre 1794). Voy. le *Moniteur* du 14 vendémiaire.]

[Note 487: Séance du 13 fructidor an II (30 août 1794). Voy. le *Moniteur* du 16 fructidor (2 septembre).]

Cependant personne n'osait conclure. Tout à coup une voix inconnue: «Je demande le décret d'arrestation contre Robespierre». C'était celle du montagnard Louchet, député de l'Aveyron. A cette motion, l'Assemblée hésite, comme frappée de stupeur. Quelques applaudissements isolés éclatent pourtant. «Aux voix, aux voix! Ma motion est appuyée»! s'écrie alors Louchet[488]. Un montagnard non moins obscur et non moins terroriste, le représentant Lozeau, député de la Charente-Inférieure, renchérit sur cette motion, et réclame, lui, un décret d'accusation contre Robespierre; cette nouvelle proposition est également appuyée.

[Note 488: Un des plus violents terroristes de l'Assemblée, Louchet, demanda, après Thermidor, le maintien de la Terreur, qu'il crut consolider en abattant Robespierre. Digne protégé de Barère et de Fouché, le républicain Louchet devint par la suite receveur général du département de la Somme, emploi assez lucratif, comme on sait, et qu'il occupa jusqu'en 1814. Il mourut, dit-on, du chagrin de l'avoir perdu, laissant une fortune considérable.]

A tant de lâchetés et d'infamies il fallait cependant un contraste. Voici l'heure des dévouements sublimes. Un jeune homme se lève, et réclame la parole en promenant sur cette Assemblée en démence un clair et tranquille regard. C'est Augustin Robespierre[489]. On fait silence. «Je suis aussi coupable que mon frère», s'écrie-t-il; «je partage ses vertus, je veux partager son sort. Je demande aussi le décret d'accusation contre moi». Une indéfinissable émotion s'empare d'un certain nombre de membres, et, sur leurs visages émus, on peut lire la pitié dont ils sont saisis. Ce jeune homme, en effet, c'était un des vainqueurs de Toulon; commissaire de la Convention, il avait délivré de l'oppression les départements de la Haute-Saône et du Doubs; il y avait fait bénir le nom de la République et l'on pouvait encore entendre les murmures d'amour et de bénédiction soulevés sur ses pas. Ah! certes, il avait droit aussi à la couronne du martyre. La majorité, en proie à un délire étrange, témoigne par un mouvement d'indifférence qu'elle accepte ce dévouement magnanime[490].

[Note 489: Robespierre jeune était alors âgé de 31 ans, étant né le 21 janvier 1763.]

[Note 490: *Histoire parlementaire*, t. XXXIV, p. 34.]

Robespierre a fait d'avance le sacrifice de sa vie à la République, peu lui importe de mourir; mais il ne veut pas entraîner son frère dans sa chute, et il essaye de disputer aux assassins cette victime inutile. Vains efforts! Sa parole se perd au milieu de l'effroyable tumulte. On sait comme est communicative l'ivresse du sang. La séance n'est plus qu'une orgie sans nom où dominent les voix de Billaud-Varenne, de Fréron et d'Élie Lacoste. Ironie sanglante! un député journaliste, Charles Duval, rédacteur d'un des plus violents organes de la Terreur, demande si Robespierre sera longtemps le maître de la Convention[491]. Et un membre d'ajouter: «Ah! qu'un tyran est dur à abattre»! Ce membre, c'est Fréron, le bourreau de Toulon et de Marseille, l'affreux maniaque à qui, un jour, il prit fantaisie d'appeler *Sans nom* la vieille cité phocéenne, et qui demain réclamera la destruction de l'Hôtel de Ville de Paris. Le président met enfin aux voix l'arrestation des deux frères; elle est décrétée au milieu d'applaudissements furieux et de cris sauvages. Les accusateurs de Jésus n'avaient pas témoigné une joie plus féroce au jugement de Pilate.

[Note 491: Il est assez remarquable que dans son projet de procès-verbal, Charles Duval n'a pas osé donner place à son exclamation dérisoire. Charles Duval rédigeait le *Républicain, journal des hommes libres*. M. Michelet dit de Charles Duval: «Violent journaliste, supprimé par Robespierre.» Où M. Michelet a-t-il pris cela? Commencé le 4 novembre 1792, le *Journal des hommes libres* se continua sans interruption jusqu'au 28 germinal de l'an VI (15 avril 1798), pour paraître ensuite sous diverses dénominations jusqu'au 27 fructidor an VIII. Après le coup d'État de Brumaire, Charles Duval ne manqua pas d'offrir ses services au général Bonaparte, et il fut casé comme chef de bureau dans l'administration des *Droits réunis*.]

En ce moment, la salle retentit des cris de *Vive la liberté! Vive la République!* «La République! dit amèrement Robespierre, elle est perdue, car les brigands triomphent». Ah! sombre et terrible prophétie! comme elle se trouvera accomplie à la lettre! Oui, les brigands triomphent, car les vainqueurs dans cette journée fatale, ce sont les Fouché, les Tallien, les Rovère, les Dumont, les Bourdon (de l'Oise), les Fréron, les Courtois, tout ce que la démocratie, dans ses bas-fonds, contenait de plus impur. Oui, les brigands triomphent, car Robespierre et ses amis vont être assassinés traîtreusement pour avoir voulu réconcilier la Révolution avec la justice; car avec eux va, pour bien longtemps, disparaître la cause populaire; car sur leur échafaud sanglant se cimentera la monstrueuse alliance de tous les véreux de la démocratie avec tous les royalistes déguisés de l'Assemblée et tous les tartufes de modération.

Cependant Louchet reprend la parole pour déclarer qu'en votant l'arrestation des deux Robespierre, on avait entendu voter également celle de Saint-Just et de Couthon. Quand les Girondins s'étaient trouvés proscrits, lorsque Danton et ses amis avaient été livrés au tribunal révolutionnaire, nul des leurs ne s'était levé pour réclamer hautement sa part d'ostracisme. Le dévouement d'Augustin Robespierre, de ce magnanime jeune homme qui, suivant l'expression très vraie d'un poète de nos jours,

Environnait d'amour son formidable aîné,

peut paraître tout naturel; mais voici que tout à coup se lève à son tour un des plus jeunes membres de l'Assemblée, Philippe Le Bas, le doux et héroïque compagnon de Saint-Just.

En vain quelques-uns de ses collègues le retiennent par les pans de son habit et veulent le contraindre à se rasseoir, il résiste à tous leurs efforts, et, d'une voix retentissante: «Je ne veux pas partager l'opprobre de ce décret! je demande aussi l'arrestation». Tout ce que le monde contient de séductions et de bonheurs réels, avons-nous dit autre part[492], attachait ce jeune homme à l'existence. Une femme adorée, un fils de quelques semaines à peine, quoi de plus propre à glisser dans le coeur de l'homme le désir immodéré de vivre? S'immoler, n'est-ce pas en même temps immoler, pour ainsi dire, le cher petit être dont on est appelé à devenir le guide et l'appui? Le Bas n'hésita pas un instant à sacrifier toutes ses affections à ce que sa conscience lui montra comme le devoir et l'honneur mêmes. Il n'y a point en faveur de Robespierre de plaidoirie plus saisissante que ce sacrifice sublime. Un certain nombre de membres se regardent indécis, consternés; je ne sais quelle pudeur semble les arrêter au moment de livrer cette nouvelle victime; mais les passions mauvaises l'emportent, et Le Bas est jeté comme les autres en proie aux assassins.

[Note 492: Voyez notre *Histoire de Saint-Just*.]

Fréron peut maintenant insulter bravement les vaincus. Mais que dit-il? Ce n'est plus Robespierre seul qui aspire à la dictature. A l'en croire, Maximilien devait former avec Couthon et Saint-Just un triumvirat qui eût rappelé les proscriptions sanglantes de Sylla; et cinq ou six cadavres de Conventionnels étaient destinés à servir de degrés à Couthon pour monter au trône. «Oui, je voulais arriver au trône», dit avec le sourire du mépris, l'intègre ami de Robespierre. On ne sait en vérité ce qu'on doit admirer le plus, des inepties, des mensonges, ou des contradictions de ces misérables Thermidoriens.

Debout au pied de la tribune, Saint-Just, calme et dédaigneux, contemplait d'un oeil stoïque le honteux spectacle offert par la Convention[493]. Après Fréron, on entend Élie Lacoste, puis Collot-d'Herbois. C'est à qui des deux mentira avec le plus d'impudence. Le dernier accuse ceux dont il est un des proscripteurs d'avoir songé à une nouvelle insurrection du 31 mai. «Il en a menti», s'écrie Robespierre d'une voix forte. Et l'Assemblée de s'indigner, à la manière de Tartufe, comme si, l'avant-veille, le comité de Salut public n'avait point, par la bouche de Barère, hautement félicité Robespierre d'avoir flétri avec énergie toute tentative de violation de la Représentation nationale.

[Note 493: C'est ce que Charles Duval a, dans son procès-verbal, appelé «avoir l'air d'un traître», p. 21.]

C'en est fait, Maximilien et son frère, Couthon, Saint-Just et Le Bas sont décrétés d'accusation. A la barre, à la barre! s'écrient, pressés d'en finir, un certain nombre de membres parmi lesquels on remarque le représentant Clauzel[494]. Les huissiers, dit-on, osaient à peine exécuter les ordres du président tant, jusqu'alors, ils avaient été habitués à porter haut dans leur estime ces grands citoyens réduits aujourd'hui au rôle d'accusés. Les proscrits, du reste, ne songèrent pas à résister; ils se rendirent d'eux-mêmes à la barre; et, presque aussitôt, on vit, spectacle navrant! sortir entre des gendarmes ces véritables fondateurs de la République. Il était alors quatre heures et demie environ.

[Note 494: Député de l'Ariège à la Convention, Clauzel, après avoir affiché longtemps un républicanisme assez fervent, acceuillit avec transport le coup d'État de Brumaire. Devenu membre du Corps législatif consulaire, il ne cessa de donner au pouvoir nouveau des gages de dévouement et de zèle. (*Biographie universelle.*)]

Eux partis, Collot-d'Herbois continua tranquillement sa diatribe. L'unique grief invoqué par lui contre Maximilien fut—ne l'oublions pas, car l'aveu mérite assurément d'être recueilli,—son discours de la veille, c'est-à-dire la plus éclatante justification qui jamais soit tombée de la bouche d'un homme. Je me trompe: il lui reprocha encore de n'avoir pas eu assez d'amour et d'admiration pour la personne de Marat. Tout cela fort applaudi de la bande. On cria même beaucoup *Vive la République!* les uns par dérision, les autres, en petit nombre ceux-là, dans l'innocence de leur coeur. Les malheureux, ils venaient de la tuer!

IV

Cette longue et fatale séance de la Convention avait duré six heures; elle fut suspendue à cinq heures et demie pour être reprise à sept heures; mais d'ici là de grands événements allaient se passer.

Le comité de Salut public, réduit à Barère, Billaud-Varenne, Carnot, Collot-d'Herbois, Robert Lindet et C.-A. Prieur, comptait sur le concours des autorités constituées, notamment sur la Commune de Paris, le maire et l'agent national. La Convention, comme on l'a vu, avait chargé ces deux derniers de l'exécution des décrets rendus dans la journée. Mais, patriotes éclairés et intègres, auxquels, ai-je dit avec raison, on n'a jamais pu reprocher une bassesse ou une mauvaise action, Fleuriot-Lescot et Payan ne devaient pas hésiter à se déclarer contre les vainqueurs et à prendre parti pour les vaincus, qui représentaient à leurs yeux la cause de la patrie, de la liberté, de la démocratie. La Commune tout entière suivit héroïquement leur exemple.

Victrix causa diis placuit, sed victa Catoni.

L'agent national reçut à cinq heures, par l'entremise du commissaire des administrations civiles, police et tribunaux, notification du décret d'arrestation des deux Robespierre, de Saint-Just, de Couthon, Le Bas et autres[495].

[Note 495: Dépêche signée d'Herman et Lannes, son adjoint. (Pièce de la collection Beuchot.) Immolés bientôt après comme Robespierristes par la rédaction thermidorienne, Herman et Lannes ne prirent nullement fait et cause pour Robespierre dans la journée du 9 Thermidor.]

Précisément, à la même heure, le conseil général de la Commune, réuni en assemblée extraordinaire à la nouvelle des événements du jour, venait d'ouvrir sa séance sous la présidence du maire. Quatre-vingt-onze membres étaient présents. «Citoyens, dit Fleuriot-Lescot, c'est ici que la patrie a été sauvée au 10 août et au 31 mai; c'est encore ici qu'elle sera sauvée. Que tous les citoyens se réunissent donc à la Commune; que l'entrée de ses séances soit libre à tout le monde sans qu'on exige l'exhibition de cartes; que tous les membres du conseil fassent le serment de mourir à leur poste»[496].

[Note 496: Renseignements donnés par les employés au secrétariat sur ce qui s'est passé à la Commune dans la nuit du 9 au 10 thermidor. (Pièce de la collection Beuchot.)]

Aussitôt, tous les membres de se lever spontanément et de prêter avec enthousiasme ce serment qu'ils auront à tenir, hélas! avant si peu de temps. L'agent national prend ensuite la parole et peint, sous les plus sombres couleurs, les dangers courus par la liberté. Il trace un parallèle écrasant entre les prescripteurs et les proscrits: ceux-ci, qui s'étaient toujours montré les constants amis du peuple; ceux-là, qui ne voyaient dans la Révolution qu'un moyen de fortune et qui, par leurs actes, semblaient s'être attachés à déshonorer la République. Sans hésitation aucune, le conseil général adhère à toutes les propositions du maire et de l'agent national, et chacun de ses membres, pour revendiquer sa part de responsabilité dans les mesures prises, va courageusement signer la feuille de présence, signant ainsi son arrêt de mort[497].

[Note 497: *Ibid.*]

Tout d'abord, deux officiers municipaux sont chargés de se rendre sur la place de Grève et d'inviter le peuple à se joindre à ses magistrats afin de sauver la patrie et la liberté. On décide ensuite l'arrestation *des nommés* Collot-d'Herbois, Amar, Léonard Bourdon, Dubarran, Fréron, Tallien, Panis, Carnot, Dubois-Crancé, Vadier, Javogues, Fouché, Granet et Moyse Bayle, pour délivrer la Convention de l'oppression où ils la retiennent. Une couronne civique est promise aux généreux citoyens qui arrêteront ces ennemis du peuple[498]. Puis, le maire prend le tableau des Droits de l'homme et donne lecture de l'article où il est dit que, quand le gouvernement viole les droits du peuple, l'insurrection est pour le peuple le plus saint et le plus indispensable des devoirs. Successivement on arrête: que les barrières seront fermées; que le tocsin de la ville sera sonné et le rappel battu dans toutes les sections; que les ordres émanant des comités de Salut public et de Sûreté générale seront considérés comme non avenus; que toutes les autorités constituées et les commandants de la force armée des sections se rendront sur-le-champ à l'Hôtel de Ville afin de prêter serment de fidélité au peuple; que les pièces de canon de la section des *Droits de l'homme* seront placées en batterie sur la place de la Commune; que toutes les sections seront convoquées sur-le-champ pour délibérer sur les dangers de la patrie et correspondront de deux heures en deux heures avec le conseil général; qu'il sera écrit à tous les membres de la Commune du 10 août de venir se joindre au conseil général pour aviser avec lui aux moyens de sauver la patrie[499]; enfin que le commandant de la force armée dirigera le peuple contre les conspirateurs qui opprimaient les patriotes, et qu'il délivrera la Convention de l'oppression où elle était plongée[500].

[Note 498: Arrêté, signé Payan, *Archives*, F. 7, 4579.]

[Note 499: Renseignements donnés par les employés au secrétariat, *ubi suprà*. Voyez aussi le procès-verbal de la séance du 9 Thermidor à la Commune, dans l'*Histoire parlementaire*, t. XXXIV, p. 45 et suiv.]

[Note 500: Arrêté de la main de Lerebours, signé: Lerebours, Payan, Bernard, Louvet, Arthur, Coffinhal, Chatelet, Legrand.]

Le substitut de l'agent national, Lubin, avait assisté à la séance de l'Assemblée. Il raconte les débats et les scènes dont il a été témoin, l'arrestation des deux Robespierre, de Saint-Just, de Couthon et de Le Bas. Aussitôt il est enjoint aux administrateurs de police de prescrire aux concierges des différentes maisons d'arrêt de ne recevoir aucun détenu sans un ordre exprès de l'administration de police[501]. Puis, sur la proposition du substitut de l'agent national, une députation est envoyée aux Jacobins afin de les inviter à fraterniser avec le conseil général. Cependant les moments sont précieux: il ne faut pas les perdre en discours, mais agir, disent quelques membres. Jusque-là, du reste, chaque parole avait été un acte. Le conseil arrête une mesure d'une extrême gravité en décidant que des commissaires pris dans son sein iront, accompagnés de la force armée, délivrer Robespierre et les autres prisonniers arrêtés. Enfin, en réponse à la proclamation conventionnelle, il adopte l'adresse suivante et en vote l'envoi aux quarante-huit sections.

[Note 501: Voici le modèle de la prescription adressée aux concierges des différentes maisons d'arrêt: «Commune de Paris, département de police.... Nous t'enjoignons, citoyen, sous ta responsabilité, de porter la plus grande attention à ce qu'aucune lettre ni autres papiers ne puissent entrer ni sortir de la maison dont la garde t'est confiée, et ce, jusqu'à nouvel ordre. Tu mettras de côté, avec soin, toutes les lettres que les détenus te remettront.

«Il t'est personnellement *défendu* de recevoir aucun détenu ni de donner aucune liberté que par les ordres de l'administration de police. Les administrateurs de police: Henry, Lelièvre, Quenet, Faro, Wichterich.» (Pièce de la collection Beuchot). L'ordre dont nous donnons ici la copie textuelle est précisément celui qui fut adressé au concierge de la maison du Luxembourg, où se trouva envoyé Robespierre.]

«Citoyens, la patrie est plus que jamais en danger.

«Des scélérats dictent des lois à la Convention, qu'ils oppriment. On proscrit Robespierre, qui fit déclarer le principe consolant de l'Être suprême et de l'immortalité de l'âme; Saint-Just, cet apôtre de la vertu, qui fit cesser les trahisons du Rhin et du Nord, qui, ainsi que Le Bas, fit triompher les armes de la République; Couthon, ce citoyen vertueux, qui n'a que le coeur et la tête de vivant, mais qui les a brûlants de l'ardeur du patriotisme; Robespierre le jeune, qui présida aux victoires de l'armée d'Italie.»

Venait ensuite l'énumération des principaux auteurs du guet-apens thermidorien. Quels étaient-ils? Un Amar, «noble de trente mille livres de rente»; l'ex-vicomte du Barran et des «monstres de cette espèce». Collot-d'Herbois y était qualifié de partisan de Danton, et accusé d'avoir, du temps où il était comédien, volé la caisse de sa troupe. On y nommait encore Bourdon (de l'Oise), l'éternel calomniateur, et Barère, qui tour à tour avait appartenu à toutes les factions. La conclusion était celle-ci: «Peuple, lève-toi!

ne perds pas le fruit du 10 août et du 31 mai; précipitons au tombeau tous ces traîtres»[502].

[Note 502: Cette adresse est signée: Lescot-Fleuriot, maire; Blin, secrétaire-greffier adjoint, et J. Fleury, secrétaire-greffier. Il existe aux *Archives* quarante-six copies de cette proclamation. (F 7, 32.)]

Le sort en est jeté! Au coup d'État de la Convention la Commune oppose l'insurrection populaire. On voit quelle énergie suprême elle déploya en ces circonstances sous l'impulsion des Fleuriot-Lescot, des Payan, des Coffinhal et des Lerebours. Si tous les amis de Robespierre eussent montré la même résolution et déployé autant d'activité, c'en était fait de la faction thermidorienne, et la République sortait triomphante et radieuse de la rude épreuve où, hélas! elle devait être si durement frappée.

V

La nouvelle de l'arrestation de Robespierre causa et devait causer dans Paris une sensation profonde. Tout ce que ce berceau de la Révolution contenait de patriotes sincères, de républicains honnêtes et convaincus, en fut consterné. Qu'elle ait été accueillie avec une vive satisfaction par les royalistes connus ou déguisés, cela se comprend de reste, Maximilien étant avec raison regardé comme la pierre angulaire de l'édifice républicain. Mais fut-elle, suivant l'assertion de certains écrivains, reçue comme un signe précurseur du renversement de l'échafaud[503]? Rien de plus contraire à la vérité. Quand la chute de Robespierre fut connue dans les prisons, il y eut d'abord, parmi la plupart des détenus, un sentiment d'anxiété et non pas de contentement, comme on l'a prétendu après coup. Au Luxembourg, le député Bailleul, un de ceux qu'il avait sauvés de l'échafaud, se répandit en doléances[504], et nous avons déjà parlé de l'inquiétude ressentie dans certains départements quand on y apprit les événements de Thermidor. Parmi les républicains, et même dans les rangs opposés, on se disait à mi-voix: «Nos malheurs ne sont pas finis, puisqu'il nous reste encore des amis et des parents, et que MM. Robespierre sont morts[505]! Il fallut quelques jours à la réaction pour être tout à fait certaine de sa victoire et se rendre compte de tout le terrain qu'elle avait gagné à la mort de Robespierre.

[Note 503: C'est ce que ne manque pas d'affirmer M. Michelet avec son aplomb ordinaire. Et il ajoute: «Tellement il avait réussi, dans tout cet affreux mois de thermidor, à identifier son nom avec celui de la Terreur». (t. VII, p. 472.) Est-il possible de se tromper plus grossièrement? Une chose reconnue de tous, au contraire, c'est que dans cet affreux mois de thermidor, Robespierre n'eut aucune action sur le gouvernement révolutionnaire, et l'on n'a pas manqué d'établir une comparaison, toute en sa faveur, entre les exécutions qui précédèrent sa retraite et celles qui la suivirent. (Voir le rapport de Saladin.) Que pour trouver partout des alliés, les Thermidoriens l'aient présenté aux uns comme le promoteur de la Terreur, aux autres comme un antiterroriste, cela est vrai; mais finalement ils le tuèrent pour avoir voulu, suivant leur propre expression, arrêter le cours terrible, majestueux de la Révolution, et il ne put venir à l'esprit de personne au premier moment, que Robespierre mort, morte était la Terreur.]

[Note 504: Ceci attesté par un franc royaliste détenu lui-même au Luxembourg, et qui a passé sa vie à calomnier la Révolution et ses défenseurs. Voy. *Essais historiques sur les causes et les effets de la Révolution*, par C.A.B. Beaulieu, t. V, p. 367. Beaulieu ajoute que, depuis, pour effacer l'idée que ses doléances avaient pu donner de lui, Bailleul se jeta à corps perdu dans le parti thermidorien. Personne n'ignore en effet avec quel cynisme Bailleul, dans ses *Esquisses*, a diffamé et calomnié celui qu'il avait appelé son sauveur.]

[Note 505: Nous avons déjà cité plus haut ces paroles rapportées par Charles Nodier, lequel ajoute: «Et cette crainte n'étoit pas sans motifs, car le parti de Robespierre venoit d'être immolé par le parti de la Terreur». (*Souvenirs de la Révolution*, t. I, p. 305, éd. Charpentier).]

On doit, en conséquence, ranger au nombre des mensonges de la réaction l'histoire fameuse de la *dernière charrette*, menée de force à la place du Trône au milieu des imprécations populaires. D'aucuns vont jusqu'à assurer que les gendarmes, Hanriot à leur tête, durent disperser la foule à coups de sabre[506]. Outre qu'il est difficile d'imaginer un général en chef escortant de sa personne une voiture de condamnés, Hanriot avait, à cette heure, bien autre chose à faire. Il avait même expédié l'ordre à toute la gendarmerie des tribunaux de se rendre sur la place de la Maison commune, et les voitures contenant les condamnés furent abandonnées en route par les gendarmes d'escorte, assure un historien royaliste[507]; si donc elles parvinrent à leur funèbre destination, ce fut parce que la foule dont les rues étaient encombrées le voulut bien. Il était plus de cinq heures quand les sinistres charrettes avaient quitté le Palais de justice[508], or, à cette heure, les conjurés étaient vainqueurs à la Convention, et rien n'était plus facile aux comités, s'ils avaient été réellement animés de cette modération dont ils se sont targués depuis, d'empêcher l'exécution et de suspendre au moins pour un jour cette Terreur dont, la veille, Robespierre avait dénoncé les excès; mais ils n'y songèrent pas un instant, tellement peu ils avaient l'idée de briser l'échafaud. La dernière charrette! quelle mystification! Ah! bien souvent encore il portera sa proie à la guillotine, le hideux tombereau! Seulement ce ne seront plus des ennemis de la Révolution, ce seront des patriotes, coupables d'avoir trop aimé la République, que plus d'une fois la réaction jettera en pâture au bourreau.

[Note 506: M. Michelet ne manque pas de nous montrer Hanriot sabrant la foule, et assurant une dernière malédiction à son parti (t. VII, p. 473). M. Michelet n'hésite jamais à marier les fables les plus invraisemblables à l'histoire. C'est un moyen d'être pittoresque.]

[Note 507: Toulongeon, t. II, p. 512.]

[Note 508: Lettre de Dumesnil, commandant la gendarmerie des tribunaux, à la Convention, en date du 12 thermidor (30 juillet 1794). Voy. cette lettre sous le numéro XXXI, à la suite du rapport de Courtois sur les événements du 9 Thermidor, p. 182.]

Une chose rendait incertaine la victoire des conjurés malgré la force énorme que leur donnait l'appui légal de la Convention, c'était l'amitié bien connue du général Hanriot pour Robespierre. Aussi s'était-on empressé de le décréter d'arrestation un des premiers. Si la force armée parisienne demeurait fidèle à son chef, la cause de la justice l'emportait infailliblement. Malheureusement la division se mit, dès la première heure, dans la garde nationale et dans l'armée de Paris, en dépit des efforts d'Hanriot. On a beaucoup récriminé contre cet infortuné général; personne n'a été plus que lui victime de l'injustice et de la calomnie. Tous les partis semblent s'être donné le mot pour le sacrifier[509], et personne, avant nous, n'avait songé à fouiller un peu profondément dans la vie de cet homme pour le présenter sous son vrai jour. Il est temps d'en finir avec cette ivresse légendaire dont on l'a gratifié et qui vaut le fameux verre de sang de Mlle de Sombreuil. Peut-être Hanriot manqua-t-il du coup d'oeil, de la promptitude d'esprit, de la décision, en un mot des qualités d'un grand militaire, qui eussent été nécessaires dans une pareille journée, mais le dévouement ne lui fit pas un instant défaut.

[Note 509: M. Michelet en fait un ivrogne et un bravache. (*Histoire de la Révolution*, t. VII, p. 467.) Voilà qui est bientôt dit; mais où cet historien a-t-il puisé ses renseignements? Evidemment dans les écrits calomnieux émanés du parti thermido-girondin. Quelle étrange idée M. Michelet s'est-il donc faite des hommes de la Révolution, de croire qu'ils avaient investi du commandement général de l'armée parisienne «un ivrogne et un bravache»? Voilà, il faut l'avouer, une *histoire singulièrement républicaine*.]

A la nouvelle de l'arrestation des cinq députés, il monta résolûment à cheval avec ses aides de camp, prit les ordres de la Commune, fit appel au patriotisme des canonniers, convoqua la première légion tout entière, et quatre cents hommes de chacune des autres légions, donna l'ordre à toute la gendarmerie de se porter à la Maison commune, prescrivit à la commission des poudres et de l'Arsenal de ne rien délivrer sans l'ordre exprès du maire ou du conseil général, convoqua tous les citoyens dans leurs arrondissements respectifs en les invitant à attendre les décisions de la Commune, installa une réserve de deux cents hommes à l'Hôtel de Ville pour se tenir à la disposition des magistrats du peuple, fit battre partout la générale et envoya des gendarmes fermer les barrières; tout cela en moins d'une heure[510]. Il faut lire les ordres dictés par Hanriot ou écrits de sa main dans cette journée du 9 Thermidor, et qui ont été conservés, pour se former une idée exacte de l'énergie et de l'activité déployée par ce général[511].

[Note 510: On ne saurait, à cet égard, mieux rendre justice à Hanriot que Courtois ne l'a fait involontairement, et pour le décrier bien entendu, dans son rapport sur les événements du 9 Thermidor (p. 60 et suiv.).]

[Note 511: Voy. les ordres divers insérés par Courtois dans son rapport sur les événements de Thermidor, sous les numéros VII'1, VII'2, VIII, IX, X, XXII, XXIII, XXIV, XXV, XXVI et XXVII, et qui se trouvent en originaux et en copies, soit aux *Archives*, soit dans la collection Beuchot.]

Suivi de quelques aides de camp et d'une très faible escorte, il se dirigea rapidement vers les Tuileries afin de délivrer les députés détenus au comité de Sûreté générale sous la garde de quelques gendarmes. Ayant rencontré, dans les environs du Palais-Royal, le député Merlin (de Thionville), dont le nom avait été prononcé à la Commune comme étant celui d'un des conjurés, il se saisit de lui et le confina au poste du jardin Égalité. Jusqu'à ce moment de la journée, Merlin n'avait joué aucun rôle actif, attendant l'issue des événements pour se déclarer. En se voyant arrêté, il protesta très hautement, assure-t-on, de son attachement à Robespierre et de son mépris pour les conjurés[512]. La nuit venue, il tiendra un tout autre langage, mais à une heure où la cause de la Commune se trouvera bien compromise.

[Note 512: C'est ce qu'a raconté Léonard Gallois, comme le tenant d'une personne témoin de l'arrestation de Merlin (de Thionville). La conduite équivoque de ce député dans la journée du 9 Thermidor rend d'ailleurs ce fait fort vraisemblable. Voy. *Histoire de la Convention*, par Léonard Gallois, t. VII, p. 267.]

Cependant Hanriot avait poursuivi sa course. Arrivé au comité de Sûreté générale, il y pénétra avec ses aides de camp, laissant son escorte à la porte. Ce fut un tort, il compta trop sur son influence personnelle et sur la déférence des soldats pour leur général. Robespierre et ses amis se trouvaient encore au comité. Il engagea vivement Hanriot à ne pas user de violence. «Laissez-moi aller au tribunal, dit il, je saurai bien me défendre»[513]. Néanmoins Hanriot persista à vouloir emmener les prisonniers; mais il trouva dans les hommes qui gardaient le poste du comité de Sûreté générale une résistance inattendue. Des grenadiers de la Convention, aidés d'une demi-douzaine de gendarmes de la 29e division, se jetèrent sur le général et ses aides de camp et les garrottèrent à l'aide de grosses cordes[514]. Les députés furent transférés dans la salle du secrétariat, où on leur servit à dîner, et bientôt après, entre six et sept heures, on les conduisit dans différentes prisons. Maximilien fut mené au Luxembourg, son frère à Saint-Lazare d'abord, puis à la Force, Le Bas à la Conciergerie[515], Couthon à la Bourbe, et Saint-Just aux Écossais. Nous verrons tout à l'heure comment le premier fut refusé par le concierge de la maison du Luxembourg et comment ses amis se trouvèrent successivement délivrés.

[Note 513: Léonard Gallois, *Histoire de la Convention*, t. VII, p. 268.]

[Note 514: Nous empruntons notre récit à la déposition fort désintéressée d'un des aides de camp du général Hanriot, nommé Ulrik, déposition faite le 10 thermidor à la section des *Gravilliers*. (Voy. pièce XXVII, à la suite du rapport de Courtois sur les événements du 9 Thermidor, p. 126.) Il y a sur l'arrestation du général Hanriot une autre version d'après laquelle il aurait été arrêté rue Saint-Honoré, par des gendarmes de sa propre escorte, sur la simple invitation de Courtois qui, d'une fenêtre d'un restaurant où il dînait, leur aurait crié «de la manière la plus énergique, d'arrêter ce conspirateur».

Cette version, adoptée par la plupart des historiens, est tout à fait inadmissible. D'abord elle est de Courtois (voy. p. 65 de son rapport); ensuite elle est formellement contredite par le récit que Merlin (de Thionville) fit de l'arrestation d'Hanriot à la séance du soir (procès-verbal de Charles Duval, p. 27); et par un des collègues de Courtois, cité par Courtois lui-même, par le député Robin, qui déclare que Courtois courut au Palais-Égalité pour inviter la force armée à marcher sur Hanriot (note de la p. 66 dans le second rapport de Courtois). La version résultant de la déposition d'Ulrik est la seule qui soit conforme à la vérité des faits. (Voy. aussi cette déposition dans les *Papiers inédits*, t. III, p. 307.) Voici d'ailleurs une déclaration enfouie jusqu'à ce jour dans les cartons des *Archives*, et qui ajoute encore plus de poids à la version que nous avons adoptée, c'est celle du citoyen Jeannelle, brigadier de gendarmerie, commandant le poste du comité de Sûreté générale, où avaient été consignés les cinq députés décrétés d'arrestation: «Vers cinq heures, Hanriot avec ses aides de camp, sabre en main, *viennent* pour les réclamer, forçant postes et consignes, redemandant Robespierre. Un autre député est entré dans notre salle, a monté sur la table, a ordonné de mettre la pointe de nos sabres sur le corps d'Hanriot et de lui attacher les pieds et les mains. Ce qui fut fait avec exactitude, ainsi qu'à ses aides de camp.» *Archives*, F 7, 32.]

[Note 515: D'après le récit de Courtois, Le Bas a été conduit à la Conciergerie (p. 67). Il aurait été mené à la Force suivant Mme Le Bas.]

VI

Tandis que la Commune de Paris s'efforçait d'entraîner la population parisienne à résister par la force au coup d'État de la Convention, les comités de Salut public et de Sûreté générale ne restaient pas inactifs, et, aux arrêtés de la municipalité, ils répondaient par des arrêtés contraires. Ainsi: défense de fermer les barrières et de convoquer les sections, ils avaient peur du peuple assemblé; ordre d'arrêter ceux qui sonneraient le tocsin et les tambours qui battraient le rappel; défense aux chefs de légion d'exécuter les ordres donnés par Hanriot, etc. En même temps ils lançaient des mandats d'arrestation contre le maire, Lescot-Fleuriot, contre tous les membres de l'administration de police et les citoyens qui ouvertement prenaient part à la résistance, et ils invitaient les comités de section, notamment ceux des *Arcis* et de l'*Indivisibilité*, à faire cesser les rassemblements en apprenant au peuple que les représentants décrétés d'arrestation par l'Assemblée étaient les plus *cruels ennemis de la liberté et de l'égalité*. On verra bientôt à l'aide de quel stratagème les Thermidoriens essayèrent de justifier cette audacieuse assertion. De plus, les comités convoquaient autour de la Convention la force armée des sections de *Guillaume Tell*, des *Gardes françaises* et de la *Montagne* (Butte des Moulins)[516]. Cette dernière section avait, dans tous les temps, montré peu de penchant pour la Révolution, et l'on songea sans aucun doute à tirer parti de ses instincts réactionnaires. Enfin le commandant de l'école de Mars, le brave Labretèche, à qui la Convention avait décerné jadis une couronne civique et un sabre d'honneur, était arrêté à cause de son attachement pour Robespierre, et Carnot mandait autour de la Convention nationale les *jeunes patriotes* du camp des Sablons[517].

[Note 516: Nous avons relevé aux *Archives* les différents arrêtés des comités de Salut public et de Sûreté générale. Les signatures qui y figurent le plus fréquemment sont celles d'Amar, de Dubarran, Barère, Voulland, Vadier, Élie Lacoste, Carnot. C.-A. Prieur, Jagot, Louis (du Bas-Rhin), Ruhl et Billaud-Varenne. On y voit aussi celle de David; mais c'est encore là, je le crois, une supercherie thermidorienne.]

[Note 517: *Archives*, A F, 11, 57.]

Les Jacobins, de leur côté, s'étaient réunis précipitamment à la nouvelle des événements; il n'y eut de leur part ni hésitation ni faiblesse. Ils ne se ménagèrent donc pas, comme on l'a écrit fort légèrement[518], ceux du moins—et c'était le plus grand nombre—qui appartenaient au parti de la sagesse et de la justice représenté par Robespierre, car les conjurés de Thermidor comptaient au sein de la grande société quelques partisans dont les rangs se grossirent, après la victoire, de cette masse d'indécis et de timorés toujours prêts à se jeter entre les bras des vainqueurs. Un républicain d'une énergie rare, le citoyen Vivier, prit le fauteuil. A peine en séance, les Jacobins reçurent du comité de Sûreté générale l'ordre de livrer le manuscrit du discours prononcé la veille par Robespierre et dont ils avaient ordonné l'impression. Refus de leur part, fondé sur une exception d'incompétence[519]. Sur le champ ils se déclarèrent en permanence, approuvèrent, au milieu des acclamations, tous les actes de la Commune, au fur et à mesure qu'ils en eurent connaissance, et envoyèrent une députation au conseil général pour jurer de vaincre ou de mourir, plutôt que de subir un instant le joug des conspirateurs. Il était alors sept heures[520].

[Note 518: M. Michelet, t. VII, p. 485. Aucun journal du temps n'a reproduit la séance des Jacobins du 9 thermidor, et les procès-verbaux de la société n'existent probablement plus. Mais ce qu'en a cité Courtois, dans son rapport sur les événements de Thermidor, et ce qu'on peut en voir par le procès-verbal de la Commune démontre suffisamment l'ardeur avec laquelle la majorité de la société embrassa la cause de Robespierre.] [Note 519: Extrait du procès-verbal de la séance des Jacobins, cité par Courtois dans son rapport sur les événements du 9 Thermidor, p. 51.]

[Note 520: Extrait du procès-verbal, etc., p. 58.]

La société décida ensuite, par un mouvement spontané, qu'elle ne cesserait de correspondre avec la Commune au moyen de députations et qu'elle ne se séparerait qu'après que les manoeuvres des traîtres seraient complètement déjouées[521]. Elle reçut, du reste, du conseil général lui-même, l'invitation expresse de ne pas abandonner le lieu de ses séances[522], et l'énorme influence des Jacobins explique suffisamment pourquoi la Commune jugea utile de les laisser agir en corps dans leur local ordinaire, au lieu de les appeler à elle. Le député Brival s'étant présenté, on le pria de rendre compte de la séance de la Convention. Il le fit rapidement. Le président lui demanda alors quelle avait été son opinion. Il répondit qu'il avait voté pour l'arrestation des deux Robespierre, de Saint-Just, de Couthon et de Le Bas. Aussitôt il se vit retirer sa carte de Jacobin et il quitta tranquillement la salle. Mais, sur une observation du représentant Chasles, et pour éviter de nouvelles divisions, la société rapporta presque immédiatement l'arrêté par lequel elle venait de rayer de la liste de ses membres le député Brival, à qui un commissaire fut chargé de rendre sa carte[523]. Comme la Commune, elle déploya une infatigable énergie. Un certain nombre de ses membres se répandirent dans les assemblées sectionnaires pour les encourager à la résistance, et, du rapport de ces commissaires, il résulte que, jusqu'à l'heure de la catastrophe, la majorité des sections penchait pour la Commune. A deux heures et demie du matin, la société recevait encore une députation du conseil général et chargeait les citoyens Duplay, l'hôte de Maximilien, Gauthier, Roskenstroch, Didier, Faro, Dumont, Accart, Lefort, Lagarde et Versenne, de reconduire cette députation et de s'unir à la Commune, afin de veiller avec elle au salut de la chose publique[524]. Mais déjà tout était fini; il avait suffi de la balle d'un gendarme pour décider des destinées de la République.

[Note 521: *Ibid.*]

[Note 522: Lettre signée Lescot-Fleuriot, Arthur, Legrand, Payan, Chatelet, Grenard, Coffinhal et Gibert, et citée en note dans le second rapport de Courtois, p. 51.]

[Note 523: Extrait du procès-verbal de la séance des Jacobins, cité en note dans le second rapport de Courtois, p. 59. Voyez du reste l'explication donnée par Brival lui-même à la Convention dans la séance du soir. Le Thermidorien Brival est ce député qui, après Thermidor, s'étonnait qu'on *eût épargné les restes de la race impure des Capet*. (Séance de la Convention.)]

[Note 524: Arrêté signé Vignier, président, et Cazalès, secrétaire, Pièce XXI, à la suite du second rapport de Courtois, p. 123. Pour avoir ignoré tout cela, M. Michelet a tracé de la séance des Jacobins dans la journée du 9 Thermidor le tableau le plus faux qu'on puisse imaginer.]

Avec Robespierre finit la période glorieuse et utile des Jacobins. Maximilien tombé, ils tombèrent également, et, dans leur chute, ils entraînèrent les véritables principes de la démocratie, dont ils semblaient être les représentants et les défenseurs jurés. A cette grande école du patriotisme va succéder l'école des mauvaises moeurs, des débauches et de l'assassinat. Foin des doctrines sévères de la Révolution! Arrière les ennuyeux sermonneurs, les prêcheurs de liberté et d'égalité! Il est temps de jouir. A nous les châteaux, à nous les courtisanes, à nous les belles émigrées dont les sourires ont fléchi nos coeurs de tigres! peuvent désormais s'écrier les sycophantes de Thermidor. Et tous de suivre à l'envi le choeur joyeux de l'orgie lestement mené par Thérézia Cabarrus devenue Mme Tallien, et par Barras, tandis que, dans l'ombre, à l'écart, gémissaient, accablés de remords, les démocrates imprudents qui n'avaient pas défendu Robespierre contre les coups des assassins.

Nous avons eu, en ces derniers temps, et nous avons aujourd'hui encore la douleur d'entendre insulter la mémoire des Jacobins par certains écrivains affichant cependant une tendresse sans égale pour la Révolution. Si ce n'est mauvaise foi, c'est à coup sûr ignorance inouïe de leur part que d'oser nous présenter les Jacobins comme ayant peuplé les antichambres consulaires et monarchistes. Ouvrez les almanachs impériaux et royaux, vous y verrez figurer les noms de quelques anciens Jacobins, et surtout ceux d'une foule de Girondins; mais les membres du fameux club qu'on vit revêtus du manteau de sénateur, investis de fonctions lucratives et affublés de titres de noblesse, furent précisément les alliés et les complices des Thermidoriens, les Jacobins de Fouché et d'Élie Lacoste. Quant aux vrais Jacobins, quant à ceux qui demeurèrent toujours fidèles à la pensée de Robespierre, il faut les chercher sous la terre, dans le linceul sanglant des victimes de Thermidor; il faut les chercher sur les plages brûlantes de Sinnamari et de Cayenne, non dans les antichambres du premier consul. Près de cent vingt périrent dans la catastrophe où sombra Maximilien; c'était déjà une assez jolie trouée au coeur de la société. On sait comment le reste fut dispersé et décimé par des proscriptions successives; on sait comment Fouché profita d'un attentat royaliste pour débarrasser son maître de ces fiers lutteurs de la démocratie et déporter le plus grand nombre de ces anciens collègues qui, un jour, à la voix de Robespierre, l'avaient, comme indigne, chassé de leur sein. Chaque fois que, depuis Thermidor, la voix de la liberté proscrite trouva en France quelques échos, ce fut dans le coeur de ces Jacobins qu'une certaine école libérale se fait un jeu de calomnier aujourd'hui. C'est de leur poussière que sont nés les plus vaillants et les plus dévoués défenseurs de la démocratie.

VII

Il ne suffisait pas, du reste, du dévouement et du patriotisme des Jacobins pour assurer dans cette journée la victoire au parti de la justice et de la démocratie, il fallait encore que la majorité des sections se prononçât résolûment contre la Convention nationale. Un des premiers soins de la Commune avait été de convoquer extraordinairement les assemblées sectionnaires, ce jour-là n'étant point jour de séance. Toutes répondirent avec empressement à l'appel du conseil général. Les sections comprenant la totalité de la population parisienne, il est absolument contraire à la vérité de croire, avec un historien de nos jours, à la neutralité de Paris dans cette nuit fatale[525]. Les masses furent sur pied, flottantes, irrésolues, incertaines, penchant plutôt cependant du côté de la Commune; et si, tardivement, chacun prit parti pour la Convention, ce fut grâce à l'irrésolution de Maximilien et surtout grâce au coup de pistolet du gendarme Merda.

[Note 525: Michelet, *Histoire de la Révolution*, t. VII. 488.]

Trois sources d'informations existent qui sembleraient devoir nous renseigner suffisamment sur le mouvement des sections dans la soirée du 9 et dans la nuit du 9 au 10 thermidor: ce sont, d'abord, les registres des procès-verbaux des assemblées sectionnaires[526]; puis les résumés de ces procès-verbaux, insérés par Courtois à la suite de son rapport sur les événements du 9 thermidor[527]; enfin les rapports adressés à Barras par les divers présidents de section quelques jours après la catastrophe[528]. Mais ces trois sources d'informations sont également suspectes. De la dernière il est à peine besoin de parler; on sent assez dans quel esprit ont dû être conçus des rapports rédigés à la demande expresse des vainqueurs quatre ou cinq jours après la victoire. C'est le cas de répéter: *Malheur aux vaincus!*

[Note 526: Ces registres des procès-verbaux des sections existent aux *Archives* de la préfecture de police, où nous les avons consultés avec le plus grand soin. Malheureusement ils ne sont pas complets; il en manque seize qui ont été détruits ou égarés. Ce sont les registres des sections des *Tuileries*, de la *République*, de la *Montagne* (Butte-des-Moulins), du *Contrat social*, de *Bonne-Nouvelle*, des *Amis de la Patrie, Poissonnière, Popincourt*, de la *Maison-Commune*, de la *Fraternité*, des *Invalides*, de la *Fontaine-Grenelle*, de la *Croix-Rouge, Beaurepaire*, du *Panthéon français* et des *Sans-Culottes*. (*Archives* de la préfecture de police.)]

[Note 527: Voyez ces résumés, plus ou moins exacts, à la suite du rapport de Courtois sur les événements du 9 Thermidor, de la p. 126 à la p. 182.]

[Note 528: *Archives* F 7, 1432.]

Suivant les procès-verbaux consignés dans les registres des sections et les résumés qu'en a donnés Courtois, il semblerait que la plus grande partie des sections (assemblées générales, comités civils et comités révolutionnaires) se fussent, dès le premier moment, jetées d'enthousiasme entre les bras de la Convention, après s'être énergiquement prononcées contre le conseil général de la Commune. C'est là, on peut l'affirmer, une chose complètement contraire à la vérité. Les procès-verbaux sont d'abord, on le sait, rédigés sur des feuilles volantes, puis mis au net, et couchés sur des registres par les secrétaires. Or, il me paraît hors de doute que ceux des 9 et 10 thermidor ont été profondément modifiés dans le sens des événements; ils eussent été tout autres si la Commune l'avait emporté. N'ont point tenu de procès-verbaux, ou ne les ont pas reportés sur leurs registres, les sections du *Muséum* (Louvre)[529], du *Pont-Neuf*[530], des *Quinze-Vingts* (faubourg Saint-Antoine)[531], de la *Réunion*[532], de l'*Indivisibilité*[533] et des *Champs-Elysées*[534]. De ces six sections, la première et la dernière seules ne prirent pas résolument parti pour la Commune; les autres tinrent pour elle jusqu'au dernier moment. Plus ardente encore se montra celle de l'*Observatoire*, qui ne craignit pas de transcrire sur ses registres l'extrait suivant de son procès-verbal: «La section a ouvert la séance en vertu d'une convocation extraordinaire envoyée par le conseil général de la Commune. Un membre a rendu compte des événements importants qui ont eu lieu aujourd'hui. L'Assemblée, vivement affligée de ces événements alarmants pour la liberté, et de l'avis qu'elle reçoit d'un décret qui met hors la loi des hommes jusqu'ici regardés comme des patriotes zélés pour la défense du peuple, arrête qu'elle se déclare permanente et qu'elle ajourne sa séance à demain, huit heures du matin…[535].» Mais toutes les sections n'eurent pas la même fermeté.

[Note 529: Suivant Courtois, cette section ne se serait réunie qu'*après la victoire remportée sur les traîtres*. Voy. pièces à l'appui de son rapport sur les événements du 9 Thermidor, p. 146.]

[Note 530: D'après Courtois, cette section, dans l'enceinte de laquelle se trouvaient la mairie et l'administration de police, n'aurait pas voulu se réunir en assemblée générale, et elle se serait conduite de manière à *mériter les éloges*. On comprend tout l'intérêt qu'avait Courtois à présenter l'ensemble des sections comme s'étant montré hostile à la Commune. (Voy. p. 153.)]

[Note 531: Pour ce qui concerne cette section, Courtois paraît avoir écrit sa rédaction d'après des rapports verbaux (Voy. p. 173). A cette section appartenait le général Rossignol, lequel, malgré son attachement pour Robespierre, qui l'avait si souvent défendu, trouva grâce devant les Thermidoriens. «Le général Rossignol, dit Courtois, s'est montré la section des Quinze-Vingts, et n'a pris aucune part à ce qui peut avoir été dit de favorable pour la Commune….» (P. 174.)]

[Note 532: Le commandant de la force armée de cette section avait prêté serment à la Commune, mais Courtois ne croit pas *qu'il se soit éloigné de la voie de l'honneur* (p. 145). Livré néanmoins au tribunal révolutionnaire, ce commandant eut la chance d'être acquitté.]

[Note 533: Courtois paraît avoir eu entre les mains la minute du procès-verbal de la séance de cette section, qui, dit-il, flotta longtemps dans l'incertitude sur le parti qu'elle prendrait (p. 142.)]

[Note 534: «La section des Champs-Elysées, dit Courtois, a cru plus utile de défendre de ses armes la Convention.» (P. 141.)]

[Note 535: Archives de la préfecture de police.]

Voici vraisemblablement ce qui se passa dans la plupart des sections parisiennes. Elles savaient fort bien quel était l'objet de leur convocation, puisqu'à chacune d'elles la Commune avait adressé la proclamation dont nous avons cité la teneur. Au premier moment, elles durent prendre parti pour le conseil général. A dix heures du soir, vingt-sept sections avaient envoyé des commissaires pour fraterniser avec lui et recevoir ses ordres[536]. Nous avons sous les yeux les pouvoirs régulièrement donnés à cet effet par quinze d'entre elles à un certain nombre de leurs membres[537], sans compter l'adhésion particulière de divers comités civils et révolutionnaires de chacune d'elles. Plusieurs, comme les sections *Poissonnière*, de *Brutus*, de *Bondy*, de la *Montagne* et autres, s'empressèrent d'annoncer à la Commune qu'elles étaient debout et veillaient pour sauver la patrie[538]. Celle de la *Cité*, qu'on présente généralement comme s'étant montrée très opposée à la Commune, lui devint en effet très hostile, mais après la victoire de la Convention. A cet égard nous avons un aveu très curieux du citoyen Leblanc, lequel assure que le procès-verbal de la séance du 9 a été tronqué[539]. On y voit notamment que le commandant de la force armée de cette section, ayant reçu de l'administrateur de police Tanchoux l'ordre de prendre sous sa sauvegarde et sa responsabilité la personne de Robespierre, refusa avec indignation et dénonça le fonctionnaire rebelle[540]. Or, les choses s'étaient passées tout autrement.

[Note 536: C'est ce qui résulte du procès-verbal même de la section de *Mutius Scaevola*. (Archives de la préfecture de police.)]

[Note 537: Pouvoirs émanés des sections de la *Fraternité*, de l'*Observatoire*, du *Faubourg du Nord*, de *Mutius Scaevola*, du *Finistère*, de la *Croix-Rouge*, *Popincourt*, *Marat*, du *Panthéon français*, des *Sans-Culottes*, des *Amis de la Patrie*, de *Montreuil*, des *Quinze-Vingts*, du *Faubourg-Montmartre*, des *Gardes-Françaises*. (Pièce de la collection Beuchot.)]

[Note 538: Rapports adressés à Barras. (*Archives*, F. 7, 1432.)]

[Note 539: *Ibid.*]

[Note 540: Registre des procès-verbaux des séances de la section de la Cité. (Archives de la préfecture de police.)]

Cet officier, nommé Vanheck, avait, au contraire, très chaudement pris la parole en faveur des cinq députés arrêtés. Racontant la séance de la Convention à laquelle il avait assisté, et où, selon lui, «des vapeurs du nouveau *Marais* infectaient les patriotes», il s'était écrié: «Toutes les formes ont été violées; à peine un décret d'arrestation était-il proposé qu'il était mis aux voix et adopté. Nulle discussion. Les cinq députés ont demandé la parole sans l'obtenir; ils sont maintenant à l'administration de police[541].» Invité à prendre ces représentants sous sa sauvegarde, il s'y était refusé en effet, par prudence sans doute, mais en disant qu'à ses yeux Robespierre était innocent. Il y a loin de là, on le voit, à cette indignation dont parle le procès-verbal remanié après coup. Eh bien! pareille supercherie eut lieu, on peut en être certain, pour les procès-verbaux de presque toutes les sections.

[Note 541: Rapport à Barras. *Archives, ubi suprà.*]

Celle des *Piques* (place Vendôme), dans la circonscription de laquelle se trouvait la maison de Duplay, se réunit dès neuf heures du soir, sur la convocation de la Commune, et non point vers deux heures du matin seulement, comme l'allègue mensongèrement Courtois, qui d'ailleurs est obligé de convenir qu'elle avait promis de fraterniser avec la Société des Jacobins, «devenue complice des rebelles»[542]. Le procès-verbal de cette section, très longuement et très soigneusement rédigé, proteste en effet d'un dévouement sans bornes pour la Convention; mais on sent trop qu'il a été fait après coup[543]. Là, il n'est point question de l'heure à laquelle s'ouvrit la séance; mais, des pièces que nous avons sous les yeux, il résulte que, dès neuf heures, elle était réunie; que Maximilien Robespierre, son ancien président, y fut l'objet des manifestations les plus chaleureuses; que l'annonce de la mise en liberté des députés proscrits fut accueillie vers onze heures avec des démonstrations de joie; qu'on y proposa de mettre à la disposition de la Commune toute la force armée de la section, et que la nouvelle du dénoûment tragique et imprévu de la séance du conseil général vint seule glacer l'enthousiasme[544].

[Note 542: Pièces à la suite du rapport de Courtois sur les événements du 9 Thermidor, p. 159.]

[Note 543: Voyez le procès-verbal de la séance de la section des Piques. (Archives de la préfecture de police.)]

[Note 544: *Archives*, F 7, 1432.]

Il en fut à peu près de même partout. Toutefois, dans nombre de sections, la proclamation des décrets de mise hors la loi, dont nous allons parler bientôt, commença de jeter une hésitation singulière et un découragement profond. Ajoutez à cela les stratagèmes et les calomnies dont usèrent certains membres de la Convention pour jeter le désarroi parmi les patriotes. A la section de

Marat (Théâtre-Français), Léonard Bourdon vint dire que, si jusqu'alors les cendres de Marat n'avaient pas encore été portées au Panthéon, c'était par la basse jalousie de Robespierre, mais qu'elles allaient y être incessamment transférées[545]. Le député Crassous, patriote égaré, qu'à moins d'un mois de là on verra lutter énergiquement contre la terrible réaction, fille de Thermidor, annonça à la section de Brutus qu'on avait trouvé sur le bureau de la municipalité un cachet à fleurs de lys[546], odieux mensonge inventé par Vadier, qui s'en excusa plus tard en disant que le danger de perdre la tête donnait de l'imagination[547]. Il suffit de la nouvelle du meurtre de Robespierre et de la dispersion des membres de la Commune pour achever de mettre les sections en déroute. Ce fut un sauve-qui-peut général. Chacun d'abjurer et de se rétracter au plus vite[548]. Le grand patriote, qui, peu d'instants auparavant, comptait encore tant d'amis inconnus, tant de partisans, tant d'admirateurs passionnés, se trouva abandonné de tout le monde. Les sections renièrent à l'envi Maximilien; mais en le reniant, en abandonnant à ses ennemis cet intrépide défenseur des droits du peuple, elles accomplirent un immense suicide; la vie se retira d'elles; à partir du 9 Thermidor elles rentrèrent dans le néant.

[Note 545: Pièces à la suite du rapport de Courtois, p. 136.]

[Note 546: *Archives*, F 7, 1432.]

[Note 547: Aveu de Vadier à Cambon. Voyez à ce sujet une note des auteurs de l'*Histoire parlementaire*, t. XXXIV, p. 59.]

[Note 548: Voici un spécimen du genre: «Je soussigné, proteste contre tout ce qui s'est passé hier à la Commune de Paris, et que lorsque j'ai vu ce que l'on proposait étoit contraire aux principes, je me suis retiré. Ce 10 thermidor, Talbot.» (Pièce annexée au procès-verbal de la section du *Temple* (Archives de la préfecture de police.)) Le malheureux Talbot n'en fut pas moins livré à l'exécuteur.]

VIII

On peut juger de quelle immense influence jouissait Robespierre: il suffit de son nom dans cette soirée du 9 Thermidor pour contrebalancer l'autorité de la Convention tout entière; et l'on comprend maintenant les inquiétudes auxquelles fut en proie l'Assemblée quand elle rentra en séance. Le peuple se portait autour d'elle menaçant[549]; les conjurés durent se croire perdus.

[Note 549: Déclaration de l'officier municipal Bernard au conseil général de la Commune. (Pièce de la collection Beuchot).]

Le conseil général de la Commune siégeait sans désemparer, et continuait de prendre les mesures les plus énergiques. A la nouvelle de l'arrestation d'Hanriot, il nomma, pour le remplacer, le citoyen Giot, de la section du *Théâtre-Français*, lequel, présent à la séance, prêta sur le champ serment de sauver la patrie, et sortit aussitôt pour se mettre à la tête de la force armée[550]. Après avoir également reçu le serment d'une foule de commissaires de sections, le conseil arrêta, sur la proposition d'un de ses membres, la nomination d'un comité exécutif provisoire composé de neuf membres, qui furent: Payan, Coffinhal, Louvet, Lerebours, Legrand, Desboisseau, Chatelet, Arthur et Grenard. Douze citoyens, pris dans le sein du conseil général, furent aussitôt chargés de veiller à l'exécution des arrêtés du comité provisoire[551]. Il fut ordonné à toute personne de ne reconnaître d'autre autorité que celle de la Commune et d'arrêter tous ceux qui, abusant de la qualité de représentant du peuple, feraient des proclamations perfides, et mettraient hors la loi ses défenseurs[552].

[Note 550: Voy. le procès-verbal de la séance du conseil général dans l'*Histoire parlementaire*, t. XXXIV, p. 50.]

[Note 551: Furent désignés: les citoyens Lacour, de *Brutus*; Mercier, du *Finistère*; Leleu, des *Invalides*; Miché, des *Quinze-Vingts*; d'Azard, des *Garde-Françaises*; Cochois, de *Bonne-Nouvelle*; Aubert, de *Poissonnière*; Barel, du *Faubourg -du-Nord*; Gilbert, de la même section; Jault, de *Bonne-Nouvelle*; Simon, de *Marat*; et Gency, du *Finistère*; arrêté signé: Fleuriot -Lescot, et Blin, cité par Courtois à la suite de son rapport sur les événements du 9 thermidor, p. 111.]

[Note 552: Pièce de la collection Beuchot, citée par Courtois dans son rapport sur les événements du 9 thermidor, p. 159.]

Cependant il avait été décidé qu'on délivrerait, à main armée, s'il en était besoin, Robespierre, Couthon et tous les patriotes détenus. Ame intrépide, Coffinhal s'était chargé de cette expédition. Il partit à la tête de quelques canonniers et se porta rapidement vers les Tuileries. Mais quand il pénétra dans les salles du comité de Sûreté générale, Hanriot seul s'y trouvait. Les gendarmes, chargés de la garde du général et de ses aides de camp n'opposèrent aucune résistance. Libre de ses liens, Hanriot monta à cheval dans la cour, et fut reçu avec les plus vives démonstrations de fidélité et de dévouement par les troupes dont elle se trouvait garnie[553].

[Note 553: Voy., au sujet de la délivrance d'Hanriot, une déclaration du citoyen Vilton, du 25 thermidor, en tenant compte nécessairement des circonstances dans lesquelles elle a été faite. (Pièce XXXI à la suite du rapport de Courtois, p. 186.)]

La Convention était rentrée en séance depuis une heure environ, et successivement elle avait entendu Bourdon (de l'Oise), Merlin (de Thionville), Legendre, Rovère et plusieurs autres conjurés; chacun racontant a sa manière les divers incidents de la soirée. Billaud-Varenne déclamait à la tribune, quand Collot-d'Herbois monta tout effaré au fauteuil, en s'écriant: «Voici l'instant de mourir à notre poste». Et il annonça l'envahissement du comité de Sûreté générale par une force armée. Nul doute, je le répète, qu'en cet instant les conjurés et toute la partie gangrenée de la Convention ne se crurent perdus. L'Assemblée était fort perplexe; elle était à peine gardée, et autour d'elle s'agitait une foule hostile. Ce fut là que Hanriot manqua de cet esprit d'initiative, de cette précision de coup d'oeil qu'il eût fallu en ces graves circonstances au général de la Commune. Si, ne prenant conseil que de son inspiration personnelle, il eût résolument marché sur la Convention, c'en était fait de la conspiration thermidorienne. Mais un arrêté du comité d'exécution lui enjoignait de se rendre sur le champ au sein du conseil général[554]; il ne crut pas devoir se dispenser d'y obéir, et courut à toute bride vers l'Hôtel de Ville.

Quand il parut à la Commune, où sa présence fut saluée des plus vives acclamations[555], Robespierre jeune y était déjà. Conduit d'abord à la maison de Saint-Lazare, où il n'avait pas été reçu parce qu'il n'y avait point de *secret* dans cette prison, Augustin avait été mené à la Force; mais là s'étaient trouvés deux officiers municipaux qui l'avaient réclamé au nom du peuple et étaient accourus avec lui à la Commune. Chaleureusement accueilli par le conseil général, il dépeignit, dans un discours énergique et vivement applaudi, les machinations odieuses dont ses amis et lui étaient victimes. Il eut soin, du reste, de mettre la Convention hors de cause, et il se contenta d'imputer le décret d'accusation à quelques misérables conspirant au sein même de l'Assemblée[556]. A peine avait-il fini de parler que le maire, sentant combien il était urgent, pour l'effet moral, de posséder Maximilien à la Commune, proposa au conseil de l'envoyer chercher par une députation spécialement chargée de lui faire observer qu'il se devait tout entier à la patrie et au peuple[557]. Fleuriot-Lescot connaissait le profond respect de Robespierre pour la Convention, son attachement à la légalité, et il n'avait pas tort, on va le voir, en s'attendant à une vive résistance de sa part.

[Note 554: Arrêté signé: Louvet, Payan, Legrand et Lerebours. (Pièce de la collection Beuchot.)]

[Note 555: Procès-verbal de la séance du conseil général, dans l'*Histoire parlementaire*, t. XXXIV, p. 53.]

[Note 556: Procès-verbal de la séance de la Commune (*Histoire parlementaire*, t. XXXIV, p. 52). A l'appui de cette partie du procès-verbal, voyez la déclaration de Robespierre jeune au comité civil de la section de la *Maison-Commune*, lorsqu'il y fut transporté à la suite de sa chute. «A répondu … que quand il a été dans le sein de la Commune, il a parlé pour la Convention en disant qu'elle était disposée à sauver la patrie, mais qu'elle avait été trompée par quelques conspirateurs; qu'il fallait veiller à sa conservation.» (Pièce XXXVIII à la suite du rapport de Courtois sur les événements du 9 thermidor, p. 205.)]

[Note 557: Procès-verbal de la séance de la Commune, *ubi suprà*.]

Transféré vers sept heures à la prison du Luxembourg, sous la garde du citoyen Chanlaire, de l'huissier Filleul et du gendarme Lemoine[558], Maximilien avait été refusé par le concierge, en vertu d'une injonction des administrateurs de police de ne recevoir aucun détenu sans leur ordre. Il insista vivement pour être incarcéré. Esclave du devoir, il voulait obéir quand même au décret qui le frappait. «Je saurai bien me défendre devant le tribunal», dit-il. En effet, il pouvait être assuré d'avance d'un triomphe éclatant, et il ne voulait l'emporter sur ses ennemis qu'avec les armes de la légalité. Billaud-Varenne ne se trompait pas en écrivant ces lignes: «Si, dans la journée du 9 thermidor, Robespierre, au lieu *de se faire enlever* pour se rendre à la Commune et y arborer l'étendard de la révolte, eût obéi aux décrets de la Convention nationale, qui peut calculer ce que *l'erreur*, moins affaiblie par cette soumission, eût pu procurer de chances favorables à son ascendant[559]?» La volonté de Maximilien échoua devant la résistance d'un guichetier.

[Note 558: Pièce XIX à la suite du rapport de Courtois sur les événements du 9 thermidor, p. 113.]

[Note 559: Mémoires de Billaud-Varenne, p. 46 du manuscrit. (*Archives, ubi suprà*.)]

Du Luxembourg, Robespierre avait été conduit à l'administration de police, située à côté de la mairie, sur le quai des Orfèvres, dans les bâtiments aujourd'hui démolis qu'occupait la préfecture de police. Il y fut reçu avec les transports du plus vif enthousiasme, aux cris de *Vive Robespierre*[560]! Il pouvait être alors huit heures et demie. Peu après, se présenta la députation chargée de l'amener au sein du conseil général. Tout d'abord Maximilien se refusa absolument à se rendre à cette invitation. «Non, dit-il encore, laissez-moi paraître devant mes juges.» La députation se retira déconcertée. Mais le conseil général, jugeant indispensable la présence de Robespierre à l'Hôtel de Ville, dépêcha auprès de lui une nouvelle députation aux vives insistances de laquelle Robespierre céda enfin. Il la suivit à la Commune, où l'accueillirent encore les plus chaleureuses acclamations[561]. Mais que d'heures perdues déjà!

[Note 560: Déclaration de Louise Picard, pièce XXXII, à la suite du rapport de Courtois sur les événements du 9 thermidor, p. 194.]

[Note 561: Renseignements donnés par les employés au secrétariat sur ce qui s'est passé à la Commune. (Pièce de la collection Beuchot.)]

En même temps que lui parurent ses chers et fidèles amis, Saint-Just et Le Bas, qu'on venait d'arracher l'un et l'autre aux prisons où les avait fait transférer le comité de Sûreté générale. Au moment où Le Bas sortait de la Conciergerie, un fiacre s'arrêtait au guichet de la prison, et deux jeunes femmes en descendaient tout éplorées. L'une était Elisabeth Duplay, l'épouse du proscrit volontaire, qui, souffrante encore, venait apporter à son mari divers effets, un matelas, une couverture; l'autre, Henriette Le Bas, celle qui avait dû épouser Saint-Just. En voyant son mari libre, et comme emmené en triomphe par une foule ardente, Mme Le Bas éprouva tout d'abord un inexprimable sentiment de joie, courut vers lui, se jeta dans ses bras, et se dirigea avec lui du côté de l'Hôtel de Ville. Mais de noirs pressentiments assiégeaient l'âme de Philippe. Sa femme nourrissait, il voulut lui épargner de trop fortes émotions, et il l'engagea vivement à retourner chez elle, en lui adressant mille recommandations au sujet de leur fils. «Ne lui fais pas haïr les assassins de son père, dit-il; inspire-lui l'amour de la patrie; dis-lui bien que son père est mort pour elle.... Adieu, mon Elisabeth, adieu[562]!» Ce furent ses dernières paroles, et ce fut un irrévocable adieu. Quelques instants après cette scène, la barrière de l'éternité s'élevait entre le mari et la femme.

[Note 562: Manuscrit de Mme Le Bas. D'après ce manuscrit, ce serait à la Force que Lebas aurait été conduit; mais Mme Le Bas a dû confondre cette prison avec la Conciergerie. Comme tous les membres de sa malheureuse famille, Mme Le Bas fut jetée en prison avec son enfant à la mamelle par les *héros* de Thermidor, qui la laissèrent végéter durant quelques mois, d'abord à la prison Talarue, puis à Saint-Lazare, dont le nom seul était pour elle un objet d'épouvante. Toutefois elle se résigna. «Je souffrais pour mon bien-aimé mari, cette pensée me soutenait.» On lui avait offert la liberté, une pension même, si elle voulait changer de nom; elle s'y refusa avec indignation. «Je n'aurais jamais quitté ce nom si cher à mon coeur, et que je me fais gloire de porter.» Femme héroïque de l'héroïque martyr qui ne voulut point partager l'opprobre de la victoire thermidorienne, elle se montra, jusqu'à son dernier jour, fière de la mort de son mari: «Il a su mourir pour sa patrie, il ne devait mourir qu'avec les martyrs de la liberté. Il m'a laissée veuve et mère à vingt et un ans et demi; je bénis le Ciel de me l'avoir ôté ce jour-là, il ne m'en est que plus cher. On m'a traînée de prison en prison avec mon jeune fils de cinq semaines; il n'est de souffrances que ne m'aient fait endurer ces monstres, croyant m'intimider. Je leur ai fait voir le contraire; plus ils m'en faisaient, plus j'étais heureuse de souffrir pour eux. Comme eux, j'aime la liberté; le sang qui coule dans mes veines à soixante-dix-neuf ans est le sang de républicains.» (Manuscrit de Mme Le Bas.) Et en parlant de ces morts si regrettés elle ne manque pas d'ajouter «Comme vous eussiez été heureux de connaître ces hommes vertueux sous tous les rapports»!]

IX

La présence de Robespierre à la Commune sembla redoubler l'ardeur patriotique et l'énergie du conseil général; on y voyait le gage assuré d'une victoire prochaine, car on ne doutait pas que l'immense majorité de la population parisienne ne se ralliât à ce nom si grand et si respecté.

Le conseil général se composait de quatre-vingt-seize notables et de quarante-huit officiers municipaux formant le corps municipal, en tout cent quarante-quatre citoyens élus par les quarante-huit sections de la ville de Paris. Dans la nuit du 9 au 10 thermidor, quatre-vingt-onze membres signèrent la liste de présence, c'est-à-dire leur arrêt de mort pour la plupart. D'autres vinrent-ils? c'est probable; mais ils ne signèrent pas, et évitèrent ainsi la proscription sanglante qui frappa leurs malheureux collègues.

Parmi les membres du conseil général figuraient un certain nombre de citoyens appartenant au haut commerce de la ville, comme Arthur, Grenard, Avril; beaucoup de petits marchands, un notaire comme Delacour; quelques hommes de loi, des employés, des artistes, comme Lubin, Fleuriot-Lescot, Beauvallet, Cietty, Louvet, Jault; deux ou trois hommes de lettres, des médecins, des rentiers et plusieurs professeurs. C'étaient presque tous des patriotes d'ancienne date, dévoués aux grandes idées démocratiques représentées par Robespierre. L'extrait suivant d'une lettre d'un officier municipal de la section du *Finistère*, nommé Mercier, directeur de la fabrication des assignats, lettre adressée à l'agent national Payan, peut servir à nous renseigner sur les sentiments dont la plupart étaient animés: «La faction désorganisatrice, sous le voile d'un patriotisme ultrarévolutionnaire, a longtemps agité et agite encore la section du *Finistère*. Le grand meneur est un nommé Bouland, ci-devant garde de Monsieur. Ce motionneur à la Jacques Roux, en tonnant à la tribune contre la prétendue aristocratie marchande, a maintes fois tenté d'égarer par les plus dangereuses provocations la nombreuse classe des citoyens peu éclairés de la section du *Finistère*.... Cette cabale a attaqué avec acharnement les révolutionnaires de 89, trop purs en probité et patriotisme pour adopter les principes désorganisateurs. Leur grand moyen était de les perdre dans l'opinion publique par les plus atroces calomnies; quelques bons citoyens ont été leurs victimes...[563]» Ne sent-on pas circuler dans cette lettre le souffle de Robespierre? Mercier, on le voit, était digne de mourir avec lui.

[Note 563: Pièce de la collection Beuchot.]

Il était alors environ dix heures du soir. Il n'y avait pas de temps à perdre; c'était le moment d'agir. Au lieu de cela, Maximilien se mit à parler au sein du conseil général, à remercier la Commune des efforts tentés par elle pour l'arracher des mains d'une faction qui voulait sa perte. Les paroles de

Robespierre avaient excité un irrésistible enthousiasme; on se serrait les mains, on s'embrassait comme si la République était sauvée, tant sa seule parole inspirait de confiance[564].

[Note 564: Voy. à ce sujet un extrait du procès-verbal de la section de l'*Arsenal*, cité sous le numéro XXXIV, p. 196, à la suite du rapport de Courtois sur les événements du 9 Thermidor.]

Déjà, avant son arrivée, un membre avait longuement retracé, avec beaucoup d'animation, le tableau des services innombrables et désintéressés que, depuis cinq ans, Maximilien n'avait cessé de rendre à la patrie[565]. Le conseil général n'avait donc nul besoin d'être excité ou encouragé. C'étaient le peuple et les sections en marche qu'il eût fallu haranguer. Aussi bien le conseil venait d'ordonner que la façade de la Maison commune serait sur le champ illuminée. C'était l'heure de descendre sur la place de Grève et de parler au peuple.

[Note 565: Rapport de Degesne, lieutenant de la gendarmerie des tribunaux. (Pièces à la suite du rapport de Courtois sur les événements du 9 thermidor, n° XIX, 9e pièce, p. 119.) Si Robespierre l'eût emporté, ce rapport eût été tout autre, comme bien on pense. On en peut dire autant de celui du commandant Dumesnil, inséré sous le n° XXXI, p. 182, à la suite du rapport. Degesne et Dumesnil se vantent très fort d'avoir embrassé chaudement le parti de la Convention dès la première heure, mais nous avons sous les yeux une pièce qui affaiblit singulièrement leurs allégations; c'est une lettre du nommé Haurie, garçon de bureau du tribunal révolutionnaire, où il est dit: «Le 9 thermidor, des officiers de la gendarmerie des tribunaux sont venus dans la chambre du conseil du tribunal révolutionnaire promettre de servir Robespierre.... Les noms de ces officiers sont: DUMESNIL, Samson, Aduet, DEGESNE, Fribourg, Dubunc et Chardin. Il est à remarquer que Dumesnil et Degesne ont été incarcérés par les rebelles. Le commandant de la gendarmerie à cheval est venu leur assurer que tout son corps était pour Robespierre.» (*Archives*, F. 7, 4437.)]

Un mot de Robespierre, et les sections armées et la foule innombrable qui garnissaient les abords de l'Hôtel de Ville s'ébranlaient, se ruaient sur la Convention, jetaient l'Assemblée dehors. Mais ce mot, il ne voulut pas le dire. Pressé par ses amis de donner un signal que chacun attendait avec impatience, il refusa obstinément. Beaucoup de personnes l'ont accusé ici de faiblesse, ont blâmé ses irrésolutions; et, en effet, en voyant les déplorables résultats de la victoire thermidorienne, on ne peut s'empêcher de regretter amèrement les scrupules auxquels il a obéi. Néanmoins, il est impossible de ne pas admirer sans réserve les motifs déterminants de son inaction. Représentant du peuple, il ne se crut pas le droit de porter la main sur la Représentation nationale. Il lui répugnait d'ailleurs de prendre devant l'histoire la responsabilité du sang versé dans une guerre civile. Certain du triomphe en donnant contre la Convention le signal du soulèvement, il aima mieux mourir que d'exercer contre elle le droit de légitime défense.

Tandis que l'énergie du conseil général se trouvait paralysée par les répugnances de Maximilien à entrer en révolte ouverte contre la Convention, celle-ci n'hésitait pas, et elle prenait des mesures décisives. Un tas d'hommes qui, selon la forte expression du poète,

Si tout n'est renversé ne sauraient subsister,

les Bourdon, les Barras, les Fréron, vinrent, pour encourager l'Assemblée, lui présenter sous les couleurs les plus défavorables les dispositions des sections. Sur la proposition de Voulland, elle chargea Barras de diriger la force armée contre l'Hôtel de Ville, et lui adjoignit Léonard Bourdon, Bourdon (de l'Oise), Fréron, Rovère, Delmas, Ferrand et Bollet, auxquels on attribua les pouvoirs dont étaient investis les représentants du peuple près les armées. A l'exception des deux derniers, qui n'avaient joué qu'un rôle fort effacé, on ne pouvait choisir à Barras de plus dignes acolytes.

Mais les conjurés ne se montraient pas satisfaits encore: il fallait pouvoir se débarrasser, sans jugement, des députés proscrits dans la matinée; or, ils trouvèrent un merveilleux prétexte dans le fait, de la part de ces derniers, de s'être, volontairement ou non, soustraits au décret d'arrestation. Élie Lacoste commença par demander la mise hors la loi de tous les conseillers municipaux qui avaient embrassé la cause de Robespierre et l'avaient traité en frère. Décrétée au milieu des applaudissements, cette mesure ne tarda pas à être étendue à Hanriot. Personne ne parlait des députés, comme si, au moment de frapper ces grandes victimes, on eût été arrêté par un reste de pudeur. Bientôt toutefois Voulland, s'enhardissant, fit observer que Robespierre et *tous les autres* s'étaient également soustraits au décret d'arrestation, et, à sa voix, l'Assemblée les mit aussi hors la loi[566].

[Note 566: Voy. le *Moniteur* du 12 thermidor (30 juillet 1794). Malgré le décret du matin, par lequel avait été supprimé le grade de commandant général de la garde nationale, la Convention avait mis à la tête de l'armée parisienne un chef de légion nommé Esnard. Mais cet officier avait été arrêté à la Commune par ordre du maire et de l'agent national près desquels il s'était rendu aussitôt pour leur donner communication de ses pouvoirs.]

Aussitôt des émissaires sont envoyés dans toutes les directions, dans les assemblées sectionnaires, sur la place de Grève, pour y proclamer le formidable décret dont on attendait le plus grand effet. En même temps Barras, Léonard Bourdon et leurs collègues courent se mettre à la tête de la force armée, qu'ils dirigent en deux colonnes, l'une par les quais, l'autre par la rue Saint-Honoré, vers l'Hôtel de Ville. A grand'peine, ils avaient pu réunir un peu plus de deux mille hommes, mais leur troupe grossit en route, et, comme toujours, après la victoire, si victoire il y eut, elle devint innombrable. Il pouvait être en ce moment un peu plus de minuit.

Cependant le conseil général continuait de délibérer. Impossible de déployer plus d'énergie et de résolution que n'en montra le comité d'exécution. Décidé à défendre jusqu'à la mort les principes pour lesquels il était debout, il avait fait apporter des armes dans la salle de ses délibérations, voisine de celle où se tenait le conseil général[567]. De plus, il venait d'inviter de nouveau, à cette heure suprême, toutes les sections à faire sonner le tocsin, battre la générale, et à réunir leurs forces sur la place de la Maison-commune, afin de sauver la patrie[568]. Mais cela n'était pas encore suffisant à ses yeux; il lui paraissait nécessaire, pour achever de produire un grand effet sur les masses, d'avoir la sanction d'un grand nom populaire, du nom de Robespierre, qui équivalait à un drapeau et représentait la Convention.

[Note 567: «Commune de Paris. Le 9 thermidor…, le général Hanriot fera passer au comité d'exécution des fusils, des pistolets et des munitions pour douze membres. *Signé*: Arthur, Legrand, Louvet, Grenard, Coffinhal.» (Pièce de la collection Beuchot.)]

[Note 568: «Il est ordonné aux sections, pour sauver la chose publique, de faire sonner le tocsin et de faire battre la générale dans toute la commune de Paris, et de réunir leurs forces dans la place de la Maison-commune, où elles recevront les ordres du général Hanriot, qui vient d'être remis en liberté, avec tous les députés patriotes, par le peuple souverain. *Signé*: Arthur, Legrand, Grenard, Desboisseau et Louvet.» (Pièce de la collection Beuchot.)]

Parmi les commissaires faisant fonction de ministres, deux seulement, Payan, frère aîné de l'agent national, commissaire de l'instruction publique, et Lerebours, commissaire des secours publics, prirent parti pour Robespierre. Les autres, quoique tous dévoués pour la plupart aux idées de Maximilien, jugèrent prudent d'attendre le résultat des événements. Républicain enthousiaste, patriote ardent, Lerebours s'était rendu un des premiers à la Commune où, comme on l'a vu, il avait été nommé membre du comité d'exécution. Seul il échappa au massacre des membres de ce comité[569]. C'est sur les indications écrites, sous sa dictée, par son propre fils, que nous allons retracer la scène qui va suivre[570], et pour la description de laquelle on s'est beaucoup trop fié jusqu'ici aux relations plus ou moins mensongères de l'assassin Merda ou du mouchard Dulac, grand ami de Tallien[571].

[Note 569: Parvenu à s'échapper dans le tumulte, Lerebours alla se réfugier dans un égout des Champs-Élysées, près du Pont-Royal, où il se tint caché pendant vingt-quatre heures, à cent pas de l'échafaud qui l'attendait. Ayant pu, le lendemain, sortir de Paris, il se rendit d'abord en Suisse, puis en Allemagne, et rentra en France sous le Directoire. Il est mort, il n'y a pas longtemps, à l'âge de quatre-vingt-dix ans. Devenu vieux, il essaya de décliner toute participation active de sa part à la résistance de la Commune. Il disait, à qui voulait l'entendre, que le 9 thermidor il s'était trouvé *par hasard, sans savoir pourquoi,* à l'Hôtel de Ville, où *on lui avait fait signer un ordre à la section des Piques.* Et cet ordre est tout entier de sa main. (Voy. à ce sujet *le Journal,* par M. Alp. Karr, numéro du 17 octobre 1848.) Mais ce raisonnement d'un vieillard craintif indignait à bon droit le propre fils de Lerebours. «Mon père», a-t-il écrit dans une note que nous avons sous les yeux, «aurait dû se glorifier d'avoir participé à la résistance de la Commune».]

[Note 570: Pierre-Victor Lerebours, plus connu sous le nom de Pierre-Victor, est mort il y a deux ans, fidèle au culte que son père, dans sa jeunesse, avait professé pour Robespierre. Auteur de la tragédie des *Scandinaves* et de divers opuscules, il brilla un instant au théâtre où, dans les rôles tragiques, il se fit applaudir à côté de Talma. Nous tenons de lui-même les notes d'après lesquelles il nous a été permis de tracer un tableau exact de la scène sanglante qui mit fin à la résistance de la Commune.]

[Note 571: C'est ce qu'assuré M. Michelet, t. VII, p. 480. Voy. le récit de Dulac, à la suite du rapport de Courtois sur les événements du 9 thermidor, n° XXXIV, p. 107. Ce Dulac a tout vu, tout conduit, tout dirigé. Il a joué, à proprement parler, le rôle de la mouche du Coche. Somme toute, son rapport, adressé à Courtois un an après les événements, n'est qu'un placet déguisé, une forme nouvelle de mendicité.]

Lerebours rédigea et écrivit de sa main l'appel suivant à la section des Piques, celle de Robespierre: «COMMUNE DE PARIS. *Comité d'exécution.* Courage, patriotes de la section des Piques, la liberté triomphe! Déjà ceux que leur fermeté a rendus formidables aux traîtres sont en liberté; partout le peuple se montre digne de son caractère. Le point de réunion est à la Commune…; le brave Hanriot exécutera les ordres du comité d'exécution, qui est créé pour sauver la patrie.» Puis, il signa; avec lui signèrent: Legrand, Louvet et Payan.

Il s'agissait de faire signer Robespierre, assis au centre de la salle, à la table du conseil, entre le maire Fleuriot-Lescot et l'agent national Payan. Longtemps Saint-Just, son frère et les membres du comité d'exécution le supplièrent d'apposer sa signature au bas de cet appel énergique; mais en vain. Au nom de qui? disait Maximilien. «Au nom de la Convention, répondit Saint-Just; elle est partout où nous sommes». Il semblait à Maximilien qu'en sanctionnant de sa signature cette sorte d'appel à l'insurrection contre la Convention, il allait jouer le rôle de Cromwell, qu'il avait si souvent flétri depuis le commencement de la Révolution, et il persista dans son refus. Couthon, tardivement arrivé[572], parla d'adresser une proclamation aux armées, convint qu'on ne pouvait écrire au nom de la Convention; mais il engagea Robespierre à le faire au nom du peuple français, ajoutant qu'il y avait encore en France des amis de l'humanité, et que la vertu finirait par triompher[573]. La longue hésitation de Maximilien perdit tout.

[Note 572: Couthon ne sortit que vers une heure du matin de la prison de Port-Libre, autrement dit la Bourbe, où il avait été transféré. (Déclaration de Petit, concierge de la prison de Port-Libre, pièce XXXV, à la suite du rapport de Courtois sur les événements du 9 thermidor, p. 108.) Un officier municipal était venu le chercher et lui avait remis un billet ainsi conçu: «Couthon, tous les patriotes sont proscrits, le peuple entier est levé; ce seroit le trahir que de ne pas te rendre à la Maison commune, où nous sommes.» Ce billet, signé Robespierre et Saint-Just, fut trouvé sur lui au moment de son arrestation.]

[Note 573: Déclaration de Jérôme Murou et Jean-Pierre Javoir, gendarmes près des tribunaux. Ils avaient accompagné l'officier municipal qui était allé chercher Couthon et étaient entrés avec lui à l'Hôtel de Ville dans la salle du conseil général. (*Archives*, F. 7, 32.)]

Pendant ce temps, les émissaires de la Convention proclamaient, à la lueur des torches, le décret de l'Assemblée. Des fenêtres de l'Hôtel de Ville on en aperçut plusieurs au coin de la rue de la Vannerie, laquelle débouchait sur la place de Grève. Ils cherchaient à ameuter le peuple contre la Commune. Quelques membres du conseil général s'offrirent d'aller les arrêter, partirent et revinrent bientôt, ramenant avec eux deux de ces émissaires. Fleuriot-Lescot donna à l'assistance lecture de la proclamation saisie sur les agents de la Convention. Parmi les signatures figurant au bas de cette pièce, il remarqua celle de David. «C'est une scélératesse de plus de la part des intrigants»! s'écria-t-il; «David ne l'a pas signée, car il est chez lui malade»[574].

[Note 574: Renseignements donnés par les employés au secrétariat, sur ce qui s'est passé à la Commune dans la nuit du 9 au 10 thermidor. (Pièce de la collection Beuchot.) Dans une note placée à la suite de son rapport sur les événements du 9 thermidor (n° 37, p. 56), Courtois prétend que ce fut Payan qui donna lecture du décret mettant hors la loi les membres du conseil général et autres, et qu'il ajouta au texte du décret *ces mots perfides*: «et le peuple qui est dans les tribunes», espérant par là augmenter l'exaspération contre la Convention. Mais cette note, en désaccord avec les pièces authentiques où nous avons puisé nos renseignements, ne repose sur aucune donnée certaine, et Courtois, par lui-même, ne mérite aucune espèce de confiance.]

Le grand peintre, avons-nous dit déjà, avait, sur le conseil de Barère, prudemment gardé la chambre.

Ce formidable décret de mise hors la loi ne laissa pas que de produire dans les rues un très-fâcheux effet. L'ardeur d'un certain nombre de membres de la Commune, ne se trouvant pas soutenue par une intervention directe de Robespierre, se ralentit singulièrement. Beaucoup de citoyens, ne sachant ce qui se passait à cette heure avancée de la nuit, rentrèrent tranquillement chez eux. Il n'est pas jusqu'au temps qui ne vînt en aide aux conjurés de la Convention. Le ciel avait été triste et sombre toute la journée. Vers minuit, une pluie torrentielle tomba et ne contribua pas peu à dissiper la foule. Quand, deux heures plus tard, les colonnes conventionnelles débouchèrent sur la place de Grève, elle était presque déserte. Tandis qu'une escarmouche insignifiante s'engageait sur le quai, entre la force armée dirigée par Barras, et les canonniers restés autour d'Hanriot, Léonard Bourdon, à la tête de sa troupe, put pénétrer sans obstacle dans l'Hôtel de Ville, par le grand escalier du centre, et parvenir jusqu'à la porte de la salle de l'Egalité. Il était alors un peu plus de deux heures du matin[575].

[Note 575: Voir le procès-verbal de la séance de la Commune dans l'*Histoire parlementaire*, t. XXXIV, p. 56.]

En ce moment, Robespierre, vaincu par les obsessions de ses amis et songeant, un peu tard, à la gravité des circonstances, se décidait enfin à signer l'adresse à la section des Piques. Déjà il avait écrit les deux premières lettres de son nom, *Ro*, quand un coup de feu, parti du couloir séparant la salle du conseil général de celle du corps municipal, retentit soudainement[576]. Aussitôt on vit Robespierre s'affaisser, la plume lui échappa des mains, et, sur la feuille de papier où il avait à peine tracé deux lettres, on put remarquer de larges gouttes de sang qui avaient jailli d'une large blessure qu'il venait de recevoir à la joue[577]. Fleuriot-Lescot, consterné, quitta le fauteuil, et courut vers l'endroit d'où le coup était parti. Il y eut dans l'assistance un désarroi subit. On crut d'abord à un suicide. Robespierre, disait-on, s'est brûlé la cervelle[578]. L'invasion de la salle par la troupe conventionnelle ne tarda pas à mettre fin à l'incertitude.

[Note 576: Renseignements donnés par les employés au secrétariat, *ubi suprà*.]

[Note 577: Note fournie par M. Lerebours fils. J'ai vu chez M. Philippe de Saint-Albin, cette pièce toute maculée encore du sang de Robespierre. Rien d'émouvant comme la vue de cette pièce, qui suffit, à elle seule, à donner la clef du drame qui s'est passé. Saisie par Barras sur la table du conseil général, elle passa plus tard, avec les papiers de l'ex-Directeur, entre les mains de l'ancien ami de Danton, Rousselin de Saint-Albin.]

[Note 578: Renseignements fournis par les employés au secrétariat sur ce qui s'est passé à la Commune dans la nuit du 9 au 10 thermidor. (Pièce de la collection Beuchot.) Entre ce récit et celui que j'ai donné dans mon *Histoire de Saint-Just*, il existe une légère différence; cela tient à ce que, à l'époque où j'ai écrit la vie de Saint-Just, je n'avais ni les renseignements donnés par les employés au secrétariat ni les notes de M. Lerebours fils.]

XI

Voici ce qui était arrivé. A tout prix les Thermidoriens voulaient se débarrasser de Robespierre. C'était beaucoup d'avoir obtenu contre lui un décret d'accusation, de l'avoir fait mettre hors la loi, mais cela ne leur suffisait pas. Le peuple laisserait-il jamais mener à l'échafaud cet héroïque défenseur de ses droits? Tant que Maximilien serait debout, les conjurés avaient tout à craindre; mieux valait en finir par un coup de couteau ou une balle. Lui mort, on était à peu près sûr de voir tomber d'elle-même la résistance de la Commune. Restait à trouver l'assassin. La chose n'était pas difficile, il se rencontre toujours quelque coupe-jarret prêt à tuer un homme moyennant salaire. Or, frapper Robespierre en cette occurence pouvait être une occasion de fortune. Il y avait justement parmi les gendarmes de la troupe conduite par Léonard Bourdon un jeune drôle du nom de Merda[579], qui ne demanda pas mieux que de saisir cette occasion. Il avait à peine vingt ans.

[Note 579: Tel était son véritable nom, que par euphémisme il changea en celui de Méda. Il avait un frère qui mourut chef de bataillon et qui garda toujours son nom patronymique, sous lequel fut liquidée la pension de sa veuve. (Renseignements fournis par le ministère de la guerre.)]

Ce fut, à n'en point douter, Léonard Bourdon qui arma son bras; jamais il n'eût osé prendre sur lui d'assassiner Robespierre sans l'ordre exprès d'un membre de la Convention. Intrigant méprisé, suivant la propre expression de Maximilien, complice oublié d'Hébert, Léonard Bourdon était ce député à qui Robespierre avait un jour, à la Convention, reproché d'avilir la Représentation nationale par des formes indécentes. Comme Fouché, comme Tallien, comme Rovère, il haïssait dans Robespierre la vertu rigide et le patriotisme sans tache. Il fit, c'est très probable, miroiter aux yeux du gendarme tous les avantages, toutes les faveurs dont le comblerait la Convention s'il la débarrassait de l'homme qui à cette heure encore contre-balançait son autorité. La fortune au prix du sang du Juste? Merda n'hésita point.

Parvenu avec son gendarme à la porte de la salle où siégeait le conseil général[580], laquelle s'ouvrait à tout venant, Léonard Bourdon lui désigna du doigt Maximilien assis dans un fauteuil et se présentant de profil, la partie droite du corps tournée vers la place de Grève. Du couloir où se tenait l'assassin à la place où était la victime, il pouvait y avoir trois ou quatre mètres au plus. Armé d'un pistolet, Merda étendit brusquement le bras et fit feu, avant que personne eût pu prévenir son mouvement[581].

[Note 580: «Ce brave gendarme ne m'a pas quitté», avoua Léonard Bourdon quelques instants après, en présentant l'assassin à la

Convention nationale. (Voy. le *Moniteur* du 12 thermidor (30 juillet 1794.))]

[Note 581: De l'assassinat commis par lui Merda a laissé une relation où, sauf le coup de pistolet, tout est faux. Beaucoup d'écrivains se sont laissé prendre à cette relation si grossièrement mensongère; mais nous ne comprenons pas comment M. Michelet a pu baser son récit tout entier sur une oeuvre qui n'est, d'un bout à l'autre, qu'un tissu d'inexactitudes, d'invraisemblances et d'inepties. (Voy. *Histoire de la Révolution*, t. VII, liv. XXI, ch. IX.) Merda prétend qu'il s'élança sur Robespierre et qu'il lui présenta la pointe de son sabre sur le coeur, en lui disant: «Rends-toi, traître! etc.» Comment les amis dévoués qui entouraient Maximilien eussent-ils laissé pénétrer jusqu'à lui ce polisson de dix-neuf ans. Dans son récit, publié longtemps après les événements, Merda raconte qu'ayant fouillé Robespierre, il trouva sur lui pour plus de dix mille francs de bonnes valeurs.... On voit qu'on ne pouvait mentir plus bêtement ni avec plus d'impudence que ce lâche et misérable assassin. Sa relation a été précieusement recueillie et publiée par MM. Barrière et Berville dans leur collection des Mémoires relatifs à la Révolution française.]

Nous avons dit comment Robespierre s'affaissa en éclaboussant de son sang la feuille de papier contenant l'appel à la section des Piques. La question a été longtemps débattue de savoir si Maximilien avait été réellement assassiné, ou s'il y avait eu de sa part tentative de suicide. Le doute ne saurait être cependant un seul instant permis. Pourquoi d'abord Robespierre aurait-il eu l'idée de recourir à ce moyen extrême quand tout paraissait sourire à sa cause, et que, tardivement, il s'était décidé à en appeler lui-même au peuple des décrets de la Convention? Il aurait au moins fallu, pour le porter à cet acte de désespoir, que l'irruption de la horde conventionnelle eût précédé le coup de pistolet de Merda, et nous avons vu par un document entièrement inédit et tout à fait désintéressé (le rapport des employés au secrétariat) que c'était tout le contraire qui avait eu lieu. Le simple examen de la blessure suffit d'ailleurs pour détruire tout à fait l'hypothèse du suicide. En effet, le projectile dirigé de haut en bas, avait déchiré la joue à un pouce environ de la commissure des lèvres, et, pénétrant de gauche à droite, il avait brisé une partie de la mâchoire inférieure[582]. Or, peut-on imaginer un homme qui, voulant se tuer, se tirerait un coup de pistolet de gauche à droite et de haut en bas? C'est tout simplement impossible; tandis qu'au contraire le coup s'explique tout naturellement par la position de l'assassin tirant debout sur Maximilien assis et présentant son profil gauche.

[Note 582: Rapport des officiers de santé sur les pansements des blessures de Robespierre aîné. (Pièce XXXVII, p. 202, à la suite du rapport de Courtois sur les événements du 9 thermidor.)]

A la nouvelle du meurtre de Robespierre, les Thermidoriens éprouvèrent une joie indicible; cependant, malgré leur cynisme et leur effronterie, ils ne tardèrent pas à comprendre eux-mêmes tout l'odieux qui rejaillirait sur eux de ce lâche assassinat, et après que le président de la Convention (c'était Charlier) eut, au milieu des applaudissements, donné l'accolade à celui qu'on présenta hautement à l'Assemblée comme le meurtrier de Maximilien, on s'efforça de faire croire à un suicide. Voilà pourquoi Barère, affectant d'oublier l'enthousiasme produit la veille par l'apparition de l'assassin, se contenta de dire dans son rapport du 10: «Robespierre aîné s'est frappé». Voilà pourquoi, un an plus tard, Courtois, dans son rapport sur les événements du 9 thermidor, assurait, sur le témoignage complaisant d'un concierge, que Merda avait manqué Robespierre et que celui-ci s'était frappé lui-même[583]. Mais les Thermidoriens ont eu beau faire, tout l'odieux de cet assassinat pèsera éternellement sur leur mémoire, et la postérité vengeresse ne séparera pas leurs noms de celui de l'assassin dont Léonard Bourdon arma le bras et qui ne fut que l'instrument de la faction[584].

[Note 583: Rapport de Courtois sur les événements…, p. 70. Rien de curieux et de bête à la fois comme la déclaration du concierge Bochard: «Sur les deux heures du matin», dit-il, «un gendarme m'a appelé et m'a dit qu'il venait d'entendre un coup de pistolet dans la salle de l'Égalité. J'ai entré, j'ai vu Le Bas étendu par terre, et de suite Robespierre l'aîné s'est tiré un coup de pistolet dont la balle, en le manquant, a passé à trois lignes de moi; j'ai failli être tué. (Pièce XXVI, page 201, à la suite du rapport.) Ainsi il a vu Robespierre … SE MANQUER et la balle passer à trois lignes de lui. Ce prétendu témoignage ne mérite même pas la discussion. Et voilà pourtant les autorités thermidoriennes!]

[Note 584: Merda, ce brave gendarme, au dire de Léonard Bourdon, ne cessa de battre monnaie avec le meurtre de Robespierre. Nommé sous-lieutenant au 5e régiment de chasseurs, dès le 25 thermidor, pour avoir fait feu sur *les traîtres Couthon et Robespierre* (*Moniteur* du 28 thermidor [15 août 1794]), il ne tarda pas à se plaindre de l'ingratitude des Thermidoriens. On lui avait donné, dit-il deux ans après, la place la plus inférieure de l'armée. Un jour même, paraît-il, fatigué de ses obsessions, Collot-d'Herbois et Barère lui avaient déclaré, furieux, qu'on ne devait rien à un assassin. (Lettre de Merda au Directoire en date du 20 germinal de l'an IV, de la collection de M. de Girardot, citée par M. L. Blanc, t. XI, p. 270.) Grâce à la protection de son ancien complice Barras, il finit par obtenir de l'avancement. Devenu, sous l'Empire, colonel et baron, il fut tué à la bataille de la Moskowa.]

A peine Merda eut-il lâché son coup de pistolet que la horde conventionnelle fit irruption dans la salle du conseil général dont les membres, surpris sans défense, ne purent opposer aucune résistance. Quelques-uns furent arrêtés sur-le-champ, d'autres s'échappèrent à la faveur du tumulte; mais, trahis par la fatale liste de présence, dont se saisirent les vainqueurs, ils furent repris dès le lendemain. Saint-Just, s'oubliant lui-même, ne songeait qu'à donner des soins à Robespierre[585]. Le Bas crut blessé à mort celui à qui il avait dévoué sa vie, il ne voulut pas lui survivre. Jugeant d'ailleurs la liberté et la République perdues, il passa dans une salle voisine, dite salle de la veuve Capet, celle où siégeait le comité d'exécution; là il s'empara d'un des pistolets apportés par l'ordre de ce comité et se fit sauter la cervelle[586]. Il se tua sur le coup; ce fut la mort de Caton.

[Note 585: Extrait des Mémoires de Barras cité dans le 1er numéro de la *Revue du XIXe siècle*. Disons encore que le peu qui a paru des Mémoires de ce complice des assassins de Robespierre ne donne pas une idée bien haute de leur valeur historique.]

[Note 586: Rapport de Raymond, fonctionnaire public, et de Colmet, commissaire de police de la section des *Lombards*, assistés du citoyen Rousselle, membre du comité révolutionnaire de la section de la *Cité*, en l'absence du citoyen juge de paix. (Pièce de la collection Beuchot.) Le corps de Le Bas fut levé à sept heures du matin, et porté immédiatement au cimetière de Saint-Paul, section de l'*Arsenal.* (*Ibid.*) MM. Michelet et de Lamartine ont donc commis une grave erreur en prétendant que le cadavre de Le Bas avait été mené à la Convention pêle-mêle avec les blessés.]

Moins heureux fut Robespierre jeune. Ne voulant pas tomber vivant entre les mains des assassins de son frère, il franchit une des fenêtres de l'Hôtel de Ville, demeura quelques instants sur le cordon du premier étage à contempler la Grève envahie par les troupes conventionnelles, puis il se précipita la tête la première sur les premières marches du grand escalier. On le releva mutilé et sanglant, mais respirant encore. Transporté au comité civil de la section de la *Maison-commune*, où il eut la force de déclarer que son frère et lui n'avaient aucun reproche à se faire et qu'ils avaient toujours rempli leur devoir envers la Convention, il y fut traité avec beaucoup d'égards, disons-le à l'honneur des membres de ce comité, qui ne se crurent pas obligés, comme tant d'autres, d'insulter aux vaincus. Quand on vint le réclamer pour le transférer au comité de Sûreté générale, ils se récrièrent, disant qu'il ne pouvait être transporté sans risque pour ses jours, et ils ne le livrèrent que sur un ordre formel des représentants délégués par la Convention[587].

[Note 587: Procès-verbal du comité civil de la *Maison-commune*, cité sous le numéro XXXVIII, p. 203, à la suite du rapport de Courtois sur les événements du 9 thermidor.]

Couthon, sur lequel Merda avait également tiré sans l'atteindre, s'était gravement blessé à la tête en tombant dans un des escaliers de l'Hôtel de Ville. Il avait été mené, vers cinq heures du matin, à l'Hôtel-Dieu, où il reçut les soins du célèbre chirurgien Desault, qui le fit placer dans le lit n° 15 de la salle des opérations. Au juge de paix chargé par Léonard Bourdon de s'enquérir de son état il dit: «On m'accuse d'être un conspirateur, je voudrais bien qu'on pût lire dans le fond de mon âme[588].» Le pauvre paralytique, à moitié mort, inspirait encore des craintes aux conjurés, car Barras et son collègue Delmas enjoignirent à la section de la *Cité* d'établir un poste à l'Hôtel-Dieu, et ils rendirent le commandant de ce poste responsable, sur sa tête, de la personne de Couthon[589]. Peu après, le juge de paix Bucquet reçut l'ordre exprès d'amener le blessé au comité de Salut public[590].

[Note 588: Procès-verbal de Jean-Antoine Bucquet, juge de paix de la section de la *Cité*. (Pièce inédite de la collection Beuchot). La fameuse légende de Couthon gisant sur le parapet du quai Pelletier et que des *hommes du peuple* voulaient jeter à la rivière, est une pure invention de Fréron. (Voy. p. 12 du rapport de Courtois sur les événements du 9 thermidor.)]

[Note 589: «La section de la *Cité* fera établir un poste à l'Hôtel-Dieu, où l'on a porté Couthon, représentant du peuple, mis en état d'arrestation par décret de la Convention nationale. Le commandant du poste répondra sur sa tête de la personne de Couthon. *Signé*: Barras, J.-B. Delmas, représentants du peuple.» (Pièce inédite de la collection Beuchot.)]

[Note 590: Procès-verbal du juge de paix Bucquet (*ubi suprà*).]

Quant à Hanriot, il ne fut arrêté que beaucoup plus tard. S'il avait manqué de cet éclair de génie qui lui eût fait saisir le moment opportun de fondre sur la Convention, de se saisir des conjurés et de délivrer la République d'une bande de coquins par lesquels elle allait être honteusement asservie, ni le dévouement ni le courage, quoi qu'on ait pu dire, ne lui avaient fait défaut. Trahi par la fortune et abandonné des siens, il lutta seul corps à corps contre les assaillants de la Commune. Il venait de saisir Merlin (de Thionville) au collet[591], quand l'assassinat de Robespierre trancha tout à fait la question. Obligé de céder à la force, le malheureux général se réfugia dans une petite cour isolée de l'Hôtel de Ville, où il fut découvert dans la journée, vers une heure de l'après-midi[592]. On le trouva tout couvert de blessures qu'il avait reçues dans la lutte ou qu'il s'était faites lui-même[593], ayant peut-être tenté, comme Robespierre jeune, mais en vain également, de s'arracher la vie. Ainsi finit, par une épouvantable catastrophe, cette résistance de la Commune, qui fut si près d'aboutir à un triomphe éclatant.

[Note 591: Extrait des Mémoires de Barras. *Ubi suprà.*]

[Note 592: Déclaration de Dumesnil, commandant la gendarmerie des tribunaux, pièce XXXI, p. 182 à la suite du rapport de Courtois sur les événements de Thermidor.]

[Note 593: Procès-verbal de l'arrestation d'Hanriot par Guynaud et Chandedellier, agents du comité de Sûreté, Bonnard, secrétaire agent;

Lesueur, *id.*, Martin, agent principal, et Michel. (Pièce XL, p. 214, à la suite du rapport de Courtois.) Tous les historiens ont raconté, d'après Barère et Dumesnil, qu'Hanriot avait été jeté par Coffinhal d'une *fenêtre du troisième étage* dans un égout de l'Hôtel de Ville. Mais c'est là une fable thermidorienne. «C'est une déclaration faite hier au tribunal révolutionnaire,» dit Barère dans la séance du 11 thermidor. Une déclaration de qui? Ni Dumesnil ni Barère ne méritent la moindre confiance. Si en effet Hanriot eût été précipité d'une fenêtre du *troisième étage*, il est à croire que les agents du comité de Sûreté générale chargés d'opérer son arrestation en eussent su quelque chose, et ils n'en ont rien dit dans leur rapport; il est à présumer surtout que les Thermidoriens n'auraient pas eu à le faire transporter à la Conciergerie et de là à l'échafaud.]

XII

Placé sur un brancard, Robespierre fut amené à la Convention par des canonniers et quelques citoyens armés. Il était si faible, qu'on craignait à chaque instant qu'il ne passât. Aussi ceux qui le portaient par les pieds recommandaient-ils à leurs camarades de lui tenir la tête bien élevée, pour lui conserver le peu de vie qui lui restait[594]. Ni l'outrage ni l'injure ne lui furent épargnés en chemin. Insulter le géant tombé, n'était-ce pas une manière de faire sa cour aux assassins vainqueurs? Quand Jésus eut été mis en croix, ses meurtriers lui décernèrent par dérision le titre de roi des Juifs; les courtisans thermidoriens usèrent d'un sarcasme analogue à l'égard de Maximilien. «Ne voilà-t-il pas un beau roi»! s'écriaient-ils. Allusion délicate au cachet fleurdelisé qu'on prétendait avoir trouvé sur le bureau de la Commune.

[Note 594: *Faits recueillis aux derniers instants de Robespierre et de sa faction, du 9 au 10 thermidor.* Paris, in-8° de 7 p. De l'imp. de Pain, passage Honoré. Cette brochure, sans nom d'auteur, paraît rédigée avec une certaine impartialité, c'est-à-dire qu'on n'y rencontre pas les calomnies ineptes et grossières dont toutes les brochures thermidoriennes du temps sont remplies. C'est pourquoi nous avons cru devoir y puiser quelques renseignements.]

«Le lâche Robespierre est là», dit le président Charlier en apprenant l'arrivée du funeste cortège. «Vous ne voulez pas qu'il entre?»—Non, non, hurla le choeur des forcenés. Et Thuriot, le futur serviteur du despotisme impérial, d'enchérir là-dessus: «Le cadavre d'un tyran ne peut que porter la peste; la place qui est marquée pour lui et ses complices, c'est la place de la Révolution[595].» Ces lâches appelaient lâche celui qu'ils venaient de frapper traîtreusement, et tyran celui qui allait mourir en martyr pour la République et la liberté perdues.

[Note 595: *Moniteur* du 12 thermidor (30 juillet 1794).]

Robespierre fut transporté au comité de Salut public, dans la salle d'audience précédant celle des séances du comité et étendu sur une table[596]. On posa sous sa tête, en guise d'oreiller, une boîte de sapin où étaient renfermés des échantillons de pain de munition. Il était vêtu d'un habit bleu de ciel et d'une culotte de nankin, à peu près comme au jour de la fête de l'Être suprême, jour doublement mémorable, où tant de bénédictions étaient montées vers lui et où aussi plus d'une voix sinistre avait pu jeter dans son coeur de sombres pressentiments. On crut pendant longtemps qu'il allait expirer, tellement on le voyait immobile et livide. Il était sans chapeau, sans cravate, sa chemise entr'ouverte se trouvait teinte du sang qui s'échappait en abondance de sa mâchoire fracassée. Au bout d'une heure il ouvrit les yeux et, pour étancher le sang dont sa bouche était remplie, il se servit d'un petit sac en peau blanche, qu'un des assistants lui donna sans doute, et sur lequel on lisait ces mots: *Au grand monarque, Lecourt, fourbisseur du roi et de ses troupes, rue Saint-Honoré, près de celle des Poulies, Paris*[597]. Pas une plainte ne s'échappa de sa bouche; les mouvements spasmodiques de son visage dénotèrent seuls l'étendue de ses souffrances. Ajoutez à la douleur physique les outrages prodigués à la victime par des misérables sans conscience et sans coeur, et vous aurez une idée du long martyre héroïquement supporté par ce grand citoyen. «Votre Majesté souffre», lui disait l'un; et un autre: «Eh bien, il me semble que tu as perdu la parole»[598]. Certaines personnes cependant furent indignées de tant de lâcheté et se sentirent prises de compassion. Un des assistants lui donna, faute de linge, un peu de papier blanc pour remplacer le sac dont il se servait, et qui était tout imbibé de sang[599]. Un employé du comité, le voyant se soulever avec effort pour dénouer sa jarretière, s'empressa de lui prêter aide. «Je vous remercie, monsieur», lui dit Robespierre d'une voix douce[600]. Mais ces témoignages d'intérêt et d'humanité étaient à l'état d'exception.

[Note 596: Cette table se trouve aujourd'hui aux *Archives*.]

[Note 597: Les Thermidoriens, qui ont voulu faire croire au suicide, se sont imaginé avoir trouvé là un appui à leur thèse. Courtois, après avoir montré dans son rapport sur les événements du 9 thermidor le gendarme Merda *manquant* Robespierre, représenté celui-ci «tenant dans ses mains le sac de son pistolet, qui rappeloit à ses yeux par l'adresse du marchand qui l'avoit vendu, et dont l'enseigne étoit *Au Grand Monarque*, le terme qu'avoit choisi son ambition» (p. 73). Honnête Courtois!—Sur le revers de ce sac on pouvait lire le nom du propriétaire, M. Archier. Il est fort probable que c'est un citoyen de ce nom, peut-être l'ancien député des Bouches-du-Rhône à la Législative, qui, ému de pitié, aura, à défaut de linge, donné ce sac à la victime.]

[Note 598: *Faits recueillis aux derniers instants de Robespierre et de sa faction*, du 9 au 10 thermidor (*ubi suprà*).—Voy. aussi, au sujet des mauvais traitements infligés au vaincu, les notes relatives à Maximilien Robespierre lorsqu'il fut apporté au comité de Salut public, pièce XLI, p. 215, à la suite du rapport de Courtois.]

[Note 599: Notes relatives à Maximilien Robespierre, *ubi suprà*.]

[Note 600: Nous empruntons ce trait à M. Michelet, à qui il fut raconté par le général Petiet, lequel le tenait de l'employé remercié par Robespierre. (*Histoire de la Révolution*, t. VII, p. 514.)]

Saint-Just et Dumas se trouvaient là. Quand on les avait amenés, quelques-uns des conjurés, s'adressant aux personnes qui entouraient Robespierre, s'étaient écriés ironiquement: «Retirez-vous donc, qu'ils voient leur roi dormir sur une table comme un homme»[601]. A la vue de son ami étendu à demi mort, Saint-Just ne put contenir son émotion; le gonflement de ses yeux rougis révéla l'amertume de son chagrin[602]. Impassible devant l'outrage, il se contenta d'opposer aux insulteurs le mépris et le dédain. On l'entendit seulement murmurer, en contemplant le tableau des Droits de l'homme, suspendu à la muraille: «C'est pourtant moi qui ai fait cela[603]!» Ses amis et lui tombaient par la plus révoltante violation de ces Droits, désormais anéantis, hélas!

[Note 601: *Faits recueillis aux derniers instants de Robespierre et de sa faction.*]

[Note 602: *Ibid.*]

[Note 603: Notes relatives à Maximilien Robespierre, *ubi suprà.*]

XIII

Vers cinq heures du matin, les Thermidoriens, craignant que leur victime n'eût pas la force de supporter le trajet de l'échafaud, firent panser sa blessure par deux chirurgiens. Élie Lacoste leur dit: «Pansez bien Robespierre, pour le mettre en état d'être puni»[604]. Pendant ce pansement, qui fut long et douloureux, Maximilien ne dit pas un mot, ne proféra pas une plainte. Cependant quelques misérables continuaient de l'outrager. Quand on lui noua au-dessus du front le bandeau destiné à assujettir sa mâchoire brisée, une voix s'écria: «Voilà qu'on met le diadème à Sa Majesté». Et une autre: «Le voilà coiffé comme une religieuse»[605]. Il regarda seulement les opérateurs et les personnes présentes avec une fermeté de regard qui indiquait la tranquillité de sa conscience et le mettait fort au-dessus des lâches dont il avait à subir les insultes[606]. On ne put surprendre chez lui un moment de défaillance. Ses meurtriers eux-mêmes, tout en le calomniant, ont été obligés d'attester son courage et sa résignation[607].

[Note 604: *Faits recueillis aux derniers instants de Robespierre et de sa faction.*]

[Note 605: *Faits recueillis aux derniers instants de Robespierre.*]

[Note 606: Rapport des officiers de santé Vergez et Martigues (pièce XXXVI, à la suite du rapport de Courtois), et Notes relatives à Maximilien, *ubi suprà*.]

[Note 607: Notes relatives à M. Robespierre.]

Le pansement terminé, on le recoucha sur la table, en ayant soin de remettre sous sa tête la boîte de sapin qui lui avait servi d'oreiller, «en attendant, dit un des plaisants de la bande, qu'il aille faire un tour à la petite fenêtre»[608]. Le comité de Salut public ne tarda pas à l'envoyer à la Conciergerie avec Couthon et l'officier municipal Gobeau, que le juge de paix Bucquet venait de ramener de l'Hôtel-Dieu. Ce magistrat fut chargé de faire toutes les réquisitions nécessaires pour que les proscrits fussent conduits sous bonne et sûre garde, tant on redoutait encore une intervention du peuple en faveur des vaincus[609]. Le comité chargea, de plus, les chirurgiens qui avaient pansé Maximilien de l'accompagner à la prison, et de ne le quitter qu'après l'avoir remis entre les mains des officiers de santé de service à la Conciergerie; ce qui fut ponctuellement exécuté[610]. Il était environ dix heures et demie quand s'ouvrirent devant le grand proscrit les portes de la maison de justice du Palais[611].

[Note 608: *Faits recueillis aux derniers instants de Robespierre et de sa faction.*]

[Note 609: «Le comité de Salut public arrête que sur-le-champ Robespierre, Couthon et Goubault seront transférés à la Conciergerie, sous bonne et sûre garde. Le citoyen J.-A. Bucquet, juge de paix de la section de la *Cité*, est chargé de l'exécution du présent arrêté, et de faire toutes les réquisitions nécessaires à ce sujet. Le 10 thermidor, B. Barère, Billaud-Varenne, p. 260.» (Pièce de la collection Beuchot.)]

[Note 610: Rapport des officiers de santé, *ubi suprà*.—M. Michelet s'est donc trompé quand il a écrit, sur nous ne savons quel renseignement que les comités «firent faire à Robespierre l'inutile et dure promenade d'aller à l'Hôtel-Dieu». (*Histoire de la Révolution*, t. VII, p. 517.)]

[Note 611: «Reçu à la Conciergerie le *nomé* Robespierre aîné, Couthon, Goubeau, *amené prisonnié* par le citoyen Bucquet, juge de paix de la section de la *Cité*, le 10 thermidor de l'an IIe de la République une et indivisible. V. Richard fils.» (Pièce de la collection Beuchot.)]

Nous avons dit comment Charlotte Robespierre s'était alors présentée à la Conciergerie, demandant à voir ses frères; comment, après s'être nommée, avoir prié, s'être traînée à genoux devant les gardiens, elle avait été repoussée durement, et s'était évanouie sur le pavé. Quelques personnes, saisies de commisération, la relevèrent et l'emmenèrent, comme on a vu plus haut, et quand elle recouvra ses sens, elle était en prison[612]. Les Thermidoriens avaient hâte de faire main basse sur quiconque était soupçonné d'attachement à la personne de leur victime.

[Note 612: Mémoires de Charlotte Robespierre, p. 145.]

A l'heure où Robespierre était conduit à la Conciergerie, la séance conventionnelle s'était rouverte, après une suspension de trois heures. On vit alors se produire à la barre de l'Assemblée toutes les lâchetés dont la bassesse humaine est capable. Ce fut à qui viendrait au plus vite se coucher à plat ventre devant les vainqueurs et faire oeuvre de courtisan en jetant de la boue aux vaincus.

Voici d'abord le directoire du département de Paris qui, la veille, avait commencé par s'aboucher avec la Commune, qu'il s'était empressé d'abandonner dès que les chances avaient paru tourner du côté des conjurés de la Convention[613]. Il accourait féliciter l'Assemblée d'avoir sauvé la patrie. Quelle dérision!

[Note 613: Vers sept heures, le directoire s'adressa en ces termes à la Commune: «Les administrateurs du département au conseil général de la commune. Citoyens, nous désirons connaître les mesures que la Commune a prises pour la tranquillité publique, nous vous prions de nous en informer.» Trois heures plus tard, il écrivait au président de la Convention: «Citoyen, le département, empressé de faire exécuter les décrets de la Convention nationale, me charge de vous inviter à lui envoyer sur-le-champ une expédition.» (Pièce de la collection Beuchot.)]

Ensuite se présenta le tribunal révolutionnaire, si attaché à Maximilien, au dire de tant d'écrivains superficiels. Un de ses membres, dont le nom n'a pas été conservé, prodigua toutes sortes d'adulations à la Convention, laquelle, dit-il, s'était couverte de gloire. Tout dévoué à la Représentation nationale, le tribunal venait prendre ses ordres pour le prompt jugement des conspirateurs. Une difficulté cependant entravait sa marche, et, par la bouche de Fouquier-Tinville, il pria l'Assemblée de la lever au plus vite. Afin d'exécuter les décrets de mort, il n'y avait plus qu'à les sanctionner judiciairement; mais pour cela la loi exigeait que l'identité des personnes fût constatée par deux officiers municipaux de la commune des prévenus; or tous les officiers municipaux se trouvaient eux-mêmes mis hors la loi; comment faire? Ce scrupule de juriste sembla irriter les cannibales altérés du sang de Maximilien. «Il faut, dit Thuriot, que l'échafaud soit dressé sur-le-champ, que le sol de la République soit purgé d'un monstre qui *était en mesure de se faire proclamer comme roi.*» Sur la proposition d'Élie Lacoste, l'Assemblée dispensa le tribunal de l'assistance des deux officiers municipaux, et elle décida que l'échafaud serait dressé sur la place de la Révolution, d'où il avait été banni depuis quelque temps[614].

[Note 614: *Moniteur* du 12 thermidor (30 juillet 1794).]

Fouquier-Tinville et le tribunal révolutionnaire se le tinrent pour dit. Des ordres furent donnés en conséquence par l'accusateur public, et, tandis qu'au Palais s'accomplissait la formalité de la constatation de l'identité des victimes par le tribunal, l'instrument sinistre s'élevait à la hâte. Vers cinq heures du soir vingt-deux victimes, premier holocauste offert à la réaction par les pourvoyeurs habituels de la guillotine, se trouvèrent prêtes pour l'échafaud. Parmi ces premiers martyrs de la démocratie et de la liberté figuraient Maximilien et Augustin Robespierre, Saint-Just, Couthon, Le Bas, les généraux Lavalette et Hanriot, le maire Fleuriot-Lescot, l'agent national de la commune Payan, l'officier municipal Bernard, et un jeune homme nommé Vivier, mis hors la loi uniquement pour avoir présidé la société des Jacobins dans la nuit précédente.

Ce jour-là, 10 thermidor, devait avoir lieu une fête patriotique en l'honneur des jeunes Bara et Viala, dont Robespierre avait prononcé l'éloge. Mais au lieu d'une solennité destinée à fortifier dans les coeurs l'amour de la patrie, la République allait offrir au monde le spectacle d'un immense suicide.

Quand les funèbres charrettes sortirent de la cour du Palais, des imprécations retentirent dans la foule, et les outrages aux vaincus commencèrent pour ne cesser qu'avec le dernier coup de hache. On eut dans la rue comme le prélude de l'immonde comédie connue sous le nom de *bal des victimes*. De prétendus parents des gens immolés par la justice révolutionnaire hurlaient en choeur au passage des condamnés; insulteurs gagés sans doute, comme ces pleureuses antiques qu'en Grèce et à Rome on louait pour assister aux funérailles des morts. Partout, sur le chemin du sanglant cortège, se montraient joyeux, ivres, enthousiastes, le ban et l'arrière-ban de la réaction, confondus avec les coryphées de la guillotine et les terroristes à tous crins. Derrière les charrettes, se démenant comme un furieux, un homme criait de tous ses poumons: «A mort le tyran!» C'était Carrier[615]. Il manquait Tallien et Fouché pour compléter ce tableau cynique.

[Note 615: *Histoire parlementaire*, t. XXXIV, p. 96.]

Dans les rues Saint-Denis, de la Ferronnerie et sur tout le parcours de la rue Saint-Honoré, les fenêtres étaient garnies de femmes qui, brillamment parées et décolletées jusqu'à la gorge, sous prétexte des chaleurs de juillet, s'égosillaient à vociférer: «A la guillotine!» Une chose visible, c'est que le règne des filles, des prostituées de tous les mondes, des agioteurs, de tous les grands fripons, commençait. Grâces en soit rendues aux Fréron, aux Lecointre et à toute leur séquelle! Ah! ces femmes avaient bien raison d'applaudir et de vociférer, à l'heure où toutes les vertus civiques allaient s'abîmer dans le panier de Sanson. Patience! vingt ans plus tard enverra les mêmes mégères, aussi joyeuses, aussi richement vêtues, accoudées sur le velours aux fenêtres des boulevards, et de leurs mains finement gantées agitant des mouchoirs de batiste, on les verra, dis-je, accueillir par des sourires et des baisers les soldats de l'invasion victorieuse.

Quand le convoi fut arrivé à la hauteur de la maison Duplay, des femmes, si l'on peut donner ce nom à de véritables harpies, firent arrêter les charrettes et se mirent à danser autour, tandis que trempant un balai dans un seau rempli de sang de boeuf, un enfant aspergeait de ce sang la maison, où durant quatre ans Maximilien avait vécu adoré au milieu de sa famille adoptive. Si ce fait atroce est exact[616], il était sans portée, car à cette heure la maison de Duplay se trouvait veuve de tous ceux qui l'avaient habitée: père, mère, enfants, tout le monde avait été plongé déjà dans les cachots de la terreur thermidorienne[617]. Enfermée à Sainte-Pélagie, avec des femmes de mauvaise vie, la malheureuse Mme Duplay y fut en butte aux plus odieux traitements, et elle mourut tout à coup le surlendemain, étranglée, dit-on, par ces mégères. Son crime était d'avoir servi de mère au plus pur et au plus vertueux citoyen de son temps.

[Note 616: Ce fait est affirmé par Nougaret et par les auteurs de l'*Histoire de la Révolution par deux amis de la liberté*, double autorité également contestable. On aurait peine à croire à une aussi horrible chose si l'on ne savait que les hommes de Thermidor étaient capables de tout.]

[Note 617: Lettre de Mme Le Bas au directeur de la *Revue de Paris*, année 1844.]

On raconte encore—est-ce vrai?—que lorsque le convoi des martyrs fut arrivé au milieu de la rue ci-devant Royale, une femme jeune encore et vêtue avec une certaine élégance s'accrocha aux barreaux de la charrette, et vomit force imprécations contre Maximilien. J'incline à croire que c'est là de la légende thermidorienne. Robespierre se contenta de lever les épaules, avoue l'écrivain éhonté à qui nous empruntons ce détail[618]. A ces vociférations de la haine le mépris et le dédain étaient la seule réponse possible. Qu'importait d'ailleurs à Maximilien ces lâches et stupides anathèmes? il savait bien que le vrai peuple n'était pas mêlé à cette écume bouillonnante soulevée autour des charrettes fatales. Le vrai peuple se tenait à l'écart, consterné. Parmi les patriotes sincères beaucoup s'étaient laissé abuser par les mensonges des Barras et des Vadier, au sujet des emblèmes royaux trouvés, disait-on, en la possession de Robespierre,—qui ne sait avec quelle facilité les fables les plus absurdes sont, en certaines circonstances, accueillies par la foule?—beaucoup aussi gémissaient de leur impuissance à sauver ce grand citoyen. Mais toute la force armée, si disposée la veille à se rallier à la cause de Robespierre, avait passé du côté des Thermidoriens; une masse imposante de troupes avait été déployée, et il eût été difficile d'arracher aux assassins leur proie.

[Note 618: Desessarts, auteur d'un pamphlet cynique intitulé: *La Vie, les Crimes et le Supplice de Robespierre et de ses principaux complices*, p. 156 de la 1re édition.]

Parvenus au lieu de l'exécution, les condamnés ne démentirent pas le stoïcisme dont ils avaient fait preuve jusque-là; ils moururent tous sans forfanterie et sans faiblesse, bravement, en gens qui défiaient l'avenir et embrassaient la mort avec la sérénité d'une conscience pure et la conviction d'avoir jusqu'au bout rempli leur devoir envers la patrie, la justice et l'humanité.

Par un raffinement cruel, on avait réservé Robespierre pour le dernier. N'était-ce pas le tuer deux fois que d'achever sous ses yeux son frère Augustin, ce pur et héroïque jeune homme, qu'on attacha tout mutilé sur la planche. Un jour de plus, il mourait de ses blessures, les bêtes féroces de Thermidor n'eurent pas la patience d'attendre. Maximilien monta d'un pas ferme les degrés de l'échafaud. Quand il apparut, sanglant et livide, sur la plate-forme où se dressait la guillotine, un murmure sourd courut dans la foule. Soit barbarie, soit maladresse, l'exécuteur s'y prit si brusquement en enlevant l'appareil qui couvrait la blessure de la victime qu'il lui arracha, dit-on un cri déchirant. Un instant après, la tête de Robespierre tombait[619]. Fervent royaliste, le bourreau dut tressaillir d'aise, car il sentait bien qu'il venait d'immoler la Révolution et de décapiter la République dans la personne d'un de ses plus illustres représentants. Robespierre avait trente-cinq ans et deux mois[620].

[Note 619: «Ce grand homme n'était plus», a écrit M. Michelet, t. VII. p. 520. Et un peu plus loin: «Nous n'avons pas à raconter l'aveugle réaction qui emporta l'Assemblée…. L'horreur et le ridicule y luttent à force égale. La sottise des Lecointre, l'inepte fureur des Fréron, la perfidie mercenaire des Tallien, encourageant les plus lâches, une exécrable comédie commença, d'assassinats lucratifs au nom de l'humanité, la vengeance des hommes serviles massacrant les patriotes….»

Les quelques pages consacrées par M. Michelet à la fin de Robespierre sont vraiment d'une beauté poignante, mais c'est en même temps la plus amère critique qui puisse être faite de son livre. Pour nous, après avoir signalé les contradictions, les erreurs accumulées dans une oeuvre qui a contribué à égarer beaucoup d'esprits, nous ne pouvons que nous féliciter de voir l'illustre écrivain aboutir à une conclusion qui est la nôtre.]

[Note 620: Robespierre et ses compagnons d'infortune furent enterrés derrière le parc de Monceau, dans un terrain où il y eut longtemps un bal public. Après la Révolution de 1830, de généreux citoyens firent faire des fouilles dans cet endroit pour retrouver les restes du grand martyr de Thermidor, mais ces recherches sont restées infructueuses. Depuis, en défonçant ce terrain pour le passage du boulevard Malesherbes, on a découvert les ossements des victimes de cette époque, auxquelles la démocratie doit bien un tombeau.]

XIV

A l'heure où cette terrible tragédie se jouait sur la place de la Révolution, la Convention nationale prenait soin de bien déterminer elle-même le sens du sanglant coup d'État. Se fiant au langage tenu par certains conjurés pour attirer à eux les gens de la droite, nombre de gens parlaient hautement d'ouvrir les portes des prisons à toutes les personnes détenues pour crime ou délit contre-révolutionnaire. Mais, afin qu'il n'y eût pas de méprise possible, Barère, qui ne craignit pas de présenter comme un mouvement royaliste la résistance de la Commune, s'écria, parlant au nom des comités de Salut public et de Sûreté générale: «... Quelques aristocrates déguisés parlaient d'indulgence, comme si le gouvernement révolutionnaire n'avait pas repris plus d'empire par la révolution même dont il avait été l'objet, comme si la force du gouvernement révolutionnaire n'était pas centuplée, depuis que le pouvoir, remonté à sa source, avait donné une âme plus énergique et des comités mieux épurés. De l'indulgence! il n'en est que pour l'erreur involontaire, mais les manoeuvres des aristocrates sont des forfaits, et LEURS ERREURS NE SONT QUE DES CRIMES». L'Assemblée décréta l'impression du rapport de Barère et l'envoi de ce rapport à tous les départements[621].

[Note 621: *Moniteur* du 12 thermidor (30 juillet 1794).]

Robespierre, lui, s'était plaint amèrement qu'on portât la terreur dans toutes les conditions, qu'on rendit la Révolution redoutable au peuple même, qu'on érigeât en crimes des préjugés incurables ou des erreurs invétérées et l'on venait de le tuer. Toute la moralité du 9 thermidor est là.

Vingt-deux victimes, sans compter Le Bas, ne suffisaient pas à apaiser la soif de sang dont étaient dévorés les vainqueurs: soixante-dix furent encore traînées le lendemain à l'échafaud, et douze le surlendemain, 12 thermidor. C'étaient en grande partie des membres du conseil général, dont la plupart ne connaissaient Robespierre que de nom et s'étaient rendus à la Commune sans même savoir de quoi il s'agissait.

Cent cinq victimes auxquelles il convient de joindre Coffinhal, arrêté et guillotiné quelques jours plus tard, tel fut le bilan de 9 thermidor et telle fut l'immense tuerie par laquelle la terreur blanche inaugura son règne. On ne vit jamais plus effroyable boucherie. Ah! certes, la Révolution avait déjà coûté bien des sacrifices à l'humanité, mais les gens qu'avait jusqu'alors condamnés le tribunal étaient, pour la plus grande partie, ou des ennemis déclarés de la Révolution, ou des fripons, ou des traîtres; cette fois, c'étaient les plus purs, les plus sincères, les plus honnêtes patriotes que venait de frapper la hache thermidorienne. Cent quatre-vingt-onze personnes furent poursuivies; on n'épargna ni femmes ni enfants[622]. Mme de Chalabre végéta longtemps en prison. Quel était son crime? Elle avait été l'amie de Robespierre.

[Note 622: Voy. *Liste des noms et domiciles des individus convaincus ou prévenus d'avoir pris part à la conjuration de l'infâme Robespierre*, signée Guffroy, Espers, Courtois et Calés. In-8.]

Et par qui tant de braves gens, tant d'excellents citoyens avaient-ils été immolés ou se trouvaient-ils persécutés? Par les plus odieux et les plus méprisables des hommes, par les Fouché, les Tallien, les Fréron, les Rovère, les Courtois mêlés, par une étrange promiscuité, à une partie de ceux qu'on est convenu d'appeler—singulière dérision—les *modérés*. Étonnez-vous donc que dans les prisons et les départements on ait frémi à la nouvelle de la chute de Robespierre! La réaction seule dut s'ébattre de joie; sa cause était gagnée.

Bonaparte, très fervent républicain alors, et dont la sûreté de coup d'oeil, la haute intelligence et la perspicacité ne sauraient être révoquées en doute, regarda la révolution du 9 thermidor comme un malheur pour la France[623].

[Note 623: Voy., à ce sujet, les *Mémoires du duc de Raguse*, «Il m'a dit à moi-même ces propres paroles», ajoute Marmont: «Si Robespierre fût resté au pouvoir, il aurait modifié sa marche; il eût rétabli l'ordre et le règne des lois. On serait arrivé à ce résultat sans secousses, parce qu'on y serait venu par le pouvoir; on y prétend marcher par une révolution, et cette révolution en amènera beaucoup d'autres.» La prédiction s'est vérifiée: les massacres du Midi, exécutés immédiatement au chant du *Réveil du Peuple*, l'hymne de cette époque, étaient aussi odieux, aussi atroces, aussi affreux que tout ce qui les avait devancés.» (P. 56.)]

Les flatteurs ne manquèrent pas aux vainqueurs. Comme toujours, les adresses d'adhésion affluèrent de toutes parts; prose et vers célébrèrent à l'envi le guet-apens victorieux. Ceux-là même qui n'eussent pas mieux demandé que d'élever un trône à Maximilien furent les premiers à cracher sur sa mémoire. Comment, sans courir risque de l'échafaud, aurait-on pu protester? Il est du reste à remarquer que la plupart des adresses de félicitations parlent de Robespierre comme ayant voulu attenter au gouvernement de la Terreur et se faire proclamer roi, suivant l'expression de Thuriot[624]. Mais au milieu de ce concert d'enthousiasme emprunté, de ces plates adulations murmurées aux oreilles de quelques assassins, retentit une protestation indignée que l'histoire ne doit pas oublier de mentionner.

[Note 624: Voyez, pour les adresses d'adhésion et de félicitations, les procès-verbaux de thermidor et de fructidor an II.]

Ce fut une protestation toute populaire; elle se produisit d'une manière naïve et touchante par la voix d'une pauvre femme de la campagne. Nous avons rapporté ailleurs l'exclamation de cette jeune fermière qui, à la nouvelle de la mort de Robespierre, laissa tomber à terre, de surprise et de douleur, un jeune enfant qu'elle avait dans les bras, et s'écria tout éplorée, en levant les yeux et les mains vers le ciel: «O qu'os nes finit pol bounheur del paouré pople. On a tuat o quel que l'aimabo tant.—Oh! c'en est fini pour le bonheur du pauvre peuple, on a tué celui qui l'aimait tant[625]!»

[Note 625: Voy. notre *Histoire de Saint-Just*, p. 617 de la 1re édition. Ce fait a été rapporté par un témoin oculaire, l'illustre Laromiguière, à M. Philippe Le Bas, de qui nous le tenons nous-mêmes.]

Ce jour-là, on peut le dire, une simple fermière fut la conscience du pays. Comme elle comprit bien la signification des événements qui venaient de se passer! Ah! oui, c'en est fait, et pour longtemps, du bonheur du pauvre peuple, car il n'est plus celui qui lui avait donné toute sa jeunesse, tout son génie et tout son coeur. Elle est pour jamais éteinte la grande voix qui si longtemps, dans la balance des destinées de la démocratie, pesa plus que les armées de la coalition et que les intrigues de la réaction. Les intérêts du peuple? On aura désormais bien d'autres soucis en tête! Assez de privations et de sacrifices! Allons à la curée tous les héros de Thermidor! Enrichissez-vous, mettez la République en coupe réglée; volez, pillez, jouissez. Et si par hasard le peuple affamé vient un jour troubler vos orgies en vous réclamant la Constitution et du pain, répondez-lui à coups d'échafaud; vous avez pour vous le bourreau et les prétoriens. N'ayez pas peur, car il n'est plus celui qu'on appelait l'Incorruptible et qui avait fait mettre la probité à l'ordre du jour, car il est glacé pour toujours ce coeur affamé de justice qui ne battit jamais que pour la patrie et la liberté.

Certes, les idées et les doctrines dont il a été le plus infatigable propagateur et le plus fidèle interprète, ces grandes idées de liberté, d'égalité, d'indépendance, de dignité, de solidarité humaine qui forment la base même de la démocratie, et dont l'application fut à la veille de se réaliser de son vivant, ont trouvé un refuge dans une foule de coeurs généreux, mais elles ont cessé depuis lors d'être l'objectif des institutions politiques. On voit donc combien il est difficile et surtout combien il serait souverainement injuste de faire l'histoire des idées sans celle des hommes, puisque la destinée des premières est si intimement liée à la destinée de ceux-ci. Et pour en revenir à Robespierre, ce sera, à n'en point douter, l'étonnement des siècles futurs qu'on ait pu si longtemps mettre les ténèbres à la place de la lumière, le mensonge à la place de la vérité, et qu'à l'aide des artifices les plus grossiers, des calomnies les plus saugrenues, on soit parvenu à tromper ainsi les hommes sur une des plus puissantes individualités qu'ait produites la Révolution française. La faute en a été jusqu'ici au peu de goût d'une partie du public pour les lectures sérieuses; on s'en est tenu à la tradition, à la légende, aux narrations superficielles; cela dispensait d'étudier. Et puis, ajoutez la force des préjugés; on ne renonce pas aisément à des erreurs dont on a été longtemps le jouet. Plus d'un, forcé de s'avouer vaincu par la puissance de la vérité, ne vous en dit pas moins, en hochant la tête: «C'est égal, vous ne ferez pas revenir le monde sur dés idées préconçues».

Aussi, en présence du triomphe persistant des préventions, de la mauvaise foi et de l'ignorance, et quand on voit ce Juste poursuivi encore des malédictions de tant de personnes abusées, on est saisi de je ne sais quel trouble, on se sent, malgré soi, défaillir; on se demande, effaré, si l'humanité vaut la peine qu'on s'occupe d'elle, qu'on lui sacrifie ses veilles, son génie, ses vertus, ce qu'on a de meilleur en soi; si la fraternité n'est pas un vain mot, et s'il ne vaut pas mieux, suivant l'expression d'un grand poète de nos jours: Laisser aller le monde à son courant de boue.

Mais non, il ne faut ni douter des hommes ni se décourager de faire le bien pour quelques injustices passagères que réparera l'avenir. La postérité, je n'en doute pas, mettra Maximilien Robespierre à la place d'honneur qui lui est due parmi les martyrs de l'humanité, et nous serons trop payé, pour notre part, de tant d'années de labeur consacrées à la recherche de la vérité, si nous avons pu contribuer à la destruction d'une iniquité criante.

Ceux qui ont suivi avec nous, pas à pas, heure par heure, l'austère tribun, depuis le commencement de sa carrière, peuvent dire la pureté de sa vie, le désintéressement de ses vues, la fermeté de son caractère, la grandeur de ses conceptions, sa soif inextinguible de justice, son tendre et profond amour de l'humanité, l'honnêteté des moyens par lesquels il voulut fonder en France la liberté et la République.

Est-ce à dire pour cela qu'il ne se soit pas trompé lui même en certaines circonstances? Certes, il serait insensé de le soutenir. Il était homme; et, d'ailleurs, les fautes relevées par nous-même à sa charge, d'autres les eussent-ils évitées? C'est peu probable.

Sans doute, nous aurions aimé qu'échappant à la tradition girondine, il eût énergiquement défendu le principe de l'inviolabilité des membres de la Représentation nationale; mais, outre qu'au milieu des passions déchaînées il se fût probablement épuisé en vains efforts, il faut tenir compte des temps extraordinaires où il a vécu, et surtout lui savoir gré de ce qu'à l'heure de sa chute il mérita l'honneur de s'entendre reprocher comme un crime d'avoir élevé la voix en faveur de Danton et de Camille Desmoulins.

Un jour, c'est notre plus chère espérance et notre intime conviction, quand les ténèbres se seront dissipées, quand les préventions se seront évanouies devant la vérité, quand l'histoire impartiale et sereine aura décidément vaincu la légende et les traditions menteuses, Robespierre restera, non seulement comme un des fondateurs de la démocratie, dont il a donné la véritable formule dans sa Déclaration des droits de l'homme, mais, ce qui vaut mieux encore, comme un des plus grands hommes de bien qui aient paru sur la terre.

Milton Keynes UK
Ingram Content Group UK Ltd.
UKHW011101080324
439029UK00005B/348